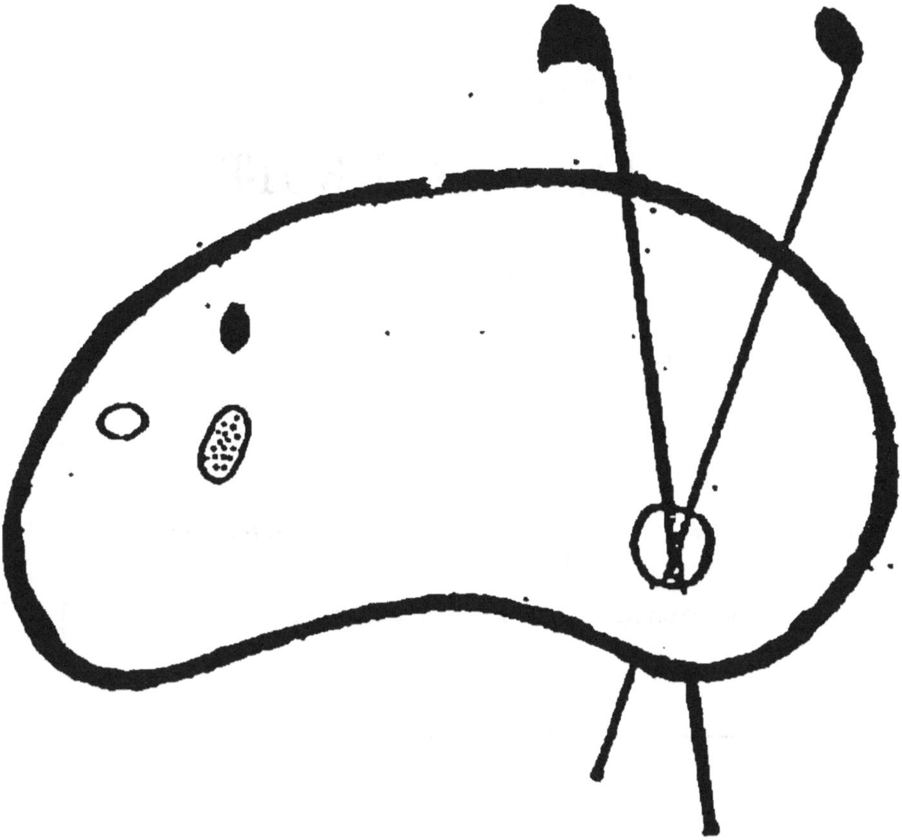

DEBUT D'UNE SERIE DE DOCUMENTS
EN COULEUR

UNIVERSITÉ D'ANGERS

DU XVᵉ SIÈCLE A LA RÉVOLUTION FRANÇAISE

TOME PREMIER

FACULTÉ DES DROITS

PAR

L. DE LENS

Inspecteur honoraire d'Académie, chevalier de la Légion-d'Honneur,
Officier de l'Instruction publique.

Ouvrage honoré d'une Mention par l'Académie des Inscriptions
et Belles-Lettres

(SÉANCE DU 21 NOVEMBRE 1879, 2ᵉ MENTION)

ANGERS
IMPRIMERIE-LIBRAIRIE GERMAIN ET G. GRASSIN
RUE SAINT-LAUD
1880.

Librairie GERMAIN & G. GRASSIN

Rue Saint-Laud, ANGERS.

REVUE DE L'ANJOU

NOUVELLE SÉRIE

Cette Revue paraît tous les mois par fascicules de 80 pages, et forme chaque année 2 forts volumes grand in-8.

Prix de l'abonnement : **12** francs par an.

ARMORIAL GÉNÉRAL DE L'ANJOU

PAR

M. Joseph DENAIS

Officier d'Académie, membre de plusieurs Sociétés savantes

L'ouvrage formera 3 volumes grand in-8 et sera publié en fascicules de 80 pages chacun, avec de nombreuses planches, au prix de **3** francs le fascicule.

Il a été tiré un petit nombre d'exemplaires numérotés sur papier de Hollande.

CORRESPONDANCE INÉDITE

CONCERNANT

LA VENDÉE MILITAIRE

PAR

Dom François CHAMARD

Bénédictin de l'Abbaye de Ligugé de la Congrégation de France

1 volume grand in-8, 2 francs 50.

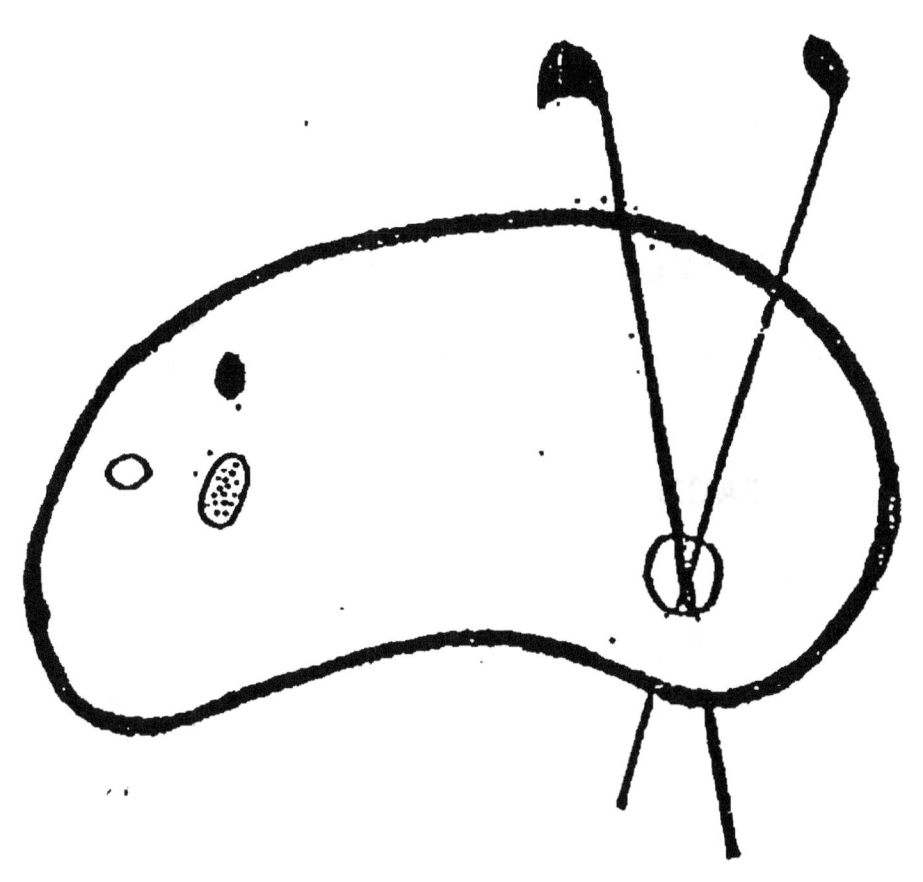

FIN D'UNE SERIE DE DOCUMENTS
EN COULEUR

UNIVERSITÉ D'ANGERS

DU XVᵉ SIÈCLE A LA RÉVOLUTION FRANÇAISE

FACULTÉ DES DROITS

UNIVERSITÉ D'ANGERS

DU XVᵉ SIÈCLE A LA RÉVOLUTION FRANÇAISE

TOME PREMIER

FACULTÉ DES DROITS

PAR

L. DE LENS

Inspecteur honoraire d'Académie, chevalier de la Légion-d'Honneur,
Officier de l'Instruction publique.

Ouvrage honoré d'une Mention par l'Académie des Inscriptions
et Belles-Lettres

(SÉANCE DU 21 NOVEMBRE 1879, 2ᵉ MENTION)

ANGERS
IMPRIMERIE-LIBRAIRIE GERMAIN ET G. GRASSIN
RUE SAINT-LAUD
1880.

FACULTÉS, COLLÉGES
ET PROFESSEURS
DE L'UNIVERSITÉ D'ANGERS

DU QUINZIÈME SIÈCLE A LA RÉVOLUTION FRANÇAISE.

PRÉFACE.

L'histoire de l'Université d'Angers de Pierre Rangeard, dont la *Revue de l'Anjou* achève de publier le manuscrit, s'arrête brusquement presque au début du XVe siècle. Après avoir raconté l'origine de cette institution et ses développements pendant quatre cents ans environ, l'auteur s'était proposé de la conduire jusqu'à la date de 1433, à laquelle l'Université avait vu s'agrandir le cadre de son enseignement officiel et se compléter le nombre de ses facultés. Mais, surpris par la mort, il est resté en deçà de quelques années de la limite qu'il s'était fixée.

Un laborieux professeur de droit français du siècle dernier, Claude-Gabriel Pocquet de Livonnière avait favorisé de tout son pouvoir le travail de Rangeard. Il a entrepris de le continuer et y a ajouté cinq nouveaux livres, restés inédits, ainsi que l'avaient été les premiers, et conservés comme eux à la Bibliothèque publique d'Angers. Mais ce nouvel ouvrage, qui ne dépasse guère l'année 1728, est seulement ébauché. Une rédaction première souvent tronquée et, par-dessus tout, une transcription inintelligente et confuse ne permettent pas de songer à l'imprimer tel qu'il est. On devrait préalablement le remanier et le compléter : autant vaut-il le refondre en entier et rester ainsi à même de mettre à profit, indépendamment des recherches dont il offre le précieux résumé, les sources de documents plus ou moins nouveaux que nous ouvre l'époque où nous sommes, si propice aux études historiques.

C'est ce que nous avons essayé de faire dans les pages qui vont suivre, sans nous astreindre toutefois au plan suivi par nos deux devanciers. Rangeard, qui n'avait à s'occuper que d'une corporation unique, a dû préférer l'ordre chronologique. Mais en suivant la même marche après l'agrégation de trois nouvelles facultés aux précédentes, Pocquet de Livonnière s'était placé dans l'alternative, ou de changer incessamment de sujet pour tenir compte des faits qui se produisaient au sein de chacune; ou, — pour ne pas rompre incessamment l'unité de son ouvrage, — de faire une part tout à fait considérable à l'une d'entre elles et d'appeler sur celle-ci seulement l'intérêt de son lecteur. C'est ce dernier parti qu'il a pris, au profit des facultés de droit dont il était membre. Les autres ne trouvent guère place dans son manuscrit que par occasion et comme par grâce.

Il nous paraît nécessaire de leur faire à toutes une part plus équitable et, pour cela, de les considérer séparément, sauf à marquer, au commencement et à la fin de notre récit, les rapports qui les unissaient.

En conséquence nous diviserons cet ouvrage en six livres :

Le premier, qui en sera l'*Introduction*, traitera de l'Université en général. Après un rapide coup d'œil jeté sur ses antécédents, il étudiera son organisation au XVe siècle, et notera les faits un peu considérables qui ont marqué l'existence commune des facultés jusqu'au moment où la Révolution a fermé leurs écoles.

Les quatre livres suivants seront consacrés successivement à celles-ci, aux Facultés — de *droit*, — de *théologie*, — de *médecine* — et des *Arts*. Leur histoire et leur constitution particulière, ainsi que celles des établissements qui en dépendaient, leur enseignement et la personne de leurs maîtres seront l'objet d'une attention spéciale.

Le sixième livre, destiné à servir de *Conclusion*, appréciera l'importance dont notre Université a joui aux différentes époques de son histoire et les résultats qu'elle a produits.

Disons maintenant un mot sur l'esprit qui présidera à cette publication.

Les questions d'autorité et de liberté dans leur application à l'enseignement public sont, depuis près d'un demi-siècle, à l'ordre du jour dans notre France si agitée, et le temps où nous sommes paraît appelé à les résoudre. Comme membre de l'Université, comme catholique, comme père de famille surtout, l'auteur de cet écrit n'y demeure pas indifférent : ses vœux sincères sont pour une large conciliation des intérêts engagés dans le débat. Mais dépourvu de tout mandat qui lui donne droit d'espérer une intervention efficace, il se gardera de faire de son livre un plaidoyer en faveur d'une cause particulière, un texte pour des discussions qui risquent toujours de devenir passionnées. L'exposé des faits et l'analyse des institutions du passé seront les seuls objets de cette étude, exclusivement historique, ou, si l'on veut même, statistique et biographique seulement.

Angers, 2 juin 1875.

L. DE LENS.

LIVRE PREMIER.

L'UNIVERSITÉ EN GÉNÉRAL.

SOMMAIRE. — I. — Coup d'œil sur les Universités françaises.
II. — Origine et transformations diverses de l'Université d'Angers avant 1433.
III. — Erection des facultés de théologie, de médecine et des arts.
IV. — Aperçu chronologique de l'histoire de l'Université pendant les xve, xvie, xviie et xviiie siècles.
V. — Son organisation en 1433, avec les modifications survenues depuis :
Les deux sortes d'éléments qui la constituent : 1° les Nations; 2° les Facultés.
— L'unité du corps : le collège de l'Université; les assemblées générales et les solennités universitaires. — Siège et local. — Durée de l'année scolaire.
Dignitaires de l'Université et leurs fonctions : 1° le Recteur; 2° le Maîtr'école ou chancelier. — Notices sur chacun des maîtr'écoles, depuis le quinzième siècle; 3° le Procureur général et les procureurs des Nations; 4° les autres intrants.
Officiers inférieurs : le grand Bedeau et les bedeaux particuliers; — le Secrétaire et les archives; — le Receveur et les revenus.
Suppôts divers : Libraires et imprimeurs; — Parcheminiers; — Bourgeois; — Messagers.
Ecoliers et étudiants : leur condition et leurs droits; leurs obligations et leurs mœurs.
Juridiction de l'Université. — Ecoles affiliées au corps.
VI. — Privilèges universitaires — Leurs conservateurs apostoliques. — Leurs conservateurs royaux.
Autres patrons ou protecteurs de l'Université à différentes époques.

I.

La plupart des Universités qui ont fleuri au moyen âge et depuis ont eu pour origine les écoles formées près des églises cathédrales par les soins des évêques, soit que ces prélats se fussent souvenus d'un des capitulaires de Charlemagne, soit qu'ils se fussent uniquement, et d'eux-mêmes, pénétrés de l'importance de l'instruction pour la jeunesse et de l'obligation qu'ils avaient d'étendre sur elle leur action. On trouve, en outre, mais en général un peu plus tard, près du berceau de chacun de ces corps enseignants, les souverains pontifes, et aussi les comtes et les rois, pour les doter de précieux priviléges et assurer ainsi leur développement.

Quant au nom d'Université, pris au sens qu'on lui donne aujourd'hui, il ne paraît pas avoir été usité avant les dernières années du XIIe siècle. On avait d'abord désigné par *Studium* et par *Studium generale* les écoles où l'on enseignait les arts libéraux ; on se servit ensuite du mot *Universitas* qui exprimait une corporation quelconque ayant une institution légale, en le modifiant à l'aide d'un génitif : *Universitas studii, Universitas scholarium et magistrorum;* puis on l'employa seul. Le XVIe siècle, dans son engouement platonicien et cicéronien, essaya d'y substituer le nom d'Académie. Mais le pli était pris et celui d'Université a définitivement prévalu.

On ne comptait en France au commencement du quinzième siècle, vrai point initial de cette histoire, que cinq universités officiellement reconnues (1) : celles de Paris (1200), de Toulouse (1229), de Montpellier (1289), d'Orléans (1312) et d'Angers (1364). Le XVe siècle vit naître les Universités d'Aix (1409 et 1413), de Poitiers (1431) ; de Caen et de Bordeaux, celles-ci formées pendant l'invasion anglaise, mais confirmées ensuite par le roi de France, la première en 1450 et 1452, la seconde en 1472 ; l'Université de Valence transférée de Grenoble en 1454 ; celle de Bourges, qui date de 1463 et 1464.

Le XVIe siècle, beaucoup moins fécond que le précédent en institutions de ce genre, donne cependant naissance aux Universités de Rheims (1548) et de Pont-à-Mousson (1573).

Le XVIIe siècle ne voit pas de création absolument nouvelle ; mais l'agrandissement du sol français sous Louis XIV donne lieu de compter trois Universités de plus : celle de Douai (1667), fondée cent ans plus tôt par le roi d'Espagne Philippe II ; celle de

---

(1) Nous ne comprenons pas dans ce nombre les Universités qui avaient été établies en terre non encore française, l'Université d'*Avignon* (1309), qui faisait partie des Etats du pape, celle de *Grenoble*, création d'Humbert II, comte du Dauphiné (1339) ; *Perpignan*, fondée par Pierre d'Aragon (1349) ; *Orange*, par l'empereur d'Allemagne Charles IV (1365).

Strasbourg (1681) ; et enfin celle de Besançon (1691), avec union pour celle-ci de l'Université de Dôle créée dès 1426 par Philippe-le-Bon, duc de Bourgogne.

Le contingent du xviiie siècle est de trois Universités nouvelles : Dijon (1722); Pau (même année) et Nancy (1769), avec union de l'Université de Pont-à-Mousson. De plus, l'ancienne Université de Cahors, qui devait sa fondation au pape Jean XXII, enfant du pays, est réunie en 1758 à celle de Toulouse, et la Faculté de droit de Nantes est détachée, en 1736, de l'Université de cette ville pour être transférée à Rennes.

En définitive, même après l'expulsion des jésuites qui avaient fondé de leur chef ou envahi plusieurs Universités, on en comptait encore de seize à dix-huit dans l'étendue du pays (1). La tourmente révolutionnaire les supprima toutes comme corporations, et il ne subsista que quelques rares et incomplets débris de l'enseignement des siècles précédents. Ils devaient servir, au commencement de celui-ci, d'éléments pour la première formation de l'Université impériale.

On met, en général, aujourd'hui, sous le nom d'Université l'idée d'un corps qui embrasse à lui seul l'enseignement des différentes facultés et des établissements qui en dépendent, celui de la théologie, du droit, de la médecine, des lettres enfin et des sciences réunies autrefois sous le nom d'arts, et dont les leçons données dans les lycées et collèges ne sont que le noviciat plus ou moins prolongé. Mais au moyen âge et dans les siècles qui suivirent, l'organisation scolaire des institutions de ce nom n'était pas absolument uniforme. Au lieu d'avoir un centre unique, quelques-unes étaient partagées entre plusieurs villes, ce qui diminuait leur importance; et il manquait souvent quelque chose même aux plus considérables. Ainsi l'Université de Paris fut privée jusqu'en 1679 de l'enseignement du droit civil, le seul, d'autre part, qui

---

(1) Voir, sur les Universités en général, le *Dictionnaire de Moreri*, art. *France*; celui de *Trévoux*, art. *Université*; la table de l'*Index chronologicus chartarum* de M. Ch. Jourdain, pour faire suite à l'histoire de l'Université de Paris par du Boullay ; Chéruel, *De l'Administration monarchique en France*, t. Ier, p. 218; Vallet de Viriville, *Histoire de l'Instruction publique*, p. 193 et 194.

fut donné dans l'Université d'Orléans et, plus tard, dans celle de Dijon. L'Université d'Angers, centralisée de tout temps (1), a été, à partir de 1433, une des plus homogènes et des plus complètes.

II.

Voici, d'abord, en quelques pages seulement, les antécédents de notre Université jusqu'à cette époque (2).

Malgré la décadence des lettres sous les derniers carlovingiens, il existait en France, au commencement du XIe siècle, deux savantes écoles, celle de Rheims, illustrée récemment par Gerbert, d'Aurillac, qui fut pape sous le nom de Sylvestre II, et celle de Chartres, issue de la première et que représentait alors saint Fulbert, évêque de cette ville. « Il était à la fois, dit P. Rangeard, » savant philosophe, habile médecin, théologien solide, grand » canoniste. »

Sous le long épiscopat de Hubert de Vendôme (1010-1047), et sans doute à sa demande, plusieurs disciples de Fulbert vinrent régenter à Angers et y eurent successivement le titre de scholastique ou de maîtr'école. On compte comme tels Bernard, natif d'Angers, mais qui ne conserva sa charge que pendant deux ans (3); Sigon, devenu ensuite abbé de Saint-Florent; Hilduin, qui le fut de Saint-Nicolas près Angers; et plus tard, après Bernier et Jean dont l'origine scolaire n'est pas connue, l'écolâtre

---

(1) Nous ne pouvons pas tenir compte de l'Académie protestante de Saumur, que notre Université n'a jamais reconnue pour sa fille, et à qui la législation du temps ne permettait pas de réclamer l'affiliation.

(2) Voir pour les détails : *Histoire de l'Université d'Angers* de P. Rangeard, passim; G. Ménage, *Remarques sur la vie de Matthieu Ménage*, éd. de 1674, p. 56-66; l'*Histoire littéraire de la France*, à partir du tome VII, et la « Dissertation sur l'ancienneté de l'Université d'Angers et sur l'époque de son établissement, » en tête de l'édition de 1736 de ses *Privilèges*.

(3) Pour tous les noms propres cités dans cet ouvrage, nous renvoyons aux articles parus ou à paraître du *Dictionnaire historique de Maine-et-Loire* par M. C. Port, archiviste du département. On est assuré d'y trouver bien condensés les résultats de la plus solide érudition.

Rainaud. Enfin, en même temps que celui-ci, un dernier élève de saint Fulbert, le trop fameux Bérenger, enseignait à Angers, mais en qualité de grammairien et non de maîtr'école, comme l'indiquent différents titres, et particulièrement la mention de sa mort relevée dans un ancien obituaire de la cathédrale.

Une renommée plus pure assurément que celle de Bérenger, quoique parfois encore contestée, est celle de Robert d'Arbrissel, prédicateur d'un zèle entraînant et d'une vie austère, fondateur de plusieurs ordres monastiques et, entre autres, de celui de Fontevrault. On tient pour certain qu'il a professé deux ans à Angers, vers 1089, et l'on croit que ce fut la théologie.

Mais l'honneur d'avoir affermi l'Etude angevine et d'en avoir, de loin au moins, préparé l'organisation régulière, appartient à deux maîtr'écoles, Marbode et Ulger, qui se suivirent à peu d'années d'intervalle dans le dernier quart du XIe siècle et la première moitié du XIIe.

Marbode, entré en fonctions vers 1075, gouverna l'Ecole pendant vingt ans environ, fut ensuite évêque de Rennes et revint mourir à Angers (1123) auprès des moines de Saint-Aubin dont il avait pris l'habit. Doué de connaissances variées et assez étendues pour son temps, comme on le voit par l'ensemble de ses œuvres qu'un bénédictin du XVIIIe siècle (1) a publiées, il avait été surtout renommé pour son éloquence et pour l'influence morale qu'il exerçait sur ses disciples. Son épitaphe, composée en vers léonins par Ulger, qui occupait alors sa place, loue, non sans exagération, ses talents et ses mérites. On y a remarqué surtout ce passage,

> Curans ut fieret virtutem quod redoleret,
>   Transtulit huc studium, transtulit ingenium,

où le mot *studium* se prête à deux sens différents, suivant qu'on l'écrit ou non avec une lettre majuscule. Une tradition accréditée au XVIe siècle, qui avait encore ses partisans au XVIIe, et

---

(1) Le P. Beaugendre, *Venerabilis Hildeberti... opera ; accesserunt Marbodi ... opuscula*, in-f°, 1708.

à laquelle le savant Du Cange a prêté, involontairement peut-être, l'appui de son érudition (1), faisait remonter jusqu'à Marbode l'institution de l'Université d'Angers. Dans un voyage à Rome, dont on ne donne même pas la date, il avait, disait-on, obtenu du souverain pontife la permission de faire enseigner dans son école le droit canonique et le droit civil et d'y conférer les degrés. Mais le titre authentique que l'on invoquait ne s'est pas retrouvé au temps où la critique historique a commencé d'étudier nos anciennes institutions, et il y a lieu ainsi de reléguer cette tradition parmi les fables dont on a trop souvent entouré leur berceau (2).

Il ne faut peut-être pas faire un plus grand fond sur la seconde qui concerne Ulger, quoiqu'elle soit mentionnée dans un document authentique et très-explicite du xive siècle. Devenu en 1124 évêque de maîtr'école, il aurait institué en faveur des bedeaux accompagnant au palais épiscopal les licenciés à former, une collation prise à ses propres frais et à ceux de ses successeurs. On maintenait encore ce fêtage dans de nouveaux statuts que l'Université se donnait à elle-même en 1373. Malgré l'ancienneté relative de ce règlement, il ne peut tenir lieu de la pièce originale. Or, on a peine à croire que la fondation ait été faite dans des termes aussi nets et pour un but aussi précis, à une époque où l'existence d'un enseignement régulier de la jurisprudence, et celle même d'une corporation universitaire à Angers, restent entourées de tant de ténèbres. Il semble que les largesses quelconques faites par le prélat du xiie siècle à l'école qu'il avait administrée, aient dû être appliquées par les évêques venus plus tard, un Guillaume Lemaire ou un Foulques de Mathefelon, anciens professeurs en droit, à un usage mieux assorti au temps où ils vivaient. Il est constant, du reste, qu'Ulger ne négligea rien pour attirer à Angers des maîtres distingués, et qu'il donna aux

---

(1) *Glossarium med. et infim. latinitatis*, au mot *Studium*.
(2) Bourdigné, dans ses *Chroniques*, dit positivement que Marbode a institué l'Université en la ville d'Angers. Claude Ménard, d'après le témoignage de l'historien Papire Masson et ses propres recherches, affirmait l'existence de la bulle pontificale dans les archives de l'Université. Mais Ménage, P. Rangeard et les auteurs de l'*Histoire littéraire de la France*, t. X, p. 343, rejettent absolument le fait comme improbable.

moines de Marmoutiers, en Touraine, un domaine voisin de la cathédrale. Le prieuré de Saint-Eloi était destiné sans doute à servir de lieu d'études pour leurs clercs en même temps que d'hôtellerie pour les religieux de passage dans la contrée (1).

On peut croire aussi que les abbayes de l'ordre de Saint-Benoît, établies déjà au nombre de plusieurs à Angers ou près de ses murs, contribuèrent à augmenter le renom de son Etude générale, soit qu'elles envoyassent aux leçons de ses professeurs quelques-uns de leurs écoliers, soit que leur voisinage concourut à amener dans la ville des voyageurs curieux des sciences qui s'y enseignaient, et disposés à s'y fixer eux-mêmes. Il en dut être ainsi à plus forte raison dans les deux siècles suivants, lorsque la capitale de l'Anjou eût vu se fonder successivement dans son sein des couvents de dominicains ou jacobins, de franciscains ou cordeliers, et enfin de carmes et d'augustins.

Cependant l'Université de Paris, qui allait devenir la plus considérable de toutes en France et en Europe, s'était signalée à l'émulation des autres par l'éclat et la solidité de son enseignement. Après les hardiesses philosophiques d'Abailard étaient venues les distinctions du théologien Pierre Lombard, le maître des sentences, en attendant les leçons de saint Thomas et de saint Bonaventure, qui devaient paraître sous saint Louis.

Au commencement de ce règne, et sous la régence de la reine Blanche, un événement, qui se rattache d'ailleurs à l'histoire générale du royaume, procura aux diverses écoles d'Angers un notable accroissement. L'Université de Paris, à la suite d'une émeute de ses écoliers, ayant recouru à une mesure qu'elle pratiquait de temps à autre dans ses luttes avec le pouvoir, la suspension générale des cours, la régente en prononça la fermeture pour un temps indéfini. On vit alors les maîtres, suivis d'un nombre plus ou moins grand de leurs élèves, se disperser dans les provinces, recherchant surtout les villes qui étaient déjà un centre d'études. Angers, moins éloignée de Paris que beaucoup d'autres, en attira et en retint beaucoup. Elle fut particulière-

---

(1) *Histoire de l'Université* de P. Rangeard, t. I, p. 91, 99; t. II, p. 171-173.

ment le refuge des docteurs de la nation anglaise, qui y retrouvaient les souvenirs tout récents encore des Plantagenets. Ils y répandirent les sciences dont ils étaient les interprètes. On comptait parmi eux, suivant le récit de l'historien Mathieu Paris (1), non-seulement des théologiens et des jurisconsultes, mais des médecins.

On vient de voir l'importance qu'avait prise peu à peu dans l'Université de Paris la corporation des écoliers. Il en fut de même à Angers; mais leur influence s'exerça d'abord d'une manière plus pacifique. Saint Louis avait investi en 1246 Charles de France, l'un de ses frères, du comté d'Anjou. Réunis aux habitants ou bourgeois, les écoliers obtinrent de lui une ordonnance de police qui réglait le prix des denrées et soumettait leur qualité à un contrôle. Charles, prince de Salerne, confirma cette ordonnance en 1279 et 1280, et ces premiers priviléges furent renouvelés et augmentés par les comtes ses successeurs jusqu'à ce que la puissance royale prit elle-même sous sa protection l'Etude générale d'Angers.

La faveur dont elle jouissait auprès de ses seigneurs locaux contribuait à y faire affluer les élèves. La splendeur de son enseignement, les hautes dignités auxquelles ses docteurs parvinrent dans l'Eglise et dans l'Etat, firent bientôt le reste. La liste des canonistes et des légistes, qui se formèrent à Angers au XIIIe et au XIVe siècles, et devinrent ensuite célèbres, serait longue à dresser. On devra en tenir compte, quand il s'agira des antécédents particuliers de la Faculté de droit. Ce qu'il s'agit de constater ici, c'est que la grande notoriété des jurisconsultes angevins détermina l'érection de leur école en Université. On peut rapporter aux années 1356, 1364 et 1373 les actes qui la commencèrent, la continuèrent et la consommèrent.

A la première date, Jean-le-Bon rend une ordonnance, par laquelle les priviléges octroyés par Philippe-le-Bel à l'Etude d'Or-

---

(1) Voir P. Rangeard, *Hist. de l'Université*, t. I, p. 133 et suiv., et, pour le texte latin donné plus complétement, les pièces justificatives du second volume, p. 176, 177.

léans sont étendus à celle d'Angers. Les troubles qui agitent le royaume ayant empêché ce premier acte d'avoir tout son effet, Charles V le rappelle et le confirme en 1364, en y ajoutant les éloges les plus flatteurs pour la cité et ses habitants : « Quodque
» inter regiones alias dicti regni nostri civitas Andegavensis,
» veluti fons scientiarum irriguus, viros alti consilii solet ab
» antiquo, propagatione quasi naturali, producere (1). » Enfin les lettres-patentes de 1373, qui renouvellent les priviléges précédemment accordés, commencent ainsi : « Charles, par la grace
» de Dieu, roi de France... Notre amee fille l'Université d'An-
» giers nous a fait exposer... » On a ici le nom que prendra désormais l'antique institution, en même temps que sa reconnaissance légale par l'autorité suprême du royaume.

Les priviléges apostoliques, que les souverains pontifes conféraient alors volontiers aux corps enseignants, constituaient pour eux une autre sanction, également nécessaire et non moins recherchée. Ceux de l'Université d'Angers lui vinrent en premier lieu d'Urbain V, qui, par deux bulles, de 1362 et 1366, accorda pour trois ans à ses docteurs, maîtres et écoliers, la dispense de résider dans leurs bénéfices, afin qu'ils pussent vaquer à leurs *lectures* (2) et à leurs études, sans cesser pour cela de toucher les fruits et revenus de leurs charges ecclésiastiques. Ce privilége, accru d'ailleurs de plusieurs autres, fut renouvelé à plusieurs reprises par les successeurs d'Urbain ; et, pendant la durée du schisme, les papes d'Avignon les étendirent même démesurément, pour se faire des partisans et complaire à leurs protecteurs.

Les ordonnances de Charles V furent pour l'Université l'occasion de reviser et de refondre de très-anciens règlements, dont on n'a ni la teneur ni la date. Les professeurs, réunis sous la présidence du maîtr'école Pierre Bertrand, le même qui devint plus tard évêque d'Autun, se livrèrent à ce travail. Mais leur

---

(1) *Ordonnances des rois de France*, t. IV, p. 474 et suiv.
(2) On appelait *lectures* les leçons des professeurs, parce que, en général, ils lisaient leur cours. Le mot leçon lui-même n'a pas voulu, d'abord, dire autre chose.

œuvre dura à peine vingt-cinq ans. Des contestations, dans lesquelles le pouvoir du successeur de Bertrand se trouva compromis, s'étant élevées de 1389 à 1395, le parlement et le roi, sollicités d'intervenir, saisirent cette occasion de rapprocher l'organisation de l'Université d'Angers de celle que possédait de longue date l'Université de Paris. On maintint un certain nombre des statuts de 1373; mais d'autres furent modifiés ou remplacés, et d'autres aussi ajoutés. En outre, l'autorité principale passa des mains du maîtr'école à celles d'un recteur, élu trimestriellement dans des conditions déterminées. Ces changements, du reste, s'opérèrent à deux reprises. MM. de Marle et Bouju, venus en 1398, en qualité de commissaires du parlement, y travaillèrent d'abord; et douze ans plus tard, en 1410, l'Université fit homologuer par le roi de nouveaux règlements qu'elle s'était donnés elle-même et qui, entre autres dispositions, substituaient les licenciés aux docteurs, comme candidats au rectorat (1).

La réforme inaugurée en 1398 constituait un véritable coup d'état. En enlevant la suprématie au représentant de l'évêque, elle préparait la sécularisation de l'Université que les siècles suivants devaient accomplir. Les historiens ne se sont pas trompés sur l'importance de cet acte; mais, par une confusion difficile à expliquer, plusieurs d'entre eux (2) ont reculé jusqu'à cette nouvelle date l'érection de l'Etude d'Angers au rang d'Université, et en ont rapporté l'honneur à Louis, duc d'Anjou, deuxième du nom, qui ne paraît avoir été pour rien dans l'envoi des commissaires du parlement ni dans les instructions qu'ils reçurent.

Malgré cette rectification, rendue nécessaire par une trop fréquente répétition de la même erreur, on doit reconnaître que la seconde maison d'Anjou-Sicile a eu une part des plus considérables aux nouvelles destinées de l'Université d'Angers. Elle y

---

(1) Nous rétablissons, d'après les *Ordonnances des Rois*, t. IX, p. 497 et suiv., la véritable date de ces derniers statuts, que P. Rangeard donne sous celle de 1400 et années suivantes.

(2) Voir Bourdigné, qui oublie ce qu'il a dit au sujet de Marbode et, de plus, les auteurs cités dans les *Remarques de la vie de Matth. Ménage*, p. 60 et 61.

préside, en quelque sorte, durant plus d'un siècle, de Louis Ier, duc d'Anjou, fils de Jean-le-Bon, à la mort du roi René, ou plutôt à la réunion que Louis XI fit de son duché à la couronne de France.

Et d'abord Charles V, dans son ordonnance de 1364, déclare qu'il cède en la rendant aux instances de son frère Louis : « Charissimus Germanus noster Ludovicus primus Andegaviæ dux ad virtutum opera semper intentus, sapienter attendens ut vacantes litterarum studiis valeant successu temporum sustentari, nobis instantissime supplicavit... Quare nos dicti fratris nostri supplicatione attenta digna consideratione pensantes... »

Pour Louis II, qui passa une grande partie de sa vie en Italie, occupé à guerroyer pour conquérir ou pour recouvrer son royaume de Naples, il profita largement de ses relations avec les papes d'Avignon pour faire accroître les priviléges apostoliques de son Université d'Angers. Clément VII et Jean XXIII accordèrent plusieurs rescrits à sa sollicitation.

La veuve de Louis II, Yolande d'Aragon, reine de Sicile et de Jérusalem, qui administra le duché d'Anjou pendant l'absence de son fils Louis III retenu en Italie par les affaires de sa maison, fit, en faveur du corps tout entier, un acte beaucoup plus important. Déjà, en 1428, elle avait, par une déclaration spéciale, garanti les immunités dont jouissaient plusieurs de ses suppôts et auxquelles l'état de guerre obligeait de déroger ; à quelques années de là, elle fit décider l'annexion de trois nouvelles facultés à l'Université, qui n'était établie jusque-là que pour l'enseignement du droit.

L'ouvrage de Pierre Rangeard, que celui-ci a pour but de continuer (1), finissant à la veille de cet événement si considérable pour notre sujet, il convient que nous y insistions d'une manière particulière.

---

(1) Le récit qui occupe tout le premier volume, va seulement jusqu'en 1423, ne mentionnant pas l'entrée solennelle de Charles VII, qui eut lieu l'année suivante, et où la présence de l'Université fut remarquée. D'autre part, les pièces justificatives du second volume comprennent la déclaration de 1428, mentionnée ci-dessus.

III.

Les deux puissances, la spirituelle et la temporelle, venaient de concourir à l'érection de l'Université de Poitiers. Elles s'accordèrent de nouveau pour augmenter celle d'Angers, d'origine beaucoup plus ancienne.

Ce fut le pape Eugène IV qui commença. Sa bulle est datée du 3 octobre 1432. Environ huit mois plus tard, Charles VII ratifia la décision du souverain pontife par lettres-patentes signées à Amboise en mai 1433. Le roi avait toutes sortes de raisons pour favoriser l'Université d'Angers. Il avait été élevé, en partie, sous les yeux d'Yolande d'Aragon et à sa cour; il avait épousé Marie d'Anjou; enfin, plusieurs de ses conseillers intimes, et particulièrement Bertrand de Beauveau, étaient de cette province et y occupaient des postes importants.

L'analyse des deux actes qui viennent d'être mentionnés, et leur texte que nous donnons ci-dessous (1), en feront connaître les motifs et les différentes dispositions ou conditions.

Le pape, après avoir exprimé son désir d'étendre autant que

---

(1) EUGENIUS EPISCOPUS, servus servorum Dei, ad perpetuam rei memoriam. In Apostolicæ dignitatis specula, licet immeriti, disponente Domino constituti, ad universas Fidelium regiones, earumque profectus et commoda, tanquam universalis gregis Dominici Pastor commissi nobis, speculæ omnis aciem, quantum nobis ex alto permittitur, extendentes, Fideles eosdem ad quærendum literarum studia, Theologiæ præsertim, nec non aliarum quæ Christi Fidelibus profutura sint, facultatum, solerter excitare satagimus; ut inde veritatis lumen prodeat in tenebris, et ad supremæ Deitatis essentiam veraciter contemplandam pandatur iter, ac semotis hæresum fomentis Catholicæ fidei puritas enitescat; ipsique Fideles existentiam contingant singularem. Cum itaque, sicut exhibita nuper pro parte carissimi in Christo filii nostri Ludovici, regis, nec non carissimæ in Christo filiæ nostræ Jolandis, reginæ, illustrium ac dilectorum filiorum Rectoris, et Universitatis studii civitatis Andegavensis petitio continebat, civitas ipsa quæ temporali Regis ac Reginæ prædictorum ditioni subjacet, magnaque nec non populosa, et una de notabilioribus regni Franciæ civitatibus est; Cathedralem, nec non collegiatas sex ecclesias et quatuor virorum monasteria tam intra quam prope ejus muros habens; et in qua ab olim in utriusque juris Facultatibus hujusmodi studium,

possible les lumières, les progrès et les avantages du troupeau que le Seigneur a confié à ses soins, s'appuie sur la demande que lui ont faite le roi Louis, la reine Yolande, le recteur et l'Université. Ladite demande expose que la ville d'Angers, soumise au pouvoir temporel du roi et de la reine, est grande, populeuse et l'une des plus considérables du royaume de France; qu'elle possède une cathédrale, six églises collégiales et quatre monastères d'hommes tant au dedans qu'auprès de ses murs; que les facultés de droit canon et civil y sont depuis longtemps établies et florissantes, favorisées par l'autorité apostolique de libertés, immunités, indulgences et priviléges divers; que la ville elle-même est, on le sait, distante de soixante-quatre lieues environ de celle de Paris, où se trouvent des facultés de théologie, de médecine et des arts, mais où, en raison des guerres et des menaces des partis, ceux de ses habitants qui désirent perfectionner leurs études, ne peuvent se transporter facilement sans danger pour leurs biens et leurs personnes; que l'établissement à Angers des facultés de théologie, de médecine et des arts, contribuerait à la propagation de la foi orthodoxe, et, pour plusieurs, au salut de leur âme et de leur

---

quod annis pluribus floruit ad præsensque viget, auctoritate Apostolica cum diversis libertatibus, immunitatibus, indulgentiis et privilegiis institutum fuit; a civitate Parisiensi, in qua Theologiæ, medicinæ et artium facultates ab antiquo habentur, per sexaginta quatuor illarum partium leucas, vel circa, distare noscatur : unde propter guerras et partialitates inibi perstrepentes, civitatis Andegavensis ac partium earumdem habitatores et incolæ ad ipsam civitatem Parisiensem ut ibidem in Theologiæ, medicinæ et artium facultatibus hujusmodi proficerent, absque suarum rerum ac personarum discriminibus commode se transferre non possunt. Et si in dicta civitate Andegavensi etiam Theologiæ, Medicinæ et Artium facultates hujusmodi vigerent, ad fidei propagationem conferret orthodoxæ, nec non plurimorum inde succederet animarum et corporum salus tempore procedente. Nos igitur, qui Theologiæ hujusmodi, potissime ad ipsorum fidelium ædificationem, nec non pro convincendis, propulsandisque superstitionibus et erroribus, et reliquas, quibus ipsa salus prodire speratur, Facultates instaurari studiis assiduis exoptamus : ipsorum Regis, Reginæ, nec non Rectoris et Universitatis in hac parte supplicationibus inclinati, auctoritate præfata statuimus et ordinamus, quod etiam deinceps in dicta civitate Andegavensi Theologiæ, Medicinæ et Artium Facultates hujusmodi perpetuis futuris temporibus vigeant et observentur, ac congruis habitis cursibus in ipsis earumdem Theologiæ, Medicinæ et Artium Facultatibus sufficientes, idoneique reperti, prout hactenus in Facultatibus juris hujusmodi fieri consuevit, inibi gradus et insignia magistralia recipere, nec non in Theologia, medicina et artibus prædictis, legere et docere; ac ipsi universi

corps. Le pape donc, en vertu de son autorité, ordonne l'érection desdites Facultés, avec pouvoir de conférer les insignes de la maîtrise et les grades, à ceux qui auront suivi des cours réguliers, et de donner elles-mêmes l'enseignement, comme cela se pratique déjà dans les Facultés de droit; il accorde enfin à tous et à chacun de leurs maîtres, licenciés, bacheliers et écoliers, les priviléges, indults, immunités, libertés et indulgences dont jouissent, par suite de concessions apostoliques et autres, les docteurs et écoliers de la même Université. Il défend enfin, suivant la formule ordinaire, d'enfreindre son ordonnance, sous peine de l'indignation du Dieu tout-puissant et des bienheureux apôtres Pierre et Paul, — le tout daté de Saint-Pierre de Rome et de la seconde annéé de son pontificat.

L'ordonnance de Charles VII est rédigée en latin (1). Il rappelle,

---

quoque et singuli Universitatis ejusdem in præfatis ipsarum Theologiæ, medicinæ et artium facultatibus magistri, licentiati, Baccalarii et scholares omnibus et singulis privilegiis, indultis, immunitatibus, libertatibus et indulgentiis, quæ aliis Doctoribus et Scholaribus ejusdem Universitatis, ex quibusvis apostolicis et aliis concessionibus quomodolibet suffragari vel competere poterunt, uti et gaudere valeant, eadem auctoritate, tenore præsentium, indulgemus. Nulli ergo hominum omnino liceat hanc paginam nostrorum statuti, ordinationis et concessionis infringere, vel ei ausu temerario contraire. Si quis autem hoc attentare præsumpserit, indignationem omnipotentis Dei et beatorum Petri et Pauli, apostolorum ejus, se noverit incursurum. Datum Romæ apud sanctum Petrum, anno Incarnationis Domini millesimo quadringentesimo trigesimo secundo, quinto nonas Octobris, Pontificatus nostri anno secundo. (G. MÉNAGE, *Remarques sur la vie de Matthieu Ménage*, p. 71 à 73.)

(1) LETTRES DE CHARLES VII PAR LESQUELLES IL CONFIRME ET AUGMENTE LES PRIVILÉGES ACCORDÉS A L'UNIVERSITÉ D'ANGERS POUR LES FACULTÉS DE DROIT CANONIQUE ET CIVIL ET LES ÉTEND AUX FACULTÉS DE THÉOLOGIE, DE MÉDECINE-ET DES ARTS NOUVELLEMENT INCORPORÉES DANS CETTE UNIVERSITÉ. — KAROLUS, Dei gratia, Francorum Rex, ad perpetuam rei memoriam. Beatas scribunt sapientes fore res publicas, quando studio sapientiæ reguntur et earum Rectores scientiæ vacare contingit. Qua moti consideratione, nostri incliti Progenitores, Universitates Studiorum, locis apertis et convenientibus, et inter alias de Facultatibus Juris Canonici pariter et Civilis Universitatem *Andegavensem* erigi fecerunt; quam dilectissima Mater nostra *Yolans Regina Sicilie*, carissimusque frater noster *Ludovicus* ejusdem regni Rex et *Andegavie Dux*, nuper a sanctissimo Patre nostro *Eugenio Papa quarto*, de Facultatibus Theologie, Medicine et Artium ampliari ootinuerunt, prout hec nostre opposuerunt serenitati; affectuose supplicando quatenus dictam ampliationem, cum inde secutis, ratam et gratam habere, et dictas tres Facultates ac earum Supposita et Officiarios, cum bonis et amilia, prout aliarum Facultatum etiam Supposita in nostra protectione et salvagardia ponere vellemus, et privilegia quibus usa est ipsa Universitas, ad tres

en la commençant, que les rois ses prédécesseurs, pénétrés de cette maxime que les États sont heureux quand ils sont gouvernés par la philosophie et que ceux qui les gouvernent s'appliquent aux sciences, ont érigé des Universités dans des lieux convenables et, spécialement à Angers, une Université de droit canonique et civil à la fois. Il ajoute que sa mère chérie, Yolande, reine de Sicile, et le roi Louis, duc d'Anjou, son très-cher frère, ayant obtenu du pape l'adjonction à leur Université des facultés de théologie, de médecine et des arts, lui ont exposé cette augmentation, en le priant de l'avoir pour agréable, de la ratifier, de prendre sous sa sauvegarde et protection les trois dites facultés, leurs suppôts et leurs officiers, d'étendre jusqu'à eux les priviléges dont jouit l'Université, qui sont les mêmes que ceux de

---

Facultates de novo in ipsa incorporatas extendere, et pro omnibus quinque antedictis Facultatibus et Suppositis confirmare ; et nihilominus clausulam quandam appositam in privilegiis dicte Universitatis *Andegavensis*, factis et concessis ad similitudinem et instar illorum quibus *Aurelianensis* Universitas ex indulto etiam Prædecessorum nostrorum uti consuevit, cum reservatione tamen expressa, quod coram conservatoribus ipsius Universitatis *Andegavensis*, præterquam de Provincia *Turonensi*, partes conveniri non possunt, corrigere, cassare et adnullare vellemus ; ac quod deinceps Universitas, Facultates quinque, eorum supposita et officiarii predicti, in omnibus et per omnia similibus privilegiis quibus ipsa Universitas *Aurelianensis* quorumcunque indultorum vigore uti consuevit, et ad tantam loci distantiam pro partibus conveniendis, uti possint et valeant in futurum, ac Bedellos privilegiatos pro ipsarum trium Facultatum servitio opportuno dare et concedere perpetuo dignaremur. Nos igitur qui justis petitionibus, maxime cum ad Dei laudem Ecclesie, fidei exaltationem, scientie promulgationem et Reipublice incrementum fiunt, libenter annuimus, ampliationem antedictam auctoritate apostolica fretam, cum omnibus inde secutis ratam et gratam habuimus et habemus ; Magistros, Doctores, Licentiatos et cetera Supposita dictarum trium Facultatum, cum suis bonis et familia, de novo, ac etiam totam Universitatem cum suis Suppositis et Officiariis, ex habundanti, in nostra speciali salva-gardia et protectione ponimus ; ac privilegia per Predecessores nostros dicte Universitati *Andegavensi* concessa suisque Suppositis et Officiariis ad ipsas tres Facultates Theologie, Medicine et Artium, et pro ipsis et eorum Suppositis extendimus, ac pro omnibus antedictis Facultatibus Theologie, Juris Canonici et civili, Medicine et Artium, earumque Suppositis et Officiariis, ac tota Universitati, approbamus et confirmamus ; et insuper clausulam restringentem seu limitativam, in litteris privilegiorum dicte Universitatis appositam, per quam facultas in jus vocandi partes coram conservatore vel conservatoribus aliunde quam de provincia *Turonensi*, ipsi Universitati ejusque Officiariis et Suppositis interdicitur, corrigimus, adnullamus et penitus abolemus, de uberiori dono gratie eidem Universitati, ipsius Suppositis et Officiariis quibuscumque concedendo quatenus deinceps privilegiis, franchisiis, immunitatibus

l'Université d'Orléans, et de les confirmer pour les cinq facultés. En conséquence, le roi, cédant aux instances qui lui sont faites, accorde à l'Université d'Angers les priviléges anciens et nouveaux de l'Université d'Orléans et étend ces concessions à un bedeau de la faculté de théologie, un de la faculté de médecine à instituer par ces facultés, et à deux bedeaux de la faculté des arts au choix du doyen de Saint-Jean-Baptiste d'Angers et de ses successeurs; il fixe leur condition, les veut suffisamment lettrés et ne s'occupant, par eux-mêmes ou par leurs femmes, que de certains commerces d'une nature pas trop infime. Le roi, prenant en considération une demande subsidiaire de l'Université, annule une clause des précédentes concessions qui dispensait, en cas de procès, les parties autres que celles habitant la province de Tours, de venir plaider leurs causes devant les conser-

---

et libertatibus, in omnibus et per omnia, juxta privilegiorum dicte Universitatis *Aurelianensis* tenorem, et per tantam patrie distantiam, utantur, et quemadmodum preinserta *Aurelianensis* Universitas et sua Supposita uti et gaudere consueverent. Concedimus etiam easdem libertates et privilegia uni Bedello pro Theologie, alteri pro Medicine Facultatum servitio, per singulas antedictas Facultates assumendis et plenarie instituendis, ac duobus pro Facultate artium, quos Bedellos Facultatis Artium, Decanus Ecclesie Sancti Johannis Baptiste Andegavensis et sui successores Decani, quotiens opportunum fuerit, eligere et penitus instituere habebunt, quibus Facultatibus et Decano et singulis ipsorum respective in premissis elargimur facultatem : proviso quod officiis quatuor Bedellorum hujusmodi de personis honestis, competenter litteratis, qui de mercantiis aliis, preterquam pargameni, papiri, librorum, aut aliis minutis mercantiis, que *quinquallorie* vulgariter nuncupantur, per se, vel per uxores suas, si habeant, aut alios, se intromittere minime poterunt, provideatur. Et quia parum esset jura condere, nisi essent qui ea tuerentur, illos qui *Senescallie Andegavie*, *Prepositure Andegavensis* civitatis officia (aut ipsorum officiorum Locum tenentes) obtinent vel imposterum obtinere contigerit, cum omni auctoritate judiciaria et plenaria potestate presentium privilegiorum gardiatores et conservatores constituimus, ordinamus et delegamus; quibus, et eorum cuilibet, damus et committimus in his et eorum dependentiis et emergentiis, plenariam auctoritatem et judiciariam potestatem ; similiter et prout conservatores privilegiorum aliarum Universitatum regni nostri habere consueverunt. Insuper volumus presentes valere in omnibus suis capitulis sive articulis, perinde ac si Littere privilegiorum predictarum Universitatum, ad quarum Litterarum tenores et effectum Nos referimus, in ipsis de verbo ad verbum forent inscripte. Ceterum omnia et singula predicta nostram gratiam sive concessionem tangentia, etiamsi sufficienter non sint expressa, decernimus, statuimus et ordinamus auctoritate nostra Regia perpetuo teneri, conservari et valere, ac Sanctionis et Legis perpetuo obtinere firmitatem, quibuscumque privilegiis aliis Universitatibus, Corporibus, Capitulis, Communitatibus, aut personis concessis sive concedendis

valeurs des priviléges royaux ; il institue enfin le sénéchal et le juge de la prévôté, ou leurs lieutenants, gardiens et conservateurs de ces priviléges.

Ces lettres qui, comme on l'a vu, mentionnent la bulle du pape et lui donnent ainsi force exécutoire dans le royaume, furent vérifiées et enregistrées au parlement siégeant à Poitiers, le 4 janvier 1434, puis, dans le cours de la même année et de la suivante, publiées par ou devant les différentes autorités d'Angers. Le cartulaire de l'Université, après les avoir transcrites et avoir mentionné leur enregistrement, ajoute : « Ces présentes ont esté
» publiées en jugement, par devant honorable homme et saige
» *Pierre Guyot*, lieutenant à Angers et au ressort, juge et
» conservateur des priviléges royaux de l'Université d'Angers,
» délivrant ses causes en son auditoire ès halles d'Angers le dix-
» neuvième jour de febvrier l'an mil quatre cent trente et quatre.
» Ainsi signé : *De la Vignole*. — Item, ces présentes ont esté
» publiées en l'assise d'Angers tenue par nous *Gilles de la Réauté*,

---

nonobstantibus. Quocirca dilectis nostris Consiliariis presens Parlamentum tenentibus et qui futura tenebunt, necnon universis et singulis Senescallis, Baillivis, Prepositis, Castellanis, ceterisque Justiciariis, Officiariis, aliisque subditis nostris ubilibet constitutis precipimus et mandamus quatenus nostram presentem Ordinationem et voluntatem in suis Auditoriis, aliisque locis suarum Juridictionum pro similibus factis consuetis, publicari et registrari, ac omnes prefatos, Magistros, Doctores, Supposita et Membra sepedicte Universitatis *Andegavensis*, qui nunc sunt et pro tempore erunt, privilegiis, prerogativis, exemptionibus, immunitatibus, franchisiis et juribus antedictis universis uti et gaudere plenarie et pacifice, prout ad unum quemque ipsorum pertinuerit, faciant et permittant ; dictisque Senescallo, Preposito et aliis conservatoribus, aut illi qui pro tempore officium conservatorie hujusmodi exercebit, quoad ea que commissionem presentem, circonstantias et dependentias ejusdem concernunt, obediant et intendant, ac cum effectu obediri faciant absque difficultate quacumque et intendi. Quoniam sic fieri volumus et jubemus, oppositionibus, reclamationibus et appellationibus, quibus presentium effectus in toto vel in parte impediri quomodolibet posset vel differri, Litterisque subreptitiis impetratis vel impetrandis nonobstantibus quibuscumque. Volumus insuper transcriptis presentium tantam fidem adhiberi juxta et extra judicium, factis tamen sub Sigillo Regio, sicut originali. Que ut stabilitatis perpetue robur obtineant Sigilli nostri facimus appensione muniri. *Datum* Ambasie, *mense Maii, anno Domini* mill° CCCC° XXXIII° *et regni nostri* XI°. *Sic signatum*. Per Regem in suo magno Consilio. MALLIERE.
(Dans la collection des *Ordonnances des rois de France*, t. XIII, p. 186.)

» licencié ès loix, juge ordinaire d'Anjou et du Maine, le vingt-
» huitième jour de mars l'an mil quatre cent trente et quatre
» avant Pasques. Ainsi signé, *Le Moine.* — Item, ces présentes
» furent publiées et leues de mot à mot par devant Messieurs
» les esleus d'Angers en leur auditoire en l'hostel de Jean Joüye,
» le treizième jour de juillet, l'an mil quatre cent trente et cinq.
» Ainsi signé : *O. Binel* (1). »

Il faut ajouter aux pièces qui précèdent deux bulles complémentaires données par le pape pour régler les droits du maîtr'école sur les nouvelles facultés. La première, datée de 1432, comme la bulle principale, et antérieure par conséquent à l'ordonnance de Charles VII, était adressée à l'official d'Angers, sous le consentement du recteur et de l'Université. Elle disposait que la collation des grades et des insignes de la maîtrise appartiendrait, pour la théologie et la médecine, au maîtr'école, et pour les arts au doyen de Saint-Jean-Baptiste. Ces dispositions ayant donné lieu à réclamation de la part des deux premières facultés, un concordat intervint entre les parties, et une nouvelle bulle, qui nous fait connaître la première, l'homologua le 16 octobre 1435. Il fut décidé que le maîtr'école ferait seulement les licenciés, et que le doctorat serait conféré par les docteurs en leurs facultés respectives, le maîtr'école ne prenant part qu'à ce dernier titre, s'il en était revêtu, à la collation du grade de bachelier. La bulle, d'ailleurs, valida les grades conférés pendant l'intervalle.

Le maîtr'école d'alors, Jean Bouhalle ou Bohalle, dans l'intérêt de qui furent prises ces décisions, avait eu, d'ailleurs, une grande part à l'érection même des nouvelles facultés. Député de l'Université au concile de Bâle, il avait porté aux pieds d'Eugène IV les vœux de l'Université. Deux noms, parmi ceux des membres de ce corps, méritent encore d'être mentionnés comme ayant coopéré au même résultat, celui d'Yves de Scépeaux, qui signa le premier, en qualité de recteur, la pétition du corps tout entier ;

---

(1) Archives départementales de Maine-et-Loire, D 6, p. 91.

et celui de Matthieu Ménage, qui inaugura à Angers, pour la théologie, le nouvel enseignement (1).

Dans l'intervalle qui s'écoula entre l'érection des trois nouvelles Facultés et la publication des lettres-patentes qui les concernaient, à la fin du mois de mai 1434, il se passa un fait qui doit trouver ici sa place. Une contestation s'étant élevée, au concile de Bâle, entre l'Université d'Angers et celle d'Avignon, pour la préséance de leurs ambassadeurs, les pères adjugèrent celle-ci à la première qui l'avait eue au concile de Constance, et elle échut au maîtr'école Bohalle (magister Johannes), son représentant. Il avait été soutenu dans cette affaire par le chanoine Guy de Versailles et par Matthieu Ménage, venus d'Angers avec lui comme députés du chapitre de la cathédrale.

La pieuse assemblée « sacrosancta synodus » relate dans son décret, pour les adopter, le motif et la conclusion qui lui sont proposés. L'avis émis par ses commissaires est exposé en ces termes : « Qui legitima super iis informatione recepta ad hanc ordi-
» nationem devenerunt, quod ambassiatores Universitatis Studii
» Andegavensis in statu et loco in quo erant et fuerant in Conci-
» lio Constantiensi, videlicet ante ambassiatores Universitatis
» Studii Avenionensis hujusmodi locarentur, reservato tamen
» hinc et inde partibus jure proprietatis necnon antiquioris
» possessionis (2). »

C'était un hommage rendu, moins à la situation nouvelle de l'Université (celle-ci n'étant peut-être alors qu'imparfaitement connue) qu'à la considération dont le corps lui-même jouissait d'avance au sein de la chrétienté.

IV.

Quoiqu'il n'existe ni procès-verbal, ni trace d'une installation solennelle de l'Université ainsi agrandie et renouvelée, on a vu

---

(1) Nous consacrerons une notice particulière à chacun de ces trois personnages, en traitant des dignitaires ou professeurs dont il fait partie.
(2) *Remarques sur la vie de Matthieu Ménage*, p. 10; *id.* 37 et suivantes.

déjà que les trois dernières facultés n'attendirent pas pour entrer en fonctions et ouvrir leurs cours, l'entier accomplissement des formalités administratives (1). C'est qu'il y avait à Angers, tout prêts pour profiter de la nouvelle situation qui leur était faite, des maîtres et des écoliers. Les arts libéraux, et particulièrement la philosophie (2), y étaient enseignés depuis des siècles; la théologie y comptait des disciples, ne fût-ce que parmi les novices des abbayes et des prieurés ; la science médicale enfin se transmettait, sinon par des leçons suivies et formant un corps de doctrine, au moins par les observations que le praticien, plus ou moins entouré d'étudiants ou d'apprentis, faisait entendre au lit des malades. L'institution de 1433 conférait à ces écoles un caractère officiel et, en groupant les maîtres, tendait à multiplier les élèves.

On doit le reconnaître toutefois : les nouveaux corps ne conquerront que peu à peu et très-laborieusement cette notoriété, signe de l'importance et gage ordinaire de la durée. Longtemps les facultés de droit canon et de droit civil, en possession d'auditeurs plus nombreux, passeront pour composer à elles seules toute l'université. Parvenues, de 1464 à 1494 (3), à se constituer au moyen de statuts copieux et solennels, les trois autres essaieront bien de se placer à côté de leurs aînées sur un pied d'égalité, mais elles n'obtiendront d'abord qu'une satisfaction insuffisante ; et quand, après s'y être résignées plus d'un siècle, elles renouvelleront leurs efforts, d'interminables procédures viendront encore attester les résistances opposées à leurs prétentions les plus justes. L'ordre et la paix s'établiront toutefois entre les facultés rivales dans la seconde partie du règne de Louis XIV, par l'effet des mœurs administratives qu'il a inaugurées ; puis

---

(1) Cela résulte de la bulle de 1435, qui valide les grades obtenus dans les différentes facultés. L'existence antérieure des écoles est du reste reconnue par Ménage en ces termes : « Theologiæ, medicinæ atque artium, ante hæc tempora, scholæ duntaxat, non facultates erant Andegavis.» (Vie de Matth. Ménage, p. 17.)

(2) Voir notre dissertation sur la *Philosophie en Anjou*. — *Revue de l'Anjou*, 1873, t. I, p. 345 et suiv.

(3) La première date est celle des statuts de la faculté de théologie et l'autre de ceux de la faculté des arts. Les médecins dressèrent les leurs en 1483.

après cent vingt à cent trente ans d'un état régulier et prospère, tout s'écroulera en un jour sous le souffle d'une terrible révolution.

Le développement complet de l'existence de l'Université serait long et monotone à retracer. Il suffira, pour éclairer l'histoire particulière des différentes facultés, d'un résumé chronologique énonçant les faits d'un intérêt général pour le corps entier et ceux qui sont communs à plusieurs de ses éléments. Ces annales, et les trois siècles et demi qu'elles embrassent, vont se dérouler sous les yeux du lecteur, qui voudra bien en excuser la sécheresse.

Suite du quinzième siècle. — 1434 (12 novembre). — René d'Anjou, duc de Lorraine et de Bar, succède à son frère aîné, Louis III, comme duc d'Anjou, comte de Provence, roi de Sicile, etc. — Il laisse l'administration de son duché à sa mère, Yolande, et ne vient y résider qu'à la fin de mars 1443.

<small>Lecoy de la Marche, *le Roi René*, 2 vol. in-8°, 1875, t. I, p. 225 et suiv.</small>

1437 (4 octobre). — Le Chapitre de l'église cathédrale d'Angers prête pour un temps son réfectoire à l'Université.

<small>*Voir*, à la Bibliothèque d'Angers, le mss. 656, t. II, art. *Réfectoire* (1). — Id., mss. 1027, *Histoire de l'Université d'Angers* de Pocquet de Livonnière, p. 5 et 6 (2).</small>

1442 (16 novembre). — L'Université assiste à la sépulture d'Yolande d'Aragon, duchesse douairière d'Anjou.

1443. — Conclusion de l'Université portant défense aux bacheliers et aux licenciés en droit, s'ils ne le sont que dans l'une des deux facultés, de porter le capuchon fourré de menu vair réservé pour le recteur, les docteurs et les maîtres. — Autre statut annonçant l'inten-

---

(1) Le réfectoire des chanoines était une grande salle, située dans les dépendances de l'église, où se faisaient les fêtages et se tenaient les assemblées un peu nombreuses qui intéressaient le clergé. En 1440, le chapitre défendit aux professeurs d'y donner des leçons; mais il avait déjà fait, et il continua de faire exception pour celles de théologie.

(2) Nous suivons de près dans cet aperçu chronologique, en la complétant au-delà de son terme en 1789, la continuation de Rangeard par Pocquet de Livonnière (Voir notre *Préface*, p. 1 et 2). La bibliothèque d'Angers possède, sous les n°s 1027 et 1028 de son catalogue, deux manuscrits de ce travail. Nos renvois se rapporteront, en général, au premier, le second qui, en sa qualité d'original et d'autographe, mériterait plus de confiance, ne comprenant que l'intervalle de 1535 à 1653. Celui-ci sera désigné d'une manière spéciale, quand il y aura lieu de s'y référer.

tion de régler prochainement le rang et la place des membres dans les assemblées et aux écoles.

<small>Archives départementales de Maine-et-Loire, D. 6. *Cartulaire de l'Université*, p. 162, 163. — Pocquet de Livon., p. 15.</small>

1443 (décembre). — Séjour de Charles VII à Angers. — Sur la demande du roi René, il confirme en les expliquant les priviléges qu'il a précédemment accordés.

<small>Ordonnances des rois de France, t. XIII, p. 290. — *Priviléges de l'Université d'Angers, p. 31-37 (1).</small>

1448. — Concile provincial tenu à Angers par Jean Bernard, archevêque de Tours, ancien professeur en droit; plusieurs membres de ce corps y assistent.

<small>Pocquet de Liv., p. 13, 16. — G. Ménage, * *Remarques sur la vie de Matthieu Ménage*, p. 96.</small>

1451 (25 octobre). — Le roi René fait indiquer pour le jeudi d'après la Toussaint la convocation d'une assemblée de gens d'église et de docteurs « pour donner provision à multiplier et accroistre » l'Université d'Angiers. Chacun des conseillers du dict seigneur » avisera des choses qui sont à remontrer à l'Université et les per- » sonnes qui y seront appellées.... »

<small>Archives nationales, P. 1834⁵ (2). — Lecoy de la Marche, *le Roi René*, p. 550, 551.</small>

1451-1452. — Le cardinal d'Estouteville fait notifier au recteur et au conservateur des priviléges royaux la bulle pontificale qui le charge de la réforme des Universités (3).

<small>Archives de M. et L., D. 7, fol. 148. — Bibl. d'Angers, mss. 1026, art. XXII. — Pocquet de Liv., p. 23 à 25.</small>

---

(1) L'astérisque ainsi placé en tête d'un nom d'ouvrage d'intérêt local, indique qu'il se trouve à la Bibliothèque d'Angers.

(2) C'est un registre de la chambre des comptes d'Angers où sont consignées aussi des délibérations du conseil privé du roi de Sicile. Celle qui est annoncée ci-dessus ne s'y trouve pas, soit qu'elle n'ait pas eu lieu réellement, soit qu'elle ait été portée ailleurs. Mais le même registre présente la trace de luttes soutenues par l'Université contre le juge de la prévôté à qui elle contestait le droit d'exercer, concurremment avec le sénéchal d'Anjou ou son lieutenant, les fonctions de conservateur de ses priviléges. René intervient pour les lui maintenir. — Conclusions des 25 et 27 septembre 1453.

(3) Les pouvoirs donnés par le pape Nicolas V à son légat dès le mois de septembre s'appliquaient aux Universités du royaume et de ses provinces. Mais, en fait, d'Estouteville ne s'occupa que de celle de Paris dont les nouveaux statuts furent publiés le 1er juin 1452. A Angers, où l'on se souvenait des efforts persistants de d'Estouteville pour renverser Jean Michel dont les chanoines ses collègues lui avaient préféré pour évêque, la commission qu'il annonçait fut mal accueillie, et l'on éleva des doutes sur l'authenticité de la bulle, dans l'intention, à ce qu'il semble, de se soustraire à son application. On est d'accord, cependant, que la réforme qui a gardé son nom (et qui fut opérée de concert avec des commissaires de Charles VII) était sensée et remédiait à certains abus. Les nouvelles Facultés durent y avoir égard dans la rédaction des règlements qu'elles ne tardèrent pas à se donner.

1452 (juin-octobre). — Dernière assemblée de Bourges pour les libertés de l'Eglise gallicane. L'Université y est représentée par deux députés, à qui elle alloue la somme de cent écus, à raison de 40 sols par jour.
_{Arch. de M. et L., D. 7, fol. 118. — Pocquet de Liv., p. 17.}

1453. — Le recteur en charge prend place avant l'évêque du Mans au chœur de la cathédrale, lors de la sépulture d'Isabelle de Lorraine, première femme du roi René.
_{Pocquet de Liv., p. 21, 22.}

1457 (14 mars). — Sur l'initiative de l'Université d'Angers, celle de Paris propose aux autres Universités du royaume de s'unir à elle pour la défense de leurs priviléges communs.
_{Duboullay, Hist. Univ. Parisiensis, t. V, p. 621. — Crévier, Hist. de l'Univ. de Paris, t. IV, p. 212.}

1458. — L'Université reçoit le duc de Bretagne et les écoliers organisent des luttes en son honneur (1).
_{Lecoy de la Marche, le Roi René, t. II, p. 45-46.}

— Le roi René fait travailler des commissaires, dont quelques-uns sont des professeurs, à une nouvelle révision de la Coutume d'Anjou et à la rédaction des statuts de son ordre du Croissant.
_{Pocquet de Liv., p. 27, 28 ; id., 30. — Lecoy de la Marche, t. I., 508 ; t. II, 286.}

1460. — Une bulle du pape Pie II érige une Université à Nantes sur *le modèle de celle d'Angers* (2) *et de plusieurs autres.*
_{Index chronolog. chartarum Universitatis Parisiensis, par Ch. Jourdain, p. 283.}

1461. — Présentation par l'Université pour pourvoir à un canonicat de la cathédrale en remplacement d'un de ses membres décédés.
_{Bibl. d'Angers, mss. 892. Extraits des reg. capitul. de l'église d'Angers, par Jacques Rangeard.}

1462 (16 décembre). — Décret qui exclut des honneurs, c'est-à-dire des charges ou dignités universitaires, les docteurs formés dans les autres Universités.
_{Arch. de M. et L., Cartulaire D. 6, p. 165. — Pocquet de Liv., p. 31.}

---

(1) Une première visite de François II, à Angers, avait eu lieu en 1450, et il avait été alors harangué à la porte de la cathédrale par un docteur en théologie, Pierre Belin. (G. Ménage, *Vie de Matthieu Ménage*, p. 115. — Pocquet de Liv., p. 19.)

(2) Elle obtient cinq facultés avec les mêmes priviléges : « studium generale iisdem fruiturum privilegiis ac cætera studia generalia Parisiis, Bononiæ, Senis et Andibus florebant. » — Confirmée, en 1491 seulement, par Charles VIII, elle ne paraît avoir eu de réalité qu'après cette époque et l'emprunt qu'elle fit alors à l'Université d'Angers d'un professeur pour son chancelier.

1464. — Statuts de la Faculté de théologie et accord passé par elle avec celle de droit pour une vacance réciproque de leurs cours le lendemain du jour où il sera créé un docteur dans l'une d'elles.
<small>Archives de M. et L., D. 6. p. 174. — Pocquet de Liv., p. 34.</small>

1472. — On commence la construction du bâtiment des grandes écoles. Il est inauguré, par les professeurs en droit, le 11 octobre 1477.
<small>Arch. de M. et L., G. 1180. — Bibl. d'Angers, mss. 1026, art. XIX. — * Manuscrit de Guillaume Oudin, dans la Revue de l'Anjou, 1857, t. Ier. p. 130. — Pocquet de Liv., p. 36, 37.</small>

1475 N. St. (9 février). — Louis XI, mettant la main sur le duché apanage du roi René, institue la Mairie d'Angers et transfère aux officiers municipaux la conservation des privilèges royaux de l'Université.
<small>* Privilèges de la Ville et Mairie d'Angers, p. 9. — Lecoy de la Marche, le Roi René, t. I, p. 393-400; id., II, 354 et suiv. — Pocquet de Liv., p. 38, 39.</small>

— **(8 mars).** — Les docteurs se plaignent du maire au Chapitre et prient Messieurs les chanoines que les sermons et le service cessent jusqu'à ce que le vice-maire et les échevins aient satisfait aux injures qui ont été faites aux écoliers. Il ne fut pas résolu de cesser le service, mais d'assembler les parties dans le réfectoire, afin de les accorder (1).
<small>Bibl. d'Angers, mss. 658. Extraits des reg. capitulaires, par le chan. Dumesnil, p. 856.</small>

1475-1477. — L'imprimerie et ses premiers produits s'introduisent à Angers (2).
<small>Brunet, Manuel du Libraire, suppl., p. 62. — Ordonnances des Rois, t. XVIII, p. 114, 115.</small>

1478 N. St. (12 mars). — Ordonnance du roi adressée aux maire et échevins d'Angers pour empêcher les assemblées nocturnes et faire punir les jureurs, blasphémateurs et gens de mauvaise vie, «... de divers estats et mesmement aucuns qui se disent escoliers. »
<small>* Privilèges de la Ville et Mairie d'Angers, p. 1076 à 1079. — V. Godard-Faultrier, * l'Anjou et ses monuments, t. II, p. 370.</small>

<small>(1) L'Université de Paris avait longtemps donné l'exemple de recourir à ce moyen de se faire rendre justice dans ses différends avec les officiers du roi ou de la ville; mais dès 1446, Charles VII l'y avait fait renoncer, en refusant de prendre par lui-même connaissance de ses affaires et la soumettant au Parlement. Celle d'Angers devait trouver dans Louis XI un juge non moins sévère. Il y eut, en effet, à cette occasion exil de plusieurs notables qui comptaient parmi ses membres ou ses suppôts. — Voir le Manuscrit de Guillaume Oudin, p. 11.

(2) Angers occupe le quatrième rang dans l'histoire de l'imprimerie en France pour sa publication, en février 1476, d'un ouvrage intitulé Rhetorica nova Marci Tullii Ciceronis, in-4°; mais dès 1474, Pierre Schœfer, gendre de Fust, et Conrad Hanequis, libraires à Mayence, y avaient un dépôt de livres que Louis XI, après la mort d'Hermann Statlhoen, leur représentant, fit saisir provisoirement pour paiement du droit d'aubaine.</small>

1479 (juin). — L'Université propose au chapitre d'élire pour évêque Auger de Brie, licencié en droit et ancien recteur. L'élection a lieu, mais n'est pas confirmée.
<small>Biblioth. d'Angers, mss. 692. Extraits de Jacq. Rangeard. — Pocquet de Liv., p. 41.</small>

1481 (10 octobre). — L'Université est représentée à l'enterrement du roi René par son recteur, ses docteurs en théologie et ceux de droit canon. Vingt écoliers et licenciés portent le corps.
<small>Lecoy de la Marche, *le Roi René*, t. II, p. 390, 392. — Hiret, *Antiquités d'Anjou*, p. 455. — V. Godard-Faultrier, *l'Anjou et ses monuments*, t. II, p. 361, 362. — Pocquet de Liv., p. 42.</small>

1483. — Charles VIII confirme les priviléges de l'Université. Il en interdit la connaissance au maire et autres officiers de la mairie, ainsi que celle des faits et affaires du corps.
<small>* *Priviléges de l'Université*, p. 38-41. — Pocquet de Liv., p. 43, 44.</small>

1484. — Le professeur en droit Jean Binel est un des deux députés du tiers-état aux Etats-Généraux de Tours.
<small>*Journal* de Jean Masselin, in-4°, p. 725. — Pocquet de Liv., p. 51, 52.</small>

— (12 juin). — Modifications diverses introduites par le roi dans la constitution de la mairie. Les fonctions de conservateur des priviléges royaux sont rendues au sénéchal et au prévôt. L'Université acquiert le droit de se faire représenter à l'élection du maire fixée pour toujours au 1er mai (1).
<small>*Ordonnances des Rois*, t. XIX, p. 366-367.</small>

— (14 septembre). — Bref du pape Innocent VIII annonçant son élection aux docteurs et aux écoliers.
<small>Bibl. d'Angers, mss. 1026 (Notes de P. Rangeard), art. XVII. — Pocquet de Liv., p. 29.</small>

1486 (dimanche 20 août et jours suivants). — On joue à Angers le mystère de la passion composé par le scientifique docteur Jean Michel. La nation d'Anjou de l'Université contribue aux frais.
<small>C. Port, * *Inventaire des Archives anciennes de la Mairie*, p. 342-352. — Bibl. d'Angers, mss. 1026 (Notes de P. Rangeard), art. XXIX. — Pocquet de Liv., p. 46-48.</small>

1488 N. St. (14-20 janvier.) — A l'occasion de la guerre entre la France et la Bretagne, les écoliers bretons sont admis à jurer sur la croix de Saint-Laud qu'ils sont fidèles serviteurs du roi.
<small>P. Marchegay, *Notices et pièces historiques sur l'Anjou*, 1872, p. 311-320. — Pocquet de Liv., p. 49.</small>

1492 (8 août). — Le maître-école Guy Pierres, avec l'appui du chapitre de la cathédrale, sollicite du parlement la réforme de l'Uni-

---

<small>(1) Un docteur régent de l'Université, messire Marc Travers, assista, comme son député, au grand Conseil du roi, où était d'ailleurs Jean Binel, en sa qualité de juge ordinaire d'Anjou.</small>

versité, *tam in capite quam in membris.* Le procureur général et les suppôts plaident contre lui. On nomme des commissaires pour procéder à l'enquête.

<small>Bibl. d'Angers, mss. 658. Extraits du chan. Dumesnil, p. 856, 857.</small>

1493. — L'Université donne un avis favorable au traité de Senlis, conclu le 23 mai.

<small>Pocquet de Liv., p. 54.</small>

1494 (26 avril, 10 mai). — Nouvelles instances du maître-école à fin de réformation de l'Université. MM. de Hacqueville, président, et Daniel, conseiller au parlement, rédigent des statuts, en 31 articles, relatifs — aux assemblées générales de l'Université, — à la condition et aux droits des écoliers, etc., et, pour le plus grand nombre, au régime de la Faculté des droits (1). — On règle accessoirement les droits du maître-école, ainsi que la nomination du recteur et des principaux dignitaires. Une première réclamation des nouvelles facultés pour être admises au partage des revenus et des honneurs est mentionnée au procès-verbal, mais reste provisoirement sans effet.

<small>Arch. de M. et L., D. 6. *Cartulaire*, p. 230 à 237. — Pocquet de Liv., p. 53 à 59, *passim.*</small>

— **(11 mai).** — Conclusion de l'Université pour réprimer les brigues dans les élections et régler les gages ou salaires des maîtres.

<small>Arch. de M. et L., D. 6, p. 203 à 208.</small>

1495 (mars et avril). — Un professeur de l'Université est envoyé à Lyon *civium omnium nomine,* pour solliciter du roi l'établissement d'un parlement à Angers.

<small>Bibl. d'Angers, mss. 692. Extraits de Jacq. Rangeard. — *Archives anc. de la Mairie,* BB. 9, fol. 45. — Pocquet de Liv., p. 60.</small>

1498. — Mort de Jeanne de Laval, seconde femme et veuve du roi René. L'Université, dans la cérémonie de la sépulture, lui rend les mêmes honneurs qu'à son mari.

<small>Pocquet de Liv., p. 61, 62.</small>

— **(Janvier)** — Louis XII confirme les priviléges des écoliers de l'Université d'Angers, « que molestent les officiers municipaux de cette ville, et enjoint au sénéchal d'Anjou, conservateur des priviléges de ladite Université, de veiller à ce que les officiers municipaux ne s'entremêlent en quoi que ce soit de tout ce qui la concerne. »

<small>Ordonnances des Rois, t. XXI, p. 157. — * Priviléges de l'Université, p. 42 et 45.</small>

<small>(1) Un calendrier des fêtes où les écoles devaient vaquer fut dressé par les commissaires et demeura deux siècles en usage.</small>

— Le nouveau roi vient à Angers et est reçu par l'Université.

J. de Bourdigné, *Chroniques d'Anjou*, édition de Quatrebarbes, t. II, p. 281. — Barth. Roger, *Histoire d'Anjou*, p. 384.

1499 (9 avril). — Querelle entre les écoliers de l'Université et les gentilshommes, à propos du pas d'armes.

J. de Bourdigné, t. II, p. 284. — Pocquet de Liv., p. 63, 64.

Seizième siècle. — **1501 N. St. (6 mars).** — Arrêt du parlement rendu sur la poursuite du maître-école pour compléter la réforme des précédents commissaires. — On règle la participation des trois dernières facultés aux honneurs ou charges et aux profits, ainsi que le rang des docteurs en théologie dans les assemblées, marches et processions.

1503 (septembre). — Procès-verbal de sentences rendues du 6 au 31 octobre 1502 par messire Guy Arbaleste, président aux enquêtes, en interprétation de l'arrêt de 1501, et nouvel arrêt du 7 septembre 1503, qui homologue ce procès-verbal.

Archiv. de M. et L., D. 7, p. 239 et suiv., et D. 31. — Bibl. d'Angers, mss. 1017, p. 25 à 47. — Id., mss. 1029, t. I, Procédures.

— Jules II fait part de son élection à la papauté.

Bibl. d'Angers, mss. 1026 (Notes de P. Rangeard), art. XVII. — Pocquet de Liv., p. 77.

1509 N. St. — Révision par ordre du roi de la Coutume d'Angers. — L'Université figure à la séance finale comme un corps séparé, après le clergé, la noblesse et la justice, et avant les représentants de la ville.

Blordier-Langlois, *Angers et l'Anjou sous le régime municipal*, p. 28-29 et 355-358. — François Mingon, *Commentaire sur la Coutume d'Anjou*, 1550, fol. 285.

1511. — Concile ou conciliabule de Pise. Deux docteurs régents en droit y sont députés.

Pocquet de Liv., p. 78, 79.

1512 (14 avril). — Bulle du pape Léon X relative à son exaltation et priant l'Université de faire une procession pour le succès des entreprises des chrétiens contre les Turcs.

Bibl. d'Angers, mss. 1026 (Notes de P. Rangeard), art. XVII. — Pocquet de Liv., p. 77.

1513 (31 août). — Arrêt du parlement qui homologue un concordat fait l'année précédente entre la Faculté des droits et les autres (1).

Concordats et règlements de l'Université d'Angers, p. 1 à 4. — Bibl. d'Angers, mss. 1017, p. 117 à 158. — Pocquet de Liv., p. 80, 81.

---

(1) Jean de Pincé, lieutenant du sénéchal d'Anjou, s'occupa, au cours de 1515, de la notification de l'arrêt aux parties intéressées, et l'Université, après de nouveaux pourparlers, le reçut définitivement à la date du 29 octobre de ladite année. Il procura à l'Université un repos prolongé. En voici le sommaire : « Facultatibus Theologiæ, Medicinæ et Artium una tantum affectatur rectoria ; reliquæ

1515 N. St. (février). — Confirmation des Priviléges par François Ier.
_{* Priviléges de l'Université, p. 46.}

1518 (5 mars). — Danses morisques par les écoliers des nations de l'Université et procession générale de l'Université, en réjouissance de la naissance du dauphin, fils du roi.
_{Pocquet de Liv., p. 86.}

— (7 juin). — François Ier vient à Angers et est harangué par le professeur François Lasnier, au nom de l'Université.
_{Pocquet de Liv., p. 84. — J. de Bourdigné, Chroniques d'Anjou, t. II, p. 319, 320.}

— (décembre). — L'Université obtient des lettres du roi pour obliger l'évêque aux réparations de son palais épiscopal (1).
_{Bibl. d'Angers, mss. 1026 (Notes de P. Rangeard), art. XXIX. — * Inventaire analyt. des Archives anc. de la Mairie, p. 361, 364. — Pocquet de Liv., p. 86.}

1519 (15 juin). A la nouvelle que le cardinal-évêque du Mans (Philippe de Luxembourg) a, par son testament, donné 10,000 livres pour fonder un collége à Paris, ou 6000 livres pour le fonder à Angers, la ville, appréciant l'utilité de cette fondation, se joint à l'église et à l'Université, pour demander que la fondation se fasse à son profit (2).
_{Archives anc. de la Mairie, BB. 17, fol. 52. — Pocquet de Liv., p. 87.}

1523. — Querelle entre les étudiants et le prévôt des marchands jugée en faveur de l'Université.
_{Bourdigné, Chroniques, t. II, p. 336-337. — Hiret, Antiquités d'Anjou, p. 473-474.}

— La duchesse d'Anjou l'exempte du subside de guerre requis par le roi son fils (3).
_{* Priviléges de l'Université, p. 50 à 52.}

1530 (30 avril, 7 mai). — François 1er, à la demande d'Henri VIII, fait examiner le cas du divorce de ce monarque. Les facultés de droit et celle de théologie se prononcent en sens contraire.
_{Pocquet de Liv., p. 92, mss. 1027. — Voir aussi notre article sur ces Consultations dans la Revue de l'Anjou, 1874, t. I, p. 355.}

---

tres pertinent ad Facultates Jurium. — Ordo incedendi inter doctores Jurium et Theologiæ. — Aperturæ arcæ. — Sedes Procuratoris Generalis in Collegio. — Ordo emittendi suffragii. — Artista quando possit esse Rector. — Officium Procuratoris Nationum quibus competit? — Quibus Procuratoris generalis ? »

(1) L'intérêt que l'Université y avait, tenait à ce que les réceptions des licenciés en droit et des docteurs en théologie s'étaient faites longtemps dans la grande salle du palais. La reconstruction un peu lente d'une partie de ses bâtiments avait obligé de faire ailleurs la cérémonie.

(2) La fondation eut lieu à Paris par l'établissement du collége du Mans, dans le voisinage de celui de Sainte-Barbe.

(3) L'Université ne profita pas de cette exemption ; elle se taxa elle-même à 2,000 livres, somme importante pour l'époque. — Pocquet de Liv., p. 89.

1539 (31 octobre). — Tenue des grands jours à Angers. — Le procureur du roi avertit les maire, échevins et autres de la ville, que le lendemain se doit faire la réformation de l'Université; il les invite à aviser aux remontrances qu'ils doivent faire (1).

Archives anc. de la Mairie, BB. 21, fol. 113.

1542 (15 mai). — Arrêt du parlement qui interdit le cumul des fonctions de juge et de celles de professeur en droit, et qui prescrit le concours pour l'adjudication des chaires.

Arch. de M. et L., D. 7, fol. 280-283 — Pocquet de Liv., p. 96; *Id*., mss. 1028, p. 2.

— (juin). — Entrée de Gabriel Bouvery, évêque d'Angers, et banquet où l'Université figure pour cent personnes.

Revue de l'Anjou, 1869, t. V, p. 62: *Deux banquets*, par M. C. Port.

1547. — Le nouveau roi Henri II confirme les privilèges.

Priviléges de l'Université, p. 54. — Pocquet de Liv., mss, 1027, p. 102.

1551. — Création des présidiaux. — Celui d'Angers est installé au mois de juin de l'année suivante (2).

Blordier-Langlois, *Angers et l'Anjou*, p. 53. — Pocquet de Liv., p. 103.

1560 (mars). — Confirmation des priviléges par Charles IX.

Priviléges de l'Université d'Angers, p. 56-57.

— Les troubles causés par les guerres de religion ont suspendu les études. Mais, à partir de l'édit de paix, « les escolliers viennent et » retournent chacun jour, en grand nombre, en la ville et Université » pour leurs études (juin 1563). »

Archives anc. de la Mairie, BB. 27, fol. 8 — Pocquet de Liv., p. 103.

1561. — L'ordonnance d'Orléans généralise l'institution de la prébende théologale (art. 8) et institue en outre une prébende « pour l'entretenement d'un précepteur, qui sera tenu, moyennant ce, ins-

---

(1) Les mots « réformation » et « décadence » reparaissent fréquemment en ce siècle dans les registres de la mairie, soit qu'il s'agisse des absences des professeurs, des désordres et des batteries des écoliers, soit que l'on veuille réclamer contre les priviléges des suppôts de l'Université. Quoique nous n'ayons pu compulser, ce que nous regrettons, les deux volumineux registres des Grands-Jours d'Angers qui se trouvent aux Archives nationales, nous ne croyons pas que l'on y doive trouver autre chose cette fois. Chopin qui mentionne, *Traité des Domaines*, liv. III, tit. 27, un arrêt des Grands-Jours, qui serait précisément de la date que nous avons indiquée, ne dit absolument rien de son contenu.

(2) Pocquet de Livonnière attribue, on ne sait sur quel fondement, cette institution de Henri II à un conseil donné par François Callon, ancien professeur en droit, à Angers, et qui avait siégé plusieurs fois aux Grands-Jours de la province.

truire les jeunes enfans de la ville gratuitement et sans salaire » (art. 9).
— L'art 105 annonce l'intention de réformer les Universités (1).

<small>Ordonnances des Rois, Fontanon, t. I, p. 47. — Isambert, Recueil des lois, t. XIV, p. 33 et suiv.</small>

1563-1565. — Création du tribunal des Juges-Consuls à Angers, malgré l'opposition de différents corps constitués, et, parmi eux, l'Université.

<small>Blordier-Langlois, Angers et l'Anjou, p. 360, 362.</small>

1565 (5 novembre). — Venue de Charles IX à Angers. Le docteur en droit Michel Commeau le harangue au nom de la compagnie.

<small>Archives anc. de la Mairie, BB. 30, fol. 230. — Revue de l'Anjou, 1854, p. 284, Journal de Louvet. — Pocquet de Liv., p. 107, 108.</small>

1570 (26 février). — Commission d'Henri de Valois, duc d'Anjou, frère de Charles IX, pour faire un état des revenus de l'Université. — Il s'occupe avec sollicitude de l'amélioration des études de droit.

<small>Bibl. d'Angers, mss. 1026, art. III. — Papire Masson, de Statu Andegavensis Academiæ, 1571. — Discours (de Pierre Ayrault) à M. le duc d'Anjou sur la restauration de l'Université d'Angers. — Pocquet de Liv., p. 110 ; Id., mss. 1028, p. 9.</small>

1576. — Confirmation des priviléges de l'Université par Henri III. — En 1577, il sépare du tribunal de la sénéchaussée, en faveur d'un titulaire spécial, la charge de conservateur des priviléges royaux. La réunion est de nouveau opérée en 1580, et le roi, en 1587, renouvelle l'ensemble des priviléges.

<small>Edits et Ordonnances des Rois, par Fontanon, t. I, p. 332. — Priviléges de l'Université, p. 58 et suiv. — Pocquet de Liv., p. 118, 119.</small>

1578 (15 avril). — Entrée du duc d'Alençon, nouveau duc d'Anjou, frère du roi.

<small>Archives anciennes de la Mairie, BB. 35, fol. 533.</small>

1579. — Ordonnance de Blois. Les articles LXVII à LXXXVIII concernent les Universités.

<small>Recueil d'Isambert, t. XIV. — G. Picot, Histoire des Etats-Généraux, 1872, t. III.</small>

1588. — Etats de Blois. — Pierre Marquis, prieur claustral de l'abbaye de Saint-Nicolas (2), et Marin Liberge, docteur régent en droit, y figurent comme députés de l'Anjou.

<small>Recueil général des Etats-Généraux, Paris, 1651. — J. Fr. Bodin, Recherches hist. sur l'Anjou, t. II, p. 565, 566.</small>

<small>(1) La théologale existait dès 1441 dans l'église d'Angers, en exécution des conciles de Latran et de Bâle. Pour la préceptoriale, elle fut, à quelques années de là, entre l'évêque et l'Université, l'occasion d'un procès en parlement, où Pierre Ayrault et René Chopin furent adversaires. — On laissa les choses en l'état. — V. Pocquet de Liv., p. 109</small>

<small>(2) Il était docteur de la Faculté de théologie et avait siégé aux premiers Etats de Blois, en 1576, avec l'évêque Guillaume Ruzé.</small>

1589-1590. — Troubles de la ligue à Angers. L'Université demeure dans le parti du roi (1).

<small>Mourin, *la Réforme et la Ligue en Anjou.* —Bibl. d'Angers, Pocquet de Liv., mss. 1028. p. 9 et 10. — *Journal de Louvet*, p. 113 et suiv.</small>

1596 (avril). — Confirmation des Priviléges, par Henri IV. — Cet acte daté de Paris est renouvelé en 1598 (10 mars), par le roi, de séjour à Angers, avec des éloges flatteurs pour l'Université. A la demande du docteur Liberge, qui l'avait harangué, il accorde à ce corps une dotation spéciale.

<small>*Priviléges de l'Université d'Angers*, p. 7 et suiv — Gilles Bry, *"Advenue et entrée du Roi en la ville d'Angers.* — Pocquet de Liv., p. 135.</small>

— La même année il nomme un lecteur et professeur royal de langue grecque, à Angers.

<small>*Revue de l'Anjou*, 1872 : *Deux hellénistes de l'Université d'Angers*, art. Jean Sursin, par L. de Lens.</small>

— La même année encore, il commence la réforme de l'Université de Paris. Les statuts en sont publiés au mois de septembre 1600 (2).

<small>Ch. Jourdain, *Histoire de l'Université de Paris au XVIe et au XVIIe siècle.*</small>

Dix-septième siècle. — **1601 (19 mars).** — Par conclusion spéciale, l'Université rend honneur à la mémoire du lieutenant criminel Pierre Ayrault, lui décerne le titre de *Parens academiæ*, en témoignage des services qu'elle a reçus de lui, et prie le roi de conserver au fils du défunt la charge occupée par celui-ci durant trente-trois années.

<small>Voir G. Ménage, *Remarques sur la vie de P. Ayrault*, p. 165, 166, pour la teneur de cette conclusion. — Pocquet de Liv., p. 140.</small>

1607 (19 mars). — Arrêt du conseil du roi, qui maintient à l'Université par préférence et privativement à tous autres la jouissance du droit d'appétissement (3).

<small>Pocquet de Liv., p. 150 et suiv.</small>

---

(1) Il n'y a guère d'exception à faire que pour un ou deux docteurs en théologie, particulièrement pour René Giraud, dont on reverra le nom dans l'histoire de la Faculté.

(2) L'ordonnance du roi ne s'appliquait expressément qu'à la seule Université de Paris ; mais les historiens ne se sont pas mépris sur sa portée. M. Chéruel, *De l'administration monarchique en France*, t. Ier, p. 239, s'exprime ainsi : « La réforme des Universités..... mit un terme à l'anarchie qui avait pénétré dans l'instruction publique comme dans toutes les parties de l'administration. » M. Henri Martin, après avoir décrit en quelques mots l'esprit et les avantages des nouveaux règlements, conclut en ces termes : « Tout cela fut tellement sain et durable qu'au fond nous en vivons encore. » (*Histoire de France*, t. X, p. 477-478.)

(3) L'appétissement (ce mot, dans Ducange et Littré, est écrit *apetissement* » et signifie « diminution ») consistait dans un prélèvement sur les droits d'octroi du vin vendu en ville. Les cabaretiers d'Angers avaient réclamé ; mais la ville, après avoir consulté les paroisses, repoussa leurs prétentions.

1611. — Louis XIII confirme les priviléges de l'Université.
* *Priviléges*, p. 91. — Pocquet de Liv., p. 147, 148.

— **(9 août).** — Arrêt du parlement, qui maintient les règlements précédents concernant l'admission à la charge et dignité de recteur, et y admet néanmoins les docteurs régents en l'Université.

— **(2 septembre).** — Conclusion de l'Université, réunie en assemblée générale, relative aux gages des professeurs en droit et aux devoirs de leur charge, en ce qui concerne l'enseignement.
V. pour ces deux pièces : * *Concordats et règlements de l'Université*, p. 5-7. — Pocquet de Liv., p. 149.

1614. — Convocation des Etats-Généraux. (*Voir* l'année 1629.)

— **(8 août).** — Le jeune roi vient à Angers avec la régente sa mère. L'Université, en robes rouges, leur fait sa harangue par la bouche du recteur.
Journal de Louvet.

1619 (10 octobre). — Nouvelle réception faite à Marie de Médicis, qui fixe pour un temps sa résidence à Angers.
Journal de Louvet. — Claude Ménard : * *Récit et véritable discours de l'entrée de la royne mère*. — Angers, 1619, in-4°.

1620. — Etablissement des PP. de l'Oratoire à Angers par la protection de la reine-mère. L'Université leur confie le collége d'Anjou, en 1624, malgré l'opposition de plusieurs de ses membres, principalement de la Faculté des arts.
Pocquet de Liv., p. 154 à 156, 160, 170 et 174, 180 et 181.

* **1625 (7 avril).** — Union de l'Université d'Angers avec celles de Paris et de Valence pour s'opposer à l'érection par les Jésuites de nouvelles Universités à Tournon et à Angoulême.
Ch. Jourdain. — *Histoire de l'Université de Paris*, p. 107-109. — Le *Mercure Jésuite*, 2ᵉ édition, 1631, p. 130. — Bibl. d'Angers, mss. 1026, Notes de P. Rangeard, art. XV.

1629 (Janvier). — Ordonnance sur les plaintes des Etats assemblés à Paris en 1614 et de l'Assemblée des notables réunis à Rouen et à Paris en 1617 et 1626. — Cette pièce contient (art. 43 à 51) des règlements relatifs aux Universités et à leurs priviléges.
G. Picot, *Hist. des Etats-Généraux*, t. IV. — Recueil d'Isambert, t. XVI, p. 235 et suiv.

1630 (28 juin). — Arrêt du parlement qui maintient Gabriel Boylesve en possession de la charge de chancelier et maître-école en l'Université d'Angers, pour y avoir séance et voix délibérative ainsi qu'ont fait ses prédécesseurs (1).
Bibl. d'Angers, mss. 1029, t. I. Pièces de procédure (en un cahier de 26 pages).

---

(1) Les contestations, qui remontaient à 1624 et même auparavant, se continuèrent dans les années qui suivirent l'arrêt, et reprirent plus tard, sous le successeur de Gabriel Boylesve. Nous en parlerons à l'article *Maîtr'écoles*.

APERÇU CHRONOLOGIQUE. DIX-SEPTIÈME SIÈCLE.

1643 (août). — Confirmation des priviléges par Louis XIV; elle est renouvelée en février 1687, Versailles, et de nouvelles lettres pour cause de surannation sont accordées au mois d'avril 1700.

Priviléges de l'Université, p. 108 et suiv.

1652. — Troubles de la Fronde. Un assez grand nombre d'écoliers y prennent part comme volontaires du duc de Rohan, et un docteur régent en droit s'y compromet.

Pocquet de Liv., p. 177 à 180. — La *Revue de l'Anjou*, 1853, t. II, Article de M. Eug. Berger.

1653 (17 janvier). — Arrêt du parlement qui homologue une conclusion de l'Université du 2 août 1649 et une transaction faite entre toutes les Facultés et toutes les Nations de ladite Université, le 14 décembre 1652.

* *Concordats et règlements*, p. 11 à 20. — Pocquet de Liv., p. 182, 183.

1664 (6 septembre). — Nouvel arrêt du parlement homologuant une nouvelle transaction du 9 mai précédent (1).

* *Concordats et règlements*, p. 25 à 30.

1664-1665. — Charles Colbert, frère du surintendant, étudie en exécution des ordres du roi les personnes et les choses de la généralité de Touraine.

P. Marchegay, *Archives d'Anjou*, t. I, p. 125-127 (2).

1674-1678. — Le roi fait défense d'enseigner la philosophie de Descartes. Les résistances de la congrégation de l'Oratoire donnent lieu à l'exil de plusieurs de ses professeurs (3).

* *Relation fidèle de ce qui s'est passé dans l'Université d'Angers au sujet de la philosophie de Descartes en exécution des ordres du roi* (Par le dr François Babin), 98 p. in-4o, Angers. — Pocquet de Liv., p. 253-268. — J. Dumont, *l'Oratoire et le Cartésianisme en Anjou*, dans les *Mémoires de la Société académique*, t. XV. — L. de Lens: *la Philosophie en Anjou*, p. 16 à 22.

1676-1678. — Querelle du Jansénisme (4).

François Babin, * *Récit de tout ce qui s'est passé dans l'Université d'Angers pendant les années 1676, 77, 78, au sujet de la doctrine de Jansénius et de la signature du formulaire en exécution des ordres du roy*, 1679. — L'abbé Pletteau, *Le Jansénisme et l'Université d'Angers*. — Pocquet de Liv., p. 268 à 302.

---

(1) Cet acte et, après lui, une dernière transaction du 24 juillet 1668, à laquelle toutes les Facultés prirent part, termina pour un temps les querelles de l'Université qui, désormais, ne se renouvelèrent plus avec la même suite ni la même intensité, au moins entre tous ses membres. Les rangs et les droits de chaque corps se trouvaient réglés, et une répartition plus équitable des revenants bons était accordée.

(2) Le rapport fait au roi et à son conseil contient quelques remarques sur l'Université d'Angers, et aussi sur *l'Université de Saumur*. L'auteur désigne ainsi, en se reprenant ensuite toutefois, l'académie protestante fondée, en 1600, par Duplessis-Mornay et qui allait être supprimée vingt ans après.

(3) Nous renvoyons pour les détails à l'histoire des différentes Facultés et particulièrement à celle de la Faculté des arts, liv. V.

(4) V. le livre III, *Faculté de Théologie*.

1679 (avril). — Edit du roi portant règlement pour le rétablissement des études des Droits canonique, civil et françois. Il est promulgué solennellement à Angers le 3 juillet 1680 par l'intendant de la généralité de Touraine.

<small>* *Récit de ce qui s'est passé dans les assemblées de la Faculté des droits de l'Université d'Angers, en exécution de l'édit du mois d'avril* 1679 ; Angers, Ol. avril 1680. — * *Règlements de la Faculté de droit d'Angers*, p. 1, 7 ; 14-20. — Pocquet de Liv., p. 310 et suiv.</small>

1680 (mai). — La ville établit une chaire de mathématiques et la joint au collége des PP. de l'Oratoire.

<small>*Archives anc. de la Mairie*, BB. 96, fol. 11 à 16. — Pocquet de Liv., p. 313, 314.</small>

1682 (mars). — Déclaration de l'assemblée du clergé sur les libertés de l'Eglise gallicane.

<small>*Règlements de la Faculté des droits*, p. 37-43. — Pocquet de Liv., p. 325.</small>

1685 (juin). — Erection de l'Académie royale des belles-lettres d'Angers.

<small>Pocquet de Liv., p. 323, 524. — * *Relation de ce qui s'est passé à l'établissement de l'académie royale de belles-lettres dans la ville d'Angers* ; Angers, L. C. Barrière, 40 p. in-4°.</small>

1688 (16 décembre). — L'Université se joint au roi pour un appel au futur concile dans l'affaire de la régale.

<small>Bibl. d'Angers, II. 3799 : *Décret de l'Université d'Angers au sujet de l'appel......* — Pocquet de Liv., p. 335-339.</small>

1690-1692. — On rebâtit le collége d'Anjou. Démêlés pour la pose de la première pierre, suivis de transactions entre l'Université, la ville, et les PP. de l'Oratoire représentant la nation d'Anjou.

<small>*Archives anc. de la Mairie*, BB. 98, fol. 40-42 et 99, fol. 18. — Pocquet de Liv., p. 348-352.</small>

1699. — L'intendant de la généralité de Tours, M. de Miroménil, fait une inspection des localités et des établissements de la province.

<small>Voir son mémoire dans les *Archives d'Anjou*, de M. P. Marchegay, t. I, p. 17 et 18.</small>

Dix-huitième siècle. — 1704 (septembre). — Agrégation du séminaire à l'Université, en vertu d'un concordat fait entre elle et la congrégation de Saint-Sulpice et de lettres-patentes du roi.

<small>Pocquet de Liv., p. 403 à 415. — Le prés. Rolland, *Comptes-rendus*, t. VII, 2ᵉ part., p. 148, 149.</small>

1707 (mars). — Edit portant règlement pour l'étude et l'exercice de la médecine dans le royaume.

<small>Isambert, *Recueil des anciennes lois*, t. XX. — Pocquet de Liv., p. 402.</small>

1715. — René Robert des Marchais, professeur en droit, devient maire d'Angers et demeure en charge jusqu'en 1720, ayant été réélu sept fois.

<small>*Archives anc. de la Mairie*, BB. 103 et suiv. — J. F. Bodin, *Recherches historiques sur l'Anjou*, t. II, p. 532 et 577.</small>

APERÇU CHRONOLOGIQUE. DIX-HUITIÈME SIÈCLE.

1716 (Juillet). — Louis XV confirme les priviléges de l'Université.
<small>*Priviléges de l'Université,* p. 159 et suiv.</small>

1718-1723. — Renouvellement du Jansénisme et du Cartésianisme au collége d'Anjou et dans d'autres écoles.
<small>Bibl. d'Angers, H. 3795, 3796. — *Lettre des hibernois et des arabes à l'Université d'Angers sur son décret du 5 décembre 1722.* — Pocquet de Liv., p. 448 et 449, 477 à 482, 485 à 490.</small>

1721. — Règlement pour le tour d'argumentation aux thèses entre les membres de l'Université; il est publié de nouveau et complété en 1741.
<small>Archives de M. et L. — Bibl. d'Angers, H. 3799. — Pocquet de Liv., p. 467 à 472.</small>

1722. — On s'unit aux autres Universités pour s'opposer à l'érection de celles de Pau et de Dijon.
<small>Ch. Jourdain, *Hist. de l'Université de Paris,* p. 359. — Pocquet de Liv., p. 485.</small>

1728. — Arrêt du parlement qui réduit de quatre à deux, au profit des docteurs séculiers, le nombre des réguliers ayant entrée au collége de l'Université.
<small>Bibl. d'Angers, mss. 1017, p. 224-229; *Id.,* 1019, *passim.* — Pocquet de Liv., p. 428-431.</small>

1731 (10 mars). — Arrêt du conseil du roi, qui prescrit aux Facultés un silence général et absolu, au sujet des disputes des deux puissances.
<small>Isambert, *Recueil des anc. lois,* t. XXI. — *Règlements de la faculté des droits d'Angers,* p. 203-205.</small>

1750 (9 mai). — Placet adressé au roi par l'Université pour s'opposer à la désunion des fonctions d'avocat et de procureur, sollicitée par le présidial.
<small>Bibl. d'Angers, Hist. 3799.</small>

1761-1762 (6 août). — Arrêt du parlement qui supprime les établissements des Jésuites et demande des mémoires aux Universités pour pourvoir à l'éducation de la jeunesse (1).
<small>Isambert, *Recueil des anc. lois,* t. XXII, p. 311 et suiv.; 328-378 et suiv.</small>

1762 (1er février et 22 juillet). — Mémoires en réponse aux demandes du parlement.

1764 (22 mars). — Nouveau mémoire de l'Université pour sa réorganisation.
<small>Archives de M. et L., D. 2, p. 17 et suiv. — *Comptes-rendus* du président Rolland, t. VII, 2e partie p. 141 à 143, 146 à 148. — *Plan d'éducation,* par le même, *passim.*</small>

1765 (28 juin). — La réorganisation de la mairie comprend l'Université pour la nomination d'un notable et le droit d'avoir un de ses membres présent aux séances de l'hôtel de ville.
<small>Archives de M. et L., D. 3, fol. 9. — Blordier-Langlois, *Angers et l'Anjou,* p. 314, 315.</small>

<small>(1) L'ordre des Jésuites ne possédait pas en Anjou d'autre établissement d'éducation que le collége de La Flèche, dont le vide était naturellement comblé par les maisons d'Oratoriens de Saumur et d'Angers; mais l'Université se préoccupa très-vivement, comme elle y était d'ailleurs invitée, des résultats que cet événement pouvait avoir pour une réorganisation de l'instruction publique.</small>

1767 (7 juillet). — Arrêt du parlement qui homologue une transaction faite entre l'Université d'Angers, les professeurs et docteurs agrégés de la Faculté des droits et les autres Facultés de la même Université, le 23 juin précédent (1).

<small>Bibl. d'Angers, Hist. 3799. — Id., mss. 1029, t. II, passim, pour les pièces de procédure.</small>

1770 (29 mai). — Arrêt du parlement qui homologue un règlement de l'Université d'Angers pour les maîtres ès-arts, répétiteurs et maîtres de pension, compris sous la dénomination générale de pédagogues.

<small>Arch. de M. et L., D. 3. — Bibl. d'Angers, imprimés, Hist. 3799.</small>

1771 (6 juin). — Félicitations et hommages adressés au comte de Provence, frère du roi, en sa qualité de duc d'Anjou (2).

<small>Bibl. d'Angers, Hist. 3799.</small>

1772. — L'Université appuie par un mémoire la demande que fait la ville de l'établissement d'une cour de justice à Angers.

<small>Arch. de M. et L., D. 3. — Archives anc. de la Mairie, BB. 125, fol. 106.</small>

1776. — Affiliation à l'Université du collège de la Flèche confié aux Pères de la Doctrine chrétienne.

<small>Archives anciennes de la Mairie, BB. 127, fol. 108. — Comptes-rendus du prés. Rolland.</small>

1788. — Adhésion à la demande faite pour le rétablissement des anciens États de la province.

<small>Archives anc. de la Mairie, BB, 133, fol. 6-9.</small>

— (2 juin). — La ville se préoccupe d'un projet de translation de son Université à Tours.

<small>Archives anc. de la Mairie, BB. 132, fol. 135.</small>

1789 (février et mars). — Les Facultés de droit, de médecine et des arts, et plusieurs de leurs membres individuellement, sont convoqués par le Conseil de ville pour préparer la nomination des députés aux États-Généraux. — L'Université exerce son influence sur la rédaction des cahiers de la province (3).

<small>Archives anciennes de la Mairie, BB. — Bibl. d'Angers, Hist. 2025 : Correspondance des députés de l'Anjou, t. I, p. 38 et suiv. Angers, Pavie, 1789.</small>

---

(1) Cette affaire remontait à 1741. Dès 1761, l'Université, à la sollicitation de L. J. Guillier de la Tousche, l'un des professeurs de droit, avait manifesté l'intention de renoncer à tous procès pendants entre ses membres. Elle s'applaudit six ans plus tard d'y être parvenue. Voir la séance générale, du 24 décembre 1767, tenue lors de la réception de l'arrêt. (*Arch. de M.-et-L., D. 3.*)

(2) L'année suivante, la Faculté de droit dédia au prince les exercices de droit français qu'elle avait établis pour les étudiants et que présidait alors le plus distingué de ses professeurs, François Prévost.

(3) Voici quelques extraits des *Vœux et demandes des communes des cinq sénéchaussées de la province d'Anjou*, rédigés dans l'Assemblée générale d'Angers le 19 mars 1789.

« Nous chargeons les États généraux d'accomplir enfin le vœu des vrais ci-

1790 (19 février). — L'assemblée constituante abolit les vœux de religion; elle supprime les congrégations religieuses, mais sans se prononcer encore sur les maisons consacrées à l'éducation publique.

<small>*Moniteur universel*, du 20 février. — *Correspondance des députés*, t. IV, p. 164 et suiv.</small>

— **(9 juillet).** — Décret qui supprime les messageries des Universités. — Il est notifié à Angers le 15 octobre suivant.

<small>*Registres de la Mairie*, nouvelle série. — *Moniteur universel*, 11 juillet.</small>

1791 (23 avril). — Prestation du serment civique par le plus grand nombre des membres de l'Université. — Plusieurs le renouvellent, le 25 août 1792.

<small>*Journal du département de Maine-et-Loire*, t. I, nos 1 et 2.</small>

— **(11 et 25 septembre).** — Rapport de M. de Talleyrand à l'Assemblée nationale sur l'instruction publique. — Ce rapport est lu, mais sa discussion est renvoyée à la prochaine législature.

<small>*Moniteur universel*, 12 et 27 sept. — *Correspondance des députés*, t. X, p. 369 et suiv., 467, 468.</small>

1792 (5 avril). — Décret qui supprime et éteint, à dater du jour de sa publication, les corporations séculières d'hommes et de femmes, ecclésiastiques ou laïques, *sous quelque dénomination qu'elles existent en France.*

<small>*Moniteur universel* du 7 avril.</small>

» toyens, de tous les corps éclairés, et spécialement de l'Université d'Angers, qui,
» depuis un certain nombre d'années, n'a cessé de renouveler cette demande.
» L'ordre et les objets de nos études actuelles, si insuffisantes et si vicieuses,
» seront réformés, et un nouveau plan d'éducation nationale sera établi.
» Cependant il semble encore impossible que les prochains Etats généraux
» puissent statuer définitivement sur ces objets, ainsi que sur l'ensemble des
» articles antérieurs relatifs à la refonte des Codes civil et criminel.
» Il ne serait peut-être pas même à désirer qu'ils entreprissent de courir d'une
» même haleine cette immense carrière. Ce n'est point au milieu de ces nom-
» breuses assemblées, qu'on peut, sur un plan raisonnable, élever à loisir un si
» vaste édifice, et l'achever dans toutes ses parties.
» Pour ce travail épineux, il est besoin de recherches infinies et de tous genres,
» de la scrupuleuse lenteur de la critique, et de tout le silence de la méditation....
» Nous demandons ensuite que deux commissions soient nommées et établies
» par les Etats généraux.
» L'une pour s'occuper de la refonte générale des lois....
» L'autre qui aura la charge de vaquer à la réforme des études et qui sera tenue
» d'appeler dans son sein les députés des Universités, et tous ceux qui seront
» estimés avoir quelques connaissances sur cet objet. »

V.

Organisation de l'Université.

Rendue complète par les deux actes de 1432 et 1433, l'Université d'Angers était, dans toute l'étendue du terme, un corps enseignant. S'administrant d'ailleurs elle-même, dotée par les rois et les papes d'importantes prérogatives, et composée à la fois de personnes ecclésiastiques et laïques, elle réunissait, au quinzième et au seizième siècles, les conditions exigées d'une université fameuse (1). Sauf une sécularisation toujours croissante, qui sera décrite dans le dernier livre de cet ouvrage, elle a conservé jusqu'à la fin ces premiers caractères.

Elle est demeurée également la même pour la nature de ses éléments et la forme de sa constitution; aussi, en prenant pour type de son organisation ce qu'elle fait paraître d'elle-même durant les quatre-vingts ou cent années qui ont suivi les lettres-patentes de Charles VII, n'a-t-on plus à tenir compte que de peu de modifications sur chaque point, pour dire ce qu'elle est devenue jusqu'à la révolution française. Nous suivrons souvent cette marche et ne nous abstiendrons pas, non plus, d'éclairer son état nouveau par ses origines, en recourant à Pierre Rangeard, qui, de son côté, compare volontiers aux institutions, dont les archives anciennes lui fournissent le détail, le tableau qu'il avait sous les yeux dans la première partie du dix-huitième siècle.

ÉLÉMENTS DE L'UNIVERSITÉ EN GÉNÉRAL. — Deux sortes de corps ou d'éléments, corrélatifs plutôt que subordonnés, et auxquels les mêmes personnes pouvaient appartenir, quoique à

---

(1) D'après la doctrine de la Pragmatique-Sanction et du Concordat, on appelait Universités privilégiées ou fameuses, celles « in quibus viget publica scien- » tiarum professio autoritate regia et pontificia confirmata, quibus in unum » corpus coire licet, professionis suæ et communium negotiorum expediendorum » gratia. » *Dictionnaire du droit canonique* de Durand de Maillane, art. *Gradués*.

des titres différents, composaient l'Université dans son ensemble : les nations et les facultés. Les écoliers dominaient dans les premières ; les secondes étaient surtout représentées par les professeurs.

1° LES NATIONS. — L'historien que nous avons cité tout à l'heure explique ainsi qu'il suit leur formation, telle qu'elle avait eu lieu à l'origine de l'Université : « Les maîtres et écoliers natifs des mêmes villes ou originaires des mêmes provinces ou royaumes, liant plus aisément amitié entre eux à raison de la parenté, de l'uniformité des langues et des coutumes, des intérêts des Etats et des Souverains, s'unirent réciproquement dans les académies pour le commerce de la vie civile et firent bientôt la distinction des nations (1). »

L'Université de Paris, ou plutôt sa Faculté des arts, était ainsi divisée en nations ; leur existence remontait au milieu du douzième siècle. Rangeard ne décide pas à quelle époque celles d'Angers ont commencé à se former. Mais il constate que leur nombre avait varié de huit à dix, peu d'années avant la réforme que firent en 1398 MM. de Marle et Bouju, commissaires du parlement. Ces magistrats conservèrent cinq des anciennes nations, sous les noms d'*Anjou*, de *Bretagne*, du *Maine*, de *Normandie* et d'*Aquitaine*, et en ajoutèrent une sixième, la *nation de France* (2), singulière dénomination qui, rapprochée des autres, fait penser aux obstacles que la royauté a eus à vaincre pour fondre en un seul tout la patrie française.

Les six nations ont subsisté jusqu'en 1792. On songea un instant, au seizième siècle, à en ramener le nombre à quatre, comme dans l'Université de Paris, et, d'autre part, en 1600 ou environ, une certaine affluence d'écoliers allemands donna lieu à des démarches dans le but de constituer une nation d'Allemagne (3). Mais ces deux tentatives échouèrent également.

---

(1) *Hist. de l'Université d'Angers*, t. I, p. 293.
(2) *Hist. de l'Univers. d'Angers*, t. I, p. 259 et 295 ; t. II, p. 210.
(3) Mss. 1026 de la Bibl. d'Angers, art. XIV. Il y a sous ce numéro plusieurs requêtes adressées à l'Université, et une pièce à l'appui relatant les privilèges dont les postulants jouissaient dans celle d'Orléans. L'Université de Bourges, au refus de la nôtre, accueillit leur vœu. — Pocquet de Liv., p. 137.

Considérées dans leur ensemble, les nations étaient représentées par l'un des principaux dignitaires de l'Université, le procureur général. Chacune d'elles avait en outre son procureur et son bedeau particuliers. Le premier, élu ordinairement pour une année, mais sujet à réélection, était à vrai dire le chef du corps. Il présidait les réunions, inscrivait les nouveaux membres, les conseillait et les assistait au besoin dans leurs affaires. Le second, chargé du service de la nation, faisait les convocations qu'elle ordonnait et, porteur d'une masse décorée de ses armoiries (1), la précédait dans ses marches, assistait, pour y maintenir l'ordre extérieur, à ses assemblées et à ses fêtes. Celles-ci consistaient en partie dans les divertissements organisés par les écoliers et, pour une part non moins importante, en cérémonies religieuses, chaque nation ayant pour patron un saint dont elle célébrait l'anniversaire (2).

L'histoire des nations de l'Université, prise au début du quinzième siècle, présente deux périodes à peu près égales en durée, l'une de prospérité et l'autre de décadence. Puissantes et riches d'abord, elles choisissent et rétribuent leurs docteurs régents, élisent le recteur invariablement tiré de l'une d'elles, et composent presque entièrement son conseil de leurs représentants. En 1472, elles construisent à frais communs le bâtiment des Grandes-Ecoles, véritable palais universitaire, quoique destiné d'abord aux seuls cours de la Faculté de droit. Les rivalités qui se produisent dans les élections, et le développement qu'ont pris les nouvelles Facultés, amènent de 1494

---

(1) Elles sont décrites dans la *Philandinopolis* de Bruneau. Celles de la nation d'Anjou, communes à l'Université tout entière, étaient : d'azur, semé de fleurs de lis d'or, à une épée posée en pal, la pointe haute à dextre et une crosse aussi posée en pal, la pointe basse à senestre. — Bibl. d'Angers, mss. 870. — *V.* aussi mss. 995.

(2) C'était, pour la nation d'Anjou, saint Lézin, ancien évêque et comte d'Angers, que l'on fêtait le 13 février; pour celle de Bretagne, saint Yves, aussi patron des avocats (22 mai); pour les écoliers du Maine, saint Julien (27 janvier); pour la Normandie, la fête de la Conception de la sainte Vierge, qui tombe le 8 décembre; la saint Blaise (3 février), pour la nation d'Aquitaine ; et la Translation des reliques de saint Martin (4 juillet), pour celle de France. — *V.* Hiret, *Antiquités d'Anjou*, et les autres historiens Angevins.

à 1513 des réformes considérables, sans que la puissance des nations en soit encore très-sensiblement atteinte. Mais, pendant l'époque de la Renaissance, la multiplication déjà commencée des Universités et leur active concurrence, le goût du nouveau qui s'applique à tout, celui des plaisirs mondains qui se prononce plus que jamais sous François Ier et sous Henri III, les troubles religieux et politiques enfin, influent à la fois sur le nombre des écoliers et sur leur assiduité à l'étude. La transformation qui s'opère alors dans la société s'étend aux académies et, par elles, aux éléments qui ont fait jusque là leur force.

Un premier symptôme de l'affaiblissement des nations dans l'Université d'Angers se manifeste, lorsque celle-ci, voulant restaurer sa Faculté de droit, appelle à elle, en 1568 et 1574, les professeurs Baudouin et Liberge, en leur accordant un honoraire exceptionnel. Quatre seulement sur les six sont en état de prendre leur part de la nouvelle charge (1). Mais la diminution de l'importance de toutes s'accuse plus nettement encore, dans les premières années du dix-septième siècle, par les modifications que subit le rectorat (2). On décide qu'elles n'en disposeront plus qu'à tour de rôle et pour un seul trimestre dans l'année. Puis vient l'ordonnance de 1629 qui leur conteste le droit d'assemblée et, pour réprimer quelques abus, ôte tout éclat à leurs fêtes (3). Elles ne peuvent plus bientôt, d'ailleurs,

---

(1) Arch. municip. BB. Conclusions des 13 mars 1570 et 5 juillet 1574. — G. Ménage, *Vie de P. Ayrault*, p. 161, 162.

(2) L'antagonisme des Nations et des Facultés avait commencé presque dès l'ouverture du XVe siècle, les premières ayant réussi, par le concordat de 1409 à 1410, à transférer le rectorat des docteurs régents aux licenciés. Une conclusion nouvelle, approuvée en 1611, modifiait profondément la situation au profit des Facultés.

(3) Art. 46. — « Nous défendons toutes assemblées de nations, festes et confrairies, sous le nom des princes, prieurs, ducs et autres chefs; voulons et entendons qu'elles soient toutes abolies en toutes Universitez de ce royaume ; ensemble toutes levées de deniers qui se font sous prétexte desdites confrairies ; ce que nous enjoignons à nos cours de Parlement et autres officiers de faire exécuter et garder exactement. »

Un arrêt du Parlement, du 17 juin 1630, fit l'année suivante une application de cet article à l'Université d'Angers. — *Arrêts célèbres d'Anjou*, p. 1054-55.

suffire à leurs charges avec des ressources amoindries ou mal administrées. En 1649 et 1653, l'Université les dispense de contribuer désormais au traitement de ses professeurs en droit, auquel le gouvernement a pourvu, et alloue elle-même de ses propres fonds un traitement à leurs différents procureurs, « propter inopiam et onera nationum, » est-il dit dans la transaction (1). Ce n'est pas tout; l'indifférence vient se joindre à la pauvreté et les solennités universitaires sont désertées. « On a » remarqué, » écrit un historien contemporain qui s'afflige de ce relâchement, « qu'en l'année 1672, il ne se trouva aucun » écolier de droit angevin à la messe de Saint-Lézin aux Corde- » liers, et qu'il ne se trouva non plus aucun écolier breton à la » Saint-Yves, à Saint-Maurice (2). »

L'Université s'émeut de cet état de choses. Elle imagine d'abord, pour y remédier, quelques retranchements qu'autorisent les mœurs (3) et surveille d'ailleurs de plus près, mais sans y intervenir encore, l'administration de ces corps restés si longtemps indépendants de son autorité. Elle ne réussit qu'à prolonger leur existence et en arrive bientôt à désespérer d'eux. Puis, vient l'époque où le parlement entreprend de réorganiser les Universités et les provoque à cet effet à lui adresser des mémoires. Celle d'Angers, tout en demandant qu'on lui reconnaisse un territoire spécial, propose la fusion des six nations en une seule, ce qui équivaut à leur suppression (4). Enfin, comme les circonstances politiques ne permettent bientôt plus de compter sur une prochaine solution, elle se décide à les mettre en tutelle, résignée à soutenir elle-

---

(1) *Concordats de l'Université*, p. 11 à 20.
(2) Barth. Roger, *Histoire d'Anjou*, p. 307.
(3) A partir de 1695, l'Université n'assiste plus en corps aux premières ni aux secondes vêpres dans les fêtes des nations, et, en 1699, elle renonce à l'usage de célébrer par des repas ces solennités aussi bien que l'élection du recteur. — Pocquet de Liv., p. 360 et 383.
(4) Un mémoire, du 22 mars 1764, qui se trouve dans les *Comptes-rendus* du président Rolland, t. VII, 2e partie, p. 141 et suiv., propose la réduction des nations et de leurs six procureurs à celle d'Anjou et à son procureur, en se fondant sur les motifs suivants : « Deux de ces nations n'ont plus aucun revenu, pas même de quoi faire la dépense de leur fête patronale, dont l'Université supporte volontairement les frais. Plusieurs ont très-peu de suppôts et quelquefois ne peuvent fournir un procureur, faute de nationnaire. »

même les plus pauvres de ses deniers (1), et c'est ainsi qu'elles atteignent toutes ensemble le terme qui a été plusieurs fois indiqué.

Une revue particulière des différentes nations complétera l'aperçu général que nous venons de donner, ce qui sera dit plus loin des procureurs pouvant, du reste, y ajouter aussi quelque chose.

La *nation d'Anjou*, nommée naturellement la première dans la réforme de 1398, qui assignait à chacune d'elles sa circonscription, était établie pour les écoliers de la province, pour ceux de la Touraine, où il n'y avait pas, où il n'y eut jamais d'Université (2), et pour ceux, en outre, des pays hors France. Elle a reçu à ce dernier titre, jusqu'au dix-septième et au dix-huitième siècles, un assez grand nombre d'étudiants anglais, allemands, flamands, etc. (3).

Un de ses nationnaires, bachelier en droit canon et en droit civil, Jean Brocet, chanoine de la cathédrale et de Saint-Jean-Baptiste, qui voulait assurer le service de la Saint-Lézin, lui donna, par contrat du 8 septembre 1420 (4), une maison, en ou près la cité, et un domaine, situé hors les murs de la ville. La maison paraît avoir servi, au quinzième siècle tout au moins, de siége à la nation (5). Quant au domaine, il consistait dans les Prés d'Allemagne. La ville, qui en avait acquis une partie de 1616 à 1619 et y avait créé la promenade du Mail, consentait en 1769 à payer le surplus au prix de vingt-quatre mille livres, pour y bâtir des casernes (6), qu'elle a dû plus tard établir ailleurs.

Ainsi dotée, la nation pouvait faire honneur au rang qu'elle

---

(1) Voir dans les registres de l'Université, Arch. de M. et L., D. 3, les conclusions des 14 juillet 1768 et 13 avril 1769

(2) Il fut question d'en établir une à Tours, en 1593 ou 1594, alors que le le Parlement s'y trouvait, et Henri IV donna même à cet effet des lettres-patentes; mais rentré à Paris après son abjuration, le monarque n'insista pas pour leur enregistrement.

(3) Voir les listes données, pour les années 1601 à 1636, par Bruneau de Tartifume, *Philandin.*, p. 639-680. — On sait aussi que l'Académie d'équitation d'Angers attira, au XVIIIe siècle, de nombreux visiteurs, tant étrangers que nationaux, dont quelques-uns poursuivaient en même temps leurs études à l'Université.

(4) *Hist. de l'Université*, t. I, p. 444, 445.

(5) Le *Roi René*, par Lecoy de la Marche, t. I, p. 551.

(6) Archives municipales d'Angers, BB, pp. 78-81 et 172, 173 de l'*Inventaire analytique* de M. C. Port; et les registres correspondants qui sont à la Mairie.

occupait dans l'Université. On peut supposer qu'elle prit, en 1472 et années suivantes, la principale part à la construction des Grandes-Ecoles; car on la voit, en 1486, contribuer à la représentation du mystère de la Passion. Cent ans plus tard, elle participe libéralement à la restauration de la Faculté de droit (1).

Mais son œuvre principale a été celle qu'elle accomplit dans la première moitié du seizième siècle (1509-1542), la fondation, dans la partie haute de la ville, d'un établissement pour la Faculté des arts, du *Collége neuf* ou *d'Anjou*, ouvert « aux étudiants de toutes les nations » et où il devait se faire « lectures à l'exercice de grammaire, oratorerie et poésie (2). » En cédant plus tard, d'accord avec l'Université, son collége aux prêtres de l'Oratoire, elle ne cessa pas pour cela de s'y intéresser. Si les pères avaient pour l'administration, l'enseignement et la discipline, une grande liberté d'action, ils devaient, à des intervalles réglés, rendre compte aux délégués de la nation des biens dont l'usufruit leur était laissé (3).

Ceux-ci, on a pu en juger, avaient conservé quelque valeur dans la dernière moitié du dix-huitième siècle. Aussi l'Université, en proposant au parlement de réduire le nombre de ses nations, voulait-elle conserver, et plus encore de fait que nominalement sans doute, celle qui lui avait fourni dans tous les temps ses plus nombreux élèves. Elle comprenait que c'était sur la terre où elle avait fleuri et subsisté pendant sept à huit siècles qu'elle pourrait, une fois reconstituée, trouver encore de solides éléments de recrutement et de prospérité.

La *nation de Bretagne* embrassait les neuf évêchés de cette ancienne province, liée à l'Anjou non-seulement par le voisinage, mais comme faisant partie avec lui de l'archevêché de Tours. Elle a été de tout temps un des plus précieux soutiens de notre Université, et la fondation de celle de Nantes, dès la fin du quinzième siècle, n'a pas détourné trop sensiblement, à cause de la

---

(1) Bibl. d'Angers, mss. 1026, pièce XXIX. — G. Ménage, *Vie de P. Ayrault*.
(2) Mss. 1026. — Archives de M. et L., Pièces de l'Oratoire.
(3) Arch. de M. et L., Ibid. *Registre*, p. 207.

rivalité des deux capitales bretonnes, le courant qui entraînait vers Angers les écoliers de la péninsule armoricaine.

Placée au second rang par MM. de Marie et Bouju dans les statuts de 1398, le nombre de ses élèves et la pompe de ses fêtes justifiaient cette distinction. On peut juger du premier point, par le rôle dressé en 1488 des Bretons qui font leur soumission à Charles VIII (1). Quant au second, ce qui se passait encore au commencement du dix-huitième siècle pour la solennisation de la Saint-Yves, donnera une idée de l'importance que cette fête avait eue, pour l'Université elle-même, en des temps plus religieux.

Par un privilége spécial et en vertu de conventions de 1396 et de 1437, dont on a les titres, elle se célébrait à la cathédrale, qui était tenue d'y déployer ses belles tapisseries (2). Voici la description que donne du cérémonial un écrivain du temps, le chanoine René Lehoreau (3).

« Deux chanoines allaient au bas de la nef encenser le recteur de l'Université seulement, en robe rouge de cérémonie fourrée d'hermine, la tête couverte d'une espèce de capuchon très-large et très-long en manière de coiffure de jacobin, le tout d'écarlate herminée. Le recteur, en cet habit, se levait de son trône, qui est une chaise de sculpture richement tapissée, en forme de trône antique....

» A l'Offerte, l'Université y allait précédée des huit bedeaux en habit laïque, avec les huit grosses masses d'or et d'argent sur leurs épaules, entre autres les masses d'Anjou et de Bretagne qui sont les plus précieuses. Sur le pain bénit se trouvait un écusson aux armes de Bretagne. »

Grâce à une prudente économie, qui lui avait permis d'amortir ses anciennes redevances et de s'assurer des rentes, la nation de Bretagne, toute diminuée qu'elle était, par l'effet de la translation à Rennes, siége de parlement, de la Faculté de droit de Nantes, est restée tout à fait en dehors de la ruine qui atteignait

---

(1) Voir les *Notices et pièces historiques sur l'Anjou*, de M. Marchegay.
(2) Arch. de M. et L., G. 334. — Bibl. d'Angers, mss. 663, f° 95; 1020, t. I.
(3) Le manuscrit de l'auteur se trouve à la bibliothèque de l'évêché d'Angers. V. t. II, p. 121 et suiv.

dès longtemps plusieurs de ses émules, et l'Université, au moment même où elle songeait à la détacher comme les autres du tronc commun, n'a pu lui refuser un témoignage de bonne administration (1).

Nation du Maine. Elle avait la même étendue que le diocèse du Mans, qui comprenait alors le comté de Laval. La proximité où son pays d'origine se trouvait de l'Anjou, dont il partageait depuis le douzième siècle les destinées politiques et administratives, devait diriger particulièrement vers l'Université d'Angers les jeunes Manceaux désireux de s'instruire. Attachés, en général, à leurs devoirs et jaloux surtout de leurs droits, ainsi, du reste, que leurs voisins les Bretons, ils ont, au quinzième et au seizième siècles, tenu registre des statuts généraux de l'Université et de leurs règlements particuliers qui remontaient comme ceux-ci à 1398. C'était le *livre du procureur* (2). Il se fait ensuite sur la nation un silence à peu près complet, qui semblerait le signe d'un état également éloigné de la prospérité et de la détresse, si les documents officiels ne permettaient de constater que le nombre des gradués de la province a été, jusque dans les derniers temps, relativement considérable (3). Aussi l'Université, en réclamant pour elle un territoire, entendait-elle que le Maine y serait maintenu, et, de son côté, la ville d'Angers s'opposait-elle à l'affiliation du collége du Mans, qui eût pu enlever au sien et aux diverses Facultés, particulièrement à celle de théologie, quelques-uns de leurs élèves (4).

La *nation de Normandie*, qui avait la même circonscription que la province de ce nom, est restée florissante pendant le quinzième et le seizième siècles, puis a diminué peu à peu d'importance, l'Université de Paris où elle tenait sa place depuis l'origine et l'Université de

---

(1) *V.* les registres de l'Université, D. 3. Conclusion du 12 janvier 1769. Voyez aussi, mais pour une époque antérieure, Pocquet de Liv., mss. 1027, p. 886.

(2) Ce curieux, et on peut le dire, ce précieux manuscrit, se trouve à la bibliothèque d'Angers sous le n° 1013. C'est le seul du même genre qui ait été conservé. On peut suivre, dispersés assez confusément sur les feuilles de garde, les noms et les signatures des procureurs de la nation qui l'ont successivement possédé de 1463 à 1571 environ.

(3) Arch. de M. et L., D. 20 et 21, *passim*. Ce sont les registres des maîtres ès-arts.

(4) Arch. municip., BB. Concl. du 3 août 1764. — Bibl. d'Angers, mss. 1029, t. I.

Caen, de récente formation, disputant naturellement les étudiants à celle d'Angers. On constate que, au temps du roi René, elle avait son siége dans une maison de la rue Sauneresse (1), aujourd'hui rue de la Roë. Elle y était sans doute attirée par le voisinage du collége de Bueil dont l'archidiacre de Passay devait conférer les bourses à des écoliers ou Normands ou Manceaux.

C'est encore en partie l'existence de cet établissement qui explique, au dix-huitième siècle, l'inscription sur les registres des Facultés d'ecclésiastiques des diocèses de Séez (où se trouvait l'archidiaconé de Passay), de Coutances et d'Avranches, qui en étaient voisins. Car, la nation, assez riche en rentes deux cents ans auparavant, se trouve à cette époque à peu près ruinée par l'infidélité de plusieurs de ses procureurs (2).

La *nation d'Aquitaine*, aussi appelée *de Poitou* (3), ne tenait que le cinquième rang, quoique étant très-considérable par le nombre et l'étendue des provinces ecclésiastiques qui lui avaient été originairement assignées, savoir, celles de Bourges, de Bordeaux, de Narbonne, de Toulouse et d'Auch. Mais l'éloignement de ces grands diocèses pourvus presque tous, soit anciennement, soit dans la suite des temps, d'une ou de plusieurs Universités spéciales, devait amener assez promptement la dépopulation de la nation. On ne la trouve un peu vivante qu'au quinzième siècle et dans la première moitié du seizième.

En 1563 et 1674, les Jacobins d'Angers qui célèbrent sa fête patronale obtiennent condamnation contre elle, et chaque fois pour la faible somme de dix livres (4). Elle continue dès lors à se traîner, sans faire peut-être plus aisément honneur à ses dettes, puisque l'on voit l'Université subvenir dans les derniers temps à ses dépenses indispensables.

---

(1) Lecoy de la Marche, le *Roi René*, t. I, p. 551.
(2) Arch. de M. et L., D. 3. Conclusion du 14 juillet 1768.
(3) En 1398 (et non pas en 1430 comme le dit à tort J. Hiret) les Poitevins et les Limousins s'étaient disputés sur le choix d'un patron, chaque parti le voulant de sa contrée, et les commissaires du parlement les avaient accordés en leur imposant un saint étranger. Les Poitevins purent ensuite, surtout après l'érection de l'Université de Poitiers, se détacher tout à fait de celle d'Angers; les Limousins lui étaient demeurés plus fidèles. On rencontre de loin en loin les noms de quelques-uns des leurs parmi les écoliers ou même parmi les docteurs.
(4) *V.* aux archives de M. et L., série H, les pièces des Jacobins.

Nation de France. Ajoutée aux cinq autres, en 1398, pour les étudiants des archi-diocèses de Lyon, de Sens et de Rheims, elle ne parvint à se constituer, au dire d'Iliret (1), que dans l'année 1430 (v. st.), et demeura toujours, à ce qu'il semble, peu florissante. Un seul document jette quelque jour sur ses premiers développements : c'est l'acte de fondation, par Hermann de Vienne, doyen du chapitre de Saint-Martin d'Angers, du service anniversaire de la nation (2). Le bienfaiteur l'établit définitivement dans son église, sous l'invocation du même patron, et donne à cet effet une somme de cent écus d'or. Le préambule de la donation relate que les nationnaires ont jusque-là honoré saint Guillaume et célébré sa fête chez les chanoines réguliers de Toussaint, dont le couvent était le théâtre de leurs actes scolastiques. Malgré la libéralité dont elle fut alors l'objet, la nation n'était pas riche; celle d'Anjou contribuait, à quelques années de là, pour vingt écus d'or, au traitement de son professeur de droit; et lorsqu'il s'agit plus tard d'appeler à Angers le célèbre Baudouin, elle était réduite à confesser sa pauvreté : *se nihil habere*. On ne s'étonnera donc pas qu'elle ait partagé, au dix-huitième siècle, le dénûment de la nation d'Aquitaine. Elle s'éteignait par l'effet des mêmes causes, l'éloignement de ses différentes provinces du centre de l'Université, le nombre et quelquefois l'importance des institutions du même genre établies dans sa vaste circonscription.

2° LES FACULTÉS. — Moins anciennes que les nations et formées au point de vue de l'enseignement plutôt qu'à celui de la vie privée ou publique, les Facultés constituaient un second élément de l'Université, destiné à gagner en importance tout ce que perdrait le premier.

L'histoire des Facultés devant remplir les livres suivants, on se bornera ici à en marquer l'ordre et la distinction :

La *Faculté des droits civil et canonique* prétendait compter pour deux, en raison de son double enseignement : de fait, elle occupait le premier rang dans la corporation, où elle avait

---

(1) *Antiquités d'Anjou*, p. 463.

(2) Bibl. d'Angers, mss. 1026, art. X. — Pocquet de Liv., p. 39.

d'abord été seule et où elle avait su toujours plus tard maintenir sa prépondérance.

La *Faculté de théologie* venait ensuite (1). Après deux siècles et plus de luttes, elle était seulement parvenue à obtenir que quatre de ses membres marchassent côte à côte avec les docteurs régents en droit, en leur cédant partout et la droite et le pas.

La *Faculté de médecine* siégeait et marchait au troisième rang ; elle n'avait, du reste, jamais fait de grands efforts pour s'élever plus haut.

La *Faculté des arts libéraux*, représentant, comme il a été dit, l'enseignement des sciences et celui des lettres, était à la dernière place, et avec elle les principaux et les régents des colléges.

Il y avait en tout quatre Facultés, — ou cinq, si l'on tenait compte de la dualité de la Faculté de droit (2). Nous estimons que le premier nombre doit être préféré, aucune pièce n'établissant, à notre su, que les Facultés de droit canon et civil aient jamais formé des corps distincts, ayant chacun leur organisation et délibérant séparément.

UNITÉ DU CORPS. — La corporation tout entière avait pour chef un recteur électif, qu'assistait un conseil formé des représentants des Nations et des Facultés.

On traitera plus loin, et avec quelque étendue, des fonctions du recteur et du rôle qu'il a joué aux différentes époques de l'histoire de l'Université.

Avant l'érection des trois dernières Facultés et jusqu'au commencement du seizième siècle, le conseil ou collége fut composé seulement du recteur, — des professeurs de droit, — des procureurs des nations et, avec ceux-ci, du procureur-général chargé de défendre leurs intérêts communs, ainsi que d'assurer partout l'observation des statuts. A partir des arrêts de 1500 et 1503, et

---

(1) « La Faculté de droit observe dans son mémoire, que, dans toutes les cérémonies, elle a la droite et celle de théologie la gauche ; ce que je ne sache pas se pratiquer dans aucune autre Université, le clergé ayant partout ailleurs le pas. » — Le président Rolland, *Recueil de plusieurs ouvrages*, 1783, in-4°, p. 766.

(2) Les rois Henri IV et Louis XIII, dans le texte de leurs priviléges, l'intendant Ch. Colbert (Rapport de 1664), et l'historien Bourdigné, qui ne met, quant à lui, nul ordre dans l'énumération des Facultés, s'accordent à en reconnaître cinq

mieux encore de celui de 1513 qui fixa l'état des nouveaux corps, la composition du Conseil a été invariablement la suivante :

Le recteur, président ;

Le maître-école ;

Les docteurs-régents en droit au nombre de quatre, de cinq ou de six ;

Quatre docteurs en théologie, soit séculiers, soit réguliers ;

Le doyen de la Faculté de médecine ;

Le doyen de celle des arts ;

Le procureur-général et les six procureurs des nations.

En tout de dix-neuf à vingt-un membres, suivant que le nombre des professeurs de droit était de quatre, de cinq ou de six. Le secrétaire de l'Université et le bedeau général assistaient aux séances, mais sans y avoir voix délibérative.

C'était là l'assemblée ordinaire (1), chargée de traiter les affaires courantes, celles qui offraient un peu de difficulté, ou sur lesquelles l'opinion des conseillers était par trop divisée, devant être décidées en congrégation générale.

Ces assemblées, dont l'opposition de trois procureurs suffisait pour entraîner la convocation, furent d'abord fréquentes (2), et comme, d'après les règlements de 1398, les simples écoliers y étaient admis, elles dégénérèrent en contestations interminables et tumultueuses, qui amenèrent les réformes de la fin du quinzième siècle et des premières années du seizième. Celles-ci réduisirent aux seuls gradués les membres ayant voix de voter dans les assemblées générales du corps et bientôt dans celles des nations (3).

---

(1) Elle se tenait dans l'origine régulièrement trois fois par semaine. Au dix-huitième siècle, on jugea suffisant de se réunir une seule fois, le jeudi.

(2) Elles étaient annoncées par le son d'une des cloches de la cathédrale, nommée en conséquence la *cloche de l'Université*. On trouve au seizième siècle, et même en 1691, des décisions du chapitre qui ordonnent de la sonner.

(3) L'Université appelait à elle ou recevait dans son sein, dans quelques occasions importantes, les principales autorités de la cité. La délibération du 2 septembre 1611 (*Concordats et règlements*, p. 6) en offre un exemple. On voit siéger au conseil, avec les membres de droit, le lieutenant de la sénéchaussée, un vicaire de l'évêque, le maire de la ville et son assesseur, l'avocat et le procureur du roi. Ce sont, du reste, à peu près les mêmes personnes qui, lors de la vacance des chaires de droit, jugent avec les conseillers ordinaires du mérite des contendants.

Indépendamment de ces assemblées, il s'en faisait d'autres plus nombreuses encore et plus solennelles. C'étaient d'abord les élections, auxquelles se trouvaient soumis, dans l'origine, presque tous les dignitaires et qui décidèrent toujours plus ou moins complétement de la nomination du recteur et des procureurs;

C'étaient ensuite l'ouverture annuelle et quelquefois la clôture des cours, les réceptions pour les grades, au temps où ceux-ci étaient conférés à la fois à plusieurs;

C'étaient surtout les fêtes des six nations, — fêtes religieuses auxquelles d'autres corps étaient invités, mais où l'Université occupait la place d'honneur, — repas et divertissements qui en étaient la suite; — puis les entrées des souverains ou de hauts personnages.

Bourdigné raconte en ces termes la réception qui fut faite, en 1518, à François Ier :

« A la première porte, appellée la herse, estoient les véné-
» rables recteur, scolasticque, docteurs, procureurs, bourgeoys
» et autres officiers de l'Université, leurs bedeaulx devant eulx,
» qui estoient dix ou douze en nombre, avec grosse mace d'ar-
» gent doré aux armes des Nations et Facultez de la dicte Uni-
» versité et pour accompagner les recteur et docteurs estoient
» plusieurs gens lectrez, escolliers, bacheliers et licenciez qu'il
» faisait très bon veoir... (1) »

Un autre historien, qui écrit dans la deuxième moitié du dix-septième siècle, semble tout plein du récit de son devancier, en même temps que de l'image des fêtes dont il a été témoin dans sa jeunesse, lorsqu'il dit à son tour :

« Il faisait beau voir autrefois la magnificence avec laquelle les
» docteurs de toutes les facultés, avec les licenciés et leurs offi-
» ciers, assistaient aux solennités et fêtes des nations, aux en-
» trées des rois, princes et gouverneurs, et l'ordre qu'ils gar-
» daient aux assemblées, cérémonies publiques et leçons (2). »

Au moyen-âge et plus tard, les papes eux-mêmes avaient

---

(1) *Chroniques*, t. II, p. 319.
(2) Barth. Roger, *Histoire d'Anjou*, p. 307.

demandé quelquefois à notre Université d'organiser dans un but pieux des prières et des processions (1). Fidèle à cet usage, elle n'avait pas discontinué, jusque dans les derniers temps de son existence, de déployer dans des marches en corps le nombre de ceux qui lui appartenaient. Un placard de 1757, émané du recteur, ordonne des prières publiques « *pro restituenda regis bene amati valetudine.* » Il annonce que l'on se rendra processionnellement à l'église Saint-Pierre et énumère les différentes catégories de personnes auxquelles s'adresse la convocation (2).

Voici, d'après l'ensemble des différents documents qui nous ont passé sous les yeux, de quoi se composait le corps de l'Université :

Le recteur et les *intrants*, c'est-à-dire les membres qui avaient entrée au conseil et dont la liste a été donnée ci-dessus ;

Les officiers ou suppôts (3), savoir : le scribe ou secrétaire de l'Université ; le receveur qui se confondait quelquefois avec lui ;

Le grand bedeau et les bedeaux inférieurs ;

Les libraires, imprimeurs et parcheminiers ;

Les deux bourgeois ;

De très-nombreux messagers.

Assistaient aussi aux principales solennités, les écoliers gradués ou non gradués.

SIÉGE ET LOCAL. — L'Université avait pour ses assemblées générales des lieux de réunion différents et le plus souvent choisis hors de chez elle. On connait des délibérations qu'elle a prises au couvent des Jacobins et à celui des Cordeliers dont les églises s'ouvraient pour la célébration des fêtes des nations. Le Chapitre de la cathédrale lui a quelquefois aussi donné asile.

Quant au conseil, son siége le plus habituel a été une chapelle particulière de la collégiale de Saint-Pierre. C'était dans l'église

---

(1) *V.* notre art. II, à l'année 1512.
(2) Bibl. d'Angers, Hist., n° 3799 du catalogue des imprimés.
(3) Les dictionnaires définissent le *suppôt*, « celui qui, membre d'un corps, remplit certaines fonctions pour le service de ce corps. »

elle-même qu'avait été créé, en 1398, le premier recteur. Le 14 janvier 1407 (n. st.), un accord fut fait entre le chapitre et l'Université pour affecter définitivement aux réunions particulières de ses membres la chapelle Saint-Luc, à laquelle celle de Sainte-Anne, *alias* Saint-Yves, ouvrant dans la galerie latérale de l'église, fut plus tard substituée.

Après la construction, en 1477, du palais des Grandes-Ecoles, qui contenait des salles de différente grandeur, on fut plusieurs fois tenté d'y tenir les assemblées plus ou moins générales, comme on y faisait, au moins pour les cours de droit, la séance annuelle de rentrée. Mais on en revint de bonne heure, et pour continuer jusqu'à la fin, à réunir le conseil dans la chapelle Sainte-Anne où était le dépôt des archives.

DURÉE DE L'ANNÉE SCOLAIRE. — Puisque l'on a parlé des séances de rentrée, il faut dire quand elles se faisaient et quelle était la durée de l'année scolaire. Son exacte détermination avait une nécessité particulière pour ceux des gradués qui aspiraient aux bénéfices ; ils devaient, pour les obtenir, justifier rigoureusement d'un temps d'études plus ou moins prolongés.

Les anciens statuts généraux avaient fixé au 9 octobre, jour de la Saint-Denis, la réouverture des cours à Angers, et d'autres Universités observaient encore la même date au dix-huitième siècle. Mais, dit à cette époque l'historien Rangeard, « les écoles de droit ne s'ouvrent plus à Angers à la Saint-Denis ; l'ouverture s'en fait le premier mardi d'après la Toussaint par une harangue solennelle prononcée par celui des professeurs de droit qui se trouve recteur. Le corps du présidial y est invité par le grand bedeau. Elles se ferment le premier jour d'août quant aux leçons, et le 8 de septembre quant aux thèses (1). » C'était là, à proprement parler, le *principium Scholarum Universitatis*, précédé de la messe du Saint-Esprit, objet d'une fondation spéciale faite, en 1522, par l'Université (2). Les autres Facultés faisaient suc-

---

(1) *Histoire de l'Université*, p. 327.
(2) Archives de M. et L., série G, n° 1180.

cessivement leur rentrée dans les jours suivants et terminaient leurs cours dans des conditions analogues.

L'année comprenait ainsi dix mois d'étude ; mais il s'en fallait bien que ceux-ci fussent complets. Le calendrier dressé, en 1494, par l'ordre du président de Hacqueville et qui avait fixé les jours fériés où il ne se faisait pas de leçons, *dies non legibiles*, en comprenait plus de quatre-vingt-dix, et d'après un almanach de 1749, on en chômait alors à peu près la moitié, indépendamment des dimanches et des mois de vacances (1), quoiqu'on eût supprimé plusieurs veilles ou lendemains de bonnes fêtes.

Après ce premier coup d'œil sur l'ensemble de l'organisation universitaire, nous allons en passer en revue les différentes fonctions, dire en quoi elles consistaient et faire, au besoin, leur histoire.

LE RECTEUR. — NOTES SUR QUELQUES-UNS DES RECTEURS. — Un recueil déjà cité va rendre compte de ce qu'on savait et disait du rectorat de l'Université assez avant dans le dix-huitième siècle. « Le chef de cette école fut pendant trois siècles le
» scholastique de l'église d'Angers. Vers la fin du quatorzième
» siècle, on érigea la dignité de recteur qui subsiste encore. Le
» recteur est électif tous les trois mois. Le trimestre qui
» commence le 24 décembre et finit le 24 de mars appar-
» tient aux facultés de théologie, de médecine et des arts qui
» nomment le recteur alternativement. Les nations nomment
» aussi alternativement pour le second. Le semestre qui com-
» mence le 23 juin et finit le 24 de décembre appartient à la
» Faculté des droits. Le recteur est toujours assis dans les actes
» académiques à la tête du collège des professeurs de droit,
» parce qu'il est le chef naturel de leur corps dans lequel sa
» dignité a pris naissance (2). »

---

(1) Bibl. d'Angers, mss. 1015, f°ˢ 89-94. — *Tablettes historiques et topographiques*, par Duboys et Jacques Rangeard, manuscrit du cabinet de feu M. Mordret.
(2) Ouvrage cité, année 1761, art. UNIVERSITÉ.

Il convient d'étendre ce premier aperçu et, d'abord, en ce qui concerne les conditions et les formes de l'élection.

A l'origine, le recteur est choisi par le collége universitaire parmi les docteurs régents en droit. Il ne doit décliner cet honneur que pour des motifs graves dont le corps lui-même est juge et, d'autre part, il ne peut être continué dans sa charge à l'expiration du trimestre ni y être rappelé dans la même année. Dès 1410, l'influence des nations a fait substituer les licenciés aux docteurs, et c'est l'assemblée générale, où les simples écoliers dominent, qui fait l'élection (1). Les réformes, qui ont lieu de 1494 à 1503 afin d'obvier aux brigues et de remédier à des désordres plusieurs fois renouvelés, ne reconnaissent plus pour électeurs que les étudiants pourvus de grade et limitent étroitement le choix qui leur est confié par des conditions d'ancienneté et d'enseignement; mais les licenciés restent seuls éligibles (2). Vient ensuite le concordat de 1513 qui concède aux trois dernières Facultés, à tour de rôle et pour un des leurs, le trimestre compris entre décembre et mars, en conservant les trois autres à la Faculté de droit (3). Le seizième siècle s'achève sans nouvelles modifications; mais, au commencement du suivant, quelques choix qui se sont égarés sur de jeunes régents déterminent l'Université à n'admettre plus aux fonctions rectorales pour les Facultés de théologie et de médecine que les docteurs, et, pour celle des arts, que le doyen et les principaux des colléges; et peu d'années après, les professeurs de droit sont remis, avec la sanction du Parlement, en possession de deux des trois trimestres assignés à

---

(1) *V.* les statuts de 1398, et ceux de 1400 (lisez 1410) dans l'*Histoire de l'Université* de P. Rangeard, qui en a donné l'analyse, t. I, p. 383, 420 et suiv.

(2) *Concordats et règlements*, p. 47 et 48. — La condition de la licence a été, quant à elle, rigoureusement maintenue dans les élections que pouvaient faire les nations, et il fallait être licencié de la Faculté d'Angers. En 1485, un sujet de la nation d'Aquitaine, qui n'avait obtenu son grade que par collation du pape, est rejeté par l'Université, et dans la dernière partie du dix-huitième siècle elle fait encore difficulté de recevoir les licenciés des autres Facultés. — Mss. 1026, art. XXIX. — Arch. de M. et L., série D 3 et 5. Conclusions des 6 et 13 avril 1769 et du 30 mars 1780.

(3) *Concordats et règlements*, p. 2 et 3.

leur Faculté (1). Ils prennent alors l'habitude de s'y succéder l'un à l'autre, d'année en année, sans se soumettre à l'élection, qui ne se fait plus par les nations et au profit des licenciés que dans un seul trimestre. La transaction opérée entre les Facultés, en 1668 (2), consolide cette situation qui est celle que nous avons décrite en commençant; elle ne souffre plus dès lors que de rares dérogations. On proposait, en 1764, d'attacher le rectorat aux quatre Facultés, qui l'eussent possédé chacune pendant une année en y nommant un de leurs membres. Mais cette proposition n'aboutit pas plus que les autres de la même époque (3).

Voici maintenant le détail des droits et des obligations du recteur, en même temps que des honneurs dont il était l'objet.

Aussitôt après sa nomination, le nouveau chef prêtait, entre les mains de son prédécesseur, le serment d'exercer fidèlement ses fonctions; d'exécuter, sans faire acception de personne, les décisions du corps; de procurer, suivant son pouvoir, l'avantage de l'Université, et de conserver ses statuts, ses privilèges et ses libertés (4).

Les règlements assignaient la première place au recteur dans les assemblées générales et les cérémonies universitaires « primum et eminentiorem locum (5). » Aux fêtes des nations on allait le prendre à sa demeure, les bedeaux ouvrant la marche, et on le reconduisait avec la même solennité.

Il avait pour ces circonstances un costume particulier que nous avons eu déjà l'occasion de décrire (6), et il lui était recom-

---

(1) *Concordats et règlements*, p. 6 et 7. — Arch. de M et L., série D 7, p. 286 à 290. — Pocquet de Liv., mss. 1027, p. 139-140 et 149.

(2) *Concordats et règlements*, p. 27 et suivantes.

(3) *Comptes-rendus* du président Rolland, t. VII, 2ᵉ partie, p. 142.

(4) V. les statuts de 1398, art. III, pour la formule du serment.

(5) *Semper et ubique*, était-il ajouté dans les nouveaux statuts de 1410. L'Université se montrait très-attentive à maintenir son rang dans les cérémonies auxquelles elle était conviée et surtout à revendiquer le droit du recteur de présider à l'exclusion des plus hauts personnages aux actes académiques. V. Pocquet de Liv., mss. 1027, p. 22 ; *Id.* p. 465, 466.

(6) V. plus haut, *Nation de Bretagne*. — Il y a d'ailleurs dans le mss. 1020, t. 1, de la Bibl. d'Angers, une pièce de 1651 intitulée *Décharge des habits rectoriaux*. — Quant aux statuts que nous avons en vue, ce sont toujours ceux de 1410. V. l'art. 10.

mandé de ne circuler dans la ville, même pour ses affaires particulières, qu'en observant une tenue propre à faire honneur au corps qu'il représentait.

Cette pompe et ce *decorum* ne laissaient pas d'exercer un prestige sur tous les suppôts de l'Université. Ils se trouvaient amenés par là à exiger pour leur chef les égards qu'ils observaient eux-mêmes. Un manque de déférence que s'était permis envers lui un officier de justice faillit occasionner une émeute pendant les grands jours de 1523 (1).

Les règlements et l'usage imposant au recteur certaines charges, on lui allouait des indemnités qui n'en étaient souvent que la trop faible compensation. Au dix-huitième siècle, où elles avaient plutôt augmenté que diminué, elles se réduisaient en moyenne à une cinquantaine de livres par trimestre (2).

La présidence du collége universitaire, qui tenait plusieurs séances par mois, sinon par semaine, et l'expédition des affaires engagées devant lui, étaient les principales tâches de l'éminent fonctionnaire. Il n'avait toutefois au conseil que voix conclusive, à moins qu'il ne fût d'avance du nombre des *intrants*, ou que les avis de ceux-ci fussent décidément partagés. Le projet de réorganisation de 1764 proposait de changer cet état de choses et d'assurer par un droit complet de vote la prépondérance du chef de l'Université dans les délibérations.

Le recteur visitait pendant son exercice les écoles et les colléges et assistait même aux leçons des professeurs. Les

---

(1) Bourdigné et Hiret ont raconté cette affaire, et, nous pourrons nous-même y revenir à l'art. *Ecoliers*.

(2) Arch. de M. et L., D. 11 et 12. Elles consistaient : 1° en une somme fixe de 30 ou de 50 livres suivant que le trimestre était simple ou double ; 2° dans le quart du produit de la ferme du sceau qui était de 18 livres ; 3° dans un droit de 5 sols par jurande. On appelait ainsi le serment prêté entre les mains du recteur par le nouveau gradué lors de son immatriculation dans la nation ; 4° dans un prélèvement d'une livre sur chacun des brevets de licencié en droit délivré durant son exercice. C'était là un reste et un souvenir du temps où le recteur appartenait nécessairement à cette Faculté, avec laquelle l'Université était née et s'était développée, comme le rappelle l'almanach qui a été cité plus haut.

anciens statuts lui avaient conféré tout droit à cet égard (1) et la célèbre ordonnance de Blois, qui doit être regardée comme le premier code général des Universités, lui en fit plus tard une obligation (art. 75). Elle soumettait même à son autorité (art. 70) les maîtres particuliers (2) et lui donnait ainsi l'inspection des cours appelés libres aujourd'hui.

C'était d'ailleurs le recteur qui visait et scellait les lettres testimoniales de degrés et qui validait les attestations d'études délivrées par les professeurs (art. 83).

A l'expiration de ses fonctions, le recteur était tenu de demander son congé en rendant grâce à l'Université et sollicitant respectueusement la ratification de ses actes (3).

On a pu dresser, sans y laisser de trop grande lacunes, la liste des recteurs trimestriels de l'Université de Paris. Un travail semblable, fût-il possible de l'effectuer pour celle d'Angers, ne devant offrir que peu d'intérêt, nous nous bornons à relever çà et là quelques noms qui se rattachent à des événements réellement importants pour le corps ou qui nous offrent l'occasion d'ajouter de nouveaux traits au tableau précédent. Nos notes n'ont point la prétention d'embrasser dans leur brièveté la vie entière du personnage qui s'y trouve nommé. Nous faisons toutefois exception pour Alain de la Rue et Yves de Scépeaux, qui ont figuré dans des circonstances d'une réelle importance pour l'Université. Comme ils l'ont tous les deux quittée de bonne heure

---

(1) Statuts de 1410, art. X. — Il y est question du petit costume assigné au recteur : « qua siquidem cloca rector prædictus ad collegium accedendo et ad scholas lectionem doctoralem audiendo perfruitur. — On suit pour le seizième et le dix-septième siècles la trace de quelques visites faites par le chef de l'Université en exécution des règlements qui se firent sur ce point.

(2) *Recueil des lois d'Isambert*, t. XIV, p. 401, 402. — Art. LXX. « Tous pro-
» fesseurs et lecteurs de lettres et sciences tant divines que profanes, ne pourront
» lire en assemblée et multitude d'auditeurs, sinon en lieu public et seront
» sujets aux recteur, lois, statuts et coutumes des Universitez où ils liront. »

(3) Statuts de 1410, art. II. — Il était encore observé au dix-huitième siècle ; les registres de cette époque reproduisent à peu près périodiquement la formule suivante : « D... Rector cessit munere rectoris, gratias egit Universitati, grata et rata habita sunt quæ gessit, et in ejus locum suffectus est ad turnum (*nationis* ou *facultatis* D...). Arch. de M. et L., série D, reg. 1 à 5.

pour occuper ailleurs des postes éminents, nous devons saisir l'occasion de signaler ce qu'elle leur a dû. La plupart des autres recteurs occuperont notre plume à des titres différents dans la suite de cette histoire.

ALAIN DE LA RUE, en latin de Vico, dont le vrai nom est Kerazred, ce qui marque son origine bretonne, fit ses études de droit à Angers. Parvenu au grade de licencié, il fut, en 1394, désigné avec un de ses confrères et l'un des docteurs régents, tous gens d'église ainsi que lui, pour porter au pape Benoît XIII le rôle des gradués de l'Université. Des difficultés, qui donnèrent l'occasion de battre en brèche le pouvoir du maître-école, s'élevèrent vers ce temps, et il fit à ses frais le voyage d'Avignon. A son retour, il se fit recevoir docteur en droit canon et prit place parmi les professeurs. On songea dès lors à lui pour les fonctions de recteur, et, le 16 avril 1398, les commissaires du Parlement qui terminaient en ce moment la réforme dont ils avaient été chargés, le créèrent recteur « de l'autorité du roi, » à l'issue d'une séance où il avait été fait docteur en droit civil. Il occupa ensuite sa double chaire pendant huit ans environ. On le voit, durant cet intervalle, siéger en sa qualité de docteur régent au concile d'Angers de 1399; il participe, en 1401, à la publication d'un bref de Clément VII qui accorde des priviléges à l'Université, et il est encore présent lors de l'acte d'agrégation des frères prêcheurs à sa compagnie (14 octobre 1405). A quelque temps de là, il est en possession d'un canonicat de l'église de Nantes, et en 1411 il devient évêque de Saint-Pol-de-Léon; ayant siégé au concile de Constance, en 1415, il s'y fit distinguer du pape Martin V, qui lui procura en échange de son siége épiscopal celui de Saint-Brieuc où s'acheva sa carrière, le 4 juin 1424. Plusieurs chartes de 1420 font voir en lui l'un des conseillers principaux du duc Jean de Bretagne, ce qui a fait dire de lui à un narrateur : « non minus in republica quam in ecclesia pollens. » Il s'était souvenu dans les derniers temps de sa vie de l'Université d'Angers, où il avait longtemps demeuré à l'étude et lu comme régent ordinaire (ce sont les motifs qu'il invoque dans son testament), et lui avait légué ses livres. Ils constituèrent, à peu d'années de là, le premier fond de la bibliothèque de la Faculté de droit pour laquelle on acquit une maison dans le voisinage des écoles.

<small>Voyez : *Hist. de l'Univ. d'Angers*, t. I, p. 381, antec. et suiv. — *Gallia Christiana*, t. XIV, p. 979; *id.*, p. 1097-1098. — Arch. de M. et L. Pièces du chap. Saint-Pierre.</small>

YVES DE SCÉPEAUX. — Il était d'une illustre famille angevine, qui avait donné déjà, au quatorzième siècle, un professeur aux écoles de droit de son étude générale. Chevalier et seigneur de Landevy, il s'allia lui-même aux de Beauveau, qui occupaient auprès des ducs d'Anjou et même de Charles VII des postes de confiance, en épousant une fille de l'un d'eux, Bertrand de B. Né au plus tôt dans la première partie du quinzième siècle, il avait étudié le droit à l'Université d'Angers. Il y obtint, en 1432 ou 1434, la dignité de recteur qui se conférait aux licenciés, et participa, en cette qualité, à l'annexion à son corps des Facultés de théologie, de médecine et des arts, soit qu'il ait seulement présidé à leur installation, soit qu'il soit l'auteur des démarches faites auprès du pape Eugène IV, qui céda (dit la bulle) aux sollicitations du recteur comme à celles de l'Université. Il se tourna peu de temps après vers la carrière de la magistrature où il fit un chemin aussi rapide que brillant. Reçu conseiller au Parlement en 1436, puis président à mortier en 1442, il est attaché, en 1446, à la personne du dauphin, fils de Charles VII, qu'il suit en Dauphiné et qui le fait son chancelier. Il négocie en cette qualité le second mariage du prince avec Charlotte de Savoie. Mais lorsque le futur Louis XI a rompu avec son père et s'est retiré auprès du duc de Bourgogne, le magistrat reprend son siége au Parlement où il devient, en 1457, premier président. La mort du roi le met dans la plus fausse des positions vis à vis du nouveau monarque qui n'a sans doute pas pardonné à ceux qui ont abandonné son parti. En effet, il n'est maintenu qu'en qualité de second président dans l'Ordonnance royale du 8 septembre 1461, et il n'assiste pas à la séance royale. Il mourut, selon quelques-uns, le 2 novembre suivant, d'autres reportent à 1463 la date de sa mort. Quoiqu'il en soit, la disgrâce qu'il avait éprouvée ne paraît pas contestable.

<small>Dict. de Moreri. — Le P. Anselme, t. VII, p. 225. — Ordonnances des Rois, t. XV, p. 13-15. — René Chopin, t. II, p. 410. — Claude Ménard, mss. 875, t. I, p. 175. — Ménage : *Vita Matth. Menagii*, p. 65-66. — Pocquet de Liv., mss. 1027, p. 2 ; *id.*, 1061, p. 345. — Urbain Legeay, *Hist. de Louis XI*, t. I. *passim*.</small>

GUILLAUME DE SAINT-JUST, recteur en 1448. C'est sous lui que se passent les premiers rapports qu'ont eus entre elles, à notre su, les différentes Facultés. Il avait été porté au rectorat par la nation d'Aquitaine. Chanoine et chantre de l'église cathédrale, il assista, à ces titres, en 1448, au concile d'Angers, où son importance eut l'occasion de s'affirmer. Sa mort est de l'année 1460.

AUGER DE BRIE, curé de Brigné, près Doué, et familier de Louis XI, fut élu évêque d'Angers en 1479, et dut en partie les suffrages du chapitre aux démarches de l'Université dont il avait été recteur. Deux concurrents s'étaient précédemment disputé l'évêché, Jean de Beauveau, qui venait de mourir, et le cardinal Balue, que le roi avait substitué à celui-ci, mais qu'il avait ensuite disgracié. Après la mort du roi, Balue, sorti de captivité, réclama ses droits, et le pape, qui n'avait pas confirmé son compétiteur et s'était borné à le nommer administrateur du diocèse, laissa faire le cardinal. Auger de Brie, abandonné par tous ceux qui avaient concouru à son élévation, dut se prêter à un accommodement et mourut déconsidéré et obscur, en 1503.

JEAN DE LOHÉAC. — Chanoine et grand chantre de la collégiale de Saint-Pierre, fut procureur-général de l'Université en 1494, et soutint alors les intérêts du corps contre les démarches du maître-école. Devenu recteur quatre ans après, il mourut pendant son exercice. L'Université s'entendit pour ses funérailles avec le Chapitre dont il était membre et y contribua de deux cents livres pour sa part.

Le successeur de Jean de Lohéac, Etienne BOISROND, licencié en droit et avocat, eut à recevoir, le 13 février 1499, le roi Louis XII, qui venait de confirmer les priviléges des écoliers et de l'Université. Bourdigné raconte que, « à son entrée, Etienne

» Boisrond, recteur d'icelle, avait fait au roy une très-élo-
» quente oraison, en laquelle iceluy seigneur avait pris grand
» plaisir. »

Le même auteur racontant la réception faite, en 1519, à François Ier, par l'Université, nomme François Lasnier « très-docte et renommé » professeur comme ayant prononcé « l'oraison. » Il faut remarquer à ce sujet que tous les licenciés n'étant pas habiles à manier la parole comme l'avocat Boisrond, les règlements permettaient de charger de la harangue l'un des docteurs, et c'est ce qui fut fait à l'époque où nous sommes parvenu (1).

ANTOINE PRÉVOST, recteur, en 1551, à titre de licencié, prit pendant son exercice le bonnet de docteur en droit. Il était chapelain de l'église Saint-Maurice (2).

Jean SURSIN, docteur en médecine, étant recteur, en 1611, au tour de sa Faculté, fut maintenu en fonctions, jusqu'à nouvelle élection, par un arrêt du Parlement confirmant le rejet d'un candidat que le conseil de l'Université avait évincé (3).

Louis GUYBERT, chanoine de Saint-Maurille, bachelier en théologie et licencié en droit, avait été une première fois recteur, en 1641. Ayant été présenté de nouveau, en 1644, pour cette fonction par la nation de Bretagne dont il était membre, l'Université qui avait déjà, deux ans auparavant, fait difficulté de le recevoir comme procureur général, lui suscita un compétiteur et refusa définitivement de l'installer. Il fallut pour l'y contraindre un arrêt du Parlement qui ne fut rendu qu'en 1647. Comme Guy-

---

(1) La même chose eut lieu encore, lors de la venue de Charles IX, en 1565, et de Henri IV en 1598. Le docteur Commeau dans la première de ces années, et le docteur Liberge dans la seconde, furent les *orateurs* ; c'était le titre officiel que l'on donnait dans l'Université de Paris aux docteurs ou maîtres chargés de haranguer les grands personnages.

(2) Il y a eu, même au cours du dix-huitième siècle, deux exemples du même genre donnés par Maurice Lehoreau et Georges Louet, qui prirent l'un et l'autre leur grade de docteur en théologie dans le trimestre où ils étaient recteurs.

(3) Nous avons raconté dans un article de la *Revue de l'Anjou* intitulé *Deux Hellénistes*, la carrière de Sursin, qui fut surtout principal d'un des collèges de l'Université. Nous renvoyons d'ailleurs, pour ce qui le concerne, aux livres IV et V qui traiteront de la Faculté de médecine et de la Faculté des arts.

bert était expérimenté et même lettré (1), on ne se rend pas bien compte des motifs qui faisaient rejeter sa nomination. Peut-être la compagnie lui gardait-elle rancune des efforts qu'il avait faits, en 1641, pour faire revivre la conservation des privilèges apostoliques de l'Université dont l'exercice avait cessé depuis plus d'un siècle. Nous aurons à revenir sur cet objet à l'article *Privilèges*.

Le docteur VOYSIN (Claude), celui-là même que l'Université avait préféré à Guybert en 1644, étant de nouveau recteur, en 1676, se signala par son ardeur à poursuivre les professeurs du collége de l'Oratoire qui enseignaient la philosophie de Descartes. La *relation* publiée par le célèbre Babin, qui fut en cette circonstance le premier de ses auxiliaires, décrit parfaitement son rôle dans cette affaire.

L'abbé CONSTANTIN (Joseph), recteur, pose, le 24 mai 1691, la première pierre du nouveau bâtiment du collége d'Anjou. Il fut plus tard, de 1697 à 1705, doyen de la cathédrale.

L'abbé LÉGER (Denis), docteur de Sorbonne, étant recteur pour la Faculté de théologie, en 1699, fait abolir les repas de corps qui se faisaient aux solennités des nations. Son discours, dont Cl.-Gab. Pocquet donne l'analyse (mss. 1027, p. 383 et suiv.), s'appuyait sur les défenses portées dans les arrêts de réforme des siècles précédents, et sur ce que cet usage avait d'onéreux pour le chef de l'Université de qui il rendait l'acceptation difficile. L'abbé Léger était membre de l'académie d'Angers depuis 1693; Il figure sur les listes en cette qualité jusqu'en 1729, qui fut sans doute l'année de sa mort.

René JANNEAUX, professeur de la Faculté de droit. Recteur en 1722. Il s'opposa fortement aux efforts d'un professeur oratorien du collége d'Anjou suspect de cartésianisme et de jansé-

---

(1) Voici le titre d'un de ses ouvrages : *Ludovici Guyberti almæ Andegavensis academiæ alumni, baccalaurei theologi* PASCHALE OVODEIPNON, *ad eruditiss. sapientiss. clarissimos ipsius academiæ antiquiss. nobiliss. cultores, professores, proceres*; Parisiis, M.DC.XVIII. In-12 de 42 p. C'est un hommage du bachelier en théologie à ses juges. — Un registre de la nation de Bretagne (Arch. de M. et L. L. 13), dont il a écrit les premières pages, éclaire la partie militante de sa vie ; on voit que L. Guybert était devenu, en 1659, archiprêtre de Saumur.

nisme, et, se faisant l'organe d'une commission nommée par le Conseil de l'Université, il publia sa censure par la voie de l'impression (1).

François PRÉVOST, qui a joué un rôle considérable dans l'enseignement de l'Université, paraît pour la première fois dans son histoire comme docteur agrégé en droit en 1744. Ayant été nommé recteur à ce titre par sa Faculté en cette même année, il se vit contester sa nomination pendant plusieurs mois, et ne fut installé qu'en exécution d'un arrêt (2). Dans les derniers jours de son rectorat, il eut l'occasion d'occuper de lui le public. La France était alors joyeuse de la victoire de Fontenoy et du retour du roi qui avait éprouvé une grave maladie. Le recteur convoqua par une affiche l'Université tout entière à une procession suivie d'un *Te Deum : Supplicationes pro reddita regi salute ejusque felici in Galliam reditu* (3).

Claude ROBIN, curé de Saint-Pierre et docteur en théologie. Nommé recteur à la fin de 1761 au tour de sa Faculté, il fut suspendu de ses fonctions par l'Université, le 12 février suivant. Le motif apparent de cette sévérité était une condamnation à l'amende que le prêtre avait encourue du tribunal de la sénéchaussée, pour négligence dans la tenue des registres des actes civils. Mais il y avait d'autres griefs, et le principal était, vraisemblablement, un mémoire que l'abbé Robin préparait sans s'en être entendu avec ses collègues, et où, en réclamant pour son corps les réformes dont le Parlement était alors occupé, il traitait les procureurs des nations et les professeurs de la Faculté de droit avec peu de ménagement. La bibliothèque d'Angers (mss. 1029, t. I) possède une copie de ce mémoire rédigé en français, mais dont le préambule et la conclusion sont en latin ;

---

(1) Bibl. d'Angers, Hist. 3799, n° 13. Sumptum ex conclusionibus, in-4° de 7 pages. Voir notre Livre V.

(2) V. les *Concordats et règlements*, p. 34 à 46, où l'on trouve un historique de l'affaire composé par Prévost lui-même probablement.

(3) D'autres recteurs aussi ont, dans la suite et dans des circonstances analogues, prescrit des prières publiques. On a, dans le numéro 3799 des imprimés de la bibliothèque d'Angers, plusieurs de ces convocations, sous le titre de *Supplicationes*, qui précède parfois celui de *Mandatum amplissimi Rectoris*.

il porte le titre « Mandatum rectoris. » Robin qui en avait appelé au Parlement obtint gain de cause. L'Université elle-même le rétablit dans tous ses droits le 3 mars 1763, et il redevint dans la suite intrant et recteur (1).

Jean-Louis GUILLIER DE LA TOUSCHE, recteur en 1762, excite à l'harmonie les membres de l'Université que divisaient plusieurs procès et finit par obtenir un désistement complet pour la plupart (2).

Le P. ROY, de l'Oratoire, principal du collége d'Anjou. C'est, d'après le registre tenu par le receveur, le dernier recteur qui ait exercé. Son acquit, qui est du 20 janvier 1792, se rapporte à l'année précédente. Il y a lieu de remarquer au sujet de sa promotion que, si malgré d'anciens statuts, les religieux « cujuscumque ordinis » étaient exclus des fonctions de recteur, l'Université faisait bénéficier les Oratoriens d'un règlement de 1605, qui y avait admis les principaux de collége sans apporter à cette désignation aucune restriction.

LE MAITRE-ÉCOLE. — NOTICES SUR LES DIFFÉRENTS MAITRES-ÉCOLE. — Le premier article de ce livre témoigne de l'importance qu'ont eues à Angers les fonctions du scholastique ou maître-école. L'enseignement, auquel il prenait personnellement part, était tout entier sous sa direction. C'était lui, au commencement, qui admettait et qui changeait les maîtres, lui qui conférait les degrés. Lorsque, après les temps de Marbode et d'Ulger, l'école, qu'ils avaient définitivement fondée, eut vu venir à elle des professeurs plus nombreux et plus distingués, il devint nécessaire quelquefois de compter avec eux, et l'autorité du scholastique en fut peu à peu diminuée. Mais elle ne succomba entièrement que lors des réformes faites en 1398 par les deux commissaires du parlement.

---

(1) C'est à ce dernier titre seulement que nous l'avons considéré ici. Nous aurons l'occasion, au liv. III, *Faculté de théologie*, de revenir sur le docteur et sur l'écrivain.

(2) Au nombre de ces affaires était celle des bancs de la cathédrale, où l'Université réclamait dans les cérémonies des places nombreuses ; elle avait donné lieu à un poëme burlesque intitulé la *Scammomanie*.

Les fonctions de la charge étaient alors exercées par Brient Prieur, qui avait pris part en 1373 à la confection des premiers statuts, étant déjà doyen de l'Etude. Après des débats que Pierre Rangeard a racontés, ce qui nous dispense d'y revenir, le maître-école, contre lequel les écoliers et licenciés élevaient de nombreux griefs, céda à l'orage et se borna à quelques stipulations honorifiques et pécuniaires pour ses successeurs ou pour lui, qui furent très-facilement accordées. On avait pu remarquer que l'évêque, dont Brient représentait le pouvoir, et le Chapitre de la cathédrale, dans lequel il occupait une des premières places, n'étaient pas intervenus pour sa défense. Quant à lui, il ne parait avoir joué, depuis cette époque, qu'un rôle entièrement effacé. Son nom ne figure plus que rarement dans les actes capitulaires parmi ceux de ses confrères les chanoines, et il ne prend aucune part à la rédaction des statuts de 1410, où l'on rappelle expressément les droits qui lui sont réservés, ce qui prouve qu'il existait encore. Il s'éteignit probablement vers le milieu de 1412, la nomination de son successeur étant du 24 octobre de cette année.

L'*Histoire de l'Université* (t. I, p. 446) donne une liste de ses quatre premiers successeurs, exacte pour les noms eux-mêmes, mais où l'ordre de succession présente plusieurs erreurs. Nous rétablissons celui-ci tel que nous l'indiquent les pièces d'archives, et nous commençons immédiatement la suite des notices des maîtres-école pour la partie qu'embrasse notre ouvrage.

1412-1422. — THOMAS GINOU, né à Angers, fort avancé déjà dans ses études de droit en 1394, partagea la mission d'Alain de la Rue dans les démêlés qui aboutirent, quatre ans plus tard, à l'établissement d'un recteur. Il devint dans ce temps même professeur *utriusque juris*, grâce à la libéralité de la duchesse d'Anjou l'aida qui à supporter les frais de sa double doctorande. Déjà prêtre, il se fixa définitivement dans sa ville natale, où les honneurs et les dignités ecclésiastiques ne tardèrent pas à lui arriver. Il siège, en 1399, comme l'un des professeurs au concile d'Angers. Dès 1401, il est chanoine de Saint-Laud. On le trouve à peu de temps de là vicaire du Chapitre de Saint-Pierre, c'est-à-dire curé de la paroisse. A la mort de Brient Prieur, c'est lui qui devient maître-école (24 octobre 1412), et il exerce ces fonctions jusqu'à son décès, c'est-à-dire pendant dix ans. Il est dans cet intervalle présent à plusieurs actes dont on retrouve les traces dans l'ouvrage de Rangeard ou dans les Archives. Il n'est pas possible de douter qu'il ait été instruit et laborieux : il avait réuni un nombre plus ou moins grand de livres de droit, de théologie et de philosophie, et il en légua plusieurs, par son testament, à différentes églises, dont ils commencèrent ou enrichirent les bibliothèques.

Hist. de l'Université, t. I, p. 369, 395, 426, 431, 446. — Arch. de M. et L. mss. 655, p. 99; 665, 690 (avril). — Bibl. d'Angers, mss. 655, p 99; 665, année 1420 ; 690, mois d'avril; *Id.* Catalogue des manuscrits, p. 9, 56 et 275. — C. Port, *Dict. historique de l'Anjou.* t. II, p. 267.

1423-1432. — PIERRE ROBERT reçu, en 1400, chanoine de la cathédrale, le fut aussi de l'église collégiale de Saint-Martin. Il n'était que licencié en droit canon, ce qui fut cause que l'Université, en 1432, lui préféra un de ses professeurs pour l'envoyer en son nom au concile de Bâle. C'était Jean Bohalle. Robert qui avait, dix-huit ans auparavant, favorisé l'établissement de celui-ci à Angers, se démit alors en sa faveur des fonctions de maître-école, se contentant de lui servir de vice-gérant pendant ses différentes absences. Il mourut seulement en 1437.

Hist. de l'Université, t. I, p. 446. — Mss. de la biblioth. d'Angers, n° 655, f° 49 et *passim;* *Id.* 673 (liste de chanoines); *Id.*, 1029, t. IV, *Pièces de la Faculté de théologie.* — Arch. de M. et L. D 8.

1432-1465. — JEAN BOHALLE ou BOUHALE. Il a été déjà question de lui, à l'art. III de ce premier livre, pour la part qu'il eut à l'érection des Facultés de théologie, de médecine et des arts, et pour le rang qu'il se fit donner au concile de Bâle en sa qualité de député de l'Université d'Angers. Ces seuls faits suffisent à justifier la place que nous allons accorder aux choses qui le concernent. Pour remonter, autant que possible, jusqu'à ses commencements, il fut d'abord, suivant Ménage, chancelier de l'église de Tours, et demeura même, plus tard, chanoine de Saint-Martin de cette ville. Un autre historien angevin, Claude Ménard, a cru qu'il avait été, avant de la quitter, envoyé par ses confrères au concile de Constance. Quoi qu'il en soit, nommé, le 23 novembre 1414, chanoine de la cathédrale d'Angers, il prend possession d'abord par les mains de Pierre Robert, puis personnellement au mois de février suivant. On peut supposer que c'est à lui qu'il avait été fait don, par nos magistrats, à la date du 13 décembre, d'une somme de cent livres dont le destinataire, docteur régent en droit, n'est pas nommé (*Invent. analyt. des Arch. municipales* I I 7). Il appartient, en effet, dès lors à l'Université.

L'importance du rôle qu'il a joué et l'étendue de sa carrière, nous disposent à noter, et plutôt année par année, les faits qui le concernent ou dans lesquels il est intervenu.

1420. Il est un des témoins de la fondation que fait Jean Brocet du service de la nation d'Anjou. (P. Rangeard, t. II, p. 306.)

1428. Est député auprès du roi par l'Eglise et par la ville pour lui représenter la misère du pays.

1432. Il devient maître-école, et, jusqu'en 1437, siége, à plusieurs reprises, au concile de Bâle.

1435 (10 octobre). Il obtient du pape Eugène IV la ratification du concordat qui a réglé les droits de sa charge (1).

1437 (6 février). Une bulle particulière lui confère une deuxième prébende de chanoine, qui doit rester attachée à sa fonction.

1438. Il figure honorablement à l'élection de l'évêque Jean Michel.

1442. Il devient archiprêtre de Saumur (2).

1443. Il est député avec Matthieu Ménage, par le Chapitre, à l'assemblée tenue à Bourges pour les libertés de l'Eglise gallicane.

1445. Il est fait doyen du Chapitre de Saint-Pierre d'Angers et paraît, la même année, en tête des professeurs en droit, pour la fondation dans cette église collégiale d'une messe de l'Université.

— Il harangue René, duc d'Anjou et roi de Sicile, au nom du Chapitre de la cathédrale, à son arrivée.

1448. Il représente ses confrères au concile d'Angers, présidé par l'archevêque de Tours, et s'y fait une assez grave affaire par son zèle ecclésiastique pour les études des clercs. Nous donnons ci-après, d'après Ménage, les extraits des registres capitulaires qui le concernent.

— « *Die XVI Julii MCCCCXLVIII.* — Quia Fournier retulit quod Domi-
» nus Johannes Bouhale scholasticus, nuper ad interessendum in conci-
» lio provinciali constitutus, heri in dicto concilio quædam verba pro-
» tulit dedecus hujus capituli et singulorum taugentia : videlicet quod

---

(1) Nous donnons un peu plus loin la bulle complémentaire que lui accorda Eugène IV, en 1435.

(2) Ce bénéfice dont le siége était Juigné-sur-Loire, était compatible avec une résidence habituelle à Angers. Il est probable, du reste, que Bohalle s'en démit, lorsqu'il devint trois ans plus tard doyen de Saint-Pierre, le cumul ayant, même alors, certaines limites. Le nouvel évêque avait voulu d'abord attacher l'archiprêtré de Saumur à la dignité de maître-école, mais il ne paraît pas y avoir persisté.

» pauci de ecclesiæ temporibus modernis student et habent libros,
» sed sunt ignari; conclusum fuit ipsuma procuratorio munere revo-
» cari, et illico revocarunt : et hoc eidem scholastico per magistrum
» G. de Sancto-Justo intimari voluerunt et ordinaverunt. Quod post-
» modum in dicto concilio infra refectorium hujus ecclesiæ tum tenente,
» factum est ita, Reverendo in Christo patre Johanne Archiepiscopo
» Turonensi præsidente, necnon dominis Rhedonensi, Cenomanensi,
» Nannetensi et Macloviensi episcopis præsentibus, cum pluribus aliis
» doctoribus licentiatis, in dignitatibus constitutis. — *Die XVII Julii*
» — Dominus archiepiscopus petiit quod cesset omnis quæstio quæ
» forsan oriri posset contra dominum scholasticum, occasione verbo-
» rum et revocationis de quibus in capitulo præcedenti. — *Die*
» *XVIII Julii*. — Dominus archiepiscopus intravit capitulum et, domino
» scholastico tunc præsente, recitavit qualiter requisierat pro ipso, etc.
» Idemque scholasticus asseruit, quod nunquam voluit, nec vellet ali-
» quid dicere quod præjudicaret ecclesiæ hujusmodi, nec etiam singu-
» laribus, et verba, de quibus supra, declaravit : videlicet quod pauci
» sunt modernis temporibus qui adsocient doctores, et secum deferri
» faciant libros pro lectionibus audiendis, in ordinario respectu præ-
» decessorum et prout antiqui faciebant; nec alias intellexit protulisse
» prout dicebatur. Et post hæc et alia multa verba excusationis.
» Domini remiserunt præfato scholastico prælata verba, et inde sequuta.
» Idemque scholasticus injuriam quam sibi factam asserebat in revo-
» catione, etc., nec non præfatis Cantori et Fournier nonnulla verba
» rigorosa similiter remisit, etc., dictique Cantor et Fournier converso
» dicto scholastico remiserunt. »

1451 et 1452. Jean Bohalle s'occupe à diverses reprises des réparations de la cathédrale.

— Il est envoyé par l'Université à une nouvelle assemblée de
Bourges avec le professeur Jean de la Réauté.

1456. Il fait faire pour lui une copie des lettres de Nicolas de Clé-
menges, théologien renommé de son temps (1).

1457. L'Université, qui vient d'acquérir pour sa bibliothèque les
écrits de Geoffroy de Salignac, le charge de les examiner.

---

(1) Ce manuscrit avait passé de sa bibliothèque dans celle du cardinal Balue.
On y lisait de la main du copiste l'énumération des titres de celui pour qui la
transcription avait été faite :

« *Impensis sumptibus* [atque] *eruditissimi litteratissimique viri domini Joh.
Bouhale utroque in jure doctoris ornatissimi, famatissimi Andeg. Univ. can-
cellarii, canonici necnon S^{ti} Mauricii, canonici item S. Martini Turonensis,
decani præterea Beati Petri Andeg..... per Petrum Margereti Burgundum.*

1461. Le Chapitre le charge de faire en son nom des remontrances à l'évêque Jean de Beauveau, sur son administration.

1462. Il est choisi pour porter la parole devant le nouveau roi (Louis XI).

1465 (18 novembre). Il meurt et est enterré dans la cathédrale, devant l'autel Saint-Martin.

Nous n'avons fait que rassembler les éléments d'une biographie un peu complète; nous n'y ajouterons rien de plus, ce qui précède devant suffire pour donner une idée de Jean Bohalle comme administrateur et comme lettré.

Arch. de M. et L. D 7, p 148 et autres; *Id.*, série G. *(Chap. St-Pierre).* — Bibl. d'Angers : mss. 655, p. 103; 658, p 159, 570; 656, t. II *(maîtr'-école)* et 919. — Cl. Ménard, *Pandectæ*, t. II, p. 236 et 240. — G. Ménage, *Vita Matthæi Menagii*, passim. — P. Rangeard, *Hist. de l'Université*, t. II, p. 306. — Pocquet de Liv. mss. 1027, p. 1 à 5 et 26; *Id.* mss. 1067, p. 39 et suiv. — *Répertoire archéol. de l'Anjou*, an. 1865, p. 223 à 229.

1466-1473. — MICHEL GROLLEAU. Reçu chanoine de la cathédrale dès 1451, il fut dispensé alors de l'année *rigoureuse* de résidence, à condition de l'achever auprès du cardinal d'Estouteville à qui il s'était attaché; et celui-ci étant mort l'année suivante, il revint aussitôt à Angers. Il y était devenu doyen du Chapitre de Saint-Laud, lorsqu'il fut, en outre, investi de la dignité de maître-école par lettres de Jean de Beauveau. Le Chapitre ne reconnaissant pas les collations de bénéfices faites par l'évêque, qui avait été récemment excommunié par le pape, refusa d'installer le nouveau dignitaire et ne céda pas sans protestation, même à l'influence du roi René. Quatre ou cinq ans après, on trouve Grolleau accepté définitivement par ses confrères, qui essaient toutefois en vain de l'associer à leurs démarches contre le prélat son bienfaiteur. A la mort du maître-école qui a vécu en bons termes avec elle, l'Université fait célébrer en son honneur une messe de *requiem*, comme en témoigne l'extrait suivant d'un relevé de comptes que nous trouvons dans les archives : « Pro anima defuncti domini et magistri Michaelis Grolleau, dum viveret Andegavensis scholastici (1). »

Arch. de M. et L. D 7, f° 148; G. 613. — Bibl. d'Angers, mss. 651; *Id.* 658; *Id.* 692, Extraits des reg. capit. de J. Rangeard. — *Revue de l'Anjou* de l'année 1861, i, II, p. 172.

---

(1) Nous avons trouvé dans un article, d'ailleurs fort intéressant, sur les *Dévotions de Louis XI en Anjou*, la mention que voici, et nous avons eu à cœur de la vérifier : « Les cheveux du maîtr'école, Pierre Giquel, blanchirent en se parjurant sur la vraie croix (de Saint-Laud). » Le Pierre Giquel dont il s'agit, coupable

SON ORGANISATION. LES MAITRES-ÉCOLE (XVe SIÈCLE). 75

1473-1512. — GUY PIERRES, de la famille noble des seigneurs du Plessis-Baudouin, à laquelle appartiennent aussi ses deux successeurs. Il y a deux parts à faire dans sa longue carrière : l'une ecclésiastique et civile, et l'autre universitaire seulement. Voulant avoir le droit de nous étendre un peu sur la seconde, nous abrégerons la première autant que possible.

Celle-ci commence à Angers dès 1453. Guy-Pierres est nommé dans cette année à un canonicat de la cathédrale, mais ne l'occupe pas. Il reparaît en 1466 pour les mêmes fonctions, dans lesquelles il a de la peine à se faire installer, parce que, étant déjà d'autre part chanoine de Saint-Martin de Tours, il fait dans cette ville sa principale résidence. Le roi René intervient, comme il le fait en même temps en faveur de Grolleau, pour lever les difficultés qu'on lui oppose et qui ont la même origine, leur nomination par l'évêque Jean de Beauveau, avec qui le Chapitre est brouillé. Lors de la mort de ce prélat auquel il est resté fidèle (1479), Guy-Pierres est chargé par ses confrères de poursuivre auprès de l'archevêque de Tours la ratification de l'élection d'Auger de Brie. En 1489, c'est la ville qui recourt à son influence : elle lui donne commission de solliciter pour elle au grand Conseil du roi, dont il est membre, différents privilèges et exemptions, et, lorsqu'il a rapporté de Tours une réponse favorable, elle lui fait don d'une robe de trois aunes de drap écarlate, en récompense de ses bons offices. A la mort de Jean de Rély, en 1498, Guy-Pierres est un des vicaires-généraux capitulaires nommés par le Chapitre, et le nouvel évêque, François de Rohan, au nom de qui il a pris possession de l'évêché, le continue dans ses fonctions. On le retrouve dix ans plus tard, en 1508, présent à la révision définitive de la coutume d'Anjou, en qualité de doyen de Chemillé, titre attaché à la charge de maître-école. Mais c'est là le dernier acte de sa vie publique. Sain d'esprit, mais malade de corps, suivant la formule, il fait son testament, au mois de juillet 1509, et achève de mourir en 1512.

Sa nomination, comme maître-école, est de l'année 1473. Il se signale aussitôt par des actes qui laissent voir en lui un homme également avide et ambitieux. Il sollicite du pape l'octroi d'une seconde prébende, en raison de son nouveau titre, et veut exiger des sommes exagérées des écoliers auxquels il confère les grades. Sixte IV rejette

---

d'adultère, d'après le mss. 681 de la Bibl. d'Angers analysé ici, était simplemen un écolier « scholaris » et non pas maître-école (scholasticus). Celui qui portait alors ce titre était notre Michel Grolleau.

à la fois le cumul demandé et rappelle Guy-Pierres aux termes d'un concordat consenti par un de ses prédécesseurs, qui règle ses émoluments. Non découragé par ce double échec, celui-ci essaie, presque à la même époque, de créer un bedeau général de l'Université, l'une des entreprises qui, soixante-dix ans plus tôt, ont occasionné la chute du maître-école Brient Prieur. A son exemple aussi, il se qualifie « recteur perpétuel » dans les différents diplômes ou brevets qu'il délivre (1). Un peu plus tard, se sentant appuyé par le Chapitre de la cathédrale et aussi par le Conseil de la ville, il prend l'initiative d'une démarche auprès du parlement, pour la réformation du corps *tam in capite quam in membris* (1492 et 1494). Dans l'intervalle, il s'est souvenu que les anciens maîtres-école professaient personnellement, et, comme il est docteur en l'un et l'autre droit, il demande à faire leçon, ce qu'il n'obtient pas, sans doute parce qu'on ne le tient pas pour régent. Les commissaires de la haute cour, tout en faisant d'ailleurs plusieurs règlements pour réprimer certains abus, se bornent à peu près à lui donner des témoignages de considération, qui ne le satisfont pas. Aussi reprend-il la lutte, quelques années après, et c'est lui qui provoque les pourparlers des années 1500 à 1503, que suivent de nouveaux arrêts du parlement. L'arrêt de 1513, qui homologue un concordat fait l'année précédente, alors peut-être que Guy-Pierres était encore vivant, ne parle pas des droits du maître-école. Celui-ci cependant va bientôt revivre en un autre lui-même.

Arch. de M. et L., série D 7, f° 188-198, 200 et 201, 206; *Id.* E 3595. — Bibl. d'Angers, mss. 658, p. 332; 673; 892; 944; 1015, f° 250; 1029, t. 1, 2ᵉ partie. — *Manuscrit de Guillaume Oudin*, dans la Revue de l'Anjou, 1857, t. II. — G. Ménage, *Hist. de Sablé*, 2ᵉ partie, p. 122. — Pocquet de Liv., mss. 1027, p. 84-86 (2).

1512-1549. — GUY PIERRES II, ou le Jeune, était depuis dix ans

---

(1) Celui d'un nouveau principal du collége Saint-Maurice, nommé par lui en 1494, commence ainsi : *Universis præsentes litteras inspecturis et audituris Venerabilis Guido Pierres canonicus et scholasticus insignis ecclesiæ Andegavensis, regensque Universitatem seu studium generale famosæ universitatis Andegavensis.....*

Les successeurs de Guy-Pierres, jusques et y compris l'année 1660, ont employé la même formule pour ce genre d'acte, dans lequel ils représentaient, il faut le dire, le Chapitre plutôt que l'Université.

(2) Pocquet de Livonnière, Rangeard et la plupart des Pouillés ne font qu'une même personne des deux Guy-Pierres, sans considérer que le premier, même à le prendre au moment où il est devenu maître-école, ne peut avoir vécu jusqu'au milieu du seizième siècle.

chanoine de la cathédrale et remplissait déjà depuis trois la charge de maître-école, lorsqu'il succéda à son oncle. Il se montra plus que lui, peut-être, vaniteux, remuant et difficile à vivre, dans ses rapports avec l'Université. Il essaya son influence, en 1515, en présentant au Conseil de ville, avec l'appui de la nation d'Anjou, un candidat simple licencié en droit qu'il voulait faire nommer professeur. Mécontent de n'avoir pas réussi, il revendique dans un mémoire au Parlement qui est, suivant Pocquet, de 1516 ou 1518, ses droits de maître-école, et là, sans tenir compte des actes des derniers siècles qui ont créé un recteur, il se qualifie lui-même, comme successeur de Marbode, « Recteur perpétuel, fondeur et correcteur, patron, régent et » directeur de l'Université » ; il demande à être « maintenu en possession, lorsqu'il confère les degrés de licence qui se donnent dans la salle du palais épiscopal, de se faire reconduire jusqu'à la galerie Saint-Maurice par les docteurs-régents, précédés des bedeaux, qui lui feront, selon la coutume, un remercîment. » Ses réclamations ne paraissent pas avoir eu le succès qu'il en avait attendu. Mais toujours attentif à s'immiscer dans les affaires de la compagnie, il se fait donner par l'un des conservateurs apostoliques de ses priviléges un pouvoir spécial et public, en octobre 1526, un mandement comme juge subdélégué. En 1539, à la veille des Grands-Jours, il se plaint des écoliers au Conseil de ville, et se joint à ceux qui réclament une nouvelle réforme de l'Université. Il semble que le Parlement ait voulu repousser certaines de ses demandes d'alors par l'arrêt du 15 mai 1542, lequel, entre autres dispositions, « Ordonne que le maistre escolle sera tenu ne » prendre pour les bénédictions (celles des licenciés de l'Université), » par manière de provision, sinon ce qui est contenu aux statuts » d'icelle Université. » Quant aux dignités ou prérogatives ecclésiastiques de Guy Pierres, Bourdigné, qui le traite de Monseigneur, nous le montre assistant l'évêque à l'autel, lors de la réception de François Ier à Angers; en 1539, il devient abbé commendataire du Perray-Neuf, et en 1540, Gabriel Bouvery le choisit pour un de ses vicaires-généraux. Sa mort est du 19 mars 1550. Il avait, dès l'année précédente, résigné ses fonctions de maître-école à l'un de ses neveux.

Bibl. d'Angers, mss. 673, 959, 1004, 1036, 1030. — Arch. de M. et L. D 7, f° 283. — Arch. munic. BB. Conclusions de 1515; Id. de 1539. — Statuts synodaux de l'église d'Angers, p. 277. — *Histoire de l'Université*, de P. Rangeard, t. I, p. 68. — Bourdigné, *Chroniques*, t. II, p. 324. — Pocquet de Liv., mss. 1027, p. 84-86. — *Gallia Christiana*, t. XIV, p. 736.

JEAN PIERRES, d'abord chapelain perpétuel de l'église Saint-Laud, remplaça son oncle, en 1545, à la tête de l'abbaye du Perray-Neuf, et passa ensuite, en 1571, à celle de Saint-Maur-sur-Loire, qu'il conserva jusqu'à sa mort. Il n'y a pas d'autre trace de l'exercice de ses fonctions de maître-école que l'opposition qu'il fut chargé de faire, au nom de l'Université et en compagnie de son procureur-général, à la création du tribunal des juges-consuls(1). Il se démit dès l'année 1575 pour occuper la dignité de doyen du Chapitre et mourut, en 1585, dans un état de pauvreté, que les registres capitulaires expliquent, d'une manière peu honorable pour lui, par la dissipation et l'inconduite.

Gallia Christiana, t. XIV, p. 693 et 736. — Bibl. d'Angers, mss, 658, p. 523, 629 et 639 ; *Id.* 673 et 1004.

JEAN DE LA COURT. — Etienne Bertrand à qui Jean Pierres avait résigné sa charge de maître-école n'en prit pas possession, et ce fut Jean de la Court qui l'exerça. Il n'était que licencié en droit, et son nom se rencontre rarement dans les documents ou pièces d'archives. Il n'obtint qu'en 1685, à la mort de son prédécesseur, la prébende de chanoine attachée à sa dignité. Il mourut en 1608, ayant renoncé à ses fonctions six ans auparavant.

Bibl. d'Angers, mss. 673, Liste des chanoines, et 1030, Coll. Saint-Maurice; Cl. Pocquet de Livonnière, *Arrêts célèbres d'Anjou*, t. II, p. 982.

1602-1624. — FRANÇOIS BOYLESVE, né vers 1565, était membre de l'importante famille des Boylesve d'Angers. Il entra de bonne heure dans les ordres, mais ne fut, comme son prédécesseur, que licencié en droit, sans aucun grade en théologie. Non content de son titre de maître-école de l'église d'Angers, il prit celui de chancelier, puis, s'ingérant particulièrement dans les affaires de la Faculté des arts, essaya de la gouverner. Ses entreprises ayant tourné contre lui les membres de l'Université, parmi lesquels étaient plusieurs de ses confrères, il se démit de sa charge à la fin de 1624, laissant à son neveu âgé de trente ans le soin de continuer la lutte qu'il avait commencée. Son épitaphe qui se trouvait dans l'église des Cordeliers, sépulture de sa famille, énumère ses différentes fonctions et qualités et donne l'époque de sa mort.

«Clarissimus vir Franciscus de Boylesve, dominus de la B[ourdinière] insignis ecclesiæ Andegavensis et almæ Universitatis canonicus et cancel-

---

(1) Blordier Langlois, *Angers et l'Anjou sous le régime municipal*, p. 362, en parlant de l'opposition du Chapitre et de l'Université, désigne Jehan Prévost comme le maître-école qui y prit part. Le nom a été évidemment mal reproduit. C'est Jehan Pierres, qu'il faut lire.

tarius, Regis eleemosinarius et Sanctæ Sedis protonotarius, Sancti-Martini decanus, hujus cappellæ fundator, pius e vita migravit die decimo decembris anno Domini millesimo sexcentesimo trigesimo septimo post meridiem. Requiescat in pace. Amen. »

Le lecteur remarquera l'arrangement particulier, et comme la confusion qui est faite dans ce document, des deux titres de maître-école et de chancelier. Elle donna lieu, sous son successeur, à des réclamations tant du Chapitre de la cathédrale que de l'Université.

Arch. de M. et L. D 7, f° 407. — Bibl. d'Angers, mss. 1029, t. I, 2ᵉ partie, *procédures*. — V. Godard, *Répertoire archéologique de l'Anjou*, année 1865, p. 206; *Id.*, 1869, p. 218. — C. Port, *Dictionnaire historique*, t. I, p. 470.

1625-1638. — GABRIEL BOYLESVE. Actif et appuyé du crédit des siens qui occupaient dans la magistrature locale les postes les plus élevés, il employa les premières années de son exercice à assurer sa position dans le corps où il prenait place, et, pour se mettre de pair avec ses adversaires, se fit recevoir, en 1627, docteur en droit d'une Université voisine. Deux ans après (4 août 1629), ses démarches lui obtinrent du Parlement un arrêt qui lui reconnaissait l'entrée, comme maître-école, au Conseil ou Collége et dans les autres assemblées, avec voix délibérative. Il manquait à ces prérogatives le titre de chancelier : un nouvel arrêt (28 juin 1630) le lui donna, et il fut installé solennellement en ses différentes qualités. L'Université l'avait subi en protestant : elle trouva quelques années plus tard (1636), dans l'exagération des droits exigés par le chancelier pour ses émoluments, l'occasion de recommencer les procédures; mais la retraite soudaine de Boylesve les arrêta presque aussitôt. Le reste de sa vie n'appartenant pas plus à sa ville natale qu'à l'Université; nous ne ferons que la résumer. Il avait acquis, dès 1633, une charge de conseiller au présidial d'Angers où sa famille était toute-puissante. Il l'échangea, en 1637, pour un siége au Parlement de Rennes, passa de là à celui de Paris, devint ensuite évêque d'Avranches (1651) et mourut le 3 décembre 1667.

Arch. de M. et L. D 7, f°˙ 382 à 414. — Bibl. d'Angers, mss. 1029, t. II, 2ᵉ partie, un cahier intitulé : *Ordre chronologique des procédures contre Mᵉ Gabriel Boylesve;* — Pocquet de Liv., *Illustres d'Anjou*, p. 57. — C. Port, *Dictionnaire historique*, p. 470-471. — *Gallia Christiana*, t. XI, p. 504.

1638-1649. — CHARLES SURHOMME. Né au diocèse d'Amiens, à la fin du seizième siècle, il fut attiré à Angers par son oncle Jean Surhomme, ancien dominicain, qui y était devenu chanoine théologal. Il profita de l'existence de la Faculté de Théologie de cette ville pour s'y faire recevoir docteur en 1613. Il était déjà à cette époque pourvu du prieuré-cure de Beaufort, et conserva jusqu'en 1633 ce bénéfice. Mais il avait fini par y résider peu, ce qui lui causa des tracas qu'une récente publication a fait connaître (1). Ils le décidèrent à se fixer définitivement à Angers, où il avait obtenu depuis deux ans un canonicat de la cathédrale et où il comptait des amis. C'était, entre autres, un de ses confrères, Costar, érudit et bel esprit, que l'évêque Claude de Rueil avait amené de Bayonne à Angers, et avec lequel notre chanoine échangeait des confidences et entretenait même un commerce littéraire, ainsi qu'en témoignent plusieurs lettres du premier. En 1638, Surhomme fut mis, par un accommodement avec Gabriel Boylesve, en possession de la dignité de maître-école. La jouissance n'en fut pas pour lui tout à fait paisible. Deux concours pour des chaires de la Faculté de Droit, en 1642 et 1644, lui donnèrent l'occasion de revendiquer le droit de prendre part, avec voix délibérative, au jugement des épreuves, comme l'arrêt de 1629 y avait autorisé son prédécesseur. Il s'était fait, afin de prouver sa compétence, recevoir docteur par l'Université de Nantes. Les professeurs, néanmoins, firent entendre l'une et l'autre fois des protestations, et il fallut, pour lui maintenir son droit, l'autorité du lieutenant-général conservateur des priviléges royaux de l'Université. La carrière de Surhomme ne présente ensuite aucun fait saillant. Il renonça à sa charge en 1649 et se réfugia dans le sein de la Faculté de Théologie, dont il était un des plus anciens membres. Il en était devenu doyen en 1658, mais on ne rencontre plus son nom depuis cette époque.

Arch. de M. et L. D 7, f°s 442 à 449, 524 et suiv. — Bibl. d'Angers. mss. 673; *Id.* 1014, p. 55-69; *Id.* 1027, p. 166, 167. — *Entretiens de M. Voiture et de M. Costar*, 1654, p. 405-431; *Lettres de M. Costar*, 1658, t. II, p. 69 et suiv.

1649-1684. — François DE LA BARRE. D'une famille noble d'Anjou, suivant Ménage, qui énumère les membres qu'elle avait donnés dans les siècles précédents à la magistrature et à l'Eglise, il était, quant à lui, prêtre du diocèse de Tours, abbé de Sainte-Marie-des-Vaux et docteur en droit canon. La permutation qu'il fit d'un bénéfice avec Ch. Surhomme s'étant conclue pendant la vacance du siége épiscopal,

---

(1) *Monographie de Notre-Dame de Beaufort,* par M. Joseph Denais. Angers, Barassé, 1874. — L'auteur nous révèle dans cet ouvrage quelques détails à peu près ignorés ; mais il se trompe en plaçant en 1633 l'époque de la mort de Surhomme, qui commence alors une nouvelle carrière.

il fut pourvu en régale de sa charge de maître-école. Ses lettres de provisions sont signées, pour la régente, du cardinal Mazarin. L'Université fit bon accueil au nouveau dignitaire : on en a la preuve dans plusieurs concordats ou transactions qui se conclurent entre ses membres de 1649 à 1668, et, si la dernière partie de l'existence du chancelier fut troublée, ce n'est pas qu'aucune de ses prérogatives lui eut été contestée. Mais il se passa, pendant qu'il exerçait son pouvoir, deux graves affaires : d'abord les persécutions dirigées dans l'Université contre les PP. de l'Oratoire qui enseignaient au collége d'Anjou la philosophie de Descartes (1674 à 1677) et, presque en même temps, la querelle du jansénisme, à laquelle prirent part des religieux de différents ordres et plusieurs même des docteurs en théologie (1676 à 1678). Fr. de la Barre, assez modéré dans la première affaire dont il laissa à d'autres la direction presque entière, poussa beaucoup plus vivement la seconde. Elle n'était d'ailleurs pas nouvelle pour lui, et, dès 1659, il s'était prononcé contre les cinq propositions extraites de l'ouvrage de Jansénius, et avait obligé les licenciés en théologie, à qui il donnait la bénédiction, à signer le formulaire d'Alexandre VII. S'il avait, plus tard, fait certaines concessions par respect pour la paix de Clément IX et pour ne pas trop déplaire à Henri Arnault, son évêque, que des liens de famille engageaient plus qu'à demi dans le parti contraire, il n'avait jamais approuvé la célèbre distinction du *fait* et du *droit*. Aussi obéit-il avec quelque empressement aux ordres de la cour qui faisait appel à son zèle, et c'est lui qui, pendant toute l'année 1676, organisa la défaite du jansénisme au sein de l'Université. Les plus influents des membres du corps avaient secondé ses efforts. Il mourut environ huit ans après, le 20 juillet 1684, laissant une mémoire honorée.

Bibl. d'Angers, mss. 1029, t. I et II. — Id. imprim. Hist., n° 3796, *passim*. — G. Ménage, *Rem. sur la vie de Guill. Ménage*, p. 491. — Pocquet de Liv., mss. 1027, pp. 271 et suiv.; 328 et 329. — L'abbé Pletteau, *Le Jansénisme et l'Université d'Angers*, p. 8 et suiv. Angers, 1862.

1684-1734. — BABIN (François), fils d'un avocat au présidial d'Angers, né dans cette ville le 6 décembre 1651, a son article dans tous les dictionnaires historiques et biographiques, depuis ceux de Trévoux et de Moreri, jusqu'à l'ouvrage tout angevin de M. C. Port, qui a révisé et complété les divers éléments réunis par ses devanciers. Ces travaux, auxquels le lecteur peut recourir, nous permettent de nous borner à considérer ici l'abbé Babin, dans ses rapports avec l'Université, et nous ajournons même au livre III ce que nous avons à dire du docteur en théologie.

L'Université était occupée depuis quinze mois déjà d'arrêter les progrès de l'enseignement cartésien de la philosophie dans le collége d'Anjou, et elle venait de commencer à s'occuper des partisans du jansénisme, lorsque François Babin prit place dans le corps, d'abord comme procureur général. Ses préférences étaient pour Aristote, et il soumettait, sans aucune restriction, sa théologie aux décisions de l'Eglise. Il avait d'ailleurs vingt-cinq ans seulement, et les succès qu'il avait obtenus dans ses récentes études, étaient la garantie de son savoir et de son talent. Aussi fut-il accueilli comme un précieux auxiliaire par l'abbé de la Barre et les docteurs qui voulaient avec lui préserver la jeunesse de l'invasion des nouvelles doctrines. C'est Babin qui a écrit la *Relation fidelle de tout ce qui s'est passé dans l'Université d'Angers, en 1675 et années suivantes, au sujet de la philosophie de Des Carthes, en exécution des ordres du roi*, et qui est l'auteur d'un *Récit* du même genre pour les années 1676, 1677 et 1678, *au sujet de la doctrine de Jansénius et de la signature du formulaire*. Il a fait preuve, dans la rédaction du premier de ces ouvrages, d'une réelle compétence, par le soin qu'il a pris de mettre en relief dans son introduction les points vulnérables du cartésianisme. Son attitude dans les deux affaires, surtout dans la seconde, avait causé de l'irritation à l'évêque Henri Arnault; aussi Babin qui, après son entrée dans les ordres, avait prétendu à un bénéfice, l'avait-il rencontré déjà comme adversaire. Après la mort du chancelier de la Barre (1684), le choix du prélat se porta sur un autre que lui, sur un prêtre de l'Oratoire, Goddes de Varennes, qui avait été fait chanoine peu de temps auparavant. Il faut croire, cependant, que ce fut avec l'agrément du prélat que Babin obtint le désistement de son concurrent et les fonctions qu'il ambitionnait. Il les exerça avec une incontestable autorité, et, le plus souvent, sans résistance. Il dut cependant, de 1718 à 1722, reparaître encore plusieurs fois sur la brèche pour défendre contre les attaques de jeunes professeurs oratoriens l'ancienne philosophie et la constitution *Unigenitus*. Un décret de l'Université, rendu sous son inspiration, condamna les récalcitrants qui essayèrent en vain de passionner les esprits pour leur cause, comme les leurs y avaient en partie réussi quarante-cinq ans auparavant. C'est là, autant que nous l'avons pu découvrir, la seule difficulté un peu sérieuse qu'ait rencontrée sa longue administration. Il mourut à l'âge de quatre-vingt-trois ans, en ayant passé cinquante dans l'exercice de ses fonctions, et ce fut un professeur de l'Université, Cl.-Gabriel Pocquet de Livonnière, qui fit son épitaphe. Nous la donnons ici, parce qu'elle énumère soigneusement ses principaux titres et les services divers dont ses contemporains lui ont tenu compte.

HIC

FRANCISCUS BABIN S. TH. D. ET DECANUS
SCHOLASTICUS ET CANONICUS
RESURRECTIONEM ET MISERICORDIAM EXSPECTAT.
EPISCOPUM CONSILIIS
DIŒCESIM CONSULTATIONIBUS ATQUE COLLATIONIBUS (1)
UNIVERSITATEM ET ACADEMIAM DOCTRINA
HOC TEMPLUM ET ORPHANOTROPIUM DONIS
FOVIT
OBIIT DIE XXV JANUARII
MDCCXXXIV (2).

Bibl. d'Angers, mss. 1027 liv. VIII. *passim;* Id. 1068. — *Personnages illustres d'Anjou,* par le même, p. 200 et suiv. — La *Philosophie en Anjou,* par L. De Lens, pp. 19-21, 25 et 26.

1731-1766. — GIRAULT DE MOZÉ (Jacques), d'une famille de robe, était lui-même conseiller-clerc au présidial en même temps que docteur en théologie, lorsqu'il devint maître-école, et il cumula une partie de sa vie les deux emplois. Ce fut lui qui communiqua aux derniers éditeurs du *Dictionnaire* de Moreri les renseignements d'après lesquels fut fait leur article BABIN. Une note de la biographie T. Grille le donne aussi pour auteur d'un *Traité de la communauté,* « que l'on croit imprimé. » En 1764, il rédigea, avec le recteur, au nom de l'Université, le mémoire qui contenait les réformes demandées au Parlement par la compagnie. On proposait, entre autres choses, de confier en certains cas au chancelier la présidence du Conseil. Girault de Mozé mourut le 17 mars 1767. Il s'était démis depuis un an de ses fonctions, et avait dirigé, comme doyen, à partir de 1759, les délibérations de la Faculté de théologie.

Bibl. d'Angers, mss. 949-1004, t. VIII. — C. Port, *Dict. hist.* de *l'Anjou,* t. II, p. 267.

---

(1) *Collationibus* : il s'agit des Conférences d'Angers dont l'abbé Babin avait donné dix-huit volumes.

(2) Nous rétablissons la véritable date, telle qu'elle se trouvait, sans doute, sur la pierre tumulaire, dans l'église Saint-Maurice, mais que différentes copies du temps ont altérée.

1766-1790. — LOUET (Georges-Gabriel-Guillaume). Né dans le premier quart du XVIIIe siècle d'une ancienne famille qui avait donné à Angers et au pays des magistrats et des savants, aussi bien que des gens d'église, l'abbé Louet, à peine entré dans les ordres, fut chargé de l'enseignement de la philosophie au séminaire, prit en même temps ses grades dans l'Université, et fut reçu en février 1749 docteur en théologie, étant en ce moment même recteur au tour de la Faculté. Une chaire lui fut confiée quelques années plus tard et il l'occupa pendant six ans. Il succéda en 1766 à l'abbé Girault de Mozé, en qualité de maître-école. Il avait alors un certain renom de prédicateur, ayant fait avec succès, peu auparavant, l'oraison funèbre du comte de Brionne, gouverneur de la province. Aussi le voit-on en 1767 chargé à la cathédrale des sermons de l'Avent. Mais, en 1774, par défiance ou de son talent (1) ou de son sujet, il refusa de porter la parole au service funèbre que la ville fit à Louis XV. La Révolution le surprit dans l'exercice de ses fonctions, rendues paisibles par le bon accord où il vivait avec l'Université, comme l'avaient fait ses trois derniers prédécesseurs. Il n'accepta pas la constitution civile du clergé, se réfugia à Jersey, et mourut pendant la durée de l'émigration. Il avait donné, le 23 août 1790, son dernier acquit comme chancelier, et c'est lui qui clôt la liste que nous avons entreprise de ces dignitaires.

Arch. de M.-et-L., D., 3, 4, 5 et 12 Reg. de l'Université. — Bibl. d'Angers, mss. 919. — Bibl. de l'Évêché, Reg. de la Faculté de théologie, de 1748 à 1789 *passim*. — Tresvaux, *Hist. de l'Eglise d'Angers*, t. II, p. 428-429.

Pour donner aux notices qui précèdent leur nécessaire unité, nous récapitulerons sommairement les fonctions, droits et prérogatives du personnage qu'elles concernent.

Le maître-école appartenait tout à la fois à l'église Saint-Maurice d'Angers et à l'Université.

Dans la première, il occupait la septième place du chœur, siégeant après le doyen, le grand archidiacre, le trésorier, le chantre, les archidiacres d'Outre-Loire et d'Outre-Maine, et, d'autre part,

---

(1) Voici ce que dit de sa personne et de son action oratoire un contemporain que nous avons connu : « Je me rappelle avoir vu M. l'abbé Louet. C'était un des » ecclésiastiques d'Angers les plus considérés ; il était vieux alors, d'une taille » moyenne, il avait de la corpulence; et, dans ma mémoire d'enfant, je retrouve » qu'il prêchait toujours les yeux fermés. » Blordier-Langlois, *Angers et l'Anjou*, p. 305 et 306 ; *Id.* 334.

SON ORGANISATION. FONCTIONS DU MAITRE-ÉCOLE.

immédiatement avant le pénitencier et les simples chanoines (1), en comprenant parmi ceux-ci le chanoine théologal avec lequel il a été quelquefois confondu (2). Il était d'ailleurs, généralement, pourvu d'un canonicat avec prébende. L'évêque Foulques de Mathefelon avait, de plus, en 1337, uni à sa dignité le doyenné de Chemillé, et il le conserva jusqu'à la fin à titre de bénéfice (3). Il conférait lui-même, soit en vertu d'une délégation perpétuelle du Chapitre de la cathédrale, soit, comme il l'affirmait, « *ratione scholasticæ seu cancellariæ dignitatis,* » la charge de principal du collége de la Porte de Fer, situé à l'entrée de la cité et de fondation ancienne. Mais son droit de collateur, s'il avait pu avoir précédemment quelque importance, cessa d'en avoir une, par suite de la désertion à peu près complète des élèves, même avant 1682, époque où l'établissement fut cédé aux Oratoriens et réuni au collége d'Anjou que ces Pères dirigeaient (4). Au demeurant, après avoir été, sous l'autorité de l'évêque, non-seulement le directeur de l'Etude d'Angers, mais le lettré par excellence et l'homme d'affaires de son Eglise (5), le maître-école

---

(1) V. les différents pouillés et le manuscrit du chanoine Lehoreau, p. 520.
(2) Baillet, *les Jugements des savants*, t. Ier, p. 101, et G. Ménage, *Anti-Baillet*, p. 76.
(3) Consulter sur cette dotation, *Hist. de l'Université*, t. Ier, p. 215-216 ; t. II, p. 196-198. — On a de 1776, un *Mandatum* du maître-école Louet qui annonce sa visite aux paroisses de son doyenné. — Bibl. d'Angers, sect. d'Histoire, n° 8109, art. 12.
(4) Bibl. d'Angers, ms. 1030. *Pièces du collége de la Porte de Fer ou de Saint-Maurice.* — Nous traiterons de ce collége au livre V, et nous discuterons sa plus ou moins grande antiquité avant de raconter ses destinées ultérieures.
(5) Sous le premier rapport, c'était lui, comme cela est constaté à l'égard de Marbode (*Hist. de l'Université*, t. Ier, p. 38-39), qui composait, à l'usage des écoliers qu'il instruisait, les formules de prières et les hymnes que ceux-ci chantaient à l'église lors des principales fêtes. C'était lui aussi que le Chapitre, même dans tout le cours du quinzième siècle, prenait généralement pour orateur, lorsqu'il s'agissait de porter la parole devant un prince ou un prélat de distinction.
Nous avons pour le second point, le témoignage de l'évêque Ulger affirmant, en 1138, que « dans l'église d'Angers les actes capitulaires de quelque nature » qu'ils soient, doivent être dressés par le maître-école, sans quoi ils n'auraient » aucune autorité. » Ajoutons que, en conséquence de cet usage, plusieurs d'entre ceux-ci, au onzième et au douzième siècle, ont pris au bas des actes le titre de chancelier. (Voir Rangeard, ouvrage cité, t. I, p. 28 et 73; II, p. 173.)
On doit conclure de là que, lors des revendications exercées par le maître-école de 1630, le Chapitre de la cathédrale n'avait guère pu alléguer, en ce qui le concernait, qu'une plus ou moins longue désuétude. Mais ce fut, en définitive, à ce

n'exerçait plus en celle-ci, durant les siècles qui ont précédé le nôtre, aucune fonction utile ni spéciale. C'est ce que constatent expressément les différents pouillés du diocèse et, en particulier, celui de 1783, qui a été imprimé.

Dans l'Université, la création du recteur, en 1398, avait eu pour effet de faire descendre le maître-école à la deuxième place et de lui enlever la surintendance des écoles transférée au nouveau chef et à son conseil. Il cessa également de recevoir les hommages qui, sous forme de serment, lui avaient été rendus jusque-là par les maîtres et par les écoliers. Les statuts de 1409-1410 lui portèrent un nouveau coup. Le titulaire d'alors n'enseignait plus, et l'on prévoyait le temps où quelqu'un de ses successeurs ne serait pas même docteur, aucune obligation ne leur étant faite à cet égard. On écarta donc par le silence toute participation de la part du maître-école à l'admission des professeurs, et l'on réduisit son intervention, étroitement limitée d'ailleurs, aux grades du baccalauréat et de la licence.

Il ne s'agissait en ce moment que des Facultés de droit civil et canonique, les seules qui existassent encore dans l'Université. Lors de l'érection des dernières, le maître-école Jean Bohalle, qui y avait contribué, essaya bien de regagner sur celles-ci le terrain perdu par ses devanciers. Mais après une première bulle du pape Eugène IV, qui avait soulevé les réclamations des intéressés et avait été fort peu exécutée, il consentit lui-même à un concordat et s'employa à le faire homologuer par le Souverain Pontife. C'est la bulle du 16 octobre 1435, dont nous avons donné dans l'art. III de ce livre une brève analyse, et dont on trouvera ci-dessous le texte (1). Elle concernait les facultés de théologie

---

corps que demeura la victoire. En 1649, le deuxième successeur des Boylesve, François de la Barre, qui prenait alors possession de sa dignité, dut, pour vivre bien avec ses confrères, protester devant eux que « encore que par les provisions » en régale, il soit dit qu'il aura place et voix au chapitre, et que la qualité » de chancelier de l'église lui soit attribuée, il n'entend pas en faire usage ; » et trente-cinq ans plus tard cette déclaration fut renouvelée par Babin en pareille occasion. (Mss. 656 de la Bibl. d'Angers, t. I, p. 618 et 619.)

(1) Nous reproduisons ce document d'après G. Ménage (*Vita Matthæi Menagii*, p. 69-71), en en supprimant la première partie, toute relative à celle des bulles de 1432, que la nouvelle avait pour but d'annuler et de remplacer :

et de médecine seulement, et stipulait que leurs seuls licenciés, et non leurs docteurs ou maîtres, ni même leurs bacheliers, se-

---

Tenor vero pactorum, conventionum et concordatorum prædictorum sequitur, et est talis :

Primo, in qualibet duarum Facultatum Theologiæ et Medicinæ in Studio et Universitate Andegavensi pro nunc existente, fient per ipsas Facultates amodo in perpetuum omnes et singuli Baccalarii omnino ad instar Studii et Universitatis Parisiensis.

Item, in collatione et approbatione ultima Licentiandorum in illis duabus Facultatibus respective Dominus Scholasticus Ecclesiæ Andegavensis, vocatus per Facultates, poterit interesse, si velit, et habere vocem : quæ tamen non faciet numerum. Et sive dictus Dominus Scholasticus in approbatione hujusmodi interfuerit, sive non interfuerit, et magistri seu doctores sint numero pares et divisi, ipse Dominus Scholasticus poterit pro qua parte voluerit, gratificare : et pars cui gratificaverit, obtinebit, sive in approbando, sive in reprobando. Examen autem morum hujusmodi Licentiandorum pertinebit ad ipsum dominum Scholasticum : et ad hoc habebit decem dies, a die præsentationis de qua infra dicetur. Ita quod si emergat super hoc dubium, de hoc per ipsum in Facultate cognoscetur, et secundum judicium Facultatis, seu majoris partis ejusdem, negotium terminabitur. Et si sint discordes et pares, Scholasticus pro qua voluerit parte gratificabit.

Item, facta et conclusa approbatione Licentiandorum hujusmodi, Decanus et Deputati earumdem Facultatum, præsentabunt approbatos et admissos ad Licentiam Domino Scholastico in Ecclesia Andegavensi, dum majoris missæ solemnia celebrabuntur : et tenebitur dictus Dominus Scholasticus infra decem dies proximos et continuos per se, vel alium idoneum, dictos Licentiatos, uti dictum est approbatos, sine ulteriori examine licentiare : in eo etiam tali ordine et numero, quo et quali sibi pro parte cujuslibet ipsarum Facultatum in cedula tradentur.

Item, et pro labore impenso et impendendo per præfatum Dominum Scholasticum, vel ejus Vicarium, in circumstantiis, ceremoniis, harengis, et aliis concernentibus honorem et decorem hujusmodi gradus licentiæ, percipiet et habebit dictus Dominus Scholasticus a quolibet Licentiandorum viginti quinque solidos turonenses, et unam libram ceræ in candela (gallice *de bougie*) ante gradus collationem. Et hoc mediante, tenebitur idem Dominus Scholasticus sine ulteriori emolumento, literas Licentiandorum, quas ipsis Licentiati suis sumptibus confectas, una cum cera, sibi ministrabunt, si petant, dare et sigillare.

Item, in qualibet duarum Facultatum Theologiæ et Medicinæ, tam Dominus Scholasticus, si sit doctor vel magister in altera earumdem (respective et non alias) quam alii magistri, dabunt et imponent suis Baccalariis, Licentiatis, respective, birretum et insignia magisterii ; nec plus exiget, seu habebit dictus Dominus Scholasticus pro magisterio, seu insigniis hujusmodi per eum impensis, quam unus aliorum magistrorum, seu doctorum, earumdem Facultatum.

Item, si aliqui foranei Licentiati in ambabus, seu aliqua dictarum Facultatum, Theologiæ seu Medicinæ, accedant ad eamdem Universitatem pro magisterio in dicta universitate obtinendo et recipiendo, ipsis foraneis hujusmodi per dictum Dominum Scholasticum, si sit magister seu doctor in illa, seu illis, in qua seu quibus petetur magisterium, dabuntur magisterium seu insignia magisterii, si velit idem Dominus Scholasticus, et non per alium, simili modo et sumptu quibus ab aliis magistris seu doctoribus daretur.

Item, ipsis foraneis, ante magisterii sive insignium hujusmodi collationem,

raient soumis à l'approbation du maître-école. Quant aux gradués de la Faculté des arts, ils restaient placés, comme dans la seconde bulle de 1432, sous une autre juridiction que la sienne, et si, plus tard, elle reconnut l'autorité de ce dignitaire, ce ne fut que en vertu d'un arrangement particulier et d'une manière toute temporaire (1).

La collation de certains grades est la seule prérogative que le maître-école ait constamment conservée. Protégée, moins peut-être par son antiquité et le souvenir d'Ulger, que par l'imitation d'un usage maintenu dans l'Université de Paris, elle survécut aux luttes passionnées des xve, xvie et xviie siècles, qui ne réussirent qu'à lui faire subir de nombreuses modifications.

Entrons à ce sujet dans quelques détails.

L'approbation des licences comprenait trois actes essentiels : l'examen qui la préparait ; la cérémonie religieuse, ou bénédiction, qui en était la principale manifestation ; enfin la délivrance aux récipiendaires de leurs lettres de grade visées et scellées par qui de droit, pour en conserver le souvenir.

Le maître-école, qui avait longtemps créé à lui seul les licenciés, retenait encore au xive siècle la part la plus importante dans l'exa-

---

dictus Scholasticus tenebitur factum, et responsionem publicam indicere præsente Facultate de qua fuerit : quo, seu qua completis, dictus Scholasticus perquiret vota adstantium de ipsa Facultate, super receptione, vel repulsu eorumdem et ad vota majoris partis concludet. Si vero fuerit discordia, et æquales sint, poterit pro qua voluerit parte gratificare.

Item, si qui sint in et de eadem Universitate Licentiati in facultatibus eisdem seu earum altera, quorum magistri sint mortui, vel absentes, seu impediti, qui, velint magistrari, intrancis hujusmodi per Dominum Scholasticum, si sit magister, seu doctor in illa seu illis, in qua seu quibus petetur magisterium, dabuntur magisterium, seu insignia magisterii, si velit idem Dominus Scholasticus, et non per alium : similibus modo et sumptu, quibus ab aliis magistris seu doctoribus, darentur, nisi magister impeditus, vel absens, alium loco sui deputaverit.

Item, ipse Dominus Scholasticus a quolibet Licentiato qui in dictis Facultatibus, seu earum altera, recipiet birretum et insignia magisterii in dicta Universitate per alium quam per dictum Scholasticum, percipiet et habebit birretum consimile sicut magister qui insignia dabit ; sive præsens fuerit, sive absens et legitime impeditus quod non possit interesse.

Item, quod mediante hujusmodi concordia, jam omnes graduati et magistrati in dictis facultatibus habeantur pro legitime graduatis et magistratis. *Nulli ergo omnino hominum.* (Suit la formule finale usitée. V. la bulle de 1432.)

(1) Voir dans le cartulaire de l'Université (Arch. de M. et L., D 6, p. 196) les statuts de la Faculté des Arts, rédigés en 1494.

men. Il faisait l'ouverture des sessions, en déterminait et le lieu et la durée ; il mettait les candidats en rapport avec leurs différents juges, dont il était lui-même le premier ; et, avant tout, il prenait soin de s'assurer exactement de leur bonne conduite. Les pièces justificatives de l'*Histoire de l'Université* permettent de constater ce qui se passait à cet égard en 1373, date de la rédaction de statuts qui constituaient eux-mêmes une première réforme. On voit ensuite ce que ceux-ci deviennent en 1398, lors de la création du recteur, puis en 1409-1410, où il est à peine fait mention du maître-école (1). La présence de ce dernier aux épreuves devint alors, de rigoureusement nécessaire qu'elle avait été, facultative et simplement honorifique. Il dut admettre tous ceux que lui amenait le doyen de la faculté, sans les interroger et dans l'ordre où ils lui étaient présentés, à moins qu'il ne voulût s'enquérir de leurs mœurs, auquel cas il avait dix jours pour le faire et pouvait différer son approbation d'autant ; mais était tenu ensuite d'y procéder. Cette dernière injonction que le concordat de 1435, relatif aux facultés de théologie et de médecine, reproduit ainsi que la première, donne à penser que l'examen de la conduite de chaque candidat, relégué ainsi au second plan, passa bientôt à l'état de lettre morte, et l'approbation elle-même à celui de simple formalité. Il est à remarquer, en effet, que les anciennes archives de nos dépôts publics ne contiennent aucune trace, soit d'un refus opposé par le maître-école à l'admission d'un licencié, soit d'une enquête faite sur le sujet délicat laissé à sa discrétion.

La bénédiction, dont la présence des professeurs et docteurs, le nombre des récipiendaires, l'affluence des bacheliers et des simples écoliers faisaient une cérémonie très-solennelle, se maintint beaucoup plus longtemps. Le maître-école la donnait en commun à tous les candidats deux ou trois fois par an (2), soit dans la salle capitulaire du palais épiscopal où elle avait eu lieu anciennement, soit à la cathédrale durant la grand'messe, soit enfin dans un logis désigné à cet effet et convenablement décoré.

---

(1) Rangeard, t. II, p. 220-221, 234-235 et 248-253.
(2) Au temps de la Pentecôte, à la fête de la Purification, et, en outre, au moins pour les derniers siècles, à celle de l'Assomption.

Après les longues réparations qui se firent à l'évêché dans la seconde moitié du xvi⁰ siècle, le parlement, saisi de la question par le second des Guy Pierres qui proposait de l'y rétablir, décida qu'elle aurait lieu désormais devant l'autel principal de l'église Saint-Maurice (1). Les guerres de religion qui ne tardèrent pas à éclater et qui mirent à plusieurs reprises le trouble dans la ville, n'en interrompirent-elles pas bientôt l'usage ? Quoi qu'il en soit, il avait cessé depuis longtemps lorsque P. Rangeard évoquait les anciens souvenirs des pompes universitaires (2).

C'était dans la première partie du xviii⁰ siècle. Il ne subsistait de la prérogative ci-dessus analysée que le pouvoir de signer, après le doyen ou les professeurs, les lettres de grade, et de les revêtir en même temps du sceau qui leur donnait l'authenticité. Mais le maître-école n'avait plus alors aucun rapport personnel avec le candidat, qui ne venait même pas recevoir la pièce de ses mains. Elle lui était remise par le secrétaire de l'Université, chargé, en sa qualité de receveur, de percevoir pour le représentant de l'Eglise, en même temps que pour le recteur et les professeurs, les droits afférents à l'acte.

Ce pouvoir faisant de lui, à tout prendre et dans la véritable acception du mot, un chancelier, l'on peut s'étonner que le titre lui en ait été si opiniâtrément contesté au xvii⁰ siècle, avant l'arrêt de 1630 et près de vingt ans plus tard. Mais, en 1398, le maître-école Brient, à qui, peut-être, il eût été facilement accordé d'après l'usage conforme de l'Université de Paris, ne l'avait pas réclamé, et aucun de ses premiers successeurs ne l'avait pris ouvertement (3). Les deux Guy Pierres, si entreprenants et si vaniteux, ne s'en soucièrent pas; ils se décernaient, de leur propre autorité, le titre de recteur perpétuel. Après eux l'Université, qui avait gardé le souvenir de leurs prétentions, crai-

---

(1) On avait plaidé au nom du maître-école pour que la bénédiction, ou *tonsures*, fût baillée « au palais épiscopal d'Angers qui est le lieu le plus apparent de la ville. » — Voir pour le texte de l'arrêt, qui est du 15 mai 1542, Archives de M. et L. D, 7, f⁰ 283 v⁰.

(2) *Hist. de l'Université*, t. I, p. 100, 334 et 310.

(3) Jean Bohalle se l'était laissé donner, mais dans un document privé et par un de ses familiers. *V.* ci-dessus la notice qui le concerne, année 1456.

gnit que les deux Boylesve ne voulussent les renouveler, grâce au crédit de leur famille puissante dans la magistrature, et elle résista (1). Mais plus tard, lorsqu'ils eurent disparu de la scène et lorsqu'elle eut en face d'elle des dignitaires moins remuants et pénétrés seulement de l'esprit sacerdotal, elle cessa ses chicanes et se prêta d'elle-même à un durable apaisement. On la voit, dans les années qui s'écoulent entre 1649 et 1792, prendre les intérêts du maître-école comme les siens propres, et lui donner même dans ses actes le seul nom de chancelier. Mais celui-ci n'a plus depuis longtemps d'influence sur les études, et la direction des écoles lui a complètement échappé. Sa position est devenue purement honorifique et pécuniaire.

Sous le premier rapport, il avait à peu près conservé le rang reconnu, en 1398, au maître-école dépossédé : il siégeait dans le Conseil à la gauche du recteur et avait ainsi que lui une place distinguée dans les assemblées et les actes des Facultés (2).

Quant au revenu du maître-école, une déclaration faite à l'évêque en 1729 par Babin, qui en exerçait alors les fonctions, et consignée dans un pouillé manuscrit de l'année suivante (3), en évaluait l'ensemble à 595 livres. Or voici d'après ce précieux document ce en quoi il consistait :

Une prestation au festage annuel dû par les moines de Saint-Serge de 5 l.;

Le lieu appelé la grand'maître-école et celui de la petite maître-école séparés par un chemin, le tout au-delà du mail, paroisse de

---

(1) Il est à remarquer que les luttes qu'elle soutint contre le maître-école s'engagèrent, en général, sur un autre terrain que celui du droit de sceau. Elle avait bien, par l'article 40 de ses statuts de 1409-1410 (V. Rangeard, t. II, p. 252), prescrit la fabrication de deux sceaux qui fussent à elle : *fiant duo parva sigilla aut s'gneta a forma sigilli antiqui totaliter aliena...* Mais peut être n'en faisait-elle usage que pour les certificats d'étude et les pièces destinées à être produites en justice, et non pour les lettres de grade. En 1503 cependant (V. Bibl. d'Angers, mss. 856, t. II), elle attaqua formellement le droit de sceau du maître-école ; mais le Chapitre ayant pris sur ce point la défense de son représentant, l'affaire n'eut pas de suite. Quant aux procédures qui furent suivies un siècle plus tard contre Gabriel Boylesve, s'il n'y fut pas spécialement question du droit de sceau, elles avaient, en réalité, pour but de le supprimer. On comprenait alors qu'il fallait renverser l'homme pour avoir raison de la chose. Mais on n'y réussit pas, et ce fut la dernière lutte.

(2) *Hist. de l'Univ.* t. Ier, p. 380. —Pocquet de Livonnière, ms. 1027, p. 309.

(3) Bibl. d'Angers, mss. 646 et 647.

Saint-Michel-du-Tertre, où il y a une maison pour le maître et pour le fermier, un pressoir, cellier, cours, parterre, un grand jardin, le tout clos de murs, un pré joignant le jardin, des terres labourables;

Un clos de six quartiers de vignes et deux quartiers de terres labourables ;

Une rente de quinze boisseaux de bled seigle, mesure des Ponts de Cez, rendables Angers, sur un moulin à vent joignant la petite Maître École;

Un fief s'étendant du côté de la Madelaine ;

Un autre fief, avec droit de dixme en l'étendue d'icelui, appelé le fief Cottereau, en reculée paroisse de la Trinité, près le port Meslet ;

Les prestations annuelles dues par 24 curés du doyenné de Chemillé au 8 septembre.

Le pouillé mentionne ensuite la portion de revenu relative aux droits de sceau dans l'Université, mais sans dire en quoi ils consistaient ni ce qu'ils rapportaient au titulaire. Le registre du secrétaire de ce corps nous permet de suppléer à son silence pour les années qui suivent 1740 (Arch. de M. et L. D 12, f° 7.)

Le chancelier avait droit :

    Pour chaque acte de licencié en droit à   1 l. 15 s.
    Pour le baccalauréat   — à   3 l. 9 s.
    Pour la licence en médecine   à   3 l. —

On peut supputer que l'ensemble de ces examens lui valait en moyenne 150 ou 200 livres par an. Il faudrait y ajouter ce qu'il pouvait toucher pour les licences de théologie. Nous manquons ici de détails précis ; nous croyons, du reste, que les derniers chanceliers, participant comme docteurs à tous les examens de la Faculté, se contentaient des sommes qui leur étaient allouées à ce dernier titre.

Nous ne terminerons pas cet article spécial, dont la longueur réclame toute l'indulgence du lecteur, sans lui redire les noms des maîtres-école ou chanceliers qui sont dignes par leur caractère et leur talent de garder la principale place dans son souvenir. Ce sont: Jean Bohalle et François Babin. On voit que nous ne remontons pas plus haut que le quinzième siècle, point d'où part véritablement notre étude. Autrement, nous devrions citer des noms plus méritants encore.

SON ORGANISATION. SES DIFFÉRENTS PROCUREURS. 93

LE PROCUREUR GÉNÉRAL ET LES PROCUREURS DES NATIONS — LES AUTRES INTRANTS. — Chacune des nations de l'Université avait eu, dès les premiers temps de sa formation, son procureur particulier, dont nous avons décrit les attributions (1).

On créa de plus, et l'on mit à leur tête, en 1390 (2), un procureur général, chargé des intérêts communs des écoliers. C'était, en outre, le syndic de la compagnie et son représentant auprès ou en face des pouvoirs rivaux. Il traitait ses affaires litigieuses et faisait pour elle en justice tout ce que réclamaient ses intérêts. Dans ses rapports avec le corps lui-même, il était le gardien des statuts, dont il tenait registre (3), et le promoteur naturel des changements qui y étaient apportés d'une manière régulière.

Les nations qui l'élisaient, tour à tour et pour une année, parmi les licenciés des différentes Facultés, nommaient, en général, celui de leurs membres qui avait manifesté la plus grande aptitude pour l'administration et, le plus souvent, un des procureurs récemment sortis de charge. Les fonctions de procureur général durant l'année entière, son autorité balançait presque celle du recteur renouvelé trimestriellement; elles étaient aussi pour lui l'acheminement le plus direct à ce poste élevé. C'était lui enfin ou, à son défaut, un de ses substituts, qui remplaçait le chef de l'Université absent ou empêché.

Le rang et les prérogatives du procureur général et des procureurs de nations conservèrent jusqu'à la fin des traces de leur origine relativement ancienne. Pour marquer qu'ils avaient d'abord, avec la seule Faculté de droit, composé le corps de l'Université, ils prenaient place ou séance, dans les assemblées plus ou moins solennelles, du même côté qu'elle et à la droite du recteur (4).

---

(1) Voir la page 44 de ce livre.
(2) *Hist. de l'Université*, t. Ier, p. 373-374; id., 300.
(3) On appelait ce registre prescrit par les statuts de 1410, le livre du Procureur général. Le ms. 1015 de la Bibliothèque d'Angers, dressé seulement au XVIe siècle, paraît avoir été à l'usage de ce fonctionnaire.
(4) Voir les *Tablettes historiques et topographiques* déjà citées.

L'importance des différents procureurs grandit et déclina, du xv⁵ au xviii⁵ siècle, dans la même proportion que celle des nations. On peut se faire une idée de ce qu'elle avait été en premier lieu et de ce qu'elle devint successivement ensuite, par l'histoire que nous avons donnée de celles-ci dans un article précédent. Nous n'y ajouterons ici qu'un petit nombre de détails qui concernent spécialement leurs représentants autorisés des deux degrés.

Les statuts de 1409-1410, qui établissent la prépondérance des nations sur les Facultés, conféraient aux procureurs particuliers, lorsqu'ils seraient deux ou trois d'accord, le droit de provoquer une assemblée générale du corps et d'y faire remettre en question ce que le collège ordinaire aurait décidé. Quant au procureur général, il devait, si le recteur ne se rangeait pas à l'avis de la majorité, prendre la direction de la délibération et conclure à sa place (1).

On mentionne dans ce siècle et dans la moitié du suivant les noms de plusieurs procureurs généraux qui ont figuré en des occasions importantes.

En 1431, c'est Auger de Brie qui organise la bibliothèque de l'Université avec les livres provenant du don d'Alain de la Rue.

En 1483, lors de la réorganisation qui est faite de la mairie d'Angers après le règne de Louis XI, le procureur général, Marc Travers, est appelé au conseil du roi à Tours et donne son avis sur la nouvelle charte municipale. Il obtient pour l'Université le droit d'être représentée par un de ses membres à l'élection du maire et dans les délibérations sur les affaires majeures de la ville (2).

En 1525, Jean de Bourdigné, l'auteur futur des *Chroniques d'Anjou*, siège comme « procureur des écoliers » au synode que l'évêque réunit à la Pentecôte et où il est traité de la résidence des gradués dans leurs bénéfices (3).

On a de 1538 une procuration ample et détaillée, signée d'ailleurs de tous les membres du Conseil, que l'Université donne au

---

(1) *Hist. de l'Université*, t. I, p. 300 ; t. II, p. 246.
(2) *Ordonnances des Rois*, t. XIX, p. 364.
(3) *Statuts synodaux*, p. 253, 254.

procureur général François Audubert, en vue des affaires diverses qu'il aura à traiter. A travers le style de pratique du temps, qui se montre d'un bout à l'autre dans la pièce, on y trouve un évident témoignage de la confiance que le corps mettait dans son mandataire (1).

En 1546 et 1547, le procureur général se fait l'organe des doléances de sa compagnie sur l'élévation du prix de la viande à Angers; il fait décider que les bouchers de la campagne seront admis à vendre en ville (2).

Dans la première partie du XVII° siècle, les docteurs des Facultés, ayant acquis plus d'importance dans le Conseil de l'Université, disputent au procureur général, qui se dit le représentant *né* de sa compagnie, le droit de siéger à l'hôtel-de-ville et parviennent à le partager avec lui. Celui-ci n'est cependant pas encore complètement effacé, et en 1649 on porte à trente-six livres son traitement annuel, pour deux motifs ainsi exprimés : « quia procuratoris generalis munus grave est et ejus stipendia exigua (3). »

Le prestige que ses fonctions et celles de ses lieutenants ont d'abord exercé est cependant bien diminué, et l'on en aura la preuve dans les années 1700 et suivantes. Ils tentent à cette époque de suppléer à la considération qui leur échappe par le port d'un costume particulier et arborent à plusieurs reprises la chausse violette que les usages réservent aux gradués en théologie. Une conclusion du Conseil les blâme formellement et leur interdit cet insigne (4).

---

(1) Arch. de M. et L., D 7, f° 279.
(2) Arch. mun., BB 24 f° 92. — Il y a là comme un regain de l'importance reconnue aux écoliers dans le XIII° siècle, lorsque Charles d'Anjou les admettait à influer concurremment avec les habitants sur le prix des denrées.
(3) *Concordats et règlements*, p. 13.
(4) Arch. de M. et L., D 7, f° 601. — Il y avait encore entre les mêmes adversaires un autre sujet de dispute. Les bacheliers en théologie faisant corps avec leur Faculté ne se séparaient pas d'elle dans les marches et prenaient le pas sur les procureurs des nations qui réclamaient, alléguant, dit Pocquet de Livonnière, l'honneur qu'ils avaient d'être les assesseurs du recteur, d'opiner dans son tribunal; chefs et présidents de leurs nations, chacun d'eux représente la sienne tout entière ; il est son député né ; son suffrage est la voix interprétative de toute la nation. Les nations sont fondatrices des Universités; peut-on trop

Voici enfin quelles étaient les réformes proposées par l'Université dans son mémoire du mois de mars 1764 déjà cité, en partant de la supposition que les cinq nations de Bretagne, du Maine, de Normandie, d'Aquitaine et de France seraient incorporées à celle d'Anjou :

« Le procureur général ou syndic, que les nations fournissent
» tour à tour, serait nommé par l'Université et pour le temps
» qu'elle jugerait à propos, et pourrait être pris parmi les
» maîtres ès-arts, licenciés ou docteurs non réguliers, à condi-
» tion néanmoins qu'il serait âgé de vingt-cinq ans accomplis.
» Il serait remplacé en cas d'absence par le procureur de la
» nation d'Anjou, selon l'usage, qui serait aussi âgé de vingt-
» cinq ans accomplis (1). »

Les autres membres qui, avec les procureurs, le recteur et le chancelier, avaient part aux délibérations ordinaires de l'Université, étaient pris parmi les docteurs ou maîtres des différentes Facultés, dans la proportion qui a été précédemment indiquée (2). A cet égard, une remarque importante doit trouver ici sa place : à partir du XVIe siècle, les religieux, de quelque ordre qu'ils fussent (3), ne furent plus admis à siéger au Conseil qu'en nombre limité ; on prenait ses précautions contre l'esprit de corps et de domination, habituel aux membres de toute congrégation. La règle posée à leur sujet fut appliquée plus tard aux Oratoriens, tenus cependant moins en défiance, lorsqu'on les eut admis à partager les priviléges et les honneurs de la compagnie. Les nations elles-mêmes l'adoptaient pour les charges

---

honorer ceux qui les représentent. « Lors de l'agrégation des trois Facultés, —
» ajoutent encore les procureurs, — par respect pour les docteurs, nous leur
» avons cédé les places que nous occupions ; nous nous sommes réservé la
» séance à droite dans les chœurs et le droit d'être les substituts du recteur.
» Le premier d'entre nous, comme syndic de l'Université, était autrefois pro-
» moteur du siége de la Conservation des priviléges apostoliques ; il l'est de tous
» les règlements qui se font ici ; c'est sur lui que roule tout ; c'est lui qui doit
» empêcher le mal et procurer le bien. Les bacheliers des autres Facultés plus
» modérés que ceux de théologie ne nous disputent pas... » — Bibl. d'Angers,
ms. 1027, p. 92 et 393 ; id., 500 et suivantes.

(1) Le président Rolland, *Comptes-rendus*, t. VII, p. 142.
(2) V. ci-dessus, p. 54.
(3) *Concordats et règlements*, p. 48.

dont elles disposaient et le droit de séance dans leurs assemblées particulières.

LE SECRÉTAIRE, LES ARCHIVES ET LE SCEAU. — En 1398, le président de Marle, qui achevait de rédiger les nouveaux statuts, institua, à la requête des docteurs, un notaire « pour escrire » leurs lettres missives envers le Pape, le Roi nostre sire e » et aultres lettres touchant l'Université et les suppots. » Maître Pierre Sartille, licencié ès-lois et bachelier en droit canon, fut nommé à ces fonctions et en commença aussitôt l'exercice en dressant en forme, avec l'assistance d'un de ses collègues, les articles qui lui furent remis par le commissaire du Parlement. On trouve ensuite son nom dans le corps et au bas de différents actes universitaires des premières années du XV° siècle (1).

Le cartulaire de l'Université considère la nomination faite à la date que nous avons indiquée comme une première *création;* mais c'est à tort. Les lettres-patentes que Charles V accorda au corps en 1373 et celles de 1376 émanées de Louis Ier, duc d'Anjou, comprennent le « tabellion » ou « notaire général, » parmi les membres de l'Université qui participent à ses privilèges.

Le secrétaire ou scribe est encore mentionné sous le second titre dans la confirmation que fit Henri IV en 1597 de ces privilèges, et, en fait, c'était souvent un notaire de la ville qui exerçait l'emploi. Il était ordinairement gradué de la Faculté de droit, soit licencié, soit même docteur. Enfin les honneurs des charges municipales lui étaient quelquefois accordés, comme ils le furent à Loiseau de Maulny, échevin en 1753 (2).

Une mesure fiscale, causée par les guerres désastreuses de la fin du règne de Louis XIV, atteignit au mois de février 1704 les

---

(1) *Hist. de l'Université*, t. II, p. 272 et 277.

(2) Il avait succédé à son beau-père Bruneau de la Pécotière, docteur en droit, neveu du notaire Jacques Ducerne, et demeuré comme celui-ci environ quarante ans dans ses fonctions de secrétaire. Il eut lui-même pour successeur J.-B. François Duboys, fils d'un professeur en droit, qui vécut peu, et après celui-ci Mathurin Brevet, à la fois notaire et docteur, lequel vit s'éteindre la corporation à laquelle il avait voué ses services.

secrétaires des Universités et des Facultés. Ils furent admis à jouir du titre alors si prodigué de conseiller du roi, en payant pour leur office un prix déterminé, qui fut réglé à huit mille livres en ce qui concernait l'Université d'Angers. La compagnie, en cette circonstance, ne voulut pas se laisser imposer la nomination du premier venu pour des fonctions qui comportaient, de sa part, une grande confiance, en même temps qu'elles exigeaient du secrétaire beaucoup de discrétion et de probité ; elle se rendit donc adjudicataire de la charge et put ainsi continuer d'y placer des hommes à elle dont le dévouement et l'exactitude lui étaient connus (1). Elle avait, en revanche, pour eux une juste considération et, à l'occasion, de la condescendance. Nous pouvons en citer une preuve singulière : en mars 1787, le secrétaire ayant été nommé recteur, au tour des nations, l'Université l'agréa comme tel et se prêta à le faire remplacer pour ses fonctions ordinaires, pendant la durée trimestrielle de son rectorat.

Le greffier-secrétaire de l'Université était réputé le gardien de ses archives : c'est une des qualités que lui attribue l'édit de 1704. Toutefois il n'avait la pleine disposition que des registres courants ou tout à fait récents. Les anciennes chartes, les contrats, les pièces de procédure étaient renfermés sous sept ou huit clefs confiées à autant de membres du corps, au recteur et aux différents procureurs. Cet usage remontait aux dernières années du XIVe siècle. On avait alors prescrit le dépôt des titres dans un coffre (arca) placé en lieu sûr et qui ne devait être ouvert qu'en présence de tous (2). En 1535, les archives furent transportées dans la chapelle Sainte-Anne de l'église Saint-Pierre, qui était le lieu des séances ordinaires de l'Université. Elles y furent probablement l'objet d'un certain classement, car il est question, au cours de ce siècle, de l'armoire (armarium) où se trouvent les pièces de l'Université. Peut-être aussi commencèrent-elles à être plus facilement communiquées aux amateurs

---

(1) Bibl. d'Angers, ms. 1027, p. 399-401.
(2) *Hist. de l'Université*, t. II, p. 241, à l'art. 82. — En 1774, on réduisit à trois le nombre de ces clefs, et l'on fit un règlement spécial pour l'ouverture des archives. Arch. de M. et L., D 8.

SCEAU PRINCIPAL DE L'UNIVERSITÉ D'ANGERS
(depuis 1410 environ).

de recherches historiques. Papire Masson et François Baudouin, au XVIe siècle, Claude Ménard et Gilles Ménage, au XVIIe, furent admis à les consulter. Les deux Pocquet de Livonnière, le père et le fils, s'entremirent pour en procurer l'accès à Pierre Rangeard, et il y puisa les matériaux de son histoire. Ces diverses communications, et d'autres nécessitées par les fréquents procès que soutenait la compagnie, avaient introduit dans les archives un désordre auquel il fallut remédier. Un inventaire général, prescrit une première fois, mais inutilement, en 1705, fut exécuté en 1754 par les soins de Gabriel Pocquet et du secrétaire Bruneau (1). Il est fâcheux que ce document ne se retrouve plus aujourd'hui. Il épargnerait à nos recherches beaucoup d'incertitudes et de lacunes.

Le sceau de l'Université était renfermé avec les archives et n'en était tiré, au moins dans les premiers temps, qu'à des époques déterminées. On s'était d'abord servi de celui du maître-école. A partir de 1409-1410 (2), il y en eut deux, l'un plus petit, destiné au nouveau chef et que les recteurs se transmettaient l'un à l'autre à l'expiration de leur pouvoir, l'autre plus important, apposé aux pièces d'un intérêt majeur seulement, dont P. Rangeard a vu l'empreinte sur l'original d'une lettre de l'Université au duc de Bretagne (3), et dont nous sommes assez heureux pour mettre sous les yeux du lecteur un fidèle dessin, exécuté d'après un moule en plâtre du musée de Berlin, que nos archives départementales possèdent depuis peu, grâce au don que leur en a fait M. de Farcy.

Ce sceau est de forme circulaire et de huit centimètres de diamètre. C'est, au point de vue de l'art, une œuvre remarquable.

---

(1) Bibl. d'Angers, ms. 1027, p. 405-407 ; id., 95.
(2) Dans l'intervalle, l'Université paraît avoir emprunté le sceau de la Conservation de ses privilèges apostoliques ; il est mentionné à la suite de l'acte d'agrégation consenti en faveur des dominicains ou jacobins (*Hist. de l'Université*, t. II, p. 272). Ce sceau représentait la Sainte Vierge debout et tenant dans ses bras l'enfant Jésus. Il portait comme légende : *Sigillum Curiæ Universitatis Andegavensis*.
(3) *Hist. de l'Université*, t. Ier, p. 439, 440 ; II, p. 301. C'est la consultation envoyée au duc Jean V, au sujet de la confession pascale.

Dans la partie supérieure figurent les saints protecteurs, en trois niches : la principale, au centre, abrite saint Maurice, en armure de guerre et à cheval, portant l'écu aux armes du Chapitre de la cathédrale; à droite, saint Nicolas (1); à gauche, saint Maurille, autant qu'on peut le deviner d'après les lettres finales de leurs deux noms qui sont à peine visibles; de chaque côté, sous des espèces d'auvents, est agenouillé un jeune garçon.

Dans la partie inférieure, on voit deux classes d'écoliers faisant face chacune à un professeur qui lit sa leçon. Entre deux, un personnage assis sous une sorte d'abat-voix et qui, à en juger par la baguette ou masse qu'il tient à la main droite, doit être un bedeau.

En légende : SIGILLUM RECTORIS ET UNIVERSITATIS STUDII ANDEGAVENSIS.

LE RECEVEUR ET LES REVENUS. — En même temps qu'ils instituaient le scribe ou notaire, les statuts de réformation donnèrent à l'Université, qui était riche alors, un agent spécial « quæstor ou receptor » chargé de tenir compte de la recette et de la dépense et de payer avec l'argent déposé dans le coffre les créanciers et les suppôts. Plus tard, et probablement au milieu du XVIIe siècle, les deux emplois furent réunis aux mains du secrétaire.

On ne se rend un compte un peu exact des revenus de la compagnie qu'à partir de 1598, époque où Henri IV la dota du droit d'appétissement sur les vins, ce qui pourvut au traitement des professeurs de sa principale Faculté. Peu d'années après, en 1613, l'Université évaluait elle-même à trois mille cent douze livres la totalité de son revenu. L'intendant Charles Colbert, qui visita l'Université en 1664, le porte dans son *Mémoire* à quatre mille livres (2). Enfin Barthélemy Roger, qui écrit vers la même

---

(1) Saint Nicolas, évêque de Myre, honoré par l'Université de Paris, comme par la nôtre, en qualité de patron des écoliers; et saint Maurille, évêque d'Angers au Ve siècle. Il y avait dans la ville une église collégiale du vocable de ce dernier, et l'une des quatre abbayes bénédictines portait le nom de Saint-Nicolas.

(2) *Archives d'Anjou* de M. P. Marchegay, p. 126.

époque et tient grand compte, d'autre part, de ce qui peut provenir du droit d'appétissement, s'exprime ainsi qu'il suit :

« L'Université a eu, de tout temps et d'ancienneté, pour tout bien, le revenu d'un certain domaine qui pouvoit valoir et vaut encore chacun an environ 1300 livres ; lequel revenu se distribue aux docteurs en droits et quelques petites portions aux bedeaux. Je ne sais point qui a donné à l'Université cet ancien domaine : je me persuade que c'ont été des particuliers, ou bien que ce domaine a été acquis des réserves des anciens maîtres-école et docteurs (1). »

Après la suppression, en 1667, du collége de la Fromagerie, l'Université eut de plus la métairie des Noues, près Avrillé, qui en dépendait et dont le produit entra dès lors dans le fonds commun.

Enfin les livres tenus par les secrétaires-receveurs et en particulier par Mathurin Brevet, le dernier d'entre eux, établissent que dans la plus grande partie du XVIIIe siècle les recettes ont varié entre quatre et six mille livres, dont le quart environ était considéré comme *boni* (2).

Mais il est temps de continuer notre revue des officiers et suppôts divers de l'Université.

LE GRAND BEDEAU ET LES BEDEAUX INFÉRIEURS. — Comme l'église, l'Université avait ses bedeaux, pour assurer le service

---

(1) *Hist. d'Anjou*, p. 305.
(2) Arch. de M. et L., D 11 et 12. — Voici, du reste, le détail qu'un rapport de M. Pilastre, maire, rédigé dans l'une des années qui suivirent la révolution, donnait des biens, revenus et charges de l'Université.

L'Université est composée des quatre Facultés de théologie, de droit, de médecine et des arts...

Elle possède : 1° la métairie des Noues, affermée 1200 livres ; 2° la maison de la Librairie, louée 300 l. ; 3° celle du Petit-Palais, 250 l. ; 4° la Salle des Arts, 567 l. ; 5° une cave à l'Université, 30 l. ; 6° plusieurs rentes assises sur maisons, 219 l. 10 sous ; 7° autres rentes sur des particuliers, 70 l. ; 8° une sur le clergé, 120 l. — Total : 2,756 l. 10 sols.

Elle avait en outre sur les droits supprimés : 1° pour exemption du clergé d'un droit sur les boissons, 300 livres ; 2° sur les messageries, 400 l. ; 3° sur les boissons, 2400 l. ; — Total : 3,100 l.

Total général des revenus de l'Université : 5,856 livres 10 sous.

Ces revenus étaient partagés par cinquièmes entre les quatre Facultés, savoir : un cinquième à la théologie, deux cinquièmes au droit, un cinquième à la médecine et un cinquième aux arts. — (P. Marchegay, *Archives d'Anjou*, p. 93-94, Angers, 1843, in-8°.)

du corps, porter aux autres ses invitations, promulguer ses décrets et surtout faire cortége à ses dignitaires. Au xive siècle, on en rapportait l'institution à Ulger, qui les avait chargés d'assister les licenciés dans leurs épreuves et avait rétribué leur présence par une fondation spéciale (1).

Les statuts de 1373 et de 1398 font une si large part aux dispositions qui concernent ces officiers, que l'on est forcé de reconnaître qu'ils tenaient dans l'Université une place importante. Leur nombre fut d'ailleurs de tout temps assez considérable. Chaque nation, et bientôt chaque docteur régent en droit eut le sien; et enfin, lors de l'érection des trois dernières Facultés, il en fut donné un ou plusieurs à chacune d'elles.

Charles VII, qui établit ceux-ci, avait réglé dans ses lettres-patentes de 1433 (2) la condition sociale à laquelle ils appartiendraient : ils devaient être suffisamment instruits et pouvaient être marchands; mais le commerce du parchemin, du papier, des livres, de la quincaillerie leur était interdit. Le même roi, renouvelant en 1443 les priviléges de l'Université, comprit au nombre de ses suppôts, pour cet ordre d'officiers, « sept bedeaux généraux et des six nations, quatre des trois Facultés, et aussi les bedeaux des docteurs et maîtres ordinairement régents en ladite Université, et mêmement des Facultés de droit canon et civil. » Les bases que ce roi avait fixées furent, en général, observées, ce qui donna lieu de temps à autre à des réclamations. On se plaignait du grand nombre des bedeaux, et l'hôtel-de-ville demandait à l'Université de ne pas les prendre dans la classe des riches marchands, l'impôt dont ils étaient déchargés retombant sur d'autres habitants (3). Cette dernière plainte eut quelques

---

(1) Statuts de l'Université de 1373, art. 35. — «.... Qui quidem bidelli illa die, durante tempore licentiæ, debent ad unam comestionem recipi in parva aula dicti palatii (Andegavensis); et quisque sit claviger seu custos ejusdem debet eis, de bonis episcopi Andegavensis pro tempore, ministrare panem, vinum et alia cibaria eisdem necessaria : quæ prædicta bonæ memoriæ dominus Ulgerius quondam Andegavensis episcopus eisdem contulit et donavit, et prædicta fieri perpetuo voluit et præcepit. » Dans Rangeard, *Hist. de l'Université*, t. II, p. 223. — Cet article est maintenu dans les statuts de 1398, art. 76 ; V. le même ouvrage, p. 211.

(2) Voir ces lettres qui sont données tout au long, p. 18-21 de notre livre.

(3) Voir Pocquet, ms. 1027, p. 151, et les Arch. municipales, 21 mars 1608.

résultats; mais le nombre de ces officiers demeura le même, ou à peu près. Ils étaient au moins dix en 1791, indépendamment du principal.

On distinguait les bedeaux à masse et les bedeaux à verge ou à baguette.

Les premiers étaient le grand bedeau, ceux des nations et ceux des Facultés. Les attributs qu'ils portaient étant, pour la plupart, d'un métal précieux et d'une riche ornementation, avaient de la valeur (1). Un fait qui arriva au mois de janvier 1705 en est la preuve. L'Université venait d'acquérir au prix de huit mille livres la charge, nouvellement créée, de conseiller du roi, pour son secrétaire, et cherchait de l'argent pour la payer. Les professeurs en droit, qui la représentaient et souvent la dirigeaient, saisirent les masses des nations, avec l'intention de les mettre en gage, sinon même de les vendre. Il fallut que les procureurs, à qui elles appartenaient véritablement, les citassent devant le lieutenant-général de la sénéchaussée, conservateur des privilèges royaux de l'Université. Celui-ci ordonna la restitution des objets en litige, sous peine de prise de corps pour le professeur qui les détenait. Le débat avait été très-vif et avait fait du bruit dans la ville (2).

Quant aux bedeaux à verge, le manuscrit de Pocquet de Livonnière donne à leur sujet les détails suivants : « Les bedeaux des professeurs en droit ne sont qu'à verge; elle est en façon de caducée d'un côté vers le milieu duquel sont les armes du docteur, sur un écusson, et de l'autre une devise. — Au bas, il y a un petit anneau où pend un petit éperon doré et le cachet des armoiries. — Quand on les fait marcher en procession, ils vont après les massiers et ont entre eux le rang de leurs maîtres (3). »

Au-dessus des bedeaux inférieurs, à masse ou à verge, s'élevait le grand bedeau « gradué et de robe longue (4), » en sa qua-

---

(1) Bourdigné en fait l'éloge lorsqu'il décrit le cortége de l'Université à l'entrée de François I*er*, V. t. II, p. 319.
(2) Voir Pocquet de Livonnière, ms. 1027, 100-101, et R. Lehoreau, liv. IV, p. 128.
(3) Bibl. d'Angers, ms. 1027, p. 235 *bis*.
(4) Id., ms. 870, p. 822.

lité de licencié en droit, qui était véritablement un personnage. Il appartenait, en général, à la bourgeoisie et frayait presque de pair avec les premiers de l'Université. Dans l'origine, il avait été choisi par le maître-école et avait reçu sa masse du Chapitre de la cathédrale, qui en avait la propriété. Plus tard, il fut nommé par le Collége de l'Université et ses principales fonctions furent d'accompagner le recteur dans ses visites officielles, de le précéder dans les cérémonies et de faire les proclamations prescrites par les règlements (1).

Depuis Yves de Villeblanche qui, en 1373, servit de principal témoin à l'Université dans la rédaction de ses statuts généraux, plusieurs grands bedeaux ont fait à Angers et dans la compagnie une certaine figure. Celui de 1433, Robert Regnauld, est d'abord à distinguer. Il était, paraît-il, poëte et historien. La *Revue anglo-française*, t. III, p. 112 et suivantes, cite de lui, sous le titre de « Chronique d'un bedeau, » une compilation de pièces relatives au règne de Charles VII, qui se trouverait parmi les manuscrits de la bibliothèque de Poitiers, et M. Geffroy a découvert dans celle de Copenhague un poëme de trois cent trente-deux vers français signé de lui et qui porte pour titre : « Lay de » confession composé par honourable home maistre Robert » Regnaud, en son vivant grand bedeau de l'Université d'An- » giers (2). » L'auteur existait encore en 1453. On note sa présence au mois de septembre à une assemblée tenue par les ordres du roi René où il s'agit des priviléges de l'Université.

C'est Ménage qui nous entretient de Pierre Le Breton, du pays du Maine, grand bedeau de l'Université et qui fut un de ses représentants lors de la vérification en 1509 de la coutume d'Anjou. Comme il avait épousé Gervaisote Louet, d'une famille à

---

(1) *Hist. de l'Université*, t. II, p. 227.

(2) Il y a trace aux archives de Maine-et-Loire de l'existence de Robert Regnauld (série E, n° 358) dans plusieurs contrats dont un de 1431 porte sa signature. Le seul titre qu'il y prenne est celui de paroissien de Sainte-Croix d'Angers. — Un autre constate le mariage de sa fille Alliette Regnauld en 1449 avec Pierre Savary, clerc. Il avait aussi un fils, nommé Hervé, qui fut receveur des aides et qui devint l'un des dix-huit échevins, lors de l'établissement de la mairie en 1474. — Voir aussi le ms. 1004 de la Bibliothèque d'Angers.

laquelle il était lui-même allié, l'historien angevin fait remarquer que « les charges des Universités, à cause de leurs priviléges, étaient possédées en ce temps-là par des personnes qualifiées (1). » Pierre Le Breton mourut en 1532, président des comptes d'Anjou.

En 1542, ce fut à la requête tant du grand bedeau que du procureur général que fut rendu l'arrêt du parlement prescrivant l'option entre leurs différentes charges aux professeurs en droit qui en cumulaient plusieurs.

Le grand bedeau de 1573, Pierre Audouys, prend part à l'élection du maire, comme député de l'Université; il y remplace le procureur général empêché.

De 1649 à 1666, c'est un avocat au siége présidial, René Coiscault, qui remplit les mêmes fonctions et qui vient à l'audience inviter les magistrats à la séance de réouverture des Grandes-Ecoles. Il s'exprime en latin et le président lui répond dans la même langue (2).

Pour cette « semonce, » à laquelle il semble que se soit réduit, au XVIIIe siècle, tout son office, il touchait de l'Université trente livres, prélevées sur le revenant-bon des licences. Cette imputation nous remet en mémoire que, dans les temps qui précédèrent la réforme de 1494, peut-être pour tenir lieu de la fondation d'Ulger, les bedeaux, grands et petits, avaient droit de la part des nouveaux licenciés à un déjeuner « jentaculum. » On abolit alors cette obligation, en la remplaçant par une allocation pécuniaire, qui devint annuelle et subsista jusqu'à la fin. Elle faisait partie des gages des bedeaux inférieurs, rétribués, quant à eux, suivant un tarif (3).

---

(1) *Remarques sur la vie de Guillaume Ménage*, p. 394-395.
(2) *V.* le Registre du Présidial, dans la *Revue de l'Anjou* de 1861, t. Ier, p. 14, 51 et 75.
(3) Arch. de M. et L., D 6, f° 230 ; id., D. 12, f°s 10 ; id., 100 et suiv. ; id., 130. — Dans l'origine, les candidats fournissaient aux bedeaux, lors qu'ils prenaient certains grades, quelques parties de leur costume, la robe, les gants, les chaperons « *robam, chirothecas et cucufas,* » en même temps qu'ils offraient à chacun des docteurs régents un bonnet et quelquefois une livre de bougie « *birretum et unam libram ceræ in candela.* »

LES LIBRAIRES ET LES PARCHEMINIERS JURÉS. — Ceux qui exerçaient ces professions étaient naturellement compris parmi les suppôts de l'Université, qui avait le principal intérêt à ce qu'ils fussent bien approvisionnés de leurs marchandises et qui prétendait connaître en outre de la qualité de celles-ci. Les plus anciens de ses priviléges s'étendaient à trois libraires et à trois parcheminiers (1). L'invention de l'imprimerie et l'usage plus habituel du papier ne changèrent presque rien au nom, au nombre, ni aux attributions de ces officiers, qui continuèrent de prêter serment au recteur et de jouir de quelques-unes des immunités du corps. On pourvoyait très-exactement aux vacances d'emploi et l'on observait à leur égard les anciennes formalités, comme en témoignent les registres de l'Université, pendant la dernière moitié du XVIIIe siècle. Nous en donnerons pour preuve un brevet de parcheminier du 17 juin 1775, dont la copie se trouve aux archives de la mairie (2).

Le principal des trois ou quatre libraires jurés (3) était quel-

---

(1) Ce sont ceux des années 1373 et 1443.

(2) Voici cette pièce que l'on pourrait croire antérieure de deux ou trois siècles :
« Rector et universitas Studii generalis Andegavensis universis præsentes litteras inspecturis et audituris salutem in Domino. Notum facimus quod nos debite informati et sufficienter instructi de fide orthodoxa, probitate, vita, moribus et fidelitate dilecti nostri Georgii Caminet in hac urbe commorantis, his de causis, aliisque plurimum ad hæc nos impellentibus, eidem Georgio Caminet petenti, præsenti et acceptanti munus, seu officium pergamenarii hujusce Universitatis, vacans per obitum Jacobi Legris contulimus et donavimus, ac per præsentes conferimus et donamus ad honores et onera prædicto officio incumbentia, ea lege ut dictum officium fideliter exerceat, membranas semper in utilitatem Universitatis et publicam habeat, venda* et distribuat ; nobis et successoribus reverentiam exhibeat et obediat, servetque laudabilia dictæ Universitatis statuta ; quod se facturum promisit præstito in manibus nostris juramento solito ; quocirca meretur prædictus Georgius Caminet uti, frui pariter ac defendi privilegiis, franchisiis, libertatibus et immunitatibus prædictæ Universitati ejusque officiariis et suppositis tam a sede apostolica quam a majestate regia concessis ; quibus eum gaudere volumus ac intendimus, quocumque se duxerit transferendum. Datum Andegavi in collegio nostro extraordinario, sub sigillo magno Universitatis et subscriptione secretarii ejusdem, anno Domini millesimo septingentesimo septuagesimo quinto, die vero decima septima mensis junii. — De mandato D. Rectoris, Duboys secretarius. » — Reg. AA 6, f° 179-180.

(3) La ville consultée par l'intendant de Touraine en 1679 avait répondu que les quatre qui existaient alors suffisaient (Arch. mun., BB 95, f° 101). Un arrêt du Conseil d'État du 26 octobre 1713 réduisit ensuite leur nombre à trois, en en conservant la nomination à l'Université. — Bibl. d'Angers, Hist. 3799, n° 17.

quefois désigné par le titre de garde de la librairie. On avait nommé ainsi le conservateur de la bibliothèque de l'Université ou de la Faculté de droit, tant qu'il en avait existé une; car Gabriel Pocquet de Livonnière nous apprend que, dès 1651, les livres qu'elle avait réunis se trouvaient tous égarés ou soustraits (1). On commença alors à louer à bail emphytéotique à l'un des libraires le local qui lui avait été affecté, et on distingua celui-ci des autres par l'ancienne dénomination. C'était celle que portait en 1790 l'imprimeur Charles Mame, dont la famille est aujourd'hui si honorablement représentée à Tours par une importante maison.

L'histoire de l'imprimerie et de la librairie à Angers pourrait offrir de l'intérêt, et il serait à désirer qu'elle fût traitée par une plume compétente. Nous nous gardons de l'entreprendre ici, l'accessoire pouvant risquer d'empiéter trop largement sur le principal.

Pour rester donc dans notre sujet relativement aux libraires et aux parcheminiers, nous rappelons deux mesures, prises à des époques différentes et éloignées, pour sauvegarder leurs intérêts. Les lettres-patentes de 1433 avaient interdit aux bedeaux, qui pouvaient être petits marchands, la vente des objets réservés aux premiers (2). En 1696, une sentence du lieutenant-général de la sénéchaussée défend aux marchands merciers de la ville « et à tous autres qui ne sont libraires, de vendre aucuns livres grands ou petits en gros ou en détail, » sauf les A,B,C, les almanachs et certains livres de prières (3).

L'Université, d'autre part, était fondée à ramener dans les limites de leur emploi et aux termes de leur serment ceux de ses suppôts qui ne se donnaient comme libraires ou parcheminiers que pour jouir des priviléges attachés à ces titres; elle exigeait qu'ils tinssent boutique ouverte et ne s'occupassent pas d'un autre commerce (4).

---

(1) Bibl. d'Angers, ms. 1027, p. 171-172. — *Revue de l'Anjou*, année 1867, t. I, p. 342-345; V. la curieuse notice de M. C. Port sur la Bibliothèque de l'Université.
(2) Voir à l'art. III de ce livre la note de la p. 20.
(3) Bibl. d'Angers, Hist. 3799, n° 21.
(4) Arch. de M. et L., D 6, f° 230. Dans les statuts de 1494 : « Item quia præteritis temporibus, etc. »

LES DEUX BOURGEOIS DE L'UNIVERSITÉ. — On nommait ainsi de riches habitants d'Angers qui s'engageaient à assister pécuniairement le corps et ses membres dans leurs besoins. L'institution en avait été empruntée à l'Université de Paris où ils étaient connus sous le nom de « grands messagers, » *nuntii cives* (1). Celle d'Orléans en avait reçu de Philippe-le-Bel, au moment de sa fondation (2); l'Université d'Angers, dotée à peu près des priviléges de celle-ci par Charles V, voulut avoir aussi ses bourgeois et en fit la demande à son seigneur suzerain Louis Ier, duc d'Anjou, qui s'empressa de l'accorder. Par lettres du 20 juin 1376, il décide « que les docteurs peuvent élire deux bourgeois de la
» ville, qui sont muables quand ils veulent, à subvenir et porter
» douceurs au maître-école, docteurs, licenciés, bacheliers et
» écoliers, à leurs nécessités, lesquels bourgeois sont francs
» de toutes subventions, aides et impositions en la manière que
» sont lesdits exposans. »

Le roi, n'ayant pas trouvé bon que son frère eût ajouté « de sa grâce spéciale » aux priviléges concédés par lui à l'Université, annula la concession que celui-ci avait faite. Les bourgeois ne laissent pas d'être mentionnés dans la déclaration de 1428, émanée de Yolande d'Aragon, et Charles VII, venu à Angers en 1443, les institue définitivement. Dans son ordonnance du mois de décembre, rendue en la présence du roi de Sicile, il est

---

(1) Duboullay a fait sur eux toute une dissertation. Crévier qui l'analyse se contente de dire : « Les grands messagers étaient des bourgeois de Paris qui....
» entretenant correspondance avec les pays d'où venaient les étudiants, leur
» faisaient les avances d'argent nécessaires pour leur logement, leur nourriture
» et leur entretien. Ces bourgeois prêtaient serment à l'Université, devenaient
» ses officiers et participaient à ses priviléges. » — *Hist. de l'Université de Paris*, t. VII, p. 158.

(2) « Præterea volumus quod duo Burgenses quos doctores elegerint, præsentati præposito nostro Aurelianensi, moraturi, qui doctoribus magistris et scholaribus ibidem moraturis studentibus pro suis necessitatibus mutuent, speciali nostra protectione sicut ipsi doctores et scolares gaudeant, ut etiam ab omnibus tailliis, causis, expensis et contributionibus dictæ urbis penitus sint immunes; quodque doctores prædicti, cum alios ad hoc elegerint, possint eos mutare, ac præposito præsentare; dictique Burgenses privilegiis hujusmodi gaudebunt, dum constitutiones et ordinationes nostras observent, et specialiter contra usurarios editas, pro utilitate publica et regni nostri. » — *Ordonnances des Rois*, t. Ier, p. 503, et *Priviléges de l'Université d'Angers*, éd. de 1736.

dit qu'il a été trouvé que par la teneur des priviléges accordés précédemment, « les suppliants (de l'Université) doivent avoir deux bourgeois ordonnés à prêter chacun grosse somme de finance, tant au corps de ladite Université pour leurs communes affaires, comme aux particuliers suppôts d'icelle indigens, jusqu'à certain temps, sans aucun profit en avoir, fors de jouir desdits priviléges. »

Il semble que les bourgeois aient toujours existé depuis cette époque. On les trouve mentionnés au XVe, au XVIe et jusqu'à la fin du XVIIIe siècle, sans qu'il ait été rien changé à leur nombre. C'étaient, en général, des banquiers ou changeurs, ou bien encore des orfèvres, en état par leur position de faire honneur au corps auquel ils étaient agrégés (1). L'Université, pour ses rapports avec le fisc, leur avait dû quelquefois de bons offices, et les étudiants éloignés de leur famille étaient assurés de trouver en eux des correspondants bien disposés. On avait, d'autre part, dans les premiers temps, réglé assez étroitement les services que l'on attendait d'eux à l'égard des écoliers dans la gêne. Les statuts de 1494 leur avaient imposé l'obligation de prêter à ceux-ci de l'argent sur leurs livres *tam impressis quam aliis* (on était encore au début de l'imprimerie) d'après l'attestation donnée du besoin qu'ils en ont par leur docteur ou par leur hôtelier.

Dans les derniers temps de l'existence de l'Université, les bourgeois étaient reçus sans qu'on leur rappelât leurs devoirs. Les lettres de Louis Mabille « civis burgensis, » reçu au mois de juin 1775 en remplacement de André-Joseph Roussel, ne font mention d'aucune des conditions de sa charge, qui est devenue ainsi purement honorifique. Le Conseil de ville ne laisse pas de l'exempter, sur le vu de cette pièce, du logement des gens de guerre, guet et garde.

LES MESSAGERS ET LES MESSAGERIES. — On sait que ce fut à l'instar des usages de l'Université de Paris et des autres, que

---

(1) Outre les noms donnés ci-dessous pour la fin du dix-huitième siècle, nous découvrons ceux de Jean et de Gervais Le Camus, celui-ci échevin de 1474 à 1496, et aussi de Guillaume Poullain qualifié « bourgeois de l'Université » dans le procès-verbal de la Coutume (1509).

les postes, sous Louis XI, en 1464, et les messageries royales, sous Henri III, en 1576, furent créées pour le service du gouvernement et du public. L'Université d'Angers avait eu de bonne heure ses messagers qui transportaient d'une ville à l'autre les lettres, les hardes ou paquets, l'argent, et aussi, deux fois l'an, les personnes de ses écoliers. Ce ne fut toutefois que vers la fin du XVIe siècle qu'ils furent admis au partage des priviléges du corps. Les lettres-patentes de 1596, qui confirment ceux-ci, comprennent au nombre des privilégiés « les messagers qui vont et viennent de la dite ville d'Angers ès autres villes et provinces, même de Paris, pour la commodité de ceux de l'Université. »

L'ère du monopole de l'Etat avait, à ce moment, commencé ; il ne s'agissait que d'une exception spéciale aux membres du corps. Malgré les restrictions et les gênes apportées à leur industrie, les messagers angevins continuèrent leur service : ils se chargeaient même, en général, des dépêches des particuliers, ce qui donna lieu de temps à autre à des procès intentés par le fisc. L'Université, qui avait affermé ses messageries et en tirait un certain revenu, y intervint à plusieurs reprises. Puis, comme ses recettes diminuaient (1), elle essaya de traiter avec le gouvernement de la remise de ses messageries, comme avaient fait les Universités de Paris et de Caen, à qui les fermiers des postes payaient des indemnités annuelles. On trouve la trace de ces négociations dans les registres de ses conclusions (2) et aussi dans les ouvrages du président Rolland, qui fut chargé, après l'expulsion des Jésuites, de la réorganisation des corps enseignants (3). La catastrophe, qui s'annonçait déjà et qui ne permit

---

(1) Elles s'étaient élevées à douze ou treize cents livres en 1700, où l'on comptait vingt-deux messagers et où ceux de Paris, Tours, Nantes et Saumur payaient un prix de quelque importance. Soixante ans plus tard, quoique le nombre des messageries n'eût pas diminué, le revenu qu'elles donnaient n'était plus que de cinq cents livres. — Arch. de M. et L., D 7, f°s 576 et 586 ; id., D 9. — Almanach de 1761.

(2) Arch. de M. et L., D 3, f° 63 (Conclusion du 4 septembre 1767).

(3) « L'Université d'Angers désirerait remettre ses messageries au roi.... Quant
» aux messageries, l'Université observe qu'elle en a un grand nombre, qui ne
» produisent ensemble qu'un petit revenu et occasionnent de grands abus : sou-
» vent plusieurs de ces messageries ne sont pas même exercées par les personnes

pas à ces efforts d'aboutir, entraîna tout d'abord la suppression des messageries des Universités que l'Assemblée Constituante décréta le 9 juillet 1790.

LES ÉCOLIERS OU ÉTUDIANTS. — C'était là une autre classe de suppôts, celle à laquelle se rapportaient toutes les autres et qui leur donnait leur raison d'être. Les écoliers avaient d'abord constitué avec les maîtres l'Université tout entière (1). Hommes faits quelquefois, ayant en outre l'avantage du nombre, ils y conservèrent longtemps une grande importance, et ce n'est même qu'à la fin du XV° siècle ou au commencement du XVI° que le corps parvint à se les subordonner un peu complétement. On décida alors que les gradués, c'est-à-dire ceux qui seraient pour le moins bacheliers, auraient seuls voix délibérative dans les assemblées générales et dans celles des nations (2). Les autres étudiants, c'est-à-dire les simples écoliers, ne comptèrent plus qu'après un certain temps d'études dûment attestées. Ils devaient pour cela s'être fait immatriculer sur le registre de leur procureur particulier et avoir prêté serment entre les mains du recteur. Dans l'origine, on ne leur faisait pas seulement promettre d'observer les statuts et de respecter leurs supérieurs; ils juraient, en outre, qu'ils n'étaient venus que décidés à s'avancer dans la science et à suivre régulièrement les leçons des maîtres, sans anticiper sur les délais fixés pour l'admission aux grades (3).

Les écoliers sont à peu près les mêmes partout et à toutes les

---

» qui les prennent à ferme, à cause des contestations avec les adjudicataires
» des messageries royales, et plus encore, parce que les fermiers des messa-
» geries des universités ne se proposent dans ces fermes que de se mettre en
» état de jouir des priviléges de l'université et spécialement de l'exemption de
» tutelle et de curatelle : cela est cause que les personnes les plus capables et
» les plus solvables s'exemptent de la charge des enfants mineurs et orphelins
» qui tombent ainsi en de mauvaises mains d'autres parents. »

(1) Elle était appelée « *Universitas magistrorum et scholarium.* » V. Rangeard, *Hist. de l'Université*, t. Ier, p. 332, et la dissertation placée en tête des *Priviléges*, p. 6, qui est, croyons-nous, du même auteur.

(2) Arch. de M. et L., D 6, f°s 225 et suiv.

(3) Statuts de 1410, art. 38. Voir le t. II de l'*Histoire de l'Université*, p. 251-252.

époques. Pierre Rangeard assure qu'ils ne valaient pas mieux au XIIIe siècle que dans le sien (1). Il y avait donc alors, comme depuis, les vrais étudiants « vere studentes, » comme on disait au moyen âge, mais en même temps la foule des écoliers qui ne demeuraient à Angers qu'afin de jouir des priviléges de l'Université et de figurer plus ou moins brillamment dans ses fêtes. Les étudiants angevins étaient en effet renommés pour leur braverie (2), soit qu'ils affectassent de se parer du costume réservé aux licenciés et aux docteurs (3), soit que, pour protester contre les règlements qui leur interdisaient le port de l'épée (4), ils engageassent des querelles avec les gentilshommes tenants du pas d'armes (5). C'étaient d'ailleurs de gais compagnons, et les « faicts et dicts joyeux » de la *Légende de Pierre Faifeu* ont peint au vif leurs hableries, leurs ripailles et leurs folles amours (6).

---

(1) *Hist. de l'Université*, t. Ier, p. 174-175.

(2) Un écrivain du XVIe siècle, Chasseneuz ou Chassanée (*Catalogus gloriæ mundi*, pars x, consid. 32) classe ainsi d'après leurs défauts les écoliers des différentes universités de son temps :

« Nec est ulla Universitas quæ non habeat sua impedimenta ; cum apud nos in vulgari dicatur, les fluteurs et joueurs de paume de Poitiers, les danseurs d'Orléans, les bragards d'Angers, les crotez de Paris, les brigueurs de Pavie, les amoureux de Turin. » Or le mot *bragards* est interprété par Ducange comme indiquant la braverie, « mundior cultus. » *Bragare*, dit-il, *ex mundiori cultu gloriolam aucupari ; ficta vox e gallico* brave *eximie ornatus*.

(3) Ce fut l'occasion d'un statut rapporté communément à la date de 1443.

(4) Cette interdiction, dont on trouve la trace dans les statuts de 1373 et de 1494 particuliers à l'Université d'Angers, fut édictée, d'ailleurs, pour tout le royaume par différents souverains. On lisait encore à la veille de la Révolution, lors de la réouverture des écoles, l'édit de Louis XIV daté d'avril 1684, et ainsi conçu :

« Nous voulons que tous ceux qui étudieront en droit portent des habits modestes, convenables à leur condition ; leur défendons de porter des épées (ni autres sortes d'armes), dans les villes où les écoles de droit sont établies, à peine d'être obligés pour la première contravention d'étudier une quatrième année outre les trois portées par notre édit du mois d'avril 1679 et d'y être pourvu plus sévèrement dans la suite. »

(5) Jean de Bourdigné, *Chroniques*, dans l'édition de M. de Quatrebarbes, t. II, p. 284. « Durant icelles joustes, les escolliers d'Angiers (pour ce que communément escolliers et gens d'armes ne s'ayment pas) eurent plusieurs querelles et dissentions avecques les gentilz hommes qui estoient venuz pour jouster. Et en cuyda yssir de grosses follies, car plusieurs libelles diffamatoires, scandaleux et maintes mocqueries d'icelles joustes furent faictes et apposées en plusieurs endroitz et places communes de la ville d'Angiers. »

(6) C'est l'ouvrage de Charles de Bourdigné, frère du chroniqueur ; la première

Quant à leurs insolences et leurs batteries, il suffit pour s'en faire une idée de parcourir l'*Inventaire analytique* que M. C. Port a donné des registres de l'hôtel-de-ville. Il y est question, presque à chaque page, des plaintes dont les écoliers sont l'objet. Voici, du reste, l'appréciation que faisait d'eux, au XVIIIe siècle, un de leurs professeurs, l'auteur des *Arrêts célèbres de la province d'Anjou*. Elle n'omet aucune des sortes ni des causes de leurs désordres (1).

« Trois choses sont les sources ordinaires de la débauche des
» écoliers, principalement de ceux de droit :
» La liberté qu'ils prennent de porter l'épée, la fréquentation
» des cabarets et certaine association qu'ils font entre eux, ou
» pour élire un chef de nation, ou pour cause de bienvenue, ou
» pour régaler ceux qui ont argumenté aux thèses qu'ils ont
» soutenues, ou pour quelque autre prétexte aussi frivole, qui
» change de temps en temps selon leur caprice. »

L'affaire qui donnait à Claude Pocquet de Livonnière l'occasion de cette réprimande restée à peu près toujours de saison, c'était le meurtre du conseiller Licquet commis par quelques écoliers, un siècle auparavant, à la suite d'une orgie nocturne et jugée alors par le parlement de Paris avec une exemplaire sévérité. Nous pourrions raconter tout au long cette aventure, ainsi que plusieurs autres; mais, forcé de nous restreindre, nous renvoyons aux ouvrages de nos différents annalistes et surtout aux *Recherches historiques sur le Bas-Anjou* de J.-Fr. Bodin, qui a résumé dans un chapitre de son second volume leurs récits et ceux de Pierre Rangeard lui-même.

Nous ne nous séparerons pas cependant de cette turbulente mais généreuse jeunesse, sans avoir dit, au moins, un mot du rôle qu'elle a joué à différentes reprises dans nos malheurs ou

---

édition, donnée en 1526, est à peu près introuvable. — A côté des tableaux, quels qu'ils soient, tracés par cet écrivain, il y aurait à décrire les luttes, les danses mauresques ou autres, organisées par les étudiants à l'occasion des fêtes publiques que nous avons mentionnées dans notre art. IV aux années 1458 et 1518; il faudrait aussi donner une idée des *farces* de la bazoche très-courues au XVIe siècle. Mais les détails que l'on possède sur ces divertissements sont trop peu circonstanciés pour que nous devions y insister.

(1) A la suite des *Commentaires sur la coutume d'Anjou* de Dupineau, t. II, p. 1053.

nos agitations politiques. En 1523, les écoliers réunis aux bourgeois tentèrent de délivrer Angers et Saumur d'une bande armée qui ravageait le pays (1). En 1650, lors des guerres de la Fronde, (2), six cents volontaires de l'Université prirent parti contre Mazarin. Enfin, à la veille de la révolution de 1789, les étudiants de deux de nos Facultés angevines soutinrent la cause du tiers-état contre la noblesse par des protestations, auxquelles les événements subséquents ne tardèrent pas à donner le caractère le plus sérieux (3).

JURIDICTION DE L'UNIVERSITÉ. — Elle était investie du pouvoir de juger elle-même les contestations et de réprimer les écarts de ses suppôts, et son Collége ordinaire constituait à cet égard un véritable Conseil de discipline (4) sous le nom de *Tribunal du Recteur*. Celui-ci, qui en était le président, lui était soumis tout le premier, puisque c'était le Conseil ou Collége qui

---

(1) Voir Bourdigné, Barth. Roger et, dans la *Revue de l'Anjou*, année 1854, t. II, la notice de M. de Quatrebarbes sur Jacques Turpin de Crissé. — Bibl. d'Angers, ms. 1027, p. 177-180.

(2) *La Fronde en Anjou*, année 1853, t. II, p. 515, de la *Revue de l'Anjou*, art. de M. Eugène Berger.

(3) Blordier-Langlois, *Angers et le département de Maine-et-Loire de 1787 à 1790*, t. I, p. 68-69. — Bougler, *Les Représentants de Maine-et-Loire*.

(4) Il apparaît manifestement comme tel dans les plus anciens statuts que nous connaissions, dans ceux de 1373 dont voici le dernier article :

« Verum quia non nisi pacis tempore bene colitur pacis auctor, propter dissentiones et rixas quæ inter baccalarios et scholares sæpius oriuntur, ex quibus consueverunt damna, opprobria et pericula imminere : ad sedandum hujusmodi discordias ordinatum est quod, si contingat brigam vel rixam inter professores, baccalarios et studentes, et scholares, aut alteros eorumdem oriri, professores et magistri ordinarie legentes, unus de natione invadentis, et alius de natione invasi, eadem die qua brigam oriri contigerit, vel sequenti, insimul penes fratres prædicatores, vel alibi ubi viderint expedire, conveniant pro pace melius reformanda ; et suum posse faciant ut concordia inter eos habeatur ; prius tamen ab utriusque nationis majoribus datis treugis, libero accedendi arbitrio, fide et juramento vallatis ; et si sic pax non valeat reformari per ipsos, alii doctores et magistri ordinarie regentes cognoscant, et eorum omnium judicio aut majoris partis dissentio sopiatur, nec alias ad arma prorumpant. Si vero contingat, quod absit, quod ordinationi ipsorum aut majoris partis contradictores aut rebelles existant, si doctores sunt aut baccalarii, privari omni commodo lecturæ se noverint omni facto ; si autem scholares fuerint, ad honorem aliquem in studio Andegavensi de cætero nullatenus admittantur ; et nihilominus reatum perjurii et sententiam excommunicationis auctoritate reverendi in Christo patris DD. Andeg. episcopi se noverint incursuros. » *Hist. de l'Université*, t. II, p. 227.

vérifiait la régularité de son élection et qui, à l'expiration de son trimestre, lui accordait ou lui refusait la ratification de ses actes.

Il n'était permis d'appeler des décisions de ce tribunal que devant le Parlement lui-même (1). La juridiction des Conservateurs apostoliques et royaux ne s'étendait qu'à celles des affaires des membres de l'Université dans lesquelles les privilèges de la compagnie étaient engagés et non à la police du corps lui-même. En 1655, le lieutenant-général de la sénéchaussée s'étant immiscé dans l'appréciation des rapports des docteurs avec leurs bedeaux, que les premiers accusaient de négligence dans le service, sa sentence fut cassée par un arrêt de la haute cour (2).

On ne voit pas que ces magistrats supérieurs se soient occupés de réprimer les fautes plus ou moins graves que les étudiants, dont nous avons dit la turbulence, pouvaient commettre dans les écoles. L'Université appliquait alors, sans contrôle immédiat, ses règlements particuliers, comme c'était elle qui délivrait les attestations d'études, les diplômes de grade qu'obtenaient ses écoliers et qui jugeait de la validité de ces pièces pour les étudiants venus du dehors.

Le Collège universitaire laissait, en général, aux Facultés leur indépendance, et s'abstenait dans les affaires qui étaient de leur compétence spéciale.

Ce fut, toutefois, le corps tout entier qui prononça dans les débats relatifs au cartésianisme et au jansénisme (3); ce qui suffit à prouver que sa juridiction, bornée habituellement aux personnes, s'étendait, au besoin, jusque sur les doctrines (4).

---

(1) *V.* les lettres-patentes de 1611, dans les *Privilèges de l'Université*, édition de 1736, p. 91 ; — et Pocquet, ms. 1027, p. 147-148.

(2) Bibl. d'Angers, ms. 1027, p. 200-201 et 216.

(3) De 1676 à 1678 et aussi en 1722.

(4) On a sur ce point le témoignage formel de Babin déjà docteur en théologie et devenu plus tard chancelier. Il dit que « l'Université étant composée des recteur, chancelier et députés de toutes les Facultés, des procureur général et des six nations, a entière juridiction et autorité pour ce qui regarde la religion

Les nations qui tenaient, chacune, des assemblées particulières présidées par le procureur, et qui, en raison de leur ancienneté, se prétendaient non les filles mais les mères de l'Université, essayèrent plusieurs fois de se soustraire elles et leurs chefs à sa domination. Mais, ainsi qu'il a été dit (1), elles y avaient été entièrement réduites dès le premier quart du dix-huitième siècle et ne décidaient plus aucune affaire importante que sous le contrôle du recteur et de son Conseil.

ÉCOLES ET COLLÉGES AFFILIÉS. — A l'Université, outre les établissements entièrement soumis à sa discipline, se rattachaient des écoles qui, participant dans une certaine mesure à son droit d'enseigner, relevaient d'elle pour ce point, mais échappaient pour tous les autres à sa juridiction. On les appelait à peu près indifféremment écoles affiliées, agrégées, incorporées, quoique ces termes ne semblent pas tout à fait équivalents. Les lettres-patentes données par Henri IV en 1596 pour la confirmation des priviléges royaux de l'Université d'Angers, reconnaissent l'existence *en son sein* de « plusieurs colléges qui ont été et sont non-seulement
» pour les laïcs, mais aussi pour les ecclésiastiques séculiers et
» réguliers, respectivement, où les gens d'église des lieux et
» provinces circonvoisines ont accoutumé de se retirer et s'y
» retirent pour vacquer à leur étude et prendre leurs degrés ès
» dites Facultés (2). »

Un document d'une importance plus grande encore, quoique seulement relatif aux écoles ecclésiastiques, c'est cette disposition insérée dans les règlements des Facultés de droit du royaume, en exécution de l'édit de 1679, par lequel Louis XIV avait réformé cette étude : « Les religieux des ordres incorporés à l'Université

---

et la doctrine, et que récemment cette Faculté (celle de théologie) a obéi aux conclusions de l'Université faites au sujet de la doctrine de Descartes et de la condamnation du père Lami, prêtre de l'Oratoire, ce qui est de notoriété publique. »
— * *Récit de tout ce qui s'est passé dans l'Université d'Angers pendant les années 1676, 1677 et 78, au sujet de la doctrine de Jansénius et de la signature du formulaire, 1679*, p. 23.

(1) V. les art. *Nations, Procureurs*, et de plus le ms. de Pocquet de Livonnière, p. 423-424.

(2) *Priviléges de l'Université d'Angers*, éd. de 1736, p. 67.

pourront prendre des degrés en ladite faculté sur les attestations du temps de leurs études en droit canonique signées des lecteurs desdites communautés, pourvu que lesdits lecteurs soient docteurs, sans toutefois qu'ils puissent recevoir à leurs leçons que les religieux de leur ordre (1). »

Mais il convient d'étudier séparément les différentes sortes d'écoles affiliées ou incorporées à notre Université, et nous commencerons naturellement par les plus anciennes.

Écoles des abbayes et des couvents. — On a vu à l'art. II de ce premier livre (pages 10 et 11) que le voisinage d'un certain nombre d'abbayes et de couvents fut, du XIIe au XIVe siècle, pour l'Université alors en formation, une ressource et un appui. Elle entretenait avec ces différentes maisons des relations toutes courtoises, ainsi qu'en fournissent la preuve ses statuts de deux époques.

Ceux de 1373, art. 37, font connaître l'itinéraire que suivaient les professeurs et écoliers en droit, précédés des bedeaux, pour aller inviter à la réception de tout nouveau docteur, non-seulement les notabilités du clergé séculier, mais les religieux des divers ordres. La nomenclature et la topographie qu'ils contiennent paraîtront, nous le croyons, également curieuses aux lecteurs angevins (2).

Nous signalons, en second lieu, un court article des statuts de 1398, c'est-à-dire de l'année même où eut lieu la création du

---

(1) * *Recueil des réglements concernant la discipline des Facultés de droit...* Imprimé par ordre de la Faculté des droits de l'Université d'Angers, 1745, in-4°. Nous citons de préférence le règlement de notre Faculté.

(2) *Hist. de l'Université*, t. II, p. 223-224. — Item, si contingat fieri aliquem doctorem in jure canonico vel civili, debent omnes bidelli, omnes doctores et magistros, ac alios studentes et legentes in studio supradicto apud Sanctum-Mauritium hora nona vigiliæ dicti festi facere congregari pro doctorandum associando, et invitando dominum Andegavensem episcopum, si sit præsens in dicto palatio vel in villa, necnon officialem ejusdem et personas et canonicos ecclesiæ Andegavensis; — et postea dicti doctores et magistri, ac legentes et studentes, cum dicto doctorando et bidellis, debent ire penes Fratres predicatores, apud abbatiam Sancti-Nicolai, apud Fratres Sancti-Augustini, apud abbatiam Sanctorum Sergii et Bacchi, apud Fratres-Minores, apud Sanctum-Petrum, apud abbatiam Sancti-Albini, apud abbatiam Omnium-Sanctorum, apud prioratum de Aquaria, pro invitando abbates, et religiosos, et quoslibet alios cujuslibet loci, ut veniant in crastino apud ecclesiam Sancti-Petri eidem doctorando comitivam faciendo....

recteur. On y encourage les aspirants au baccalauréat et à la licence à se faire examiner par quelque docteur ou quelque religieux de leur choix, à certains jours à demi-fériés, afin de s'assurer de la solidité des réponses qu'ils pourront faire ensuite à leurs juges définitifs (1).

Quelques années plus tard, les Frères prêcheurs, jacobins ou dominicains, chez lesquels l'Université tenait de temps à autre ses assemblées générales (2), sollicitèrent la faveur d'une agrégation à son corps, et celle-ci leur fut accordée par lettres du 14 octobre 1405 (3), avec les priviléges qui en résultaient. D'autres couvents d'Angers suivirent plus ou moins formellement (4) la voie ainsi tracée, surtout après que le pape Eugène IV eut augmenté l'Université de trois nouvelles facultés et les eut mises en possession de conférer les grades comme y étaient déjà leurs aînées. Enfin, le développement que prit, bientôt après, la Faculté de théologie qui admettait deux des religieux parmi les

---

(1) *Hist. de l'Université*, t. II, p. 237-238. — Item quod in diebus non legibilibus ordinarie, puta existentibus circa natale Domini, Carnisprenium, Pentecostes aut aliis, licentiati et baccalarii, si voluerint, habeant respondere sub aliquo doctore *aut sub aliquo religioso*.....

(2) C'était dans leur couvent qu'avaient été arrêtés les statuts de 1373, dont il a été parlé plus haut.

(3) Rangeard donne ces lettres tout au long. Voyez t. II, p. 271-272.

(4) Il ne paraît pas qu'il soit intervenu de conventions formelles entre l'Université et les différentes abbayes bénédictines. Le mot agrégation n'est pas prononcé dans le certificat par lequel la première appuie, le 19 août 1667, les moines de Saint-Nicolas qui faisaient difficulté d'embrasser la réforme dite de Saint-Maur. Elle se borne à attester que ces religieux observent exactement la règle de Saint-Benoît et qu'ils se trouvent fréquemment aux actes de l'Université. Si, postérieurement, par des conclusions de 1685 et 1687, la compagnie avait déclaré qu'elle comptait les moines de Saint-Serge au nombre de ses « membres » et si elle avait pris l'habitude de les traiter comme tels en approuvant leurs lecteurs et validant les études que ceux-ci dirigeaient, le titre de leur abbaye à être réputé *collége* était cependant demeuré sujet à contestation. On le vit bien, en 1768, lors d'un procès dans lequel deux de ses moines, l'un gradué d'une Faculté d'Angers, se disputaient un prieuré. Le Conseil privé du roi ayant refusé de considérer comme académiques les études faites à Saint-Serge, tant que l'on ne produirait pas le titre ancien qui leur donnait cette valeur, l'Université réclama contre cet arrêt, « qui tend à la priver, disait-elle, de beaucoup de colléges qu'elle » n'a point agrégés, mais qui sont nés avec elle et qui ont avantageusement » concouru à sa formation. » — *V.* Pocquet, ms. 1027, p. 224-225 ; id., p. 332. — Arch. de M. et L., D 3 ; les Conclusions de l'Université des 14 juillet et 13 août 1768, 12 janvier et 13 février 1769.

docteurs chargés de la représenter au Conseil de la compagnie, dut contribuer à multiplier les affiliations. Et, en effet, on voit, au XVIe et au XVIIe siècle, figurer tour à tour parmi les intrants des bénédictins, des religieux de Toussaint, et toutes les variétés des quatre ordres mendiants (1). Chose surprenante, mais dont nous avons plus loin un autre exemple, l'Université d'Angers a eu, à certains moments, pour affiliés des établissements étrangers à la ville et sur l'enseignement desquels il lui était dès lors difficile d'exercer aucun contrôle! Pocquet nous apprend que l'abbaye du Perray-Neuf, située à l'extrémité du diocèse, avait obtenu l'agrégation en 1526 et qu'elle la fit renouveler en 1694. Il ajoute, il est vrai, qu'elle a fort peu usé de son privilége, et cela doit s'entendre de l'une et l'autre époque (2), car nous ne trouvons rien de plus sur les études de ses religieux.

La nomenclature des couvents qui, dans la suite des temps, furent affiliés à l'Université, serait un peu difficile à dresser et risquerait d'offrir des lacunes. On pourrait cependant l'essayer, pour le XIVe siècle, en se servant du texte de 1373 que nous avons donné plus haut et, pour le XVIIe, à l'aide des deux relations que Babin a données des querelles du cartésianisme et du jansénisme. Il y nomme, en effet, les lecteurs ou professeurs des établissements ecclésiastiques, parce que tous furent mis en demeure, en 1676 et années suivantes, de venir s'expliquer, devant le Conseil de l'Université, sur les doctrines qu'ils enseignaient à leurs élèves. Mais les éléments d'une liste plus officielle et plus exacte se trouvent dans deux réglements universitaires du siècle suivant, qui eurent pour but l'un et l'autre de fixer le tour d'argumentation des différents corps aux thèses de philosophie devenues alors très-multipliées et très-courues. Ces documents qui portent les dates de 1721 et de 1741 et ne diffèrent pas notablement, sont

---

(1) On réunissait communément sous ce nom les Franciscains, les Dominicains, les Carmes et les Augustins, qui vivaient d'aumônes, leurs membres faisant vœu d'absolue pauvreté.

(2) Bibl. d'Angers, ms. 1027, p. 360. — L'abbaye du Perray-Neuf, de l'ordre des Prémontrés, à 44 kilom. nord-nord-est d'Angers et dans la paroisse de Précigné, était de la province d'Anjou, mais dépendait aussi du Maine, où elle possédait plusieurs terres et fiefs. (*Dict. de la Sarthe*, par Pesche.)

d'autant plus précieux que leurs auteurs se sont préoccupés principalement de l'ancienneté dans l'assignation des rangs (1).

Aux premiers du clergé régulier, et comme hors ligne, figurent les bénédictins et leurs quatre maisons, savoir : 1° l'abbaye de Saint-Aubin ; 2° celle de Saint-Serge et Saint-Bach ; 3° celle de Saint-Nicolas ; 4° le prieuré de Lesvière ;

Puis les chanoines réguliers de Saint-Augustin, dits aussi de la Congrégation de France ; ce sont ceux de Toussaint.

Viennent ensuite les religieux des ordres mendiants, savoir :

Les carmes ;

Les ermites de Saint-Augustin ;

Les FF. prêcheurs ;

Les FF. mineurs, c'est-à-dire les cordeliers ;

Les recollets ;

Les minimes ;

Et les capucins.

Ces différentes communautés n'avaient pas des droits égaux à figurer sur la liste académique, et Pocquet de Livonnière note, pour les deux ordres d'augustins précédemment nommés, que leurs religieux s'abstenaient, de son temps, de prendre les degrés. Il ajoute même à l'égard des recollets, des minimes et des capucins : « Ils ne sont généralement pas admis dans les Universités, » et leurs maisons ne sont point colléges, quoique l'Université y » ait inspection et y ait les mêmes honneurs que dans celles qui » sont colléges. » Cette considération explique à ses yeux la mention que faisait de ces moines le règlement de 1721 et l'invitation qui leur était adressée (2).

Le grand et le petit séminaires d'Angers. — « Les Universités, » dit P. Rangeard, furent, jusqu'au concile de Trente, les seuls » séminaires où les clercs fussent formés aux sciences et aux » vertus ecclésiastiques. Avant ce concile et près d'un siècle » après, le clergé d'Anjou n'en avait point d'autre que l'académie

---

(1) Voir à la Bibl. d'Angers, Hist. n° 3799, un recueil de pièces imprimées, art. 4 *bis* et 15.
(2) Bibl. d'Angers, mss. 1027, p. 332.

» d'Angers; les jeunes curés du diocèse venaient s'y instruire.
» Ils étaient en ce cas dispensés de droit de l'obligation de résider
» dans leurs cures, en présentant à l'évêque leurs lettres de
» scholarité (1). La fondation du séminaire diocésain eut lieu dans la première partie de l'épiscopat d'Henri Arnauld. Après des commencements incertains et une existence un peu nomade, il fut remis entre les mains des prêtres de la congrégation de Saint-Sulpice qui, en 1673, s'établirent au logis Barrault. Il y a trace dès cette époque, pour les séminaristes, de l'enseignement de la théologie toujours confié du reste à la Faculté, et aussi de celui de la philosophie, qui ne tarda pas à être donné à l'intérieur. Mais l'organisation définitive des études ne fut consommée que sous le successeur d'Arnauld, Mgr Le Peletier, et par les soins de son frère, abbé de Saint-Aubin. Au mois de juin 1704, le prélat obtint de l'Université un décret, bientôt converti en concordat, qui, moyennant certaines conditions, donnait la valeur académique aux cours des deux années de philosophie professées au séminaire. En vain l'Hôtel-de-Ville, appuyé par les députés des paroisses, forma opposition à ce décret qui faisait perdre des élèves à son collége de l'Oratoire. Il fut confirmé par lettres-patentes du roi, de septembre 1704, vérifiées en parlement le 17 août de l'année suivante. Dans l'intervalle, il avait été produit au nom de l'évêque un mémoire adressé à la haute cour. On y lisait :

« L'évêque d'Angers supplie très-humblement la cour de faire
» attention qu'il ne s'agit point de faire un nouvel établissement. Le
» séminaire est établi ; la philosophie y est enseignée à ceux seulement
» qui demeurent actuellement dans ledit séminaire. Le privilége
» que l'Université a accordé à ceux qui étudient dans le séminaire
» pour que les études de philosophie leur puissent servir pour
» les degrés, est le même que celui que ladite Université a accordé à
» plusieurs abbayes et communautez tant de la ville que du voysinage,
» aux abbayes de S. Serge, S. Nicolas, aux Religieux Mendians, et
» aux Religieux Norbertins du Perray-Neuf, qui sont à cinq ou six

---

(1) *Hist. de l'Université*, t. I, p. 275. On trouve à la suite de ce passage une courte analyse des faits qui précédèrent l'établissement du séminaire.

» lieues de la ville, sans qu'on y ait appelé les Maire et Echevins.
» Cette agrégation ne fera pas que les Directeurs du séminaire soient
» de l'Université ; qu'ils y ayent entrée, assistent aux délibérations et
» y ayent voix active et passive, dont ils sont entièrement exclus. Il est
» même expressément porté par le concordat fait avec l'Université,
» que lesdits directeurs, pour faire enseigner la philosophie avec le
» privilége des grades, seront obligés de prendre un maistre ès arts
» du corps de ladite Université d'Angers, ou de celle de Paris à qui
» l'Université d'Angers est agrégée (1). »

---

(1) Arch. de M. et L., D 7, p. 578. — Nous croyons devoir reproduire, indépendamment de cet extrait, le texte du concordat passé, le 23 juin 1704, entre l'Université et l'évêque d'Angers, parce que ce document donne une idée assez exacte des droits qui étaient, en général, conférés par les agrégations, et en même temps de leurs limites. Les parties conviennent :

« 1° Qu'il n'y aura que ceux qui demeureront actuellement dans le grand et
» petit séminaire, qui pourront y prendre les leçons desdits professeurs de phi-
» losophie, et profiter de l'effet de ladite aggrégation.

» 2° Que les professeurs qui seront établis dans ledit séminaire, seront maitres
» ès-arts, reçus dans l'Université d'Angers, ou celle de Paris.

» 3° Que lesdits professeurs se présenteront avec leurs lettres de degrés, avant
» de commencer leur cours, à l'assemblée, appelée *collége de l'Université*, ce
» qui s'observera à chaque changement de professeur.

» 4° Que lesdits professeurs seront soumis aux règlements et usages de ladite
» Université, tant pour l'examen des thèses et de leurs écrits, que autres points
» de discipline, ainsi que les professeurs du collége d'Anjou.

» 5° Que lesdits professeurs ne pourront enseigner aucuns sentimens con-
» damnés par l'Eglise et les souverains pontifes, et proscrits par les Universités
» d'Angers et de Paris.

» 6° Que l'Université aura dans les actes publics de philosophie qui se tien-
» dront dans le grand ou petit séminaire, les mêmes rangs, séance et honneurs
» qu'elle a accoutumé d'avoir dans les colléges et maisons régulières où l'on
» enseigne, et que ceux qui soutiendront des thèses publiques seront obligés
» d'en porter à tous MM. les intrans de l'Université, aux docteurs régents des
» Facultés, et aux principaux des colléges.

» 7° Que le séminaire ne pourra, en vertu de la présente concession, prétendre
» aucun rang ni séance au *collége* et autres assemblées de l'Université, ni droit
» d'intrans ou députés, sans préjudicier aux droits que ceux qui demeureront
» dans ledit séminaire pourront avoir d'ailleurs, lesquels néanmoins ne pourront
» avoir en même temps dans le *collége* de l'Université plus de deux places
» d'intrans, non compris celle du recteur, lorsqu'ils s'y trouveront nommés.

» 8° Que chaque professeur tiendra un catalogue exact des noms et qualités
» des étudians, lequel, à la fin de chaque année, sera signé et paraphé du
» supérieur et du professeur, et relaissé dans ledit séminaire pour y avoir
» recours.

» 9° Que ceux qui, ayant étudié sous lesdits professeurs du séminaire, souhai-
» teront prendre des degrés dans la Faculté des arts, s'adresseront pour en
» obtenir des lettres, à ceux qui sont en droit et possession de les accorder, subi-

Ce fut peu de temps après la mise en vigueur de cette agrégation que l'Université songea à faire, pour les argumentations de la Faculté des arts particulièrement, le règlement que nous avons cité précédemment. Les professeurs du séminaire y prenaient rang immédiatement après ceux du collége d'Anjou. Ils mettaient eux-mêmes un certain empressement à faire subir des thèses à leurs élèves. Nos dépôts d'archives ont conservé quelques-unes de celles-ci, et l'on trouverait dans les registres de l'Université qui nous restent les noms de plusieurs des maîtres qui se sont succédé à ce titre (1).

Collège de la Flèche. — Lorsqu'Henri IV avait fondé en 1603 le collège de La Flèche (2), il n'avait établi aucun lien entre l'Université et celui-ci, et bientôt la crainte des idées d'envahissement que l'opinion attribuait aux Jésuites, l'engouement de quelques familles pour ces nouveaux maîtres de la jeunesse, avaient disposé les esprits des docteurs angevins et des magistrats eux-mêmes, à considérer ces Pères comme des adversaires. Ce fut pour contrebalancer l'attraction qu'exerçait leur établissement, que la ville confia en 1624 la direction du collége d'Anjou aux Oratoriens, leurs rivaux en matière d'enseignement.

» ront les examens ordinaires et accoutumés, et payeront les droits qui ont cou-
» tume d'être payés, lesquels seront distribués à ceux qui les perçoivent à pré-
» sent et à leurs successeurs, sans que lesdits professeurs du séminaire puissent,
» en ladite qualité, avoir aucune part dans l'expédition des dites lettres, examens
» et émolumens. »

(1) Parmi ceux-ci, Dom Piolin a fait connaître dans un article de la *Revue* (année 1868, t. Ier, p. 129 et suiv.) l'abbé du Mabaret qui a enseigné de 1720 à 1722, et nous avons nous-même dans notre mémoire intitulé, *La philosophie en Anjou*, rappelé le souvenir de l'abbé Breton, l'un des derniers professeurs de séminaire, et qui après avoir survécu à la Révolution, est mort à Angers, en 1837, curé de la cathédrale. (Même recueil, 1873, t. Ier, p. 372.)

(2) Le Mémoire de Miroménil, intendant de Touraine, qui est de 1699, s'exprime ainsi au sujet de cet établissement :

« Le collége royal, l'un des plus beaux du royaume, est composé de cent vingt jésuites. Il a été fondé en mai 1603 par le roy Henri le Grand, qui leur donna son palais pour bâtir leur église et assigna pour sa dotation 20,000 livres de revenu. A cet effet, il leur donna les abbayes de Belle-Branche et de Mélinais et les prieurés de Luché au Maine et de Saint-Jacques près La Flèche. On tient qu'ils ont 45,000 livres de revenu. Il y a eu autrefois deux cents écoliers ; mais le nombre en est de beaucoup diminué, à cause de la guerre. » *Archives d'Anjou*, par P. Marchegay. Angers, 1843, in-8e, p. 30.

Vers le même temps, l'Université manifestait son éloignement pour eux en s'unissant à l'Université de Paris et à quelques autres contre le projet qu'ils avaient formé de s'emparer de celle de Valence et du collège de Tournon.

Les deux colléges poursuivirent parallèlement, pendant plus de cent cinquante ans, le cours de leurs destinées respectives. On ne découvre qu'une seule fois la trace de quelques relations entre ceux qui les dirigeaient. A l'époque où se terminèrent dans l'Université d'Angers les démêlés relatifs au cartésianisme, le supérieur général des jésuites et les Pères du collège de La Flèche applaudirent à la soumission forcée des oratoriens d'Angers (1).

Après l'expulsion générale des jésuites en 1762, l'Université d'Angers, provoquée par la demande que le parlement lui avait faite de ses propositions particulières, disputa à celle de Paris la juridiction sur leur collège, que l'on avait, au premier moment, fait diriger par des séculiers. Elle remontrait l'avantage qu'il y avait, pour la surveillance de l'enseignement et la répression des abus, à ce que l'Université la plus voisine fut préférée, et elle offrait d'ailleurs de fournir le nombre de sujets nécessaires pour administrer l'établissement (2).

Le gouvernement ne laissa pas de choisir l'Université de Paris et transforma, d'ailleurs, en partie, le collège en école militaire (avril 1764). Mais on revint plus tard à l'Université d'Angers, lorsque l'établissement eût été confié aux Pères de la doctrine chrétienne, et l'affiliation, décidée d'abord en principe en 1776, fut réglée définitivement par un édit spécial d'août 1779. Nous nous dispensons de le reproduire textuellement, celles de ses dispositions qui intéressent l'Université se trouvant à peu près les mêmes que celles qui continuaient à régir le petit séminaire d'Angers. Ce sont : 1° la tenue d'un registre coté et paraphé par le recteur, sur lequel les professeurs du collège doivent inscrire, à chaque trimestre, le nom des étudiants qui sont dans

---

(1) *V.* la *Relation fidèle* de Babin, p. 91-93.
(2) Arch. de M. et L., D 2, 29 avril 1762.

le cas de parvenir aux grades; 2° la présentation par ceux-ci, après leur cours d'études, de certificats réguliers au doyen et aux professeurs de la Faculté dans laquelle ils voudront obtenir les degrés; 3° enfin, l'obligation de passer devant celle-ci les examens requis et les thèses accoutumées (1).

Ce nouveau régime ne dura que quelques années seulement. La Révolution interrompit bientôt les études du collége de La Flèche. Son plus récent historien indique pour la dispersion des élèves la date d'avril ou de mai 1793 (2).

AUTRES ÉCOLES OU COLLÉGES. — Aucun territoire spécial n'avait été, à aucune époque, assigné à l'Université d'Angers par les puissances qui l'avaient constituée, et il en était sans doute à peu près ainsi des autres universités, puisqu'on en voit plusieurs demander instamment au parlement, de 1762 à 1764, l'autorisation d'étendre leur juridiction aux écoles ou colléges de la généralité où elles se trouvent. C'est ce que fit aussi la nôtre, tant pour le collège de La Flèche que pour ceux de Tours et du Mans. Mais la haute cour, qui avait semblé d'abord favorable à ces revendications, ne se pressa pas d'y donner suite, et il arriva d'ailleurs que plusieurs des villes chefs-lieux ne s'associèrent pas aux vues de leurs docteurs, désireux, à ce qu'il semble, de multiplier les candidatures aux grades qu'ils conféraient. Angers, en particulier, s'opposa, dans le double intérêt de son octroi et du collège d'Anjou, à l'affiliation du collège du Mans; elle voulait retenir les étudiants que lui avait fournis de tout temps la nation du Maine et qui venaient résider dans ses murs, au moins pendant les dernières années de leurs études.

Dans le mémoire qu'elle adressait vers ce temps au parlement, l'Université avait manifesté, d'autre part, le désir d'obtenir le droit d'inspection sur les petits colléges de la généralité de Tours, ou sinon de la province d'Anjou. Elle n'eut pas non plus sur ce point une complète satisfaction. Nous ne voyons pas que les colléges qui existaient à Beaufort, à Châteaugontier, à Beaupréau, à Cholet,

---

(1) *Comptes-rendus* ou *Plan d'éducation* du président Rolland, p. 96-97.
(2) J. Clère, *Histoire de l'Ecole de La Flèche.*

à Doué, et dans quelques autres localités de moindre importance, lui aient jamais été soumis. Le collége de Saumur, plus considérable et dirigé comme celui d'Angers par les oratoriens, paraît lui-même avoir constamment échappé à sa juridiction (1).

Quant aux écoles ou colléges qui donnaient dans la ville elle-même l'enseignement de la grammaire et des humanités, quelques-uns dépendaient des Facultés, aux termes de leur fondation, et se confondaient plus ou moins avec elles; d'autres, que l'initiative privée soutenait seule, étaient naturellement plus indépendants de l'Université; c'étaient les pédagogies ou pensionnats, qui logeaient les étudiants et se bornaient, en général, à répéter l'enseignement officiel qu'ils leur faisaient suivre. On s'était occupé à plusieurs reprises, et dès le XV⁰ siècle (2), de tracer aux directeurs de ces établissements les obligations qu'ils avaient à remplir et les limites dont ils ne devaient pas s'écarter. L'Université y revint une dernière fois, en 1770, et fit approuver par le parlement un règlement qu'elle avait fait pour les maîtres de pension et répétiteurs. Il en sera question au livre V (*Faculté des Arts*) auquel il appartient spécialement.

Les écoles du premier degré, et celles où les chapitres et les curés d'Angers faisaient donner une instruction un peu plus complète à leurs enfants de chœur, ne paraissent pas avoir été soumises à l'Université.

VI.

LES PRIVILÉGES DE L'UNIVERSITÉ. — Voici la définition du mot *privilége* qui avait cours au XVIII⁰ siècle, « une distinction

---

(1) La distribution en provinces de la congrégation de l'Oratoire créant des rapports avec Nantes à ceux de ses membres qui professaient à Saumur, il est possible qu'ils aient dirigé de préférence vers l'Université de cette ville les élèves qui aspiraient aux grades. Nous n'avons pu le vérifier complétement.

(2) Arch. de M. et L., D 6. Voir le dernier article des statuts généraux, de 1494, et les statuts particuliers de la Faculté des arts, qui passent pour être de la même date. Les pensionnats y sont appelés du nom de tutelles, *tutelæ*, et leurs chefs de celui de pédagogues.

utile ou honorable dont jouissent certains membres de la société et dont les autres ne jouissent point (1). »

Les papes et les rois, en fondant les Universités, les avaient, comme à l'envi, dotées de privilèges destinés à leur faciliter l'exercice de leur mission, et à recommander ou récompenser leurs suppôts.

On traitera ici successivement de ces deux natures de privilèges : les privilèges apostoliques conférés par des bulles, brefs ou rescrits pontificaux, et les privilèges royaux contenus dans les lettres-patentes des rois.

Pour assurer la jouissance du bienfait à ceux qui en étaient gratifiés, les différents donateurs établirent, soit à perpétuité, soit par une disposition temporaire et spéciale, des conservateurs de leurs privilèges, chargés de prononcer sur les cas plus ou moins douteux. Il ne pouvait être appelé de leur sentence qu'en cour de Rome, pour les privilèges apostoliques, et en parlement, pour les privilèges royaux.

1° *Privilèges apostoliques et leurs conservateurs.* — Pierre Rangeard suppose que ce fut d'accord avec le Souverain Pontife que Charles V (l'auteur aurait dû remonter à Jean II, dont le nouveau roi confirmait la concession) étendit à l'Université d'Angers les privilèges dont jouissait celle d'Orléans (2). Il avoue que la bulle de fondation par le pape ne se trouve plus, et le premier privilège apostolique qu'il transcrit est celui d'Urbain V qui, en 1362, accorda, pour trois ans, aux maîtres et écoliers d'Angers la permission de ne point résider dans leurs bénéfices, tout en continuant d'en percevoir les revenus (3). Le maintien ou l'accroissement de cette exemption de résidence est l'objet des brefs qu'adressèrent ensuite à l'étude d'Angers le pape Grégoire XI (1371, 1376), puis ceux du grand schisme, c'est-à-dire Clément VII ou Robert de Genève (1401), Benoît XIII (1403 et 1404), et enfin Jean XXIII. Le dernier, qui cédait à l'influence de Louis II, duc d'Anjou, multiplia ses faveurs; on a de lui jusqu'à trois bulles

---

(1) Voir l'*Encyclopédie*.
(2) *Histoire de l'Université*, t. I, p. 254.
(3) *Id.*, p. 241, 242, 262 ; II, 214.

datées du même jour (18 mars 1413) (1), et c'est dans celles-ci que se complètent et se résument les prérogatives spéciales accordées par la papauté à nos écoles. Elles profitèrent, en outre, au même titre que les autres universités privilégiées ou fameuses du royaume, des dispositions prises par le concile de Bâle et par la pragmatique sanction, puis par le concordat intervenu entre Léon X et François Ier, quant à la part à faire aux gradués dans la collation des bénéfices.

L'institution des conservateurs apostoliques a coïncidé avec l'octroi des premiers priviléges. Les papes les nomment dans leurs bulles, et il est à remarquer que pour Angers, aussi bien que pour Paris, ils s'abstiennent d'en confier l'exécution et la garde à l'évêque diocésain, qui pouvait avoir des vues et des intérêts contraires à quelqu'unes de leurs dispositions (2). Les prélats désignés appartiennent à des provinces plus ou moins éloignées, et sont, d'ailleurs, au nombre de plusieurs, sans doute pour que le service reste assuré en cas d'empêchement ou de négligence de la part de l'un d'eux. Jean XXIII, le dernier de ces bienfaiteurs, choisit pour conservateurs l'archevêque de Rouen, l'évêque de Chartres et l'abbé de Marmoutier, en Touraine, et déclara leurs fonctions perpétuelles, mais en leur permettant de se faire remplacer par des vice-gérants. On ne voit, du reste, pas que soit les uns, soit les autres aient siégé ensemble ni concurremment.

La conservation des priviléges apostoliques constituait un tribunal. Outre le juge qui le présidait, il devait comprendre un promoteur, un greffier et des notaires en plus ou moins grand nombre ; nous en jugeons par la composition de celui de l'Université de Paris (3), et par quelques rares indications de nos manuscrits angevins. Il avait son siège dans une maison de la

---

(1) Nous continuons de renvoyer, pour ces documents, aux deux volumes de Rangeard, t. I et II, *passim*. On trouve dans le premier, p. 406-408, une analyse des trois bulles ou rescrits de Jean XXIII.

(2) Les historiens du Boullay, Crévier et Rangeard lui-même (t. I, p. 420), ont noté cette exemption de la juridiction des évêques accordée aux Universités par les souverains pontifes.

(3) Crévier, t. II, p. 291.

Chaussée-Saint-Pierre, voisine des Grandes-Ecoles et appelée le *petit palais*, à laquelle des prisons étaient annexées.

Pocquet fait remonter à 1377 l'existence de cette juridiction. Il n'en est pas question dans les statuts de 1373, mais ceux de 1398, que compléta ensuite un règlement spécial de 1418, déterminèrent la forme et les conditions des citations données pour comparaître devant elle. Dès 1405, du reste, le tribunal possédait un sceau; il le prêta, en cette année, à l'Université nouvellement réformée, pour la validation d'une décision importante (1).

Sa compétence, que la troisième bulle de Jean XXIII avait déjà fort étendue, continua de s'accroître pendant le XVe siècle, comme celle des autres tribunaux ecclésiastiques. On y connaissait de toutes sortes de causes et on y jugeait toutes sortes de personnes. La censure ou l'excommunication, dont les coupables devaient se faire absoudre dans l'année, étaient la sanction des jugements qui s'y prononçaient.

Un prêtre nommé Rousselet, condamné pour crime de parjure, ayant négligé de se faire relever en temps utile de l'excommunication qu'il avait encourue, le procureur général de l'Université, qui exerçait les fonctions de promoteur, eut recours au bras séculier, et le fit amener dans les prisons apostoliques.

Ceci se passait en l'année 1500. A cette époque, dit Pocquet de Livonnière, qui signale la fréquence des excommunications, les absolutions s'élevaient quelquefois jusqu'à trente par année. Il y en eut encore quatorze « tant d'hommes que de femmes » en 1518, le juge conservateur étant alors le fameux maître-école Guy Pierres, IIe du nom, subdélégué de l'abbé de Marmoutier, et le receveur de l'Université eut à lui compter, cette année, la somme de dix livres pour cette partie de ses honoraires (2).

Cependant les tribunaux ecclésiastiques devaient bientôt diminuer d'importance. L'ordonnance de Villers-Coterets sur les affaires de justice, œuvre du chancelier Poyet (1539), celles

---

(1) *V.* ci-dessus, p. 99, une note sur le sceau de l'Université.
(2) Bibl. d'Angers, ms. 1026 (de Rangeard), p. 19 et 1027 (de Pocquet), p. 66-67.

d'Orléans et de Blois (1561 et 1579) restreignirent peu à peu leur compétence dans les matières qui n'étaient pas exclusivement spirituelles, et les troubles de la Ligue leur furent plus funestes encore. C'est vers cette époque, c'est-à-dire en 1590, que l'on place la cessation d'exercice du tribunal de la conservation apostolique de l'Université de Paris.

Le déclin de cette juridiction avait commencé également à Angers, et par les mêmes causes, avant l'ouverture du XVIIe siècle, quoiqu'elle soit encore mentionnée dans les priviléges accordés à l'Université au début des règnes de Louis XIII et de Louis XIV. Une tentative qui fut faite sans succès pour la relever, de 1641 à 1644, est elle-même une preuve du discrédit que nous indiquons. Quelques mots suffiront pour l'exposer.

Un bachelier en théologie, Louis Guybert, dont nous avons parlé ailleurs (1), étant parvenu au poste de procureur général de l'Université, puis à celui de recteur, entreprit de signaler son pouvoir éphémère par un acte de quelque importance. Profitant habilement dans le Conseil de sa compagnie d'une majorité dévouée, il écrivit à l'archevêque de Rouen, François de Harcourt, pour lui persuader de faire revivre le protectorat attribué à son siége par la troisième bulle de Jean XXIII. La démarche fut bien accueillie ; le prélat s'empressa d'affirmer son droit non-seulement en nommant un délégué, mais en publiant, à titre de conservateur, le programme d'un concours ouvert par la Faculté de droit pour une chaire de professeur. Le *Mercure de Gaillon* contient ces différentes pièces, toutes latines, qui ne sont pas moins curieuses que rares (2). Il ne paraît pas toutefois que cet échange de lettres ait eu d'autre résultat que la nomination, comme vice-gérant et official de l'archevêque, de Pierre Garande, un grand archidiacre de la cathédrale, qui avait, par ses démêlés avec son évêque, occupé plusieurs fois déjà l'attention publique. Nous retrouverons ailleurs ce personnage. Quant à Guybert, ses collègues, qui avaient protesté contre son installation, n'eurent garde de ratifier les actes de son rectorat.

---

(1) Voir l'article précédent, au titre *Recteur*, p. 66-67.
(2) 26 p. in-4° de l'imprimerie archiépiscopale, Gaillon, 1644.

Au XVIII⁰ siècle, les priviléges apostoliques sont devenus à peu près sans objet, sauf peut-être pour la Faculté de théologie. Aussi ne peut-on s'expliquer que par un respect superstitieux pour les anciennes formules, la mention qui en est faite, jusqu'à la fin, dans les diplômes délivrés par l'Université à certains de ses suppôts (1).

PRIVILÉGES ROYAUX ET LEUR CONSERVATION. — On suit de règne en règne, depuis Jean-le-Bon jusqu'après Louis XV (1350-1774), les actes qui établissent et confirment les priviléges royaux de l'Université angevine (2). Nous pourrions les mettre à cette place sous les yeux du lecteur. Mais comme ils ont tous, à peu près, le même contenu et se ressemblent ainsi de très près, sauf la différence de langue plutôt que de style comportée par les temps, leur reproduction lui offrirait peu d'intérêt. Il y relèverait seulement quelques marques plus particulières de bienveillance données au corps et à ses membres par Charles V, Charles VII, Charles VIII, Louis XII et, surtout, Henri IV. Nous avons eu ou nous trouverons plus tard l'occasion de parler avec quelques détails de leurs bienfaits.

Les deux premiers de ces rois avaient institué pour conservateurs de leurs priviléges le sénéchal d'Anjou ou son lieutenant et le juge de la prévôté d'Angers, qui pouvaient prononcer concurremment et séparément sur les matières en litige, mais en se renfermant chacun dans son ressort. L'exercice de ces deux juridictions, devenues permanentes, fut interrompu dans la suite, mais durant d'assez courts intervalles, au XV⁰ et au XVI⁰ siècles (3). Au milieu du XVIII⁰, la plus considérable des deux finit par absorber l'autre : la prévôté, fort ébranlée depuis quelque temps,

---

(1) V., dans l'article précédent, *Libraires et parcheminiers*, p. 106.

(2) Consulter les *Ordonnances des rois* ou recueils analogues et les *Priviléges de l'Université d'Angers*, édition de 1736, in-8°.

(3) *Règlement et stile de la sénéchaussée d'Angers*, in-18, p. 121 à 138. — G. Ménage, *Remarques sur la vie de Pierre Ayrault*, p. 180-182. — On trouve dans ces ouvrages l'historique de la charge de conservateur des priviléges royaux pendant ces deux siècles, et les changements qu'y apportèrent Louis XI, en 1474, et plus tard les Valois, principalement en 1577 et années suivantes.

fut supprimée en 1749, et la sénéchaussée, avec laquelle se confondait presque alors le présidial, resta seule chargée de la protection des membres de l'Université (1). Les almanachs d'Anjou publiés vers cette époque, indiquent que la sénéchaussée avait, comme conservatoire des priviléges, des jours d'audience distincts. La Révolution trouva les choses dans cet état et détruisit tout à la fois le tribunal et les priviléges.

Le renouvellement de ceux-ci, qui, jusqu'à l'avénement de Louis XVI, avait toujours eu lieu au commencement du nouveau règne, s'étant fait attendre cette fois plus que de coutume, l'Université s'en préoccupa et fit près du gouvernement des démarches réitérées. L'intendant de Touraine, pressé alors de faire ses propositions, demanda un mémoire détaillé sur l'objet de la réclamation et les observations des officiers municipaux. Nous avons ce document, daté du mois de juin 1785. Il résume la situation à l'époque qui est pour nous la plus intéressante : nous n'hésitons donc pas à le donner en entier.

Mémoire instructif des priviléges dont jouissent présentement les différents membres de l'Université d'Angers.

Les priviléges de l'Université d'Angers sont de différentes natures. Les uns consistent dans des droits utiles, et les autres dans des droits honorifiques et exemptions de charges publiques.

1° L'Université a droit de collége et d'assemblée et d'y juger et décider toutes les matières dépendantes de sa juridiction et dont l'appel ressortit nuement et directement à la cour du parlement (2).

2° L'exemption générale de toutes levées de deniers référées au commencement des lettres-patentes de 1716 (3) doit être considérée

---

(1) Suivant un écrit de M. le premier président Métivier sur les *Anciennes juridictions à Angers*, les écoliers nobles étaient toujours demeurés justiciables de la sénéchaussée. *Revue de l'Anjou*, année 1852, p. 160.

(2) « La ville n'a aucune raison à opposer contre l'article. » *Observation des maire et échevins.*

(3) « Les lettres-patentes de 1716 ne semblent que confirmer tous les anciens priviléges de l'Université d'Angers. Mais dans les premiers temps de la formation des différentes Universités du royaume, elles demandaient et obtenaient des priviléges sans restriction. On propose de ne donner l'*exemption de toutes levées ordinaires et extraordinaires sur les biens de l'Université*, qu'autant qu'elle sera accordée spécialement et nommément par la loi qui aurait pu ou pourrait ordonner une levée de deniers quelconques. » *Id. id.*

sur deux points de vue relativement aux biens-fonds de l'Université et aux membres qui la composent.

L'Université a toujours joui par rapport à ses biens de l'exemption de toutes levées de deniers ordinaires et extraordinaires de quelque nature qu'ils puissent être et toutes taxes. Ses biens consistent dans une ferme de 1000 liv. et dans deux maisons affermées 550 liv. A cet égard les priviléges de l'Université ne sont pas onéreux à l'Etat.

Relativement aux membres qui composent l'Université, ils ne jouissent d'aucune exemption particulière sur leurs biens-fonds, à l'exception, néanmoins, de celle de la *taille réelle* sur les biens qu'ils font valoir par leurs mains, et de la taille personnelle, lorsque les villes où sont établies les Universités y sont assujetties (1). Ces priviléges ne sont point suspects; ils sont nommément énoncés dans les lettres-patentes de 1611 et dans les précédentes et ont été maintenus par plusieurs arrêts et notamment par celui de la cour des aides rendu en faveur de M. Duboys, professeur de cette Université, le 26 mai 1756.

Ils jouissent encore de l'exemption de péage tant sur eau que sur terre, de toutes contributions aux sommes imposées sur les villes et communautés, telles que l'ustencille et *autres impositions réparties par rôle sur les contribuables*, dont ils ont été déchargés jusqu'à ce jour toutes les fois qu'ils y ont été compris (2).

On observe que les docteurs régents, professeurs et *agrégés*, et le secrétaire-greffier de l'Université sont les seuls qui jouissent des priviléges ci-dessus énoncés, l'Université étant un corps mixte et composé d'un grand nombre d'ecclésiastiques qui à ce titre jouissent de cette exemption. Le privilége ne tombant effectivement que sur un petit nombre de laïques, devient moins onéreux.

3° L'exemption de logements de gens de guerre spécifiée dans l'ordonnance de 1768, celle de guet et garde, tutelle et curatelle, collecte et autres fonctions, charges publiques et onéreuses concernent non seulement les docteurs régents, professeurs agrégés et secrétaire-

---

(1) « La taille personnelle n'a pas lieu à Angers. La taille réelle est une suite de l'exploitation des biens de la campagne. Les régents et professeurs de l'Université ne peuvent se livrer à l'exploitation qu'en manquant à la résidence qu'exigent leurs fonctions... Aucun des règlements postérieurs à 1756 n'excepte de la taille les recteurs, régents et professeurs des Universités. » *Id. id.*

(2) « L'exemption de péage n'intéresse point la ville. Quant aux *autres impositions réparties par rôles sur les contribuables*, quelques exemptions extraordinaires qu'on puisse accorder aux professeurs régents, les docteurs agrégés ne doivent point en jouir; c'est multiplier trop les priviléges. De même du secrétaire-greffier, qui a des appointements. » *Id. id.*

greffier, mais encore le procureur général et les procureurs des nations, tous formant le tribunal du recteur (1).

Les bourgeois, les imprimeurs-libraires, les parcheminiers et les messagers que l'Université a droit de nommer jouissent seulement de l'exemption de logement des gens de guerre, de guet et de garde, de tutelle et curatelle (2).

Les bedeaux des facultés et des nations jouissent de l'exemption de guet et de garde, tutelle et curatelle; mais, depuis un certain temps, on leur fait contestation sur l'exemption de logement de gens de guerre. Ces officiers sont cependant absolument nécessaires au service de l'Université et leurs priviléges sont la seule récompense que puisse leur procurer une compagnie qui n'a point d'autres fonds que ceux énoncés ci-dessus (3).

4° Le droit de garde-gardienne est commun au corps de l'Université et à tous ses membres, écoliers, suppôts, messagers, officiers généraux et particuliers (4).

5° L'Université jouit du droit d'appétissement, qui consiste dans la

---

(1) « L'exemption du logement des gens de guerre doit être restreinte suivant l'ordonnance de 1768, au *recteur, régents et principaux des Universités exerçant actuellement*, ce qui ne peut être appliqué aux docteurs agrégés, lesquels ne professent qu'en cas d'absence des régents ou professeurs en place.

« Quant au procureur général de l'Université et aux procureurs des nations, ils ne professent point; ils n'ont d'autres occupations que de se rendre quelquefois au collége de l'Université pour délibérer sur ce qui l'intéresse. » *Id. id.*

(2) « Leurs prétentions et celles des docteurs agrégés ont été tantôt accueillies et tantôt rejetées par les officiers municipaux. Ceux-ci réclament toujours pour la diminution des privilégiés. Le plus grand abus à rejeter tombe sur les exemptions qu'on demande à assurer aux bourgeois, imprimeurs, libraires, parcheminiers, bedeaux et messagers de l'Université. Plusieurs d'eux en ont joui, suivant qu'ils ont intrigué; mais le plus grand nombre n'a point été exempt. » *Id. id.*

(3) Tous ces officiers, en grand nombre, sont sans fonctions et tiennent à d'autres états qui doivent porter les charges publiques, sans que la dignité de l'Université en souffre. Elle ne sera pas moins escortée de ses bedeaux qui tirent quelques rétributions des écoliers en différentes circonstances. » *Id. id.*

(4) « La ville est sans intérêt à s'opposer que le droit de garde-gardienne soit conservé. » *Id. id.*

Nota. Le droit de garde-gardienne, aussi appelé de *committimus*, dont il est parlé si brièvement ici, était pourtant, au dire des jurisconsultes, le plus important que possédassent les Universités. « En vertu de ce privilége, dit l'un d'eux,
» les écoliers, officiers, suppôts et serviteurs de l'Université peuvent faire assi-
» gner devant leur juge conservateur, tant en demandant qu'en défendant,
» toutes sortes de personnes, en quelque endroit du royaume qu'elles soient
» domiciliées et pour toutes sortes de causes, civiles, personnelles, possessoires
» et mixtes, pourvu qu'elles soient entières et qu'il n'y ait pas eu contestation
» en cause par devant d'autres juges. » Piales, *Traité de l'expectative des gradués*, t. I, p. 328.

perception de quinze sols par pipe de vin débité dans les cabarets et hôtelleries de la ville et faubourgs d'Angers. Ce droit est spécialement affecté aux paiements des honoraires des professeurs de droit, a été accordé par lettres-patentes d'Henri IV et produit annuellement deux mille livres (1).

6° L'exemption des droits de la régie des aides a été restreint à celle de six pipes de vin pour chacun des six docteurs régents de l'Université, ce qui fait au total trente-six pipes, sans distinction du vin du pays ou de l'étranger. Cette exemption a été réservée et continuée par l'arrêt du Conseil du 14 juillet 1663.

Tous les membres de l'Université sont exempts de la simple, double et triple cloison, pour toutes les denrées à leur usage. Lettres-patentes de Henri IV de l'année 1596, et autres postérieures (2).

L'Université avait confié la rédaction de son mémoire à deux de ses membres les plus influents, MM. Guillier de la Tousche et Martineau, tous deux professeurs de la Faculté de droit. Elle n'obtint pas un meilleur succès de ses nouvelles instances. Le gouvernement avait d'autres soucis, et la révolution qui se préparait allait être marquée par le triomphe complet du principe d'égalité.

Le décret pour la formation d'un nouvel ordre judiciaire, adopté par l'Assemblée constituante au mois de septembre 1790, déclara par son article XIII « les *committimus* au grand et au » petit sceau, les lettres de garde-gardienne, les priviléges de » cléricature, de scholarité... les conservations des priviléges » des Universités... » supprimés et abolis.

Un triste détail doit trouver ici sa place. En imitation de ce qui s'était passé dans cette assemblée lors de la célèbre nuit du 4 août, on vit plus tard des professeurs et des étudiants de l'Université déposer, pour être brûlés dans une fête publique, non pas seulement les titres féodaux, que quelques-uns d'entre eux possédaient, mais leurs diplômes de grade, condamnant ainsi à

---

(1) De tous temps, l'Université a joui du droit d'appétissement. C'est une portion de ses revenus utiles, lesquels doivent lui être conservés dans toute leur intégrité. » *Id. id.*

(2) « La ville n'a moyen d'empêcher la conservation de l'exemption sur les aides et la cloison, ainsi que l'Université l'établit. » *Id. id.*

l'oubli ce qui avait fait jusque-là l'honneur de leur carrière (1).

C'était, il est vrai, à la veille du règne de la Terreur, et son approche faisait déjà fléchir plus d'un caractère.

Autres protecteurs et patrons. — Il reste, pour achever ce qui concerne l'Université en général, à dire ce qu'elle a rencontré de considération et de bienveillance auprès des autorités de la province et dans les corps constitués, parmi lesquels elle a tenu elle-même, suivant les époques, une place plus ou moins importante.

1° *Le gouvernement local.* — Après la mort d'Yolande d'Aragon, dont nous avons dit les bienfaits, son fils René d'Anjou, plus connu sous le nom de roi de Sicile, prit possession du duché et séjourna le plus souvent dans sa capitale, jusqu'au moment où Louis XI s'empara de la ville, moitié par ruse et moitié par violence. Le résumé chronologique donné à l'article III de ce premier livre contient, de 1443 à 1475, la série des actes qu'il a faits en faveur de l'Université et, à la date de 1481, la part prise par celle-ci aux funérailles de son prince. Nous nous dispensons d'y revenir.

Mais, à côté du bon roi, il convient de nommer celui de ses conseillers qui l'aida dans cette partie de son gouvernement. Bertrand de Beauveau, d'abord président de son Conseil et plus tard son sénéchal, avait d'ailleurs, dès 1433 et du temps d'Yolande, puis lors de la venue de Charles VII en 1443, coopéré aux deux événements les plus importants de l'époque pour l'Université, l'érection de ses trois dernières Facultés et le complet renouvellement de ses privilèges.

La série des princes apanagistes s'interrompt pendant les règnes de Charles VIII et de Louis XII, et ne reprend, à proprement parler, qu'avec les derniers fils de Henri II. Il y a cependant à noter, dans l'intervalle, le gouvernement tutélaire de Louise de Savoie, à qui François Ier, son fils, fit don du duché dès son avènement. Le préambule et les considérants des lettres patentes

---

(1) *Registres de l'hôtel de ville d'Angers*, passim, à partir de novembre 1793.

de 1523 par lesquelles la princesse dispense l'Université de tout subside, sont tout à fait remarquables, en ce qu'ils font bien ressortir les avantages de l'institution universitaire(1). La duchesse accorda d'ailleurs à plusieurs des membres de ce corps les marques d'une éclatante protection (2).

Henri de Valois qui fut depuis Henri III, créé duc d'Anjou, dès 1552, fut, à une vingtaine d'années de là, poussé par son chancelier Hurault de Cheverny à s'occuper de la « restauration » de l'Université, c'est-à-dire de la Faculté de droit qui la constituait en grande partie. Il a été célébré par les cent voix de la renommée comme son second fondateur, pour lui avoir procuré à titre de professeur le célèbre François Baudouin (3).

Après le règne d'Henri IV, qui a contribué plus qu'aucun prince à l'affermissement de l'Université, l'Anjou eut quelque temps pour gouvernante sa veuve Marie de Médicis. Occupée en grande partie pendant son séjour à Angers de fondations religieuses, elle en fit donner (1621) le principal collège aux pères de l'Oratoire qui l'ont conservé depuis.

Sous Louis XIV, l'influence passe des mains des gouverneurs

---

(1) Après avoir rappelé les priviléges concédés à l'Université par Charles VII, et qui ont fait que — « plusieurs docteurs se sont attraits en ladite Université, et ont afflué et affluent en icelle de jour en jour grand nombre d'écoliers, tant gens nobles qu'autres, de plusieurs et divers lieux de la chrétienté ; par le moyen desquels plusieurs grands profits, utilités et commodités sont avenues et aviennent de jour en jour aux bourgeois, marchands et gens de chacun état de ladite ville d'Angers ; et est ladite Université l'un des plus grands biens, portant le plus de profit en ladite ville... » — les lettres-patentes concluent ainsi : « Considérant les grands biens, fruits, profits, honneurs et commoditez, qui par le moyen de ladite Université, aviennent non-seulement à la ville d'Angers, qui est l'une des principales commoditez d'icelle, mais conséquemment à toute la chose publique du royaume ; — Pour ces causes et autres..... disons et déclarons que lesdits recteur, docteurs régens, maîtres, écoliers, étudians, bedeaux, officiers, suppôts de ladite Université résidans en icelle sans fraude, ne seront aucunement assis, cottizés, ne imposez audit ayde, emprunt ou subside ainsi par ledit seigneur requis. » Les mots *ledit seigneur* désignent le roi son fils. — *Priviléges de l'Université d'Angers*, éd. de 1736, p. 49 et suiv.

(2) La régente distingua surtout le professeur François Lasnier qu'elle nomma juge d'Anjou, puis président des Grands-Jours de la province.

(3) Le duc avait ordonné de faire un état des revenus de l'Université. C'est cette pièce qui est le principal témoignage de la bienveillance qu'il lui a portée. Il en sera question dans notre livre de la Faculté de droit qu'elle concerne spécialement.

militaires, peu attentifs, en général, aux intérêts de l'Université et aux études qu'elle dirige, aux mains des intendants qui administrent à la fois plusieurs provinces et résident hors de la nôtre. Plusieurs cependant ont visité l'Anjou et réservé une place à ses écoles dans les rapports qu'ils adressaient au pouvoir central. Nous possédons ceux de Charles Colbert (1664) et de Hue de Miroménil (1699).

Pendant ce règne et jusqu'aux dernières années du suivant, le titre de duc d'Anjou, porté d'ailleurs la plupart du temps par des princes enfants, est devenu purement nominal. On voudrait dire qu'il en a été autrement après que Louis XV eut, en 1771, donné en apanage au second de ses petits-fils, Louis-Stanislas-Xavier, comte de Provence, cette seconde portion de l'héritage du roi René. Comme ce prince passait pour instruit et pour ami des gens de lettres, l'Université et la ville crurent trouver en lui un protecteur; elles lui firent fête à l'envi. Mais, soit hauteur, soit plutôt insouciance, il se borna à ne pas repousser leurs hommages, sans rien faire de sérieux pour elles, autant que nos archives locales permettent d'en juger.

2° *Le clergé diocésain.* — On a dit au commencement de cet ouvrage la part qui revient aux évêques dans la formation de l'Étude générale devenue dans la suite l'Université d'Angers. Celle-ci fut d'abord, à proprement parler, leur œuvre, et c'est d'eux seuls qu'elle a relevé du XIe siècle au milieu du XIVe. Deux graves atteintes furent alors portées successivement à leur pouvoir, l'une par les papes, l'autre par le parlement et le roi. L'Université reçut des premiers, pour conservateurs apostoliques, des prélats autres que son propre pasteur. La puissance temporelle fit plus : elle substitua un chef élu, le recteur, à celui qui était précédemment donné par l'évêque, au maître-école, membre du Chapitre de la cathédrale. Ceci se passait à une époque où l'Université était un corps purement ecclésiastique, où ses docteurs et ses écoliers étaient tous des chanoines ou des prêtres. La sécularisation devait y faire bientôt de tout autres progrès.

Hardouin de Bueil qui avait, en 1398, subi le dernier échec, gouvernait encore le diocèse, lorsque fut érigée la Faculté de théologie d'Angers. Accueillit-il comme un dédommagement cette création si favorable au recrutement ainsi qu'aux études de son clergé ? Nous l'ignorons. Elle eut, du moins, l'avantage de réconcilier avec l'Université ses successeurs, qui prirent le plus souvent leurs chanoines théologaux parmi ses maîtres de la science sacrée. Ajoutons que, du XVe siècle au XVIIIe, la Faculté de théologie eut l'honneur de compter dans son sein plusieurs de ses évêques, soit que, docteurs de Sorbonne, ils se fissent agréger à elle, ainsi qu'il advint de Jean de Rély, de Guillaume Ruzé, de Michel Le Peletier, soit qu'elle les eut formés elle-même comme Jean de Vaugirauld.

L'Université appréciait hautement les bonnes relations qu'elle avait avec ces savants pontifes et, quoique jalouse, en général, de l'indépendance qu'elle avait conquise (1), elle n'hésitait pas à leur rendre, dans l'occasion, des hommages exceptionnels. On a constaté que, lors de la rentrée de la Faculté de droit, en 1498, elle déféra la présidence à Jean de Rély (2). La même Faculté se plaisait un siècle plus tard à faire louer par un de ses membres, Guillaume Ruzé, qui avait été son bienfaiteur (3). Pocquet de Livonnière ne tarit pas sur l'éloge de Le Peletier qu'il avait vu à l'œuvre. « Il fit, dit-il, en peu d'années d'épiscopat, autant de
» bien que cinq à six évêques en pouvaient faire pendant toute
» leur vie (4). » L'estime que l'Université portait à son mérite

---

(1) On a vu ce qu'elle laissait écrire en son nom au temps de l'évêque de 1678, en qui elle combattait le frère du célèbre docteur Arnault. En aucune autre circonstance, peut-être, elle n'avait porté aussi loin sa prétention. « L'Université....
» a entière juridiction et autorité pour ce qui regarde la religion et la doctrine. »
Ci-dessus, p. 115, note 4.

(2) Bibl. d'Angers, mss. 656, p. 621. « A l'ouverture des écoles de droit, le
» 10 octobre 1408, l'évêque prend séance au-dessus du recteur, tant aux écoles
» qu'à l'église Saint-Pierre. »

(3) Le discours du recteur Papyre Masson (*De statu Andegavensis academiœ oratio habita Andegavi in auditorio juris*, 1571), ainsi que ceux du docteur Liberge, de 1574 et de 1585 particulièrement, le célèbrent comme tel, et l'on voit par des extraits des délibérations de l'Université, conservés par Ménage, que l'évêque et le Chapitre, à son exemple, ont contribué à plusieurs reprises au traitement d'un des professeurs en droit. — *Remarques sur la vie de P. Ayrault*, p. 157 et suiv., et Bibl. d'Angers, ms. 658, p. 857.

(4) Bibl. d'Angers, ms. 1027, p. 417 ; id. p. 55 et 59. — Voir aussi dans l'art. V du présent livre (p. 121), ce qui est dit du Séminaire d'Angers.

la porta à lui accorder, pour son petit séminaire, le privilége rare à cette époque des études académiques. Elle reconnaissait ainsi l'éclat que cet évêque avait donné à sa Faculté de théologie dont il avait fortifié les études et qu'il avait fait agréger à la Sorbonne. Jean de Vaugirauld, son deuxième successeur, prélat tout angevin, ne se montra pas moins que lui le bienfaiteur de l'école qui l'avait instruit et qui avait ainsi préparé, en partie, son élévation (1).

L'Université a toujours eu plusieurs de ses membres dans le Chapitre de la cathédrale et dans ceux des églises collégiales d'Angers. Le premier, à cela près de quelques marques de sympathie données au maître-école, dans les temps troublés, par les chanoines ses collègues, a toujours vécu en bon accord avec nos docteurs. Pocquet l'affirme (2) et nous en avons donné ci-dessus plusieurs preuves. Quant aux Chapitres moins importants, ils acceptaient avec empressement l'invitation d'assister aux cérémonies et aux actes universitaires et remettaient même, au besoin pour s'y rendre, leurs propres assemblées (3).

3° *La sénéchaussée et le présidial.* — Jusqu'à la fin du XV° siècle, l'Université avait été, tout au moins, sur un pied d'égalité avec les corps judiciaires de la ville et de la province. Elle ne relevait que du parlement de Paris pour l'appel des causes portées au tribunal de son recteur et pour celles que jugeaient les conservateurs de ses priviléges royaux. Elle concourait, d'ailleurs, à l'élection du principal d'entre eux, le lieutenant du sénéchal, et celui-ci, après sa nomination, devait prêter serment au recteur. Il en était probablement de même du prévôt.

On ne saurait déterminer à quelle époque précise le prestige de la magistrature a commencé à l'emporter à Angers sur celui de l'Université. Une notable partie du XVI° siècle a dû s'écouler avant qu'il fût généralement tenu pour supérieur. En 1495, un des docteurs-régents avait été chargé par la ville de solliciter du

---

(1) Voir au livre III, *Faculté de théologie.*
(2) Ms. 1027, p. 56, 113, 315.
(3) Notamment le Chapitre de Saint-Pierre. *V.* les registres de ses conclusions, *passim,* aux Archives de Maine-et-Loire.

roi pour elle l'établissement d'un parlement spécial; mais dans l'assemblée tenue en 1509 pour la réformation de la coutume d'Anjou, les gens de justice sont placés immédiatement après la noblesse et le clergé; l'Université ne vient qu'à leur suite. D'un autre côté, en 1523, c'est un professeur de droit qui préside les Grands-Jours de la province, et plusieurs de ses collègues figurent aussi, les années précédentes ou suivantes, parmi les juges de cette catégorie. D'autres sont pourvus à la fois d'une régence à la Faculté et d'un siége de conseiller à la sénéchaussée, jusqu'à ce qu'un arrêt du parlement de Paris (1542) vienne interdire ce cumul. Il est naturel de supposer que les juristes de l'Université servaient de lien entre leur compagnie et la magistrature locale, et qu'il en résultait une bienveillance mutuelle. D'autres sentiments ne tardèrent pas à s'y mêler.

Une décision de la haute cour étendue par elle à l'Université d'Angers, avait prescrit, dès 1536, d'inviter le lieutenant du sénéchal et d'autres sommités judiciaires (1) aux leçons probatoires des nouveaux docteurs régents; l'ordonnance de Blois, entrant plus avant dans la même voie, établit formellement le concours et donna aux mêmes personnes voix consultative dans l'adjudication des chaires. Ce contrôle, honorifique en apparence, puisque la décision finale demeurait aux professeurs, ne laissait pas d'avoir son importance. Il encouragea, en effet, le patronage que plusieurs magistrats d'un ordre élevé exercèrent dès lors sur l'Université. On doit nommer parmi eux les différents présidents qui se succédèrent, de 1551 à 1660, à la tête de la sénéchaussée et du présidial : les deux ou les trois Lesrat (2), Marin Boylesve de la Maurouzière, François et Jacques Lasnier, et surtout le lieutenant criminel Pierre Ayrault, à qui le titre de *Parens academiæ* fut solennellement décerné dans les derniers mois de sa vie (1601). Il s'agissait d'appuyer une demande formée auprès du

---

(1) La prescription comprenait le maire et les principaux échevins de la ville.
(2) Il est question de ces magistrats dans les discours de rentrée de Papyre Masson et de Marin Libergo et surtout dans la lettre que le dernier adressa à Guy de Lesrat pour être imprimée en tête des *Remontrances* du président. — Ses successeurs se sont plutôt occupés du collége d'Anjou que de la Faculté de droit.

roi en faveur d'un des fils de son protecteur, à qui l'Université voulait faire conférer la charge remplie par celui-ci d'une manière profitable pour elle. Nous donnons ci-dessous la plus grande partie de la pièce (1). L'éloge qu'elle contient n'est pas moins complet que mérité. Il nous dispense de nous étendre, en ce moment, sur les services rendus par Pierre Ayrault; nous en réservons le détail pour l'histoire de la Faculté qu'il a naturellement protégée entre toutes.

La création, dans la dernière partie du xviie siècle, de la chaire de droit français devint l'occasion d'une liaison plus étroite que jamais entre l'Université et le corps judiciaire. Plusieurs de ceux qui s'y sont assis, René Jauneaux, François Prévost, Brevet de Beaujour, n'ont pas moins honoré la robe d'avocat général que celle de professeur.

4° *Le corps de ville.* — Après avoir été, durant des siècles, administrée sous l'autorité de ses comtes et de ses ducs, Angers avait été érigée par Louis XI en « communauté et corps de ville. » Le nouveau régime, qui préposait aux affaires un maire

---

(1) Elle est dans G. Ménage, *Remarques sur la vie de Pierre Ayrault*, p. 165, 166.

In collegio Academiæ Andegavensis legitime congregato, procurator generalis Universitatis verba fecit de virtute, doctrina, probitate morum Petri Ayrault, Petri filii in Andegavensi provincia rerum capitalium Quæsitoris : retulitque ad Collegium de precibus Christianissimo Regi offerendis, ut dictus Ayrault annali lege solutus, pro bono totius provinciæ, ad exercitium illius muneris, quo judicio Senatus amplissimi, dignus judicatus est, admittatur. Sententiam rogati Domini Doctores, pro se quisque, primum Petri Ayrault, patris merita commendarunt : Ut per totos tres et triginta annos, in isto magistratu cum summa integritatis et prudentiæ laude versatus sit : ut semper debitum Regi obsequium, non modo ipse exhibuerit, sed etiam ab aliis exegerit : ut inter civiles curas et occupationes, quas, pro sui magistratus conditione, in administratione Justitiæ habuit assiduas, tamen a litterarum studiis nunquam recesserit, et præclarissimorum ingenii sui monumentorum vario genere effecerit ut vigiliæ suæ etiam futuris sæculis prodessent ; maxime vero, non laude solum, sed etiam magna gratia dignum visum est, quod semper in hanc Academiam, et in omnes ejus alumnos, propensa voluntate fuerit, ejusque commoda procurarit : clarissimos viros, Balduinum, Gorrœum (Gourreau), Libergium et alios, quorum ingeniis hodie floret et antea floruit, fovendo, effecerit ut hujus Academiæ Doctores ipsum, non secus ac parentem Academiæ ament et colant. Hinc ad Petrum Ayrault filium conversa oratione, singuli dixere..... Le reste de la pièce, qui est datée du 9 mars 1601, est en effet relatif aux titres et à la position du jeune homme. Henri IV, appréciant les services du père et favorable d'ailleurs à l'Université qu'il avait appelée autrefois sa fille bien aimée, accorda la demande.

et de nombreux échevins-conseillers, ne fut pas d'abord du goût de l'Université, qui vit d'ailleurs transférer aux nouveaux chefs la conservation de ses priviléges royaux. Il y eut des résistances; puis, après la mort du roi, des réclamations persistantes. Charles VIII et Louis XII se montrèrent les protecteurs des maîtres et des écoliers. Le premier restitua au corps ses anciens conservateurs et donna à l'un de ses membres une certaine place dans le conseil de la cité. Le second enjoignit au lieutenant du sénéchal de veiller à ce que les officiers municipaux ne s'entremêlassent en quoi que ce soit dans les choses qui la concernaient.

Lorsque les agitations causées par ces changements se furent tout à fait calmées, la ville, entrée peu à peu dans l'esprit de son nouveau rôle, rendit sa bienveillance à l'Université. Elle dut y être surtout disposée par la déclaration de la régente Louise de Savoie sur « les grands profits, utilités et commodités avenues de jour en jour aux bourgeois, marchands et gens de chacun état de la ville d'Angers, par le moyen de ladite Université. » C'est à partir de ce temps, ou à peu près, que l'on avise, non seulement à prévenir la « décadence » de celle-ci, ou à procurer sa « restauration, » c'est-à-dire celle de la Faculté de droit, avec laquelle elle est encore à peu près confondue, mais à fonder solidement un nouveau collége pour l'enseignement des arts libéraux, le collége d'Anjou, ouvert en 1542 et confié plus tard à la direction des Pères de l'Oratoire. Le concours des subventions municipales est, à partir de cette époque, plus souvent accordé aux établissements universitaires ; les priviléges de la compagnie sont plus généralement reconnus et quelquefois défendus (1). En 1607, après que Henri IV a concédé comme dotation à l'une des Facultés un droit de quelque importance sur les boissons, la ville se désintéresse de la part qui lui a été laissée dans cet impôt, pour augmenter le revenu des professeurs.

---

(1) Nous renvoyons pour le détail des faits aux Archives municipales et, pour une vue générale, à l'inventaire analytique que M. C. Port a donné de leurs nombreux registres.

A part quelques disputes causées par de futiles questions de préséance, on peut dire que l'harmonie a régné constamment, pendant les xviie et xviiie siècles, entre le corps de ville et l'Université. Celle-ci, appelée à donner par la voix de son représentant un avis sur les principales affaires de la cité, y a eu, et de plus en plus, une assez considérable influence. Il est même à remarquer que, parmi les administrateurs qu'Angers lui a empruntés en des temps divers (1), René Robert, l'un des professeurs en droit, l'a gouvernée pendant quatorze ans, grâce à une septuple élection. « C'est le seul maire, dit Bodin, qui ait » obtenu un semblable témoignage de l'estime et de la con- » fiance de ses concitoyens (2).

A la veille de la Révolution, l'importance de l'Université est manifeste. Ses membres participent en grand nombre à l'élection des députés aux Etats-Généraux, et la rédaction du cahier du tiers-état est en grande partie leur œuvre.

Ici se terminent les développements généraux sur l'Université qui devaient servir d'introduction à l'histoire de ses Facultés. Le deuxième livre aura pour objet la plus ancienne de celles-ci, c'est-à-dire la Faculté des droits.

---

(1) Jean Binel (1486), Hervé de Pincé (1536 et 1537), et René Robert, dont il est ici question (1715 à 1729).
(2) *Recherches historiques sur le Bas-Anjou*, t. II, p. 532.

LIVRE DEUXIÈME.

LA FACULTÉ DES DROITS.

I.

SON ORIGINE ET SES PREMIERS DÉVELOPPEMENTS.

(681 à 1398.)

Les antécédents de la Faculté jusqu'au milieu du XIIIe siècle ne consistent qu'en un petit nombre de faits, la plupart assez mal établis et, par conséquent, peu concluants, quoi qu'en aient pensé les différents historiens. En les reproduisant brièvement tels que ceux-ci les fournissent, nous nous sentons obligé de les discuter avec soin.

Il faut, avant tout, distinguer la matière même du droit de son enseignement. L'histoire de la première remonterait beaucoup plus haut que celle du second. On trouve, en effet, des traces du droit coutumier de la province, on y constate l'usage du droit canonique ou celui du droit romain, bien avant que leur étude, se généralisant, devienne un objet spécial d'application pour des maîtres et des élèves et l'occasion de leur concours. C'est au moment où celui-ci sera réalisé que commencera véritablement notre tâche : jusque-là, elle ne fait guère que s'annoncer.

Les *Formules angevines*, découvertes et publiées il y a près de deux cents ans par Mabillon, mais qui datent, pour le moins, des dernières années du VIIe siècle, sont le plus ancien monument connu de notre droit. Un magistrat recommandable qui, de nos jours, en a fait une étude approfondie, a reconstruit à l'aide de leurs données la société telle qu'elle existait à Angers aux temps mérovingiens (1). Mais quelques lumières que ce formulaire jette sur l'état des choses et des personnes comme sur l'administration publique à cette époque reculée, de quelque usage même qu'il ait dû être alors ou plus tard pour les gens d'affaire, il est difficile de voir dans des modèles d'actes, de contrats et de procédures, où n'apparaît aucun plan et qu'aucune idée théorique ne domine, « la preuve certaine de l'existence en nos murs d'une école pratique de droit (2). »

Nous ne pouvons guère être plus favorable à l'assertion des écrivains de l'*Histoire littéraire de la France*, qui dotent Angers d'un enseignement du droit au Xe siècle, ou, tout au moins, au commencement du suivant, sur ce fondement que les comtes d'Anjou cultivaient alors la science des lois, ce dont leur titre de grands sénéchaux de France et, comme tels, de premiers juges du royaume, leur faisait d'ailleurs une obligation (3). On peut, sans contester les lumières de ces puissants seigneurs, ni les besoins de leur administration si étendue qu'elle pût être, supposer que les études de jurisprudence qui se faisaient à leur profit, ne s'étendaient pas au delà des clercs de leur entourage immédiat. Ainsi réduite, l'allégation dont il s'agit se trouve fortifiée par cette remarque du docte abbé Fleury sur la pratique judiciaire communément usitée au XIe siècle (4).

---

(1) V. dans les *Mémoires de la Société d'agriculture, sciences et arts d'Angers*, année 1858, p. 132 à 200, celui de M. d'Espinay, conseiller à la cour d'appel. Les emprunts faits au droit romain et aux lois barbares sont distingués avec soin dans cette savante monographie.

(2) *L'Anjou et ses monuments*, t. II, p. 187, par M. Godard-Faultrier. — On conçoit que l'estimable auteur, dont nous regrettons de nous séparer en ce point, se soit laissé entraîner par l'analogie des sens divers du mot *école*, en même temps que par son patriotisme angevin.

(3) V. l'ouvrage cité, t. VII, p. 60 et 61; *id.*, VI, p. 78. On se fonde pour donner ce titre aux comtes d'Anjou sur un livre du douzième siècle attribué à un chevalier angevin, Hugues de Clers ou de Clefs, et dont l'authenticité a été récemment contestée. Ajoutons que, en général, les premiers éditeurs de l'*Histoire littéraire* s'appuient, pour ce qui concerne l'Anjou, sur l'ouvrage de Pierre Rangeard dont ils ont connu le manuscrit. Tout en applaudissant à l'hommage qu'ils rendent à l'érudition du prêtre angevin, nous regrettons cependant qu'ils n'aient pas plus sévèrement contrôlé ses recherches. Il y avait là quelque chose à faire ; le lecteur attentif pourra s'en convaincre.

(4) *Histoire du droit français*, V. l'introduction, art. XIV.

« Souvent les différends des seigneurs se terminaient en des assemblées d'arbitres choisis de part et d'autre, principalement quand ils avaient affaire avec une église ; et dans les auteurs du temps, comme Fulbert et Yves de Chartres, il est souvent fait mention de ces conférences. »

On a vu dans notre Livre premier que plusieurs disciples de ce Fulbert que l'Eglise a canonisé (1) furent appelés, vers l'année 1010, à Angers par Hubert de Vendôme, et y fondèrent l'école épiscopale, origine première de l'Université angevine. Le savoir encyclopédique du maître, réputé d'ailleurs grand canoniste, permet de supposer que la science du droit n'était pas étrangère à ceux de ses élèves des premières générations qui donnèrent ou puisèrent l'instruction dans notre ville. On mentionne, en effet, parmi ceux-ci, outre le trop célèbre Bérenger, Hildebert de Lavardin et Geoffroy de Vendôme qui ont laissé une grande réputation. Enfin, un des successeurs de Fulbert au siége de Chartres, Yves, l'auteur du *Decretum* et du *Pannormia*, a entretenu avec l'Anjou d'assez étroites relations.

Quant au droit civil, c'est-à-dire au mélange du droit coutumier et des lois romaines qui portait ce nom, quelques ecclésiastiques le cultivaient particulièrement. Le maître-école Rainaud qui, en qualité de chancelier et d'archidiacre de l'église d'Angers, était initié à ses affaires litigieuses, et Robert, doyen de la cathédrale, y étaient versés l'un et l'autre. En 1074, l'évêque Eusèbe Brunon les chargea conjointement d'arranger un différend survenu entre les abbés de Saint-Aubin et de Saint-Serge.

On a, de la main de Marbode, qui succéda à Rainaud dans ses deux fonctions, cette épitaphe du doyen Robert :

>Actio causarum, civilis dictio juris,
>>In quibus ingenio vixerat et studio,
>Roberto curam dederunt, nomenque decani,
>>Ut fratrum clypeus lingua diserta foret.

---

(1) Une chronique du temps, celle de l'Esvière, dit de lui en notant l'année de sa mort : « Domnus Fulbertus, episcopus Carnotensis, mirabilis modernorum temporum doctor, obiit in Domino. »

Son panégyriste le loue comme avocat et jurisconsulte, mais ne dit pas expressément qu'il ait professé la science dans laquelle il excellait.

Quant à Marbode lui-même, voici le jugement qu'en porte l'historien que nous citerons le plus souvent. « A l'éloquence, » Marbeuf joignait la connaissance de la théologie et des canons » qu'il possédait assez bien pour *son* siècle (1). » Mais Rangeard ne se montre pas pour cela disposé à croire que ce Marbeuf, ou Marbode, ait obtenu du pape une bulle pour faire enseigner à Angers le droit canon et civil (2).

Ulger, qui à peu d'intervalle remplaça Marbode comme maître-école, devint ensuite en 1123 évêque d'Angers. Une fondation qu'il fit, dans le cours de son épiscopat, en faveur des bedeaux de son église, se confondait au xive siècle avec la cérémonie de la collation de la licence aux écoliers des deux facultés de droit complétement formées à cette époque. En admettant, ce qui est déjà difficile, que des grades quelconques aient été conférés solennellement à Angers dès ou avant 1148 au nom de l'autorité épiscopale, il resterait à savoir quelles études ils consacraient, et, dans le silence complet des historiens contemporains (3), on serait porté à croire qu'il s'agissait de la grammaire et de la rhétorique, plus cultivées jusqu'alors à Angers que la jurispru-

---

(1) *Hist. de l'Université*, t. I, p. 35.

2) *Id.*, p. 67, 68. — L'auteur se sépare en ce point de son devancier, Claude Ménard, qui l'a positivement affirmé. Voici les termes du récit de celui-ci, et ils ne sont pas propres, en effet, à lui donner créance : « Romamque profectus tam » civilis sapientiæ quam canonicæ meruisse auditorio suo privilegia quæ tenuisse » se et legisse olim hic rector testatur exceptione major omni Masso Papirius in » schedis rerum mss. quas habuimus ; sed tineis male rodentibus, impluvio non » sat composito putrescente, dolemus absumpta. »

(3) A leur défaut nous donnons, d'après l'article 35 des statuts de 1373 (*Histoire de l'Université*, t. II, p. 223), le texte qui sert de fondement à cette conjecture. « Quiquidem bidelli illa die, durante tempore licentiæ, debent ad unam » comestionem recipi in parva aula dicti palatii ; et quisquis sit claviger seu » custos ejusdem debet eis de bonis episcopi Andegavensis pro tempore minis- » trare panem et vinum et alia cibaria eisdem necessaria : quæ prædicta bonæ » memoriæ dominus Ulgerius, quondam episcopus Andegavensis, eisdem contulit » et donavit, et prædicta fieri perpetuo voluit et præcepit. » — Nous nous permettons, d'autre part, de renvoyer à l'explication que nous avons émise (*V*. notre *Livre I*[er], p. 10) sur le maintien de cette fondation jusqu'au quatorzième siècle.

dence. Ulger même, quelque expérience qu'il eût, incontestablement, des affaires, n'a jamais été présenté comme tout particulièrement versé dans le droit.

Cependant l'étude de cette science avait commencé à prendre, dans toutes les contrées de l'Europe, de notables développements, tant pour le droit civil que pour le droit canonique.

Pour ne parler d'abord que du premier, une heureuse découverte, et l'enseignement à Bologne d'un illustre professeur, venaient en quelque sorte de le renouveler. On convient assez généralement aujourd'hui que ce fut l'école de Montpellier qui prit en France l'initiative du progrès. Mais l'historien de l'Université de Paris, Crévier, qui tient, il est vrai, peu de compte des écoles du midi, dit en propres termes : « Après que les Pandectes » eurent été revues par Irnerius, qui les enseigna à Bologne, » nos Français allèrent y puiser la science du droit Justinien et » la rapportèrent à Angers, à Orléans, à Paris (1). » On a pu lire une revendication plus formelle encore et, celle-ci, toute spéciale à notre cité, dans un ouvrage qui a eu de la vogue, il y a trente ou quarante ans, l'*Histoire des Français*, de M. Théophile Lavallée (2).

Un nom, plus qu'aucun autre, appellerait les recherches des investigateurs curieux de suivre ces indications. C'est celui de Matthieu d'Angers, doyen de la cathédrale en 1162, qui professa

---

(1) T. I, p. 246.
(2) Paris, t. I, p. 375. « Les pandectes de Justinien avaient été retrouvées à » Amalfi, en 1137, et Wernerius les enseignait à Bologne dès l'an 1140. Lanfranc, » qui avait étudié dans cette ville, les transporta dans les états de Henri II, et » elles furent enseignées pour la première fois, en France, à Angers. » — Nous ne nous arrêtons à ce passage, supprimé par l'auteur dans les éditions publiées depuis 1838, que parce qu'il nous fournit l'occasion de parler de Lanfranc, dont le nom, qui appartient au onzième siècle, ne vient, sans doute, ici que par le résultat d'une méprise, mais qui a contribué en son temps à la propagation du droit romain. Né à Pavie et venu seulement en France en 1040, il introduisit, dans son abbaye du Bec, la jurisprudence telle qu'il l'avait étudiée, enseignée même, dit-on, en Italie. Ses disciples étaient nombreux, et parmi eux plusieurs avaient appartenu à l'école de Bérenger dont Lanfranc fut le constant adversaire. On a relevé dans ses écrits, et dans ceux d'Yves de Chartres qui avait reçu ses leçons, des extraits, assez abondants déjà, des ouvrages de législation publiés sous Justinien. Il existe, du reste, des traces de ceux-ci, même dans les Formules angevines. (*V.* l'ouvrage déjà mentionné de M. G. d'Espinay.)

plus tard à Paris, de 1077 à 1079, le droit civil en même temps que le droit canonique. Il devint ensuite cardinal et mourut en 1084 ou 1085. Pierre Rangeard suppose qu'il avait été le précepteur d'Henri II Plantagenet, comte d'Anjou (1). Or voici, si l'on s'en rapporte à J.-Fr. Bodin, ce qui s'était passé pendant la jeunesse de ce prince :

« Vers l'an 1143, Etienne, roi d'Angleterre, qui avait usurpé
» ce royaume sur Mathilde, comtesse d'Anjou, s'avisa d'anéantir
» toutes les lois avec défenses d'en conserver même des compi-
» lations Par suite de cette abolition, plusieurs savants de l'Uni-
» versité d'Oxford, se trouvant sans emploi, vinrent se réfugier à
» Angers, auprès de leur légitime souverain, et y enseignèrent
» la jurisprudence, science devenue inutile dans leur pays (2). »
Le fait principal est authentique ; mais, faute d'être appuyée sur un texte, la suite qu'on lui donne n'a que la valeur d'une conjecture, probablement même hasardée (3).

Une émigration beaucoup plus certaine, et qui dut profiter notablement aux écoles d'Angers, est celle qu'y firent, de 1228 à 1230, un grand nombre de maîtres et d'écoliers de l'Université de Paris (4). La plupart de ceux qui se réfugièrent dans nos murs appartenaient à la nation anglaise, et il est à croire que plusieurs d'entre eux étaient versés dans le droit. Il en est, du moins, ainsi pour Jean de Kent, qui, devenu chanoine de l'église de Sainte-Marie (aujourd'hui la Trinité), demeura à Angers plus longtemps que ses compatriotes et y composa, au dire de Luc

---

(1) *V.* sur Matthieu d'Angers, *Hist. litt. de la France*, t. IX, p. 53 ; XIV, p. 227-228 ; Crévier, *Hist. de l'Université de Paris*, t. I, p. 246 ; P. Rangeard, t. I, p. 103.

(2) *Recherches historiques sur l'Anjou*, édition de 1823, t. II, p. 226, et aussi P. Rangeard, t. I, p. 101.

(3) M. de Savigny (*Histoire du droit romain au moyen âge*, t. IV, p. 92), qui rapporte la défense d'enseigner faite par le roi d'Angleterre, dit : « Cette ordon-
» nance, qui n'eut aucun résultat, paraît avoir été révoquée par Etienne ou par
» son successeur, » et il ajoute que Vacarius, le professeur à qui le silence avait été d'abord imposé, composa à Oxford, en 1149, un livre destiné à ses élèves.

(4) On a dans la première partie de notre livre, p. 11 et 12, l'analyse sommaire de cet événement. P. Rangeard, du reste, en a donné, d'après le chroniqueur Mathieu Paris, le récit plus détaillé. Voir l'*Histoire de l'Université*, t. I, p. 133 et suiv., et les pièces justificatives du t. II, p. 176, 177.

Wadding (1), deux de ses ouvrages : *De casibus juris libri duo ; Rubricarum liber unus*. Pierre Rangeard, qui lui a consacré une notice spéciale, lui donne le titre de professeur en droit, mais sans justifier à son égard, non plus qu'à celui des autres maîtres venus de Paris à la même époque, qu'il ait réellement donné des leçons publiques de cette science (2).

Au XIIIe siècle cependant, et surtout à partir du règne de saint Louis, disparaissent tous les motifs de douter de l'existence d'un enseignement du droit au sein de notre école épiscopale. C'est, en effet, l'époque où s'établissent à Angers, grâce à la protection de ses évêques, les différents ordres mendiants et enseignants, tous renommés pour leur vaste science ; c'est aussi celle où les étudiants, laïcs et séculiers, obtiennent des comtes de la maison d'Anjou-Sicile leurs premiers privilèges. Leur concours et celui des maîtres, qui se montre de plus en plus, accuse manifestement la formation progressive de l'Université angevine, quoique le nom lui-même ne doive venir à celle-ci qu'un siècle environ plus tard (3). Ajoutons enfin que la jurisprudence, tant civile que canonique, est alors en honneur dans toutes les parties de la France.

On découvre pour les années 1243 et 1259 deux mentions expresses de professeurs en droit. La première concerne Othon de Fontaine, qui exerçait sous l'épiscopat de Michel Loiseau, et

---

(1) *Script. ord. Minorum*, p. 195, art. *Johannes Cantianus*.

(2) *Hist. de l'Université*, t. I, p. 140 ; t. II, p. 114-117. Dans la dernière partie de sa vie, Jean de Kent embrassa l'institut de Saint-François et devint provincial de son ordre. Le pape Innocent IV le fit son légat en Angleterre. Il y était retourné dès l'année 1247, et il y resta probablement jusqu'à sa mort. Le biographe Pitseus l'a compté parmi les illustres écrivains de son pays.

(3) Nous n'adoptons pas, on peut le voir, l'opinion récemment émise dans les *Annales ecclésiastiques de l'Anjou* (t. XVII, p. 171-172). L'honorable écrivain croit trouver dans un rescrit, de 1236, du pape Grégoire IX, relatif à une querelle entre les bourgeois d'Angers et les chanoines de la cathédrale, l'attribution formelle du nom d'Université à l'école épiscopale. La phrase latine qu'il traduit : « Proviso quod non universitatem Andegavensem excommunicationis vel interdicti « sententiam proferatis, nisi super hoc a nobis mandatum acceperitis speciala, » a, selon nous, un tout autre sens. Le Souverain Pontife y défend de frapper d'excommunication la généralité des habitants de la commune, et réserve, à cet égard, ses propres droits. — Voir le *Glossaire* de Ducange, t. VI, p. 871, au mot *universitas*.

que l'archevêque de Tours, Juhel de Mayenne, chargea de le représenter dans un différend que l'évêque d'Angers avait avec les moines de Saint-Florent de Saumur. De Fontaine se donne dans cette pièce (1) comme professeur en droit civil. Il s'agit dans la seconde de Geoffroy Lenfant, *Gaufridus Leffant professor legum* (2), choisi pour arbitre dans une affaire qui intéresse le prieuré de Cunault.

Nous lisons dans le *Discours préliminaire sur l'état des lettres en France au XIII° siècle :* « Considérée dans les écoles, la » jurisprudence civile jette en France fort peu d'éclat durant ce » siècle ; elle s'y allie à la jurisprudence canonique qui la domine » et qui l'éclipse (3). » Tout porte à croire qu'il en a été de même à Angers. Son maître-école, Guillaume Bergière, qui siégea à

---

(1) Rangeard, *Histoire de l'Université*, t. I, p. 152-152 ; II, 178-179.

(2) Arch. de M. et L. série G 835, f° 16.

(3) *Hist. litt. de la France*, t. XVI, p. 92. — Nous croyons devoir joindre à cette citation quelques passages empruntés à l'ouvrage d'un jurisconsulte angevin fort apprécié. L'auteur s'y place à un point de vue plus général ; il ne traite pas exclusivement des écoles et embrasse le XIV° siècle, en même temps qu'il remonte beaucoup plus avant.

« Pendant les X°, XI° et XII° siècles, les recueils de droit canonique se multiplièrent. Les lois de l'Eglise étaient alors les seules lois générales, les seules qui régissent à la fois toutes les classes de la société, toutes les provinces et tous les royaumes. Elles durent donc acquérir une extrême influence.

» Au XIII° siècle, la science des papes, qui se livrèrent alors plus que jamais à l'étude et à la pratique des lois, donna au droit canonique une physionomie nouvelle. Les Alexandre III, les Innocent III, les Grégoire IX, les Boniface VIII, furent à la fois jurisconsultes et réformateurs. Ils mirent tout leur zèle à faire appliquer partout les lois de l'Eglise et celles de l'ancienne Rome. Ils s'emparèrent du droit romain et le prirent pour base de leurs décisions ; mais ils ne s'en firent pas les esclaves... Les décrétales de ces papes illustres, recueillies dans les collections de Grégoire IX, de Boniface VIII et de Clément V, s'ajoutèrent aux collections plus anciennes de Réginon, de Burchard, d'Yves de Chartres, que le moine Gratien avait fondues ensemble pour former son *Decretum*. Le corps du droit canonique devint à la fois un objet d'étude pour le jurisconsulte et une règle pour le praticien.

» D'un autre côté, la royauté comprit quelle était l'importance du droit canonique et quelles utiles réformes il pouvait opérer dans les institutions sociales... Les princes favorisèrent de tout leur pouvoir l'établissement des Universités qui devaient répandre la connaissance des lois... Plus qu'aucun prince, saint Louis fit passer dans les lois civiles les principes du droit de l'Eglise. C'est sous son règne que le droit canonique atteignit l'apogée de son influence. » (G. d'Espinay, *De l'influence du droit canonique sur la législation française*. Toulouse, 1856, p. 143, 144.)

Paris en 1248 pour la condamnation du Talmud des juifs, y avait probablement été appelé à titre de canoniste (1). Aussi, quoique la dénomination de professeur ès-lois soit jusqu'en 1316 la plus communément employée dans les documents angevins que nous connaissons, estimons-nous qu'il n'y a pas lieu de la prendre à la lettre. La plupart de ceux à qui elle est donnée, ayant eu des charges dans l'Eglise, ont dû être versés en même temps dans le droit canon.

Depuis la publication en 1158 de la collection des Décrétales de Gratien, les papes n'avaient pas cessé de recommander son ouvrage et de combattre l'attraction exercée sur les ecclésiastiques par les lois civiles, beaucoup plus propres à les enrichir. On connaît la bulle d'Honoré II, en 1219, qui en interdit l'étude dans l'Université de Paris et la constitution donnée en 1254 par Innocent IV. En même temps, les conciles, soit généraux, soit provinciaux, et, parmi les seconds, ceux de Châteaugontier (1231), de Tours (1236) et d'Angers (1269), tendaient au même but, encore que les moyens employés manquassent quelquefois leur effet (2).

Un des professeurs de droit, Guillaume Le Maire, monta en 1291 sur le trône épiscopal. Il remplaçait Nicolas Gellant que l'on a cru, à tort peut-être, sorti de la même école, mais qui lui était affectionné et prenait volontiers dans son sein, pour leur donner des canonicats et d'autres dignités, les prêtres qu'elle avait formés. C'est ainsi qu'il avait fait archiprêtre d'Angers Guy de Mayenne, docteur en décrets, qui était florissant à la date de 1290. D'autres, dont nous pourrions inscrire ici les noms (3), furent

---

(1) Guillaume de Brai, depuis chanoine d'Angers, évêque d'Angoulême et cardinal, se trouva avec lui à l'assemblée. Il possédait bien, disent ses biographes, les lois et les décrets, les mathématiques et la poésie. V. Rangeard, t. I, p. 180.

(2) Rangeard (*Hist. de l'Université*, t. I, p. 171) assure que la constitution d'Innocent IV n'avait point eu lieu dans l'Université d'Angers, et que ce fut ce qui donna occasion au règlement du concile de 1269. Bodin (*Recherches sur l'Anjou*, t. I, p. 109) reproduit la même affirmation. Ce n'est, à nos yeux, qu'une induction tirée du résultat même de l'assemblée. On y défendit aux clercs pourvus de bénéfices ou entrés déjà dans les ordres sacrés de plaider devant les juges séculiers, en rappelant les peines édictées par les conciles précédents. Mais en même temps les cours d'église se multipliaient avec leurs officiaux et leurs avocats.

(3) Nous les emprunterions de préférence à la nouvelle édition, donnée par M. C. Port, du Journal ou LIVRE DE GUILLAUME LE MAIRE, — un vol. in-4°,

acteurs ou témoins dans la promotion de Le Maire, leur collègue. L'évêque avait lui-même préparé celle-ci en retenant auprès de lui, pendant sept ans, comme chapelain et commensal, son futur successeur.

Le premier acte du nouveau prélat, après sa prise de possession, fut de conférer la charge d'official à l'un des plus jeunes professeurs, Etienne de Bourgueil, qui devint vingt-deux ans plus tard archevêque de Tours (1).

L'étude et l'enseignement du droit prirent, de son temps, une grande importance et devinrent la voie la plus sûre vers les honneurs de toute sorte, non-seulement dans l'ordre ecclésiastique, mais dans l'ordre civil. On se rendra compte de ce dernier point, quand nous aurons fait remarquer que l'épiscopat de Guillaume Le Maire coïncide à peu près avec le règne de Philippe-le-Bel.

C'est du reste à cette époque que s'accuse tout à fait l'existence de notre Faculté de droit, qui se trouve dès lors avoir revêtu ses formes les plus essentielles. Une ordonnance rendue par Le Maire sur la fin de sa carrière (février 1317), enjoint *aux docteurs régentant ordinairement tant en droit civil qu'en droit canon*, en même temps qu'aux curés et chapelains de la ville, de publier l'excommunication que le prélat a prononcée contre maître Pierre de Saint-Denis, ecclésiastique attaché au comte d'Anjou. La publication de la sentence devra être faite dans les écoles pendant trois des jours où il y aura lecture, c'est-à-dire leçon (2).

Parmi les successeurs immédiats de Le Maire se distingue

Paris, 1876, — qui fait partie de la collection des *Documents inédits* (*Nouveaux mélanges*, t. II), publiée aux frais de l'Etat.

Rangeard, qui n'a pas négligé ce document, tel qu'on le connaissait de son temps, peut être aussi consulté. Il suit très-curieusement, pour les XIIIe et XIVe siècle, la fortune des docteurs qui ont étudié ou seulement séjourné à Angers. Nous renvoyons pour la plupart d'entre eux à son ouvrage.

(1) L'Ecole eut ainsi, pendant cinquante-six ans, l'un des siens sur le siége métropolitain : après Etienne de Bourgueil (1323-1335), Pierre Frélault, puis, de 1357 à 1379, Philippe Blanche.

(2) V. le *Livre de G. Le Maire*, à la date indiquée, ou l'*Hist. de l'Université*, t. II, p. 102, 103.

SUITE DE SES PREMIERS DÉVELOPPEMENTS. XIVᵉ SIÈCLE. 155

entre tous (1324-1355) Foulque de Mathefelon, qui avait été comme lui professeur. Il ne fut pas moins favorable au développement de la science qu'il avait enseignée ni à ses interprètes.

Dans ce siècle, comme déjà, peut-être, dans le précédent (1), le maître-école faisait personnellement des leçons de droit. L'évêque augmenta en 1337 sa dignité et son revenu, en unissant au canonicat de l'église d'Angers, dont il était pourvu, le doyenné de Chemillé avec les cures de Melay et de Louresse (2).

Robert Hélie ou Ellis, le maître-école ainsi gracieusé par le prélat, et qui paraît avoir été son familier, ne tarda pas à abuser de son crédit. La peste noire qui sévit sur Angers en 1349 avait enlevé à son école plusieurs professeurs. Hélie, d'accord avec l'un de ceux qui survivaient, entreprit de combler les vides et créa d'abord, de son autorité, un docteur régent. Ceux qu'ils n'avaient pas consultés réclamèrent. On a leur protestation qui s'adressait à l'évêque (3), mais l'on ignore les suites de la procédure. Quoi qu'il en soit, ce fut, un peu plus tard, un motif pour refondre les règlements vieux de soixante ans et plus (4) desquels on s'y était appuyé. Mais n'anticipons pas sur l'ordre des temps.

De 1359 à 1370, le diocèse fut gouverné par Turpin de Crissé, d'une noble famille du pays, et docteur ès-lois (5). Deux faits d'une inégale importance eurent lieu pendant son épiscopat. En premier lieu, un ecclésiastique breton, nommé Guillaume Georges, fonda par testament, au mois de juillet 1364, un collège de

---

(1) Rangeard le dit de Jean Marembert, maître-école pendant la première partie de l'épiscopat de Le Maire et de Simon Lecoq qui succéda, en 1311 peut-être, à Jean Dubois, promu à l'évêché de Dol. Celui-ci avait été certainement docteur et professeur. — Voir *Hist. de l'Université*, t. I, p. 181 et 206 ; t. II, p. 138-140.

(2) *Ibid.*, t. II, p. 196-198, pour le texte de l'ordonnance donnée comme transcrite du cartulaire de l'Église d'Angers.

(3) *Hist. de l'Université*, t. II, p. 199-202.

(4) L'ancienneté des règlements se déduit de ces mots de la première des deux pièces indiquées ci-dessus : « quodque sic a viginti, triginta, quadraginta, quinquaginta, sexaginta annis, ac etiam a tanto tempore et per tantum tempus de cujus hominis memoria non existit, fuit et est consuetum, obtentum et observatum. »

(5) Il l'était probablement de l'Université d'Orléans, ayant exercé, immédiatement avant sa promotion, les fonctions de doyen de l'église Saint-Aignan de cette ville.

boursiers pour les écoliers nés à Fougères ou, à leur défaut, pour ceux de la ville et de l'évêché de Rennes, qui seraient reconnus aptes à l'étude des droits civil ou canon (1). L'établissement ne paraît pas avoir subsisté bien longtemps ; il en sera parlé dans une autre partie de notre livre.

L'année 1364, fut marquée par une mesure féconde en plus grands résultats. Charles V, achevant une œuvre que son père, le roi Jean, avait commencée, accorda à l'école d'Angers les avantages dont Philippe-le-Bel avait doté au commencement du siècle celle d'Orléans. Il y ajouta un éloge dont les professeurs en droit, d'époque plus ou moins récente, pouvaient certainement revendiquer leur part (2).

Le roi, à la fin du mois de juillet 1373, compléta sa première ordonnance par des lettres-patentes, et c'est dans celles-ci que paraît pour la première fois la dénomination d'*Université d'Angers* substituée à celle d'Etude générale (3). Presque au même moment, le corps que dirigeait alors Pierre Bertrand, avait affirmé sa nouvelle importance en rédigeant des statuts destinés à remplacer ceux dont il a été parlé plus haut.

Huit docteurs régents en y comprenant le maître-école avaient coopéré à cette œuvre, soigneusement élaborée, qui semblait prévoir tous les cas et prévenir tous les conflits (4). Elle ne dura toutefois qu'un temps assez limité.

La date de 1398 marque le terme de l'existence de l'Ecole épiscopale qui ne subsiste plus désormais que sous le nom

---

(1) « Si in eis habiles et idonei studendo in Facultate legali vel canonica valeant reperiri. » *Hist. de l'Université*, t. II, p. 206.

(2) *Ordonnances des Rois*, t. IV, p. 474, ou l'*Histoire de l'Université*, t. II, p. 210 à 213. On est porté à croire qu'au moment de faire signer au roi ces lettres-patentes qui constataient que l'Etude générale d'Angers avait produit, en grand nombre, des hommes profondément éclairés et prudents, *alti consilii viros*, on lui avait rappelé les noms des chanceliers de France qui en étaient sortis, en 1328 *Mathieu Ferrant*, et, tout récemment, *Pierre de la Forêt*.

(3) *Ordonnances des Rois*, t. V, p. 629.—*Hist. de l'Université*, t. II, p. 228 à 231.

(4) Rangeard (t. I, p. 279 et suiv.) a donné un commentaire étendu de ces statuts, et leur texte fait partie des pièces justificatives du second tome. Plusieurs des maîtres qui avaient concouru à leur rédaction, existaient encore lorsqu'ils furent réformés, et parmi eux Jean de Cherbée, devenu doyen de la cathédrale et qui tenait la première place parmi les professeurs.

d'Université et complétement transformée. Avant de quitter tout à fait la première, nous devons reconnaître que la réforme adoptée par les soins de Pierre Bertrand n'avait pas laissé de lui imprimer un certain élan. L'intervalle de vingt-cinq années que nous indiquons embrasse peut-être le temps de la plus grande prospérité dont elle ait joui. On venait alors étudier à Angers des parties les plus éloignées de la France. En 1383, elle comptait dix Nations, ce qui suppose le même nombre de professeurs, et des procès-verbaux, d'octobre 1389, qui équivalent pour nous à un double des registres d'inscription de ce mois, contiennent les noms de deux cent trente-cinq étudiants, tant simples écoliers que bacheliers et licenciés. Mais le prestige d'un nouveau maître-école, Brient Prieur, à qui l'on reprochait des exactions et des abus de pouvoir, avait déjà commencé à s'affaiblir. Après plusieurs échecs consécutifs et une enquête suivie contre lui durant deux années, les commissaires du Parlement de Paris installèrent solennellement à sa place un recteur qui ne devait relever que de cette haute compagnie. C'est désormais à ce chef et au Conseil qui l'assiste qu'obéira l'Université, et d'abord, la Faculté des droits qui, pendant trente-cinq ans encore, va continuer à la constituer concurremment avec les Nations.

Nous avons fait précédemment dans l'article II de notre premier livre une brève mention de cette révolution scolaire. Nous n'y reviendrons pas davantage. On en trouvera les détails dans l'*Histoire de l'Université* de Rangeard et dans le tome VIII des *Ordonnances des Rois*, aux années 1395 et 1397.

II.

HISTOIRE ET ORGANISATION DE LA FACULTÉ DEPUIS LE QUINZIÈME SIÈCLE.

Nous abordons l'histoire générale de la Faculté à partir de 1398. Un article spécial relatif à son enseignement, un coup d'œil jeté sur les établissements qui relevaient d'elle à certains degrés, et, avant tout, des notices séparées sur ses docteurs ou professeurs compléteront cette première esquisse.

La réforme de l'Université s'était terminée le 16 avril, huit jours après l'ouverture de l'année civile qui commençait alors à Pâques. L'un des régents ordinaires en droit, Alain de la Rue, avait été investi de la dignité rectorale (1) et le corps lui-même avait reçu de nouveaux statuts. Ils ne différaient guère de ceux de 1373 qu'en ce qui concernait le nouveau chef dont le pouvoir était substitué à celui du maître-école. Les docteurs, parmi lesquels le recteur devait être choisi trimestriellement, se succédaient rapidement en raison de leur petit nombre et conservaient la principale autorité. Cela ne faisait pas le compte des écoliers, des bacheliers, des licentiés surtout, que l'âge et la science acquise mettaient à leur tête. Profitant des temps troublés que l'on traversait et de la faiblesse avérée du monarque, ils obtinrent du parlement onze à douze ans plus tard (1409-1410), l'approbation de règlements que l'assemblée générale de l'Université avait elle-même, cette fois, rédigés et qu'un esprit plus démocratique inspirait. Il semble que leur confection ou leur homologation ait été précédée de quelques troubles. On note en effet, vers cette époque, une procédure suivie contre l'un des docteurs régents que l'on accusait de malversations et de libertinage en même temps que d'ignorance, et qui aurait été chassé de l'Université, sur la déposition de ses élèves, dont plusieurs étaient déjà recommandables par leur âge et par leur rang dans le monde ou dans l'église (2).

L'ouvrage de P. Rangeard donnant le texte et l'analyse, tant de ces règlements que de ceux qui les avaient immédiatement précédés, nous remettons à rendre compte de l'organisation de la Faculté jusqu'après une nouvelle réforme qui se poursuivit depuis les dernières années du quinzième siècle jusque dans la première partie du seizième.

---

(1) V. au livre Ier, art. RECTEURS.
(2) V. plus loin, art. III. La notice sur Alain DESVIGNES, et Rangeard, t. Ier, p. 431-432.

Quant au temps lui-même, antérieur de cent ans et plus, où nous a conduit la suite de notre récit, il retenait quelques-uns des caractères du moyen-âge. La suprématie de l'église, et la féodalité, quoique assez fortement battues en brèche, subsistaient encore, et à côté d'elles, les corps qu'appuyait une nombreuse clientèle avaient une importance considérable, surtout ceux qui, comme les universités joignaient à l'influence du nombre de leurs suppôts, le prestige de la science et de la renommée. L'Ecole d'Angers que sa réforme avait mise en lumière profita à plusieurs reprises des circonstances au milieu desquelles son développement s'accomplissait. On voit, en 1399, ses professeurs siéger au concile tenu à Angers par l'archevêque de Tours et dans lequel fut décidée la soustraction d'obédience à Benoît XIII, l'un des contendants à la papauté. D'autres assemblées plus solennelles encore eurent lieu ultérieurement dans un but analogue pendant la durée du grand schisme, et les députés de notre Université furent toujours conviés à y assister. Nous voulons parler des conciles généraux de Pise (1409), de Constance (1414) et de Bâle (1431 et années suivantes). Dans l'intervalle des deux dernières assemblées, en 1417, se place, en outre, une démarche faite par les professeurs d'Angers auprès du duc de Bretagne pour un objet se rattachant à la discipline de l'église. Il s'agissait d'une question de droit canonique dans laquelle le prince refusait de se conformer à la décision de l'évêque de Nantes, Henri Le Barbu de Quilbio. Celui-ci qui avait été autrefois professeur de droit à Angers, sollicita l'avis du corps auquel il avait appartenu et la Faculté écrivit au duc qu'il ne pouvait, sans enfreindre les canons, prendre pour confesseur, au temps de Pâques, un membre du clergé régulier (1). Ainsi la Faculté n'hésitait pas à se prononcer, dans l'occasion, sur la doctrine. Nous en aurons dans le siècle suivant un exemple plus considérable encore.

Elle était, d'autre part, plus ou moins mêlée dans le même

---

(1) *Hist. de l'Université*, t. Ier, p. 438 et suiv.; II, 302-304. — Voir aussi dans la *Revue de l'Anjou*, de juin 1874, notre article intitulé : « Consultations données par l'Université d'Angers sur le projet de divorce d'Henri VIII, » p. 360-361.

temps aux affaires politiques. Attachée toutefois au parti des ducs d'Anjou, seigneurs de la contrée, elle resta étrangère aux démêlés des factions d'Armagnac et de Bourgogne, et après que le dauphin, Charles VII, eut épousé la fille de la reine Yolande, elle servit dans la mesure de son pouvoir la cause royale. En 1432, elle se joignit aux gens d'église et aux bourgeois d'Angers pour faire au roi un prêt de 4050 livres, grâce auquel son armée fit lever aux Anglais le siége de Lagny (1). L'historien auquel nous renvoyons considère cet acte patriotique comme ayant exercé de l'influence sur la ratification que Charles VII donna l'année suivante à la bulle du pape Eugène IV qui augmentait l'Université de trois nouvelles Facultés, pour la théologie, la médecine et les arts libéraux. Nous nous rangeons aisément à son avis, tout en constatant que le corps lui-même a contribué par ses démarches à son propre agrandissement. La tradition a recueilli, en effet, le nom du recteur qui le représentait alors. C'était Yves de Scépaux, licentié ès-loix, qui devait devenir plus tard conseiller, puis président et chef suprême du Parlement de Paris (2).

Malgré les termes de la bulle pontificale et ceux des lettres-patentes du roi qui ne faisaient aucune distinction entre elle et ses sœurs, la Faculté des droits maintint pendant plusieurs siècles la prétention de ne reconnaître celles-ci que comme lui étant simplement agrégées et de constituer essentiellement elle-même, avec les Nations, l'Université d'Angers. Et, en effet, jusqu'au milieu du XVIe siècle, c'est à elle presque uniquement que l'on pense, lorsqu'on en prononce le nom.

Les branches nouvelles de l'ancien tronc se constituèrent et prirent leurs premiers développements durant le long et paisible gouvernement de René d'Anjou, frère et successeur de Louis III; mais ce fut parmi les membres de la Faculté de droit que le bon roi, livré principalement, quant à lui, au culte des lettres, chercha ses plus utiles conseillers. Nous pouvons en donner

---

(1) *Histoire de Charles VII*, par Vallet de Viriville, t. II, p. 281.
(2) *V.* ci-dessus, p. 64-65, la notice particulière de ce recteur.

pour preuve les deux noms de Regnauld Cornilleau et de Jean Binel par qui René fut aidé pour la rédaction des statuts de son ordre du Croissant, et surtout pour la publication qu'il fit, dans les années 1458 à 1462 des Coutumes d'Anjou, secondant ainsi, tout des premiers, les vues exprimées par Charles VII dans son ordonnance de Montils-lès-Tours (1). Cette première réforme fut complétée près de cinquante ans plus tard par une autre plus solennelle et dont nous avons le procès-verbal daté du 28 septembre 1508. Les différents corps de l'état y avaient tous concouru et l'Université avait été, cette fois, expressément représentée par un certain nombre de ses membres, particulièrement par trois de ses docteurs régents ès-lois (2).

Nous serions porté à considérer l'événement de 1508 comme celui qui clot pour l'Anjou le moyen âge, si nous n'en rencontrions à quelques années de là un autre plus significatif encore à notre point de vue spécial, la publication en 1512 d'un recueil à l'usage des Universités d'Angers et de Caen : imprimé à Rouen aux frais de trois libraires de notre ville, il rééditait deux ouvrages de jurisprudence de la seconde moitié du XVe siècle destinés à perpétuer le règne d'Accurse et de Bartole, mais qui devaient bientôt passer de mode (3).

L'année suivante (31 juillet 1513) est d'ailleurs marquée par un acte qui intéresse au plus haut degré la Faculté des droits, en ce qu'il règle ses rapports avec ses émules. Il faut seulement,

---

(1) On conserve à la Bibliothèque d'Angers un bel exemplaire de ces Coutumes, en un manuscrit in-4°, sur vélin, qui porte le n° 333 du catalogue.

(2) Ils se nomment Anceau Rayneau, Nicole Adam et Michel Passin ; un quatrième, Henri de Kervarech, chanoine de Saint-Pierre, assiste également au nom de ce Chapitre. V. la liste officielle dans Blordier-Langlois, *Angers et l'Anjou sous le régime municipal*, p. 355-359. — Notons que les deux premiers de ces professeurs furent choisis l'année suivante par la Faculté comme ses députés au concile ou conciliabule de Pise. Mais il n'est pas certain qu'aucun d'eux ait pris part aux séances de cette assemblée dirigée contre le pouvoir du pape Jules II alors en guerre avec la France. Tout au plus purent-ils être tentés de se rendre à Lyon, où elle fut transférée en dernier lieu, l'archevêque de cette métropole, qui présidait alors le concile, n'étant autre que François de Rohan, en même temps évêque d'Angers.

(3) Nous avons décrit et analysé ce volume, devenu rare aujourd'hui, sous le titre de « Manuel d'étude du droit » dans la *Revue de l'Anjou* d'avril 1875.

pour en rendre compte, revenir une vingtaine d'années en arrière.

La fin du xv⁰ siècle et le début du xvi⁰ furent pour l'Université une époque de grande agitation. En même temps que les Ecoliers et les Nations auxquelles ils appartenaient faisaient de l'élection de leurs chefs, et surtout du Recteur, une occasion de fréquents désordres, les trois Facultés formées depuis soixante ans réclamaient une participation plus assurée aux honneurs, dont celle des droits était parvenue trop souvent jusque-là à les écarter, et l'entrée de leurs représentants spéciaux au Conseil universitaire : on demandait en un mot la réformation du corps tout entier. Le parlement de Paris sollicité d'intervenir envoya à Angers, ainsi qu'il l'avait fait un siècle auparavant, plusieurs de ses membres chargés d'entendre les parties et de lui proposer la modification des statuts. Ces commissaires furent plusieurs fois renouvelés ; nous avons leurs ordonnances datées la première de 1494, la seconde et la troisième de 1500 et 1503. L'affaire elle-même ne se termina que dix ans plus tard : par le concordat de 1513, la Faculté dont nous faisons en ce moment l'étude concédait certains droits à ses rivales, mais gardait pour elle la principale part et consolidait ainsi son importance (1). Ces règles étant demeurées à peu près les mêmes jusqu'au terme de son existence, nous pouvons en tenir compte dans la description que nous allons faire de son état et de sa constitution.

L'enseignement de la Faculté des droits, qui était double, embrassait, avec les lois civiles, celui des saints canons et des décrétales des papes, et elle conférait les deux séries de grades qui se rapportaient à ces études. Mais, pas plus avant qu'après les dernières réformes, elle ne paraît avoir formé deux corps réellement distincts, c'est-à-dire délibérant à part et ayant leurs chefs séparés. La dualité de la Faculté était donc purement nominale et ne lui servait guère qu'à constater le privilège qu'elle avait, privativement même à l'Université de Paris, de

---

(1) M. l'archiviste C. Port, qui publie en ce moment les statuts de l'Université pour la dernière moitié du xv⁰ siècle, devant donner à la suite de son livre le texte du Concordat de 1513, nous nous bornons à y renvoyer.

former des gradués en droit civil, aussi bien que des gradués en droit canon (1).

Quant à sa composition intérieure, elle comprenait les docteurs régents ou non régents, les licenciés, les bacheliers et les simples écoliers ; puis un certain nombre d'officiers ou suppôts, qui avaient formé originairement avec elle l'Université et qui continuèrent, pour la plupart, à en dépendre particulièrement, même lorsque le corps se fut accru par l'adjonction de nouveaux membres.

Les conditions d'admission à la régence ont varié suivant les siècles. Il n'est pas douteux que le choix du maître-école, plus ou moins formellement confirmé par l'approbation des professeurs en fonction, en ait disposé à l'origine. Plus tard, il fallut, outre les épreuves de la licence, avoir subi un examen spécial, avoir fait même une suite de leçons probatoires, et avoir été accepté par l'assemblée de l'Université, ou par une des Nations qui la formaient et qui se chargeait alors d'assurer au docteur régent un traitement convenable. Pour le concours, il ne paraît avoir été introduit qu'au cours du XVIe siècle et nous en marquerons ultérieurement l'institution et les progrès.

Avant la réforme de 1398, le nombre des professeurs s'était élevé jusqu'à dix à un certain moment ; mais les commissaires du Parlement ayant réduit à huit celui des Nations, il revint à cette limite pour ne plus la dépasser que par exception temporaire. Nous parlons des docteurs régentant à l'ordinaire, de ceux qui demeuraient au sein de la Faculté « doctores de gremio, » et non de ceux qui lui venaient d'ailleurs et passagèrement, ou qui formés par elle, la quittaient bientôt pour habiter d'autres pays et pour occuper d'autres emplois que ceux dont elle disposait.

Les premiers tardèrent peu à cumuler les deux chaires, étant habituellement *doctores in utroque* ; et au XVIe siècle déjà l'on a peine à distinguer parmi les professeurs d'Angers ceux qui enseignent les lois de ceux dont les leçons se bornent au droit

---

(1) Le pape Honoré III, par sa décrétale de 1220, avait défendu d'enseign^r les lois civiles à Paris.

canon. Ils n'avaient d'ailleurs, entre eux, d'autre rang que celui que leur donnait l'ancienneté, dont il fut toujours tenu compte. On constate même que le titre de doyen, que Brient-Prieur avait porté en 1373 et années suivantes avant de devenir maître-école, disparut ensuite presque entièrement jusqu'au moment où il fut inscrit par Louis XIV dans les règlements donnés par lui en 1682 à la Faculté d'Angers.

Au XVe siècle, les docteurs régents n'avaient pas seuls part à l'enseignement. Les licenciés et même les bacheliers étaient astreints à faire des lectures ou leçons extraordinaires que suivaient les écoliers ; c'étaient eux qui, concurremment peut-être avec les docteurs libres, donnaient, dans les pédagogies ou tutelles, les répétitions. Enfin, en cas d'absence plus ou moins prolongée d'un docteur régent, la suppléance leur était dévolue et ils recevaient, proportionnellement à la durée de leur exercice, un salaire prélevé sur celui du titulaire. Ils faisaient ainsi, les uns et les autres, fonction de maîtres, ce que justifiait, du reste, le long temps d'études qui leur avait été imposé et les épreuves qu'ils avaient subies avant d'obtenir leurs grades. Entrons à cet égard dans quelques détails et remontons même au XIVe siècle.

Les boursiers du collège de Bayeux fondé à Paris, de 1309 à 1315, en exécution d'un legs de Guillaume Bonnet, évêque de Bayeux et ancien trésorier de notre cathédrale, pour des écoliers des provinces d'Anjou et du Maine, prenaient pendant trois ans au moins et cinq ans au plus des leçons de droit civil et passaient ensuite de six à neuf ans à celles du droit canonique avant d'obtenir la licence. Comme l'évêque de Dol, Jean du Bois, ancien professeur et maître-école d'Angers a coopéré à la rédaction de ces statuts, nous pouvons croire qu'ils exprimaient les usages de notre Faculté, tels que ce prélat les avait pratiqués et maintenus au commencement de sa carrière.

Dans la seconde partie du même siècle la durée des études avait déjà notablement diminué. Les règlements de 1398, reproduisant à peu près ceux de 1373, et ceux de 1409-1410 n'exigent plus avant le baccalauréat que quarante mois, l'année entière comptant pour douze. L'aspirant au grade de licencié devait de plus étudier seize mois pour chacune des licences. Quant au doctorat, il ne consistait qu'en une seule épreuve plus dispendieuse que difficile (1).

En 1494, et probablement aussi en 1513, l'importance du droit canon s'étant amoindrie, il n'est plus question que de deux ans et demi pour les bacheliers et de trois ans en tout pour les licenciés, avec possibilité de réduction sur ce temps en raison de leur service comme répétiteurs. La justification de la durée des études est devenue plus sévère, à cause du droit des gradués aux bénéfices et de la surveillance de l'Etat qui a commencé à entourer ce droit de sa garantie; mais on s'achemine vers le régime du quinquennium qui a régné pendant le siècle suivant et jusqu'à la réforme opérée par Louis XIV.

Le nombre des leçons que l'étudiant devait entendre était au moins de deux chaque jour; celle du matin était réservée au droit civil, celle de l'après-midi au droit canon. Dans l'intervalle se plaçaient les leçons extraordinaires et les répétitions, soit du docteur particulier, soit des bacheliers et licenciés. Chacun de ces exercices durait une heure pleine. Les règlements le prescrivaient ainsi et l'usage y était conforme, ainsi qu'il résulte de l'expression *tenuerunt horam* qui se rencontre fréquemment.

Nous avons dit dans notre premier livre quelles étaient la durée de l'année scolaire, l'époque de l'ouverture et celle de la clôture des cours, et nous avons accusé en même temps la multiplicité des congés. Nous nous nous abstenons d'y revenir.

Les maîtres faisaient leurs leçons en costume, c'est-à-dire avec la robe et l'épitoge, et une tenue décente était recommandée aux

---

(1) Voici d'autre part, des évaluations un peu différentes. Au collège de Bueil, fondé à Angers plusieurs années plus tard, et qui sont du 7 novembre 1424, le boursier de cet établissement était tenu de prendre son baccalauréat au commencement de la cinquième année après sa réception et la licence au commencement de la sixième après le baccalauréat. En distinguant les deux licences, on lui accordait encore quatre ans pleins pour la dernière, qu'il devait prendre au début de la cinquième année après l'autre. — Voir dans l'*Histoire de l'Université*, t. II, p. 312, l'art. X, des statuts.

écoliers. Mais la nature de celle-ci et la sévérité des exigences ont varié suivant les siècles.

Quant au local des cours, voici quel est le résultat de nos recherches. Au XIV⁰ siècle et peut-être plus tôt encore, la portion de la ville qui s'étend au sud-est de la cathédrale était le principal quartier universitaire. Les écoles de droit, particulièrement, se tenaient dans des logis arrentés par les différents professeurs, ceux peut-être où ils habitaient eux-mêmes. Il semble qu'elles aient été toutes situées dans l'espace triangulaire compris entre l'église paroissiale de Sainte-Croix et les collégiales de Saint-Julien et de Saint-Pierre, auprès de cette dernière surtout. On en indique une au bas de la rue de l'Aiguillerie, une à l'hôtel de Fougères, au collège des Bretons, et plusieurs dans des maisons de la Chaussée-Saint-Pierre décorées des noms de *grand* et de *petit palais* (1).

C'est auprès et sur l'emplacement de celles-ci que s'éleva vers les trois-quarts du XV⁰ siècle le bâtiment dit des *Grandes écoles* qui a subsisté jusqu'en 1792 sans changer de destination. Les six Nations en avaient fait les frais et leurs armes figuraient au-dessus des six croisées de l'étage principal. La construction, qui coûta 2680 livres 2 sols 6 deniers, fut commencée en 1472, et le 9 octobre 1477 les quatre docteurs régents en exercice l'inaugurèrent solennellement (2). On a leurs noms, parmi lesquels figure celui de Jean Binel dont nous avons déjà parlé.

La planche ci-contre représente l'édifice d'après un dessin de l'antiquaire Bruneau de Tartifume qui écrivait en 1623 (*V.* à la Bibliothèque d'Angers le ms. 871, p. 525-526). Le plan de distribution que l'auteur y a ajouté mentionne : 1°, et en la désignant par la lettre D, une salle réservée précédemment pour les cours du droit canon, et qui servait de son temps aux réunions des docteurs en droit ; 2° une autre salle E affectée à l'enseignement des institutes, ces deux salles situées à l'entresol et n'ayant chacune

---

(1) Consulter Pierre Rangeard, t. I, p. 264-265 ; Pocquet de Livonnière, ms. 1027, p. 37 ; Péan de la Tuillerie, éd. de M. C. Port, p. 149, 150 ; et aux Archives de Maine-et-Loire, les pièces du Chapitre de Saint-Pierre d'Angers, série G 1180.

(2) *V.* dans la *Revue d'Anjou* de 1857, t. 1ᵉʳ, p. 130, le manuscrit de Guill. Oudin.

qu'une croisée ; et 3° la salle F, du premier étage, qui paraît avoir régné sur toute la façade, qualifiée de *Grande Salle des Droits*. La destination des autres pièces est étrangère à la Faculté.

Si c'était, en général, à la cathédrale ou dans la salle de l'évêché que le maître-école donnait au XVIe siècle la bénédiction aux licenciés, l'examen qui se faisait par les docteurs se passait déjà dans le nouveau bâtiment des écoles, comme il appert d'un passage de *La légende de Me Pierre Faifeu* publiée d'abord en 1532.

> Par chascuns ans le terme est limité
> Le prochain jour après la Triuité,
> Que à Angers on fait la publicque licence
> Et que les clercs de parler ont licence
> Dans le palais....... (1).

Quant à la réception des docteurs elle avait eu lieu de toute antiquité à Saint-Pierre, et s'y maintint longtemps encore, même après qu'on eut cessé d'en faire l'occasion d'une cérémonie religieuse, l'Université, et la Faculté des droits qui la constituait pour une notable part, ayant l'habitude de se réunir officiellement dans une des chapelles latérales de l'église.

Après cette longue digression, nous reprenons, sous sa forme à peu près exclusivement chronologique, notre récit interrompu à la veille de l'avènement de François Ier. Cette époque que l'on a qualifiée du nom de *Renaissance* et qui le justifie pour ce qui est des études de droit, se distingue de la précédente par une grande indépendance en ce qui concerne les idées religieuses, ou par ce qu'on peut appeler l'esprit laïque. Les docteurs sont dès lors la plupart mariés et, sauf pour la faculté de théologie, qui se développe, il est vrai, de plus en plus, les prêtres deviennent rares dans les rangs universitaires. Ils le seront tellement aux deux siècles suivants que l'on n'en comptera plus qu'un seul dans tout le dix-septième parmi les professeurs

---

(1) Page 44 de l'édition de 1723.

de droit et un également dans le dix-huitième, celui-ci simple docteur agrégé.

L'événement le plus marquant, sinon le plus honorable, de l'histoire de la Faculté sous le règne de François Ier, est la consultation qu'elle rédigea à la demande du roi sur le projet de divorce d'Henri VIII, lequel devait avoir pour les rapports de l'Angleterre et de l'Eglise les suites funestes que l'on connaît. Elle se prononça le 7 mai 1530 pour la nullité du mariage de Catherine d'Aragon. Nous avons raconté et apprécié dans un autre écrit (1) cet acte, dont l'intervention en sens contraire des docteurs en théologie d'Angers put seulement contrebalancer l'influence.

A quelques années de là, il se passa plusieurs faits favorables au développement de la Faculté. D'une part, le Parlement de Paris eut l'occasion de fixer le nombre des professeurs et les conditions de leur recrutement qu'il subordonna à un concours entre les candidats (2), et, d'autre part, le Conseil de ville d'Angers commença à solliciter les notables docteurs des autres Uni-

---

(1) *V.* la *Revue de l'Anjou* de juin 1874.

(2) Nous devons noter ici plusieurs arrêts de la haute compagnie. Le plus connu, de 1542, obligea les professeurs qui cumulaient avec leur chaire une charge de judicature à opter entre leurs fonctions. Il avait été précédé d'un autre du 30 juin 1535, qui étendait à l'Université d'Angers un règlement datant de 1512 et fait d'abord pour celle d'Orléans. Nous citerons de celui-ci, d'après une copie qui se trouve aux Archives de Maine-et-Loire (D 7, fol. 267 et seq.), le passage qui concerne la nomination aux chaires de droit.

Statuit dicta Curia (Parisiensis) ut nullus deinceps ad regendi munus admittatur qui non prius lectitaverit legitimum quinquennium publice in scholis vel aliquo loco insigni secundum formulas statutorum Universitatis, hujus senatus-consulti graciam faciendi aut hac lege quempiam solvendi potestate Rectori et doctoribus prorsus abscissa ; et ne fraus huic legi quoquo modo fieri possit, eadem Curia nostra decernit ut cum in locum demortuorum vel perpetuo abfuturorum, aut eorum qui ad majus dignitatis fastigium promovebuntur, aut alias ad vacantem locum erit subrogatio facienda, doctores regentes, evocatis nominatim conservatoribus regiis et duobus decurionibus vel scabinis ejusdem civitatis, ad sanctissimum jusjurandum per rectorem adigantur, tactis etiam sacrosanctis evangeliis, quod in locum vacantem doctissimum, utilissimum et studiosis accommodatissimum eligent, in quo nihil eorum desit quæ ad rationem et tempus lectionum pertinent ; ita tamen ut electio prædicta doctorum regentium tantum sit, non etiam conservatorum aut scabinorum.

On voit par cet extrait que le concours pour les chaires, dont communément on ne fait remonter l'origine qu'à l'art. 46 de l'Ordonnance de Blois de 1579, est antérieur de plus de quarante ans, en ce qui concerne Angers seulement.

versités d'accepter des chaires dans la sienne : c'était un engagement à accorder des avantages exceptionnels à ceux qui répondraient à son appel et à entrer à l'égard du corps dans la voie des subventions. Le nom du maire qui s'honora par cette initiative mérite de trouver une place dans nos fastes : c'est René Breslay, d'une ancienne et illustre famille angevine. Ayant été au début de sa carrière procureur-général de l'Université, il avait pris pour elle une juste estime et la manifesta à plusieurs reprises pendant la durée de ses fonctions, de 1543 à 1546.

Le milieu du XVIe siècle est, du reste, un temps de prospérité pour l'enseignement du droit qui attire à lui de toutes parts les jeunes hommes de mérite. Il se fait à cet égard de fréquents échanges entre les Facultés de France : on veut avoir étudié sous les maîtres renommés, soit d'Orléans, de Bourges et de Toulouse, soit d'autres écoles encore, parmi lesquelles celle d'Angers tient honorablement sa place. Pour ne parler que des élèves qui appartiennent plus ou moins à notre province, nous pouvons citer les noms de Jean Bodin, de René Chopin, de Roland Bignon, de Pierre Ayrault, qui ont brillé dans la magistrature ou le barreau et se sont distingués par leurs écrits. Le dernier surtout a droit à une mention particulière, celui qui l'a porté ayant été de 1568 à 1601, c'est-à-dire pendant les trente-trois ans qu'il exerça sa charge de lieutenant-criminel du Présidial d'Angers, le patron principal de notre Faculté de droit, à laquelle, à défaut de Cujas qui résista par deux fois aux offres avantageuses de la ville (1), il procura plusieurs professeurs éminents.

Deux de ceux-ci et, avec eux, les circonstances de leur venue, nous arrêteront un moment.

Et d'abord, au lendemain des premiers troubles causés par l'invasion du protestantisme, le duc d'Anjou, qui fut depuis Henri III, entreprit de restaurer l'Université d'Angers que les étudiants avaient en grand nombre désertée. Il y appela alors, à la solici-

---

(1) On peut voir dans G. Ménage, P. *Ærodii vita*, p. 162 et suiv., la suite des négociations qui eurent lieu à cette occasion. V. aussi Arch. municipales, BB, 30 à 34. — Mêmes sources pour l'évocation de Baudouin et de Liberge, dont il est parlé ci-après.

tation d'Ayrault, François Baudouin, qui avait enseigné à Bourges pendant plusieurs années et y avait été le disciple, puis le collègue d'Eguinard Baron et de Le Duaren. Le prince et son chambellan Hurault de Chiverny écrivirent plusieurs fois à cette occasion au Conseil de la cité pour provoquer ses sacrifices. L'évêque Guillaume Ruzé et la ville ayant joint leurs offres à celles de l'Université et des Nations, Baudouin accepta et conserva sa chaire pendant trois ans environ.

On fit venir ensuite de Poitiers, toujours sur l'indication du lieutenant criminel, et à des conditions analogues, Marin Liberge, un autre Cujas, au dire de ce maître lui-même, et qui fournit à Angers une longue carrière. Il y était depuis près de vingt-cinq ans en 1598, lorsque, en témoignage de l'appui que la ville avait prêté des premières à sa cause, Henri IV la visita à plusieurs reprises. Harangué par Liberge au nom de l'Université, le roi goûta l'éloquence de l'orateur, l'embrassa chaudement et accorda à la Faculté qu'il représentait la dotation objet de sa demande.

Il convient de dire pour l'intelligence de ce fait que les gages des professeurs avaient été jusqu'alors généralement peu élevés. Ils étaient surtout précaires, puisqu'ils consistaient à peu près exclusivement dans les droits de réception aux grades que les docteurs régents se partageaient. Les allocations de la ville et des corps qui parfois se joignaient à elle pour rémunérer quelqu'un des maîtres, ne s'adressaient qu'à des sujets hors ligne que l'on craignait de voir échapper. Tout changea de face, lorsque le roi eut attribué à la Faculté un prélèvement sur le droit d'entrée des vins et sur les décimes du clergé (1), et les

---

(1) Voici les passages essentiels des lettres-patentes du monarque :

HENRY PAR LA GRACE DE DIEU, ROY DE FRANCE ET DE NAVARRE... : Nos chers et bien amés les Maire et échevins, manants et habitants de notre ville d'Angers et les docteurs régents ès droits de l'Université dudit lieu, nous ont, en notre Conseil, fait remontrer qu'il a plu aux roys nos prédécesseurs établir en ladite ville un Corps de ville et Université, et pour l'entretien des charges qui en dépendent, ordonner quelques droits de si peu de valeur, qu'il n'y a en ladite Université fonds pour gager qu'un seul docteur et au Corps de la ville n'y a pour tout revenu qu'un droit de cloison affermé cinq cents écus, qui ne peut suffire à l'entretenement des portes de la dite ville....

A CES CAUSES, désirant favorablement traiter lesdits exposants, en faveur des

professeurs purent compter sur un traitement fixe avant tout autre émolument. Il s'éleva bientôt à 500 livres pour chacun d'eux, le désintéressement du Conseil de Ville en ayant accru l'importance. Au mois d'août 1620, Louis XIII, que la guerre qu'il soutenait contre sa mère avait conduit à Brissac, en régla la distribution par un acte spécial.

Le XVII° siècle s'était ouvert, ou à peu près, avec la venue à Angers d'un jurisconsulte de renom, que le fils de Pierre Ayrault, successeur de sa charge, avait déterminé à accepter une chaire, cette fois encore avec un salaire exceptionnel : nous voulons parler de Guillaume Barclay « le fastueux mais savant écos-
» sais qui, lorsqu'il allait donner ses leçons, était vêtu d'une robe
» magnifique, portait une grosse chaîne d'or au cou et se faisait
» suivre par son fils et deux valets (1). »

Barclay était mort depuis plusieurs années déjà en 1611, et l'Université lui cherchait encore un successeur. Dans une assemblée à laquelle furent convoqués les principaux fonctionnaires de la ville, on décida que le nombre des docteurs régents qui était normalement de six, mais dont un ancien statut prévoyait la réduction, ne serait plus que de cinq et l'on fit sur cette base le partage de l'enseignement entre les docteurs (2). Une mesure analogue essayée dès 1646, mais qui ne devint définitive qu'en 1663 porta ensuite ce nombre à quatre seulement. L'Université provoquait ou favorisait ces suppressions de chaires afin

---

lettres, maintenir et entretenir l'Université de ladite ville, et donner moyen audits docteurs régents d'y résider plus volontiers, DE L'AVIS DE NOTRE CONSEIL, avons octroyé et accordé, octroyons et accordons par ces présentes pour l'Université de notre ville d'Angers seulement, un sol pour livre à prendre sur les décimes du clergé de notre pays d'Anjou..... et pareillement Nous avons aussi accordé et octroyé, accordons et octroyons par ces présentes ausdits maire et échevins, manants et habitants de notre ville d'Angers qu'ils puissent et leur soit loisible, de faire dorénavant et à toujours lever, cueillir et percevoir l'appétissement des mesures du vin qui se vend en détail en la ville et les fauxbourgs d'Angers, dont la moitié appartiendra à ladite ville et l'autre moitié à l'Université d'icelle..... *Donné à Paris le trentième de mars l'an de grâce mil cinq cens quatre-vingt dix-huit et de notre règne le neuvième.*

(1) Nous empruntons les termes de J.-Fr. Bodin (*Rech. hist. sur l'Anjou*, t. II, p. 247), qui lui-même parle d'après Ménage contemporain de Barclay.

(2) *Concordats et règlements de l'Univ. d'Angers*, p. 5. — A consulter aussi pour les transactions des cinquante années suivantes.

d'accroître la part de ses membres dans les revenus du corps, la Faculté de droit qui en avait jusque-là à peu près disposé commençant à les mettre plus largement en commun.

Il semble que les études de droit n'aient pas été fort en honneur durant le temps que nous parcourons. Dans les cahiers rédigés pour la province d'Anjou à la veille des Etats généraux de 1614, il est question déjà de la facilité des réceptions dans la Faculté et l'on propose de condamner les docteurs à une amende, en cas d'incapacité prouvée d'un candidat (1).

L'ordonnance royale qui fut rendue en 1629 n'employa pour remédier à ces abus que des moyens insuffisants : elle se borna à rappeler les prescriptions de celle de 1579. Différentes causes se joignaient au peu d'ardeur des écoliers pour l'étude. Les docteurs régents paraissent avoir été en ce temps moins appliqués aux travaux de l'enseignement qu'occupés de leurs querelles avec le maître-école et avec leurs collègues des autres Facultés. Plusieurs d'ailleurs, dans les années 1642 à 1648, comptent cinquante et jusqu'à soixante ans d'exercice, ce qui explique, s'il ne le justifie pas, le refroidissement de leur zèle. L'état des choses paraît bien loin de s'être amélioré en 1664-1665, à en juger par ce qu'en dit l'intendant de Touraine Charles Colbert qui a visité la Faculté par ordre du roi. Il accuse en termes aussi énergiques que formels la négligence des professeurs à s'acquitter de leurs devoirs ainsi que leur vénalité (2). Nous hésitons à croire que

---

(1) V. le ms. 820 de la Bibliothèque d'Angers.

(2) Après avoir constaté le nombre des professeurs, puis jeté un premier blâme sur leurs revenus, parmi lesquels il fait entrer en compte « environ » 900 livres de droits de licences, qu'ils ont augmentés au-delà de ce qu'il leur » est permis par les règlements de l'Université, » le rapport ajoute : « mais le » grand abus est qu'au lieu de faire des leçons publiques tous les jours, ainsi » qu'ils y sont obligés par les statuts, ils ne montent en chaire que deux ou trois » fois l'année pour la forme seulement et pour s'acquérir leurs gages, et ils » n'enseignent que dans leurs maisons, moyennant les salaires dont ils se font » payer par leurs écoliers. Ainsi le public est volé, l'Université perdue, et l'intention du roi trompée.

» Il faut pour remédier à ces abus, l'exécution des statuts, arrêts et règle- » ments faits en conséquence, tant pour ce qui regarde les leçons publiques que » les assemblées solennelles et les actes pour la doctorande, et ordonner que les » gens du roy et officiers du présidial tiendront la main à l'exécution. Et dès à

lès membres de la Faculté aient tous mérité les reproches que leur inflige le frère du grand ministre de Louis XIV, et nous ne croyons pas nous tromper en supposant que le désir d'exalter l'Université de Paris aux dépens des autres a été pour quelque chose dans sa sévérité. Il est, en effet, fort question, au moment où il écrit, des démarches que font les docteurs en droit canon de la capitale pour faire admettre leurs licenciés au serment d'avocat, et être autorisés eux-mêmes à enseigner le droit civil; et précisément alors, en 1665, ces prétentions rencontrent un vigoureux adversaire dans un des docteurs régents de la Faculté d'Angers. Une dissertation de François de Roye, dont le caractère est historique autant que juridique, donne les raisons de continuer à maintenir la bulle d'Honoré III (1) et défend le privilége des Universités provinciales. L'auteur sentait cependant, lui aussi, la nécessité de relever les études et d'obtenir des élèves une plus grande assiduité; il proposait même plusieurs moyens pour y parvenir (2). S'il ne réussit pas à faire adopter toutes ses vues, il mit au moins, par son plaidoyer, sa valeur personnelle tellement en évidence, que le Roi, au moment où il rétablit l'ensei-

---

» présent, pour l'exemple, on pourrait supprimer deux docteurs, dont l'un n'a
» fait aucune leçon depuis deux ans, et l'autre depuis la Pentecôte, et donner
» leur chaire à la dispute suivant les statuts.....
» Un des grands abus de cette Université est que les professeurs en droit
» vendent des lettres de *quinquennium* ou certificat d'étude de cinq années, à
» ceux qui n'ont fait aucune étude chez eux, et qu'ils ne connaissent que par
» l'argent qu'ils en reçoivent, ce qui fait que les bénéfices sont pour la plupart
» remplis d'ignorants. Pour y remédier il faut y faire observer le même ordre
» qui se pratique dans l'Université de Paris. » P. Marchegay, *Archives d'Anjou*,
p. 125 à 127.

(1) Il y avait été fait pendant les guerres de religion deux dérogations temporaires. Dans les années 1562 et 1568, la Faculté de décret de Paris obtint, en raison des circonstances, la permission d'enseigner le droit civil. Mais cette autorisation lui fut retirée, en 1572, sur la plainte des Universités d'Orléans et d'Angers, et la défense fut plus solennellement renouvelée encore par les édits de 1579 et de 1629.

(2) C'était, en même temps qu'une plus longue durée des études et une plus grande sévérité dans les examens, la gratuité des grades, qui eût soulagé les familles et découragé les répétiteurs à gages, ces *jurisconsultes de trois jours*, devenus depuis quelque temps assez nombreux. Les professeurs auraient été dédommagés par de forts appointements fournis, au moyen de l'union aux facultés des bénéfices successivement vacants.

gnement du droit civil dans l'Université de Paris, lui fit offrir d'y occuper une des nouvelles chaires.

L'édit du mois d'avril 1679 qui renouvelait les études de jurisprudence dans tout le royaume, fut promulgué à Angers d'une manière très-solennelle le 3 juillet 1680. L'intendant général de Touraine vint présider la séance ; le recteur Claude Voisin qui était le plus ancien des professeurs de droit y parla après lui pour célébrer les bienfaits de la réforme en cours d'exécution, et la voix du docteur de Roye ne manqua pas elle-même à ce concert.

Le roi accordait aux professeurs, après vingt ans d'exercice, de précieuses prérogatives (1), consacrait la diminution que le temps avait apportée à la durée des études (2) et introduisait en outre deux innovations importantes. C'était, d'une part, l'enseignement, sous le nom de droit français, des coutumes les plus répandues dans le royaume, et de l'autre, l'adjonction au corps de chaque Faculté de docteurs agrégés, en nombre double de celui des professeurs, pour les seconder et les remplacer au besoin.

Ces deux derniers points furent, dans les années suivantes, l'objet de réglementations spéciales, en conséquence de délibérations auxquelles le roi avait provoqué chacune des écoles. Nous les négligeons pour le moment ; mais nous ne pouvons nous dispenser de reproduire textuellement l'acte du 6 août 1682 qui remplaça, pour la Faculté d'Angers, les règlements précédents. Il diffère peu de ceux qui furent appliqués à la même date aux autres centres.

---

(1) Art. xiii. « Pour exciter d'autant plus lesdits professeurs à faire leur
» devoir, voulons et ordonnons que ceux desdits professeurs qui auront enseigné
» pendant vingt années, soient reçus dans les charges de judicature sans
» examen, et que l'Ancien de chacune desdites Facultés, après avoir enseigné
» vingt ans entiers, ait entrée et voix délibérative dans l'un des siéges, bailliages,
» ou présidiaux, en vertu des lettres que nous lui en ferons expédier. » — Ce n'est pas là tout à fait cependant la reconnaissance du droit que les professeurs émérites ont prétendu avoir à la noblesse personnelle, c'est-à-dire au titre de *comte*, de par la jurisprudence romaine. (*V.* dans le Recueil d'imprimés de la Bibliothèque d'Angers, II. 3799, la pièce n° 31.).

(2) Celle de trois ans seulement jusqu'à l'examen de licence, à laquelle elles sont restées fixées depuis.

Article premier. — L'ouverture des écoles de droit civil et canon se fera le premier mardi d'après la fête de Toussaints par une harangue solennelle que les professeurs feront tour à tour, où assisteront tous les corps de la ville, et le lundi suivant tous les professeurs commenceront leurs leçons.

Art. 2. — Les professeurs entreront tous les jours, à la réserve des fêtes, des jeudis et des vacations portées par les statuts de l'Université ; ils dicteront et expliqueront pendant une heure entière, et ensuite ils exerceront leurs écoliers par répétitions et disputes, et en leur faisant mettre les espèces des lois et canons, avec les raisons de douter et de décider, au moins pendant une demi-heure ; et leur feront faire en outre des exercices publics sur des thèses imprimées, le plus souvent qu'il se pourra.

Art. 3. — Il y aura tous les jours quatre leçons dans la salle desdites écoles, deux depuis huit heures du matin jusqu'à onze, et les deux autres depuis une heure après-midi jusqu'à quatre.

Art. 4. — Un des professeurs enseignera chaque année, pendant trois ans de suite, les quatre livres des Instituts de Justinien, et expliquera les rubriques des Digestes et des neuf premiers livres du Code, autant qu'il se pourra.

Art. 5. — Les trois autres feront, pendant lesdits trois ans, une espèce de cours et d'étude de droit civil et canonique en cette manière : l'un expliquera dans cet espace de temps les quatre premières parties du Digeste, contenues dans le Digeste vieux et dans l'Infortiat ;

L'autre expliquera la cinquième partie contenue dans le reste de l'Infortiat, où sont traitées les matières testamentaires et *ab intestat*, et les deux dernières parties qui sont dans le Digeste nouveau. Ils s'attacheront aux matières et lois principales, et marqueront avec soin le progrès et le changement du droit sur chaque matière, en rapportant aux textes qu'ils traiteront ce qui regardera les mêmes matières dans le Code et dans les Novelles ;

Et l'autre expliquera les matières canoniques pendant trois années et expliquera, pendant les six premiers mois de chaque année, les Instituts, Paratitles ou autres généralités du droit canon, avec le Concordat, et dans le second semestre, quelque partie du Corps du droit canon ; en sorte que dans lesdites trois années, il traite les principales matières contenues dans les cinq livres des Décrétales, y rapportant les textes du Décret et autres collections.

Art. 6. — Un écolier qui étudiera actuellement en philosophie, ne pourra prendre les leçons de droit, ni en obtenir les attestations.

Art. 7. — Il ne pourra non plus prendre des degrés en une Faculté, qu'il n'y ait étudié au moins une année continue, et quand il aura été refusé ou remis à étudier, il ne pourra obtenir ses degrés en une autre Faculté qu'en celle où il aura été refusé ou différé.

Art. 8. — Les écoliers ne pourront supplier pour le degré de Bachelier qu'après le quinzième d'avril de leur seconde année d'étude : alors ils pourront demander des examinateurs, un président et la matière de leurs thèses. Il y aura toujours six semaines au moins depuis le jour qu'ils auront supplié, jusqu'à celui qu'ils soutiendront leurs thèses.

Art. 9. — La même chose sera pratiquée pour la thèse de licence dans la troisième année.

Art. 10. — Ceux qui voudront obtenir le degré de Docteur, seront tenus, un an après la licence, d'expliquer publiquement une matière de droit civil et canonique et soutenir une thèse sur l'un et sur l'autre droit, excepté les ecclésiastiques, qui pourront soutenir seulement en droit canon, tant les thèses de Baccalauréat que celles de Doctorat ; excepté aussi ceux de la religion prétendue réformée, qui ne seront tenus ni de prendre des leçons, ni de soutenir des matières canoniques.

Art. 11. — Les présidences des actes de baccalauréat, de licence et de doctorat, seront données par tour, le choix demeurant aux anciens, suivant leur ordre, en sorte qu'après le premier, le second aura le choix, et ainsi consécutivement jusqu'à ce que chacun soit rempli, et les jours pour soutenir les thèses seront réglés par l'ancienneté des présidents.

Art. 12. — Les bacheliers seront tenus de disputer aux actes pendant l'année de licence, et les présidents nommeront les disputants par tour.

Art. 13. — Les docteurs régents et aggrégés qui auront assisté aux actes, donneront leurs suffrages dans une boîte qui sera placée à cet effet dans la salle de la dispute et qui sera ouverte en l'assemblée du jeudi suivant, dans laquelle les aspirants seront reçus ou rejetés à la pluralité des voix desdits docteurs et aggrégés assistants : et les avis et résultats pour l'admission ou renvoi de ceux qui auront soutenu les thèses seront insérés soigneusement sur les registres de la Faculté et signés de tous les assistants.

Art. 14. — Pour examiner les prétendants aux degrés de baccalauréat et de licence, il sera nommé deux ou trois professeurs par tour, qui s'assembleront à cet effet, aux jours et heures que le plus ancien marquera, dans la salle de l'examen, en sorte que les examens soient faits exactement et sans différer par trop de temps ceux qui se présenteront. Après chaque examen, les examinateurs donneront leur avis par écrit, à la pluralité des voix, pour obtenir la permission de faire la thèse.

Art. 15. — Les religieux des ordres incorporés à l'Université, pourront prendre des degrés en ladite Faculté, sur les attestations du temps de leurs études en droit canonique, signées des lecteurs desdites communautés, pourvu que lesdits lecteurs soient docteurs, sans toutefois qu'ils puissent recevoir à leurs leçons que les religieux de leur ordre.

Art. 16. — Pour l'exécution de ce que dessus, il sera tenu annuellement une assemblée, le jour de la Saint-Jean, de tous les professeurs et aggrégés, dans laquelle on réglera aussi les matières, la distribution et département des leçons pour l'année suivante, en conservant aux anciens le droit de choisir les matières et les heures, suivant l'ancien usage, et pour aviser à tout ce qui pourra assurer les études de droit, le bien et la discipline de la Faculté : et seront les résultats et règlements faits dans ladite assemblée rédigés et inscrits sur le registre de la Faculté, et visés tant par le doyen d'honneur que par le doyen en charge.

Les droits de la Faculté seront réglés et reçus à l'avenir suivant le tableau qui demeurera exposé dans les écoles, sans que l'on puisse exiger ni recevoir plus grands, ou autres droits :

Savoir, pour les attestations de deux années nécessaires, pour le
degré de bachelier,   6 livres.
pour l'examen du baccalauréat,   16 —
pour les lettres de bachelier,   58 —
pour l'attestation de l'année de licence,   6 —
pour l'examen de la licence,   16 —
pour les lettres de licence,   48 —
pour les lettres de doctorat,   150 —

Il y a des raisons de croire que, grâce à cette réorganisation et à une forte action du pouvoir, la Faculté des droits fut dès lors plus constamment occupée de ses devoirs. Les registres d'inscription qui existent aux archives de Maine-et-Loire constatent que le nombre moyen des étudiants a varié de 120 à 150 dans les vingt premières années du xviii° siècle et a été encore de plus de cent dans celles qui précèdent 1789. On se convainc, d'autre part, en étudiant la liste des professeurs, que presque tous se recommandaient par leur savoir et leurs habitudes laborieuses. Pour ne pas multiplier les noms, nous nous bornons à citer ceux des deux Pocquet de Livonnière le père et le fils, qui occupèrent pendant plus de soixante-dix ans la chaire de droit français, et de François Prévost, qui leur succéda et fut en même temps avocat général du roi au présidial. Tous les trois ont joui d'une renommée qui leur a survécu et dure encore.

La dernière partie du siècle ne fut pas seulement remarquable par la catastrophe qui le termina et qui fit disparaître l'Université. De graves indices avaient pu déjà inquiéter les esprits. Tel fut notamment, et dans l'ordre de l'instruction publique, la suppression, en 1762, de l'ordre des Jésuites. Mais cet événement, si considérable qu'il fût, n'eut sur les destinées mêmes de la Faculté de droit qu'une influence indirecte, le collège de La Flèche, le seul établissement que possédât en Anjou la célèbre compagnie, n'embrassant pas la jurisprudence dans son enseignement (1). Ce fut au contraire pour nos professeurs l'occasion d'un redoublement d'activité analogue à celui qui se manifestait de toutes parts en France. L'Université provoquée par le gouvernement à lui proposer ses vues pour la réforme des études, se recueillit et fit appel à l'expérience et à l'initiative de tous ses membres. On commença par couper court aux querelles intestines qui divisaient le corps et, tout spécialement, par accommoder un procès que les docteurs agrégés soutenaient

---

(1) Un auteur du xvii° siècle, François Rahchin, continuateur de Pierre Davity, affirme, dans une description de la ville de La Flèche, publiée en 1635, qu'il y a dans son collége quatre docteurs en droit et quatre en médecine, qui ne relèvent que des Pères qui le dirigent. Mais quoique l'Université d'Angers se fût inquiétée, dix ans auparavant, des envahissements que les Jésuites tentaient dans d'autres provinces en matière d'instruction publique et se fût unie alors à l'Université de Paris et à ses sœurs pour les combattre, elle n'avait rien signalé qui la touchât d'aussi près.

depuis un quart de siècle contre leurs confrères de théologie, de médecine et des arts. Puis, pour donner un encouragement aux études et une occupation aux têtes de ses disciples, la Faculté de droit, renouvelant une tentative qu'avaient faite dix ans auparavant deux de ses professeurs (1), établit des cours extraordinaires de droit français et coutumier. Ils devaient se terminer chaque année par des exercices entre les étudiants, dans des séances publiques auxquels les corps constitués seraient conviés. Commencés, en 1768, sous la direction de François Prévost, ils furent continués presque sans interruption jusqu'à sa retraite qui eut lieu douze à quinze ans plus tard. Le comte de Provence frère de Louis XVI en avait, dans une des premières années, accepté la dédicace (2).

Ce sont les derniers moments d'éclat qu'ait eus notre antique école. La fièvre des innovations et des démonstrations patriotiques ne tarda guère ensuite à détourner de leurs études les maîtres et les élèves. Nous avons dit ailleurs l'enthousiasme qu'excitèrent chez ceux-ci les premières scènes de la Révolution, avant même qu'elle fût tout à fait prononcée. L'enseignement s'en ressentit presque aussitôt. A la fin de l'année scolaire 1789-1790, les professeurs devançant de plus d'une année le décret que l'Assemblée nationale devait rendre à ce sujet, constatent qu'ils ont pris pour bases de leurs instructions « la déclaration des droits de l'homme et les décrets constitutionnels » et font soutenir des thèses de droit civil et même de droit ecclésiastique, dont les positions sont extraites de leurs principes (3).

Si, à la même époque, la Faculté croit devoir résister encore à une autre demande présentée par les étudiants et quelques-uns des docteurs, pour que l'enseignement soit donné désormais

---

(1) Par Jacques Duboys et Pierre Merveilleux. — Voyez ces noms et surtout le dernier dans les notices que nous allons donner sur les professeurs.

(2) On peut voir la suite des programmes de ces exercices dans une collection d'imprimés relatifs à l'Université qui se trouve à la Bibliothèque d'Angers, sous le n° 3799 de la section d'*Histoire*.

(3) V. la *Correspondance des députés de l'Anjou*, t. V, p. 498 ; t. VI, p. 115. — Reg. de la mairie, séance du 20 juillet 1790.

en langue française (1), nous ne croyons pas que sa protestation ait enchaîné tous ses membres et qu'elle ait été suivie d'un effet complet.

La rentrée des écoles se fit, en apparence, dans les conditions ordinaires au mois de novembre 1791 ; mais ce fut la dernière, et l'année elle-même fut considérablement abrégée, un décret de l'assemblée législative ayant, dès le 5 avril suivant, supprimé les Universités.

Les professeurs de la Faculté de droit tentèrent de lui survivre, en installant de leur propre autorité des écoles de jurisprudence. On a le programme des cours qu'ils se promettaient de faire (2). Ce sont les mêmes personnes qui figurent sur l'affiche ; mais les matières d'enseignement ont subi des modifications. Il est question d'un cours de droit naturel et politique, d'un cours de droit naturel et civil, et, ce qui peut sembler une nouveauté, de jurisprudence rurale. D'autre part, il n'est pas plus fait mention de droit romain que de droit canon, et l'on a soin d'annoncer que tous les cours se feront en français, en donnant les raisons de cette réforme. Nous ne savons pas bien si cet essai eut quelque durée. Il est probable que la terreur ne tarda pas à fermer la bouche aux maîtres et, pour les élèves, la guerre les avait tous entraînés de gré ou de force aux frontières.

Les études (j'entends particulièrement celles de droit), ne paraissent avoir un peu repris qu'en l'année 1797, où Mr Duboys, que nous avons vu plus tard procureur général de la cour d'Angers, puis conseiller de celle de Paris, en même temps que député de Maine-et-Loire, inaugura le cours de législation de l'Ecole Centrale, qui devait se continuer jusqu'en 1804, à la veille de la création des lycées par le premier Consul.

Lors de la fondation de l'Université impériale, Rennes et Poitiers ont été préférées à Angers qui, comme Orléans et Bourges, s'est trouvée déshéritée de son école de droit,

---

(1) V. la *Correspondance des députés de l'Anjou*, p. 455, 456 et l'*Observateur provincial*, 5ᵉ partie, p. 34.
(2) *Affiches d'Angers*, nᵒ du 29 novembre 1792.

malgré des observations plusieurs fois renouvelées depuis (1).

Elle vient de la reconquérir, grâce à l'initiative de notre révérend évêque, mais dans des conditions différentes et sans aucune attache officielle de l'Etat. Aux anciennes Facultés qui admettent les étudiants de tous les cultes, le prélat fondateur oppose, sous le nom d'Université libre et catholique, des cours rivaux. Ceux qui se rapportent au droit vont dans deux mois d'ici commencer leur troisième année d'existence. L'avenir apprendra quels fruits aura produits, sur ce terrain, la nouvelle institution. Historien du passé nous n'avons pas à nous prononcer sur ses chances de développement et de durée ; et le seul souhait que nous puissions former, dans notre profonde estime pour l'ancienne Université d'Angers, c'est que la Faculté libre de droit égale sa devancière sans la faire oublier.

III.

LES DOCTEURS RÉGENTS. SUCCESSION ET NOTICES.

Nous aurions voulu, en esquissant dans l'article précédent les annales de notre Faculté, pouvoir mêler intimement la biographie à l'histoire. Mais débordé par l'abondance des détails et par le nombre des maîtres qui se sont succédé dans le cours des quatre siècles écoulés depuis 1398, forcé nous a été de laisser au lecteur le soin d'opérer lui-même le rapprochement des matériaux que nous lui soumettons. A défaut de l'art qui manque ainsi à notre œuvre, on la tiendra peut-être pour complète, en considérant son étendue (2).

---

(1) V. les *Registres du Conseil municipal*, aux dates des 26 thermidor an XI ; 17 et 24 janvier 1808 ; et un Mémoire adressé, le 2 septembre 1814, au président Portalis, avec la réponse de ce magistrat qui est du mois de décembre 1815.

(2) Quoique la revue que nous allons commencer embrasse plus d'une centaine de noms, quelques-uns nous auront sans doute échappé. Mais comme, pendant le xv° siècle et le commencement du seizième, on éprouve une certaine peine à discerner les docteurs régents d'avec les simples docteurs, nous avons moins à craindre de pécher par défaut que par excès, en suivant les longues listes ébauchées au xviii° siècle, par le feudiste Audouys et le professeur

Plusieurs des docteurs régents qui avaient professé dans le dernier tiers du XIV⁰ siècle, appartenaient encore à l'Université, au moins de nom, lors de la réforme qui le termina Outre le maître-école Brient-Pucar, à qui nous avons consacré ailleurs une notice (*V.* le livre I⁰ʳ, p. 70), et Jean de Cherbée, qui va être placé en tête de notre liste, nous pourrions citer Regnault Cornilleau, official de l'évêque, le chanoine Papin, et surtout Raoul de Caradeuc, qui, en raison de quelques missions politiques qu'il a remplies, mériterait une mention particulière. Mais l'ouvrage de Pierre Rangeard, et la précieuse table dont M. Albert Lemarchand vient d'enrichir son second volume, pouvant suppléer à notre silence, nous nous abstenons, et nous hâtons d'entamer la nomenclature de ceux qui furent, à partir de 1398, les professeurs *actuels*.

La date placée avant le nom indique la plus ancienne année où il se rencontre ; celle qui la suit (quand elle a pu être donnée), marque la mort, ou, tout au moins, la cessation des fonctions.

1373 † 1412. — JEAN DE CHERBÉE, seigneur temporel d'Ardennes, le plus ancien des professeurs avec Raoul de Caradeuc. Il était devenu doyen de la cathédrale en 1382 et demeura dans cette fonction jusqu'à sa mort. En ce qui concerne l'Université, si peu prolongé qu'ait pu être l'exercice qu'il y fit à partir de 1398, son adhésion à la réforme et sa présence, comme celle de son collègue Geoffroy de Brézé, à la séance d'inauguration des nouveaux statuts, suffisent pour démontrer que le clergé ne fit pas une opposition marquée à la chute du maître-école. J. de Cherbée figura du reste encore, en 1405, comme docteur régent, parmi les signataires de l'acte d'agrégation des frères prêcheurs à l'Université.

Voir l'*Hist. de l'Univ.* de P. Rangeard.

1389 † 1400. — NICOLAS BERTRAND, chanoine de l'église d'Angers, fut chargé en 1394 en qualité de docteur régent de chaperonner les deux

---

François Prévost. (Bibl. d'Angers, ms. 919.) — Pour les faits, la continuation de l'histoire de P. Rangeard par Cl.-Gabriel Pocquet de Livonnière (mss. 1027 et 1028), sur laquelle nous avons exprimé notre opinion dans la préface de notre livre I⁰ʳ, nous servira souvent de guide. Faut-il rappeler, enfin, les secours que fournit aujourd'hui à quiconque étudie les hommes de l'Anjou le savant *Dictionnaire historique* de M. C. Port ? Il a été mis par nous à très-forte contribution.

licenciés qui devaient porter au pape le rôle des gradués de l'Université, et prit ainsi une part importante aux actes qui précédèrent la réforme du corps en 1398. Il est, à cette époque, le second des professeurs ordinaires, et l'on ne retrouve ensuite son nom que pour constater sa mort. Notre historien suppose, non sans vraisemblance, qu'il était parent de Pierre Bertrand l'avant-dernier maître-école.

V. Rangeard et le ms. 1004, t. II. de la biblioth. d'Angers.

1397 à 1405? — ALAIN DE LA RUE. Ce professeur a eu dans notre livre Ier, à son titre de premier Recteur de l'Université, une notice particulière. Nous y renvoyons (p. 63-64) en nous bornant à rappeler qu'après avoir exercé huit ans au moins comme docteur régent, il devint successivement évêque de Saint-Pol de Léon, puis de Saint-Brieuc et qu'il légua ses livres à la Faculté, dont ils formèrent la bibliothèque à partir de 1429.

Voir notre article et les ouvrages qui y sont cités.

1397. — SIMON LE BRETON. Paraît avoir été docteur régent dès 1397 et l'était encore en 1408, où il reçut avec plusieurs de ses collègues, étant alors recteur, l'acte de fondation du collège de la Fromagerie.

Ordonnances des Rois de France, t. VIII. — P. Rangeard, t. II, p. 275 et autres.

1398. — GEOFFROY DE BRÉZÉ, docteur régent et archidiacre de Tours, fut l'un des procureurs de l'Université dans la transaction qui eut lieu entre son corps et le maître-école, le 1er avril 1398.

1398. — ANSELME TIMON, le sixième et dernier des professeurs reçus avant la réforme. On n'a rien autre chose sur lui que son nom.

Mêmes ouvrages à mentionner que ci-dessus.

1400 † 1412. — JEAN DE LA TUILE, *de Tegula*, siège comme docteur régent en l'un et l'autre droit, et recteur en ce moment de l'Université, au concile présidé à Angers par l'archevêque de Tours. Chanoine du Chapitre de la cathédrale en 1404, il en devient doyen en 1412 à la mort de J. de Cherbée, et meurt lui-même trois ans après.

Hist. de l'Univ. de P. Rangeard. — Mss. 655 et 673 de la biblioth. d'Angers.

1400 † 1409. — ALAIN DESVIGNES, breton de naissance, doyen de la Guerche, docteur en droit civil et en droit canon, avait, comme le précédent, assisté au concile d'Angers, et en rang honorable, quoiqu'il fût probablement alors le dernier reçu des professeurs. Mais, en 1409, ses propres élèves l'accusèrent d'exactions, de libertinage et en même temps d'ignorance. Des témoignages de poids confirmèrent ces dépositions. Il disparait à cette époque de la liste des professeurs, soit qu'il en ait été rayé, soit qu'il se soit dérobé à l'orage en se retirant.

Hist. de l'Univ. de P. Rangeard t. Ier, p. 431, 432. — Ms. 1026, du même. — Id. 875 (de Cl. Ménard), f° 236 v°.

1400. — GUILLAUME MAUGENDRE « legum doctor et regens in jure civili » siége le 8 février 1399 (*V.* style) au concile d'Angers avec plusieurs autres membres de l'Université et y fait la harangue. En 1402, il est un des chapelains de la cathédrale dont il devint plus tard chanoine. Il avait été, en 1409, l'un des députés de l'Université au concile de Pise, et au mois de mars de la même année, il avait, comme recteur, signé de nouveaux statuts dont le corps demandait l'approbation au parlement. Il meurt en 1434 ou 1435 seulement.

Biblioth. d'Angers, mss. 629; id. 655, f°s 40, 78 v°, 102. — *Hist. de l'Univ.*, t. Ier, p. 394, 403. — *Ord. des Rois*, t. IX, p. 497 et suiv.

1405. — JEAN ORRY, natif de Sablé, figure comme étudiant, et déjà prêtre en ce moment, dans les listes de 1397. Il revint plus tard, en 1405 pour le moins, en qualité de professeur et signa en 1409 les statuts présentés au parlement. En 1411, il fut commis pour faire, avant la bénédiction épiscopale, la visite de la chapelle du collége de la Fromagerie. Gilles Ménage parle de lui comme étant encore vivant en 1415 ; mais nous croyons qu'il se trompe.

Ord. des Rois, t. VIII et IX. — *Hist. de l'Univ.* t. Ier, p. 398, 426, 431 ; t. II, 272, 255. — Ménage, *Hist. de Sablé.* — Biblioth. d'Angers, ms. 669.

1405. — NICOLAS DE MELLAY. Etait, dès le mois de septembre 1398, chanoine de la cathédrale ; il devint plus tard archidiacre d'Outre-Loire, Professeur de droit de 1405 à 1409, il fut l'un des représentants de l'Université au concile de Pise. A son retour, il s'attacha à l'église de Tours, où il exerça les fonctions de chancelier de 1410 au mois de mars 1414, époque de son décès, et où il eut pour successeur Jean Bohalle.

P. Rangeard. — *Ord. des Rois.* — Biblioth. d'Angers, ms. 655. — Maan, *sanct. Eccles. Turonensis*, p. 259.

1409. — HENRI DE MORLAS. Son nom figure au bas des statuts de 1409-1410 avec le titre de docteur régent.

Ord. des Rois, t. IX.

1408. — HERVÉ NICOLAS, breton d'origine, est signalé comme étudiant le droit en 1396 lors de la fondation du service de la Saint-Yves à la cathédrale. Devenu docteur, on constate sa présence en 1408 à un acte universitaire. Il enseignait le droit canon dans les écoles du Petit Palais en 1429 lorsque la bibliothèque y fut transférée, et mourut au mois d'octobre 1433, après avoir légué quelques livres à ses confrères du Chapitre. Il était depuis 1410 archidiacre d'Outre-Loire.

Le nom D'HERVÉ, dit L'ABBÉ, se trouve être, vers le même temps, celui d'un membre de l'Université, député par elle au concile de Constance en 1414 et qui y siégea les deux années suivantes, comme le constatent des pièces que Pierre Rangeard a recueillies. Il était en 1422 archidiacre de Saint-Pol-de-Léon d'après le même auteur. — Il nous semble possible que ces deux Hervé ne soient qu'un seul et même personnage, les faits relatifs au second se plaçant bien dans les intervalles que laisse la carrière du premier, telle que nous la connaissons.

P. Rangeard, *V.* la table analytique. — Dom Lobineau, *Preuves de l'Histoire de Bretagne*, p. 983, et *passim.* — Arch. de M. et L. G. 342 et 1180. — Bibl. d'Angers, Mss. 655, p. 99 ; id. 665 ; id. 689 ; id. 1004, t. X.

1398 ou 1399 † 1422. — THOMAS GIROU, succéda à Brient-Prieur comme maître-école en 1412 et mourut dix ans après. — *V.* sa notice dans notre livre Ier, p. 70.

Vers 1406. — THIBAULT LE MOINE, évêque de Chartres en 1424 et mort en 1441, avait étudié à l'Université d'Angers dans sa jeunesse, ainsi qu'il résulte d'un demêlé qu'il eut alors avec les agents du fisc et que Rangeard a raconté. Il avait été ensuite reçu docteur en l'un et l'autre droit. S'il n'est pas certain qu'il ait professé, il avait cependant de grandes attaches à la ville, où était fixée une partie de sa famille, et il le montra par ses dispositions testamentaires.

Hist. de l'Univ., t. Ier, p. 426-430. — *Gallia christiana*, t. VIII. — Biblioth. d'Angers, mss. 690 et 692.

1415. — THIBAULT LE ROI, professeur en 1415 et 1417 devint en 1428 avocat du roi à la sénéchaussée d'Angers. Il enseignait dans une maison de la Chaussée-Saint-Pierre.

Biblioth. d'Angers, mss. 1027, p. 37 ; id. 1004, t. XI.

1422. — JEAN DE BERNÉ, — Régent en droit civil. Nous notons qu'un J. de Berné fut abbé de Saint-Serge, de 1446 à 1466, et devint ensuite évêque de Chichester en Angleterre ; c'est peut-être le même que notre docteur.

Dict. hist. de l'Anjou, t. Ier, p. 323 — *Gallia Christiana*, t. XIV, p. 652.

1429. — RAOUL LE MITIER, chanoine de Saint-Maurice et professeur en droit civil exerçait déjà depuis quelques temps en 1429, lorsque la maison de la Chaussée-Saint-Pierre où il enseignait devint le local de la bibliothèque de l'Université. Il fut désigné par cette compagnie en 1432 pour la représenter au concile de Bâle, mais il déclina cette mission.

G. Ménage, *Vita Matth. Menagii*, p. 7-8. — Arch. de M.-et-L. G 1180.

1414 † 1465. — JEAN BOHALLE, docteur régent dès 1414, appartient tout à la fois à l'ancienne Université et à la nouvelle, sous laquelle il exerça le premier les fonctions de maître-école, depuis 1432 ou 1437 jusqu'à sa mort. Il faut noter que, en 1445, le nombre des professeurs n'étant pas complet, il figura dans une cérémonie en sa première qualité. — On trouvera dans notre livre Ier, p. 71-74, le détail de ses différents actes et l'indication des sources.

1434. — JEAN BERNARD, qui devint archevêque de Tours en 1442 et mourut en 1466 âgé de quatre-vingts ans, était depuis longtemps pourvu d'un canonicat dans l'église d'Angers, lorsqu'il succéda en 1434, comme grand archidiacre, à Thibault Lemoine devenu évêque de Chartres. On s'accorde à dire qu'il fut professeur en droit : « Utrumque jus docuerat » dit la *Gallia christiana*. Pierre Rangeard affirme que ce fut à Angers, et la chose est vraisemblable ; mais il se trompe en croyant le reconnaître dans un homonyme, son parent peut-être (car cette famille est d'Anjou), qui avait figuré en 1398 parmi les écoliers de l'Université dans l'affaire du maître-école. Il ne réfléchit pas que celui dont il parle ne pouvait avoir alors que douze ans au plus. Nous supposons que l'enseignement de Jean Bernard a dû avoir lieu de 1434 à 1437 environ. Il revint à Angers comme métropolitain, pour y présider, en 1448, un concile provincial où siégèrent plusieurs membres de la Faculté à laquelle il avait appartenu, et particulièrement Jean Bohalle. (*V.* notre livre Ier p. 72 et 73).

Hist. de l'Université, t. I, p. 389. — *Le livre de Guillaume Le Maire*, éd. de M. C. Port, p. 536. — Barth. Roger, *Hist. d'Anjou*. p. 382. — Maan, *Sanct. eccles. Turonensis*, p. 172, 173. — Biblioth. d'Angers, mss. 858, p. 697 ; 919 ; 1027, p. 13 et 16 ; et 1067, p. 39.

1437. — CLAUDE LIGER. C'est sur la foi des deux Pocquet de Livonnière, de Pierre Rangeard et de J. Fr. Bodin, que nous inscrivons Liger sur la liste de nos professeurs. Chopin et Ménard ne lui donnent pas ce titre, tout en reconnaissant son mérite comme jurisconsulte (1). On ne sait rien de bien certain sur sa famille ni sur sa vie. Quant au premier point, tout se réduit à des conjectures de G. Ménage qui le mêle par deux fois à ses généalogies angevines, et à une note obscure de Jacques Rangeard (2) répétée par Pocquet de Livonnière. A-t il, d'autre part, été lieutenant du Sénéchal d'Anjou en 1437 ? Antoine Loysel et son annotateur Eusèbe de Laurière l'appellent seulement « un praticien Angevin (3). » Un savant magistrat de Paris, qui vient de consacrer à la question un examen approfondi, la résout négativement : « Ce n'est pas. dit-il, dans les hautes
» fonctions de la magistrature angevine qu'il faut chercher Claude
» Liger...., c'est parmi les magistrats d'un rang un peu secondaire....
» C'est dans une de ces fonctions utiles, mais un peu effacées, qu'il a
» pu, en même temps qu'il rendait d'incontestables services à ses con-
» citoyens, nous léguer un des monuments les plus remarquables et
» les plus importants du droit français au xve siècle. » L'auteur avait dit précédemment que l'ouvrage de Cl. Liger « est un texte d'une
» valeur égale à celle du *Grand Coustumier de France*, ou de la
» *Somme rurale*. »

Nous renvoyons aux deux premiers volumes de l'importante publication que nous venons de mentionner. Elle est due aux soins de M. Beautemps-Beaupré, vice-président du tribunal civil de la

---

(1) Voici les textes de ces deux écrivains : René Chopin, t. Ier, p. 46. *Remarques communes sur les coustumes* (partie III, quest. 1re). « J'ay encore
» en main un livre des dites Coustumes dressé particulièrement, en l'an 1437,
» par maitre Claude Liger, lors lieutenant du sénéchal d'Angers, lequel m'a été
» presté par Jean Louet, qui l'avait trouvé en la bibliothèque de son père,
» Me Clément Louet, naguères lieutenant du sénéchal d'Angers, et est intitulé :
» *Ce sont les Coustumes d'Anjou et le Maine intitulées selon les Rubriches du
» Code*. »
Claude Ménard, *Pandectæ*, ms. 875 de la Bibl. d'Angers, t. II, fol. 220 v°. —
« Claudius Liger vicarius Andeg. præfecturæ cujus liber est collectio prima, formataque in corpus, consuetudinum nostrarum sub anno Dⁿⁱ MCDXXXVII, quæ habuisse se refert Chopinus, mss. possidetque nunc patronus causarum in foro Andeg. Courtin cujus beneficio librum legimus. »
(2) Ms. 892 de la Bibl. d'Angers (Analyse et extraits des reg capitul. de la cathédrale, à l'année 1454). — Ms. 1027. p. 10.
(3) *Institutes Coutumières*, éd. de Paris, 1846. (V. la table des matières.)

Seine : *Coutumes et institutions de l'Anjou et du Maine antérieures au XVIe siècle*, 4 vol. in-8º. Le second volume, actuellement en cours d'impression, doit reproduire intégralement le manuscrit de Cl. Liger, en tête duquel on lit : « CI SONT LES COUSTUMES D'ANJOU ET DU MAINE INTITULÉES SELON LES RUBRICHES DU CODE (1). »

Cl. Gabriel Pocquet de Livonnière possédait au XVIIIe siècle l'exemplaire, original peut-être, de ce manuscrit (2). Il avait tenté de le faire imprimer et manifestait l'espoir qu'un de ses successeurs dans la chaire de droit français, réaliserait cette tâche et publierait l'ouvrage avec des notes.

Voici, du reste, en grande partie, le passage de son Histoire de l'Université d'Angers dans lequel il exprime son opinion sur le livre :

« On voit par le titre que Liger a suivi l'ordre du Code. A la fin de
» plusieurs articles, il dit : *Concordat lex*. Il y a plusieurs articles où
» Liger a mis une glose, preuve qu'il y avait déjà un texte certain
» antérieur ; car s'il eût composé un ouvrage de sa tête, il n'eût pu
» indiquer la glose du texte ; il eût tout mis d'une même teneur,
» comme ont fait Phil. de Beaumanoir, Jean Boutillier et autres qui
» nous ont donné des ouvrages méthodiques.

» Les définitions de Liger sont exactes et excellentes, fors un petit
» nombre. La science a eu ses viscissitudes ; le bon sens a été de tout
» temps. Il n'y avait pas grandes doctrines dans ces temps-là, mais
» il y avait un bon sens que les passions n'altéraient guères, que
» l'expérience fortifiait.

» Il y a apparence que Liger avait dicté cet ouvrage dans les
» Ecoles. Dans ce cas, il serait le père des professeurs de droit fran-
» çais, et nos Ecoles seraient les premières où on l'aurait enseigné.
» Nous verrons en parlant d'Eguinard Baron qu'il est le second qui en
» ait donné des leçons.

---

(1) *V.* M. Beautemps-Beaupré, ouvrage cité, t. Ier, p. 7, et t. II. — Nous ne saurions remercier assez le jurisconsulte érudit de la courtoisie avec laquelle il nous a accueilli, nous a communiqué le manuscrit qui a servi de base à ses études, et à répondu à nos questions sur l'auteur et sur son œuvre. Nous laissons à la gratitude des lecteurs angevins le soin de louer son travail et de lui payer la plus grande partie de notre dette.

(2) L'éditeur moderne, M. B.-B., a vérifié que les citations du texte de Liger ne sont que des emprunts faits à la coutume glosée, rédigée en 1411, et que lui-même a publiée dans son premier volume d'après un manuscrit appartenant à la cour de cassation.

» La principale observation à faire sur Liger est le trop fréquent
» usage des serments introduits par les juges ecclésiastiques afin de
» saisir leur tribunal. Ces serments étaient si usités qu'il est vraisem-
» blable qu'il se faisait bien des parjures (1). »

A défaut du manuscrit primitif, autographe ou non, de Liger, la bibliothèque d'Angers conserve, sous le n° 333, un exemplaire de la Coutume de 1458-1462, que les Pocquet possédaient et dans lequel le fils a renvoyé perpétuellement à la marge, tant aux Etablissements de Saint-Louis, à un manuscrit de la Coutume de 1385 probablement, et à son texte imprimé de 1498, que, tout particulièrement, à l'ouvrage de Claude Liger.

V. outre les ouvrages ci-dessus : *Dict. hist. de l'Anjou.* — Bibl. d'Angers, ms. 1027 (de Pocquet), p. 10; id. 68-70. — *Hist. de l'Université d'Angers* (de Rangeard), t. Ier, p. 161-165 de l'éd. de M. Alb. Lemarchand. — G. Ménage, *Remarques sur la vie de Pierre Ayrault*, p. 177 et 219. — J.-Fr. Bodin, *Rech. sur l'Anjou*, t. Ier, p. 108-109 ; II, 242 et suiv.

1437. — JEAN PRIVÉ, prit part avec plusieurs de ses collègues au renouvellement par l'Université d'une fondation faite à la cathédrale pour l'office de la Saint-Yves (c'était, on le sait, le patron des jurisconsultes et avocats). Le même professeur se retrouve au mois d'août de la même année, obligé à faire réparation au Chapitre pour une affiche manuscrite dans laquelle il a tourné en ridicule les priviléges de l'église d'Angers.

Biblioth. d'Angers, mss. 656, t. II ; 1029, t. Ier. Pièce sur parchemin.

1437 ╬ 1453. — JEAN JOUSSE ou Jean Jocale, appelé aussi J. Jocerale, fut professeur ès-lois en même temps que J. Bohalle, avec qui on l'a quelquefois confondu, mais après lequel il figure dans différentes occasions. — On le trouve compris dès 1433 parmi les chanoines de Saint-Jean-Baptiste. Devenu chanoine de la cathédrale, il est chargé par le chapitre, le 23 février 1435, de haranguer le roi René qui succède à Louis III comme duc d'Anjou. En 1438 il participe à l'élection de

---

(1) C'était, dit l'auteur, le seul exemplaire qui existât en Anjou ; mais il en avait un autre à Paris, celui dont parle Chopin, comme lui ayant été communiqué par le fils de Clément Louet, et qui après avoir passé par les mains de plusieurs savants avocats angevins, Loyauté, Chappé, de Launay, Loger, était au commencement du XVIIIe siècle dans la bibliothèque du chancelier D'Aguesseau. M. Beautemps-Beaupré paraît penser que c'est celui-là même qui appartient aujourd'hui à la Bibliothèque nationale et qu'il va prochainement publier.

l'évêque Jean Michel. Il siége dix ans après, avec le titre d'archiprêtre (c'est-à-dire de curé de Saint-Maurice), au concile tenu à Angers par l'archevêque de Tours. Il était depuis deux ans remplacé dans sa chaire au moment de sa mort, à l'époque ci-dessus marquée.

Biblioth. d'Angers, mss. 673, 675, 857 et 892 ; 1029 t. Ier. — G. Ménage, *Vita Matth. Menagii*, p. 96.

Vers 1410 † 1490. — GUILLAUME FOURNIER fils de Jean Fournier, juge ordinaire d'Anjou, était né en 1415 ou 1416, s'il est vrai que n'ayant pas encore quatorze ans accomplis, il fut pourvu avec dispense d'âge, en 1430, du canonicat de Saint-Sébastien à la cathédrale. Il occupa plus tard dans la même église les plus hautes charges ou dignités et y devint successivement archidiacre d'Outre-Loire, pénitencier, puis trésorier. On ne sait pas l'époque de sa régence, qui probablement ne fut pas de longue durée ; mais en 1483, étant déjà octogénaire, il prit encore une fois rang parmi les professeurs dans une séance de l'Hôtel-de-Ville. Les témoignages varient sur l'année de sa mort. Nous suivons celui de Guillaume Oudin, un contemporain, en la plaçant au mois d'octobre 1490. Ce chroniqueur constate la présence de l'Université tout entière à ses obsèques qui furent très-solennelles.

Fournier paraît avoir joué comme ecclésiastique, au milieu de sa vie, un rôle assez considérable ; car on le voit en relations avec les papes et les rois, auprès desquels il remplit différentes missions plus ou moins délicates. Nous devons en outre noter l'appui qu'il donna dans le Concile d'Angers à ses confrères les chanoines, que le maître-école avait accusés de paresse et d'ignorance. L'assemblée lui donna gain de cause et Jean Bohalle dut se rétracter ou, tout au moins, s'expliquer.

Dict. hist. de l'Anjou. — Biblioth. d'Angers, mss. 628, t. III, p. 602 et suiv ; 658, 857, 1027. — Reg. de la mairie d'Angers, mai 1483. — *Revue de l'Anjou*, année 1857, t. II, p. 74-75. — G. Ménage, *Vita Matth. Menagii*, p. 97 et 98. — V aussi notre livre Ier, p. 72, 73, où nous avons reproduit le procès-verbal de la séance du concile de 1448.

Vers 1445. — REGNAULD CORNILLEAU, de la famille évidemment du professeur du même nom qui avait été en 1398 official de l'évêque Hardouin du Bueil, exerça les mêmes fonctions, et fut en outre, de 1445 à sa mort, doyen de la cathédrale. Il figure la même année, lui troisième, parmi les docteurs régents et paraît avoir conservé pendant dix ans au moins ces fonctions. C'est à son titre de jurisconsulte qu'il fit partie, en 1448, d'une commission chargée par le roi René de rédiger les statuts de son ordre du Croissant Sa mort est du 1er septembre 1462. L'Université que ce *fameux professeur*, (ainsi l'appelle Pocquet de Livonnière) avait honoré, se chargea des frais de ses funérailles.

Bibl. d'Angers, mss. 673, 857, 892, 1004, et surtout 1027, p. 30 et 33.

1445 † 1466. — PIERRE HUGUET, breton probablement et docteur en l'un et l'autre droit, prit part en 1437 et en 1445 aux fondations et assemblées universitaires qui ont été plusieurs fois mentionnées. Il était à la dernière date le quatrième et dernier des professeurs. En 1459, il devint doyen de l'église Saint-Pierre par suite de l'échange avec son collègue J. Bohalle d'un canonicat qu'il possédait à Rennes.

Biblioth. d'Angers, mss. 690, 692 ; id. 1020, t· Ier. — Hiret, *Antiquités d'Anjou*, p. 439.

1448. — JEAN DE LA MOUSSAYE, chanoine de Saint-Pierre, puis de Saint-Maurice, était dans cette année même docteur *in utroque* et professeur actuel. C'est à ces titres qu'il siégea au concile d'Angers. Il mourut en 1461.

Biblioth. d'Angers, mss, 673 et 692· — G. Ménage, *Vita Matth. Menagii*, p. 96.

1448. — JEAN DE LA REAULTÉ, fils de Gilles de la R. juge ordinaire d'Anjou et du Maine, né vers 1411 et mort en 1481, était en 1437 maître ou régent aux écoles de Châteaugontier. Il obtint le 4 novembre de cette année une permission de s'absenter pour affaires (1), et peut-être ne retourna-t-il pas à son poste, soit qu'il eût commencé à courir la carrière des bénéfices (il était prêtre du diocèse de Rennes), soit qu'il se soit dès lors livré aux études de droit qui devaient occuper sa vie. On le voit, en effet, après 1440 avocat à l'officialité d'Angers. En 1443, il dispute un canonicat de Saint-Laud et l'obtient en 1448 ; il devait le conserver pendant trente ans environ. C'est dans les registres de ce Chapitre qu'il nous est d'abord signalé

---

(1) Nous trouvons dans un *Compte-rendu au Parlement* par l'abbé Terray, le 6 avril 1764, le document suivant relatif au collége de Châteaugontier.

Permission donnée, le 4 novembre 1437, par les dits chanoines (de St-Just), à Jean de la Reauté, fils du juge de la ville d'Angers, de s'absenter desdites écoles pour quelques affaires, à la charge de retourner au dit collége dans le temps porté par ledit acte de permission, faute de quoi le Chapitre pourra, ledit temps passé, présenter, nommer et instituer en sa place un autre maître d'école. » — *Recueil par ordre de dates des arrêts du Parlement en ce qui concerne les ci-devant jésuites*, t. VII, p. 35.

comme docteur régent en l'Université. Il remplit pour celle-ci, en 1452 et 1453, une mission importante, ayant été choisi avec Jean Bohalle comme député à l'assemblée de Bourges pour les affaires de la pragmatique sanction. On le qualifie à cette occasion : « legum doctor excellentissimus, » et on lui alloue quarante sols tournois par journée d'absence (1). Son professorat dura tout au plus six ou sept années. Il suivit ensuite le barreau de Paris et, n'ayant pas tardé à s'y placer aux premiers rangs, il fut un des consultants qui eurent à se prononcer sur la révision du procès de Jacques Cœur entreprise, au commencement du règne de Louis XI, à la prière des fils de l'ancien trésorier. Son avis se trouve analysé dans le t. XX du recueil de l'académie des inscriptions. Répugnant à un blâme pour la mémoire de Charles VII et pour les premiers juges de la cause, il conseilla de préférer une restitution gracieuse des biens confisqués à une réhabilitation judiciaire. Si son opinion, qui ne satisfaisait pas les rancunes du nouveau roi, ne fut pas adoptée, elle ne mit pas, du moins, obstacle à sa fortune. Il devint en 1468 Conseiller au Parlement et il y était, quatre ans plus tard, Président des enquêtes. Les dignités ecclésiastiques ne lui manquèrent pas non plus. Le Chapitre de la cathédrale, après l'avoir, en 1466, donné pour doyen à celui de Saint-Pierre, le reçut en 1473 comme un de ses chanoines et, en raison de son séjour à Paris où le retenaient ses fonctions judiciaires, le dispensa d'une partie de la résidence obligée ; la haute Cour avait sollicité pour lui cette faveur très-exceptionnellement accordée. Ce magistrat qui, depuis 1456, n'habitait guère Angers que pendant les deux ou trois mois de vacances, parait y être demeuré plus habituellement vers la fin de sa carrière. En 1478, ses collègues de la cathédrale, alors en lutte avec l'évêque Jean de Beauveau, le chargent de porter la parole pour les remontrances qu'ils entendent adresser au prélat. Le 22 novembre 1480, on le trouve nommé parmi les conseillers du roi Louis XI, qui assistent, en son nom, au serment des gens de la Chambre des Comptes d'Angers. Son testament, daté du 19 octobre 1481 et qui précéda sa mort de dix jours, est aux Archives de Maine-et-Loire. Il y prend les titres de « Presbyter, inter legum doc-

---

(1) On lit ce qui suit dans un Extrait des registres et comptes de l'Université, à la date du 20 juin 1452 : « Centum scuta vener. et circumsp. Johanni Bouhalle scholastico andeg. utriusque juris et Joan. de la Reaute legum doctoribus, ambassiatoribus et nuntiis de parte et authoritate dictæ Universitatis in congregatione ecclesiæ gallicanæ authoritate regia Biturris congregata et in proximum convocanda pro quolibet die cujuslibet ipsorum 40 solid. »

» tores minimus, insignis ecclesiæ andegavensis canonicus indignus. »

Moreri. — *Dict. hist. de l'Anjou*, de C. Port. — Arch. de M. et L. D 7, p. 148 ; id. E 342 ; id. G 913. — Biblioth. d'Angers : mss. 638 ; 681 ; 692 (Ext. capit. de J Rangeard) ; 1027, p. 1 et 35, et 1067, p. 305, (tous deux de Pocquet de Liv.) — *Jacques Cœur*, par P. Clément, t. II, p. 412. — *Le roi René*, par Lecoy de la Marche, t. II, p. 404.

1452 † 1465. — JEAN BELLANGER. En 1451 la ville lui fit don d'une somme de 50 livres pour l'aider à supporter les frais d'admission à la régence, où il était destiné, à remplacer Jean Jocale ou Jocerale. Il prit, quelques années après, une assez grande importance et rendit différents services. En 1461, il fut député avec plusieurs notables vers le roi que la sédition populaire dite *la tricoterie* avait irrité. En 1464 il dut se rendre auprès du roi René, qui était alors en Provence, pour les affaires de son corps et celles de la Cité, et obtint à cet effet une dispense de résider du Chapitre de Saint-Martin dont il était membre. Il devint la même année Chanoine de la cathédrale et mourut en 1465. — Il ne faut pas le confondre avec un autre Jean Bellanger, son neveu probablement, aussi docteur en droit, mais non professeur, et qui fut pourvu de 1484 à 1512 de hautes dignités ecclésiastiques.

Arch. anc. de la mairie d'Angers, CC 4, fol. 91. — Bibl. d'Angers, mss. 687, 857, p. 321. — *Revue d'Anjou*, année 1853, p. 270, et 1857, p. 2.

1461. — JEAN LENFANT, avait été doyen de la Faculté de droit civil, puis recteur de l'Université de Caen dans les années de sa formation en 1439 et 1440 ; il s'était ensuite attaché au duc d'Alençon qui l'avait fait son chancelier. Lors de la première condamnation de ce prince, dit Gilles Bry, « me Jean Lenfant, homme d'une grande vertu plein, voyant » ainsi son maître opprimé, se retira en l'Université d'Angers, où il » fut honorablement reçu par ceux de ladite Université et fait docteur » régent ; sous lequel profitèrent moult les escolliers du temps, et » après y avoir été aucun temps, il s'endormit en notre Seigneur. » G. Pocquet qui mentionne son séjour vers l'année 1461, dit avoir constaté sa présence dans les comptes de l'Université de 1472.

Biblioth. d'Angers, ms. 1027, p. 30. — *Histoire des comtes d'Alençon et du Perche*, p. 340. — Jules Cauvet, *Le Collége des droits de l'Université de Caen*, p. 23, 24 et 171. — De la Rue, *Essai hist. sur la ville de Caen*, t, II, p. 136, 137.

JEAN DE MONTIGNY, docteur en décret, qui fut dès 1454 conseiller au Parlement et qui, suivant son épitaphe, était chanoine de Notre-Dame de Paris et archidiacre, paraît avoir exercé temporairement à

Angers. G. Pocquet le mentionne vers l'année 1461 et ajoute, en s'appuyant sur un historien de son temps : « Quand les vénérables » docteurs qu'on choisissait pour conseillers de robe longue dans le » l'arlement, n'étaient pas payés de leurs gages, ils retournaient ensei- » gner dans les Universités. C'était la ressource ordinaire de ces juris- » consultes qui avaient plus de mérite que de fortune. »

Ms. 1027, p. 30. — Blanchard, *Conseillers du Parlement de Paris*, p. 23.

Après 1453. — GUILLAUME DE QUIERLAVOINE, était du Maine, et par conséquent de la nation de ce nom dans l'Université. Élu recteur en 1453, alors qu'il n'était encore que licencié, il prit lors de la sépulture d'Isabelle de Lorraine, femme du roi René, la préséance sur l'évêque du Mans à la cathédrale; ce dont l'Université l'approuva et fit dresser procès-verbal par le Conservateur de ses priviléges. Il devint professeur quelques années après et mourut en 1480.

Biblioth. d'Angers, mss. 1027, p. 21 et 24; id. 1137. — G. Ménage, *Remarques sur la vie de son père*, p. 371, et *Histoire de Sablé*, 2e partie, p. 115, 116.

1462. — JEAN RABINEAU, official et vicaire général de l'évêque en 1461 et 1462, est qualifié dans son épitaphe docteur ordinaire en l'Université. Il fut enterré dans l'église de Saint-Serge, soit qu'il fût ou non bénédictin, en 1463, année de sa mort. — Pocquet proteste à cet égard qu'il n'y a pas d'exemple qu'un religieux ait régenté dans les écoles publiques d'Angers; il suppose donc que ce professeur aura pris le froc après avoir quitté sa chaire.

Mss. 871, p. 113 (de Bruneau de T.). *La Trinité*, dernière partie; id. 1027, p. 33.

Avant 1464 † 1493. — LOUIS LECORNU, « prêtre, natif du pays du Maine, en son vivant docteur régent en l'Université d'Angers et chanoine des églises de Saint-Pierre et de Saint-Maurille d'Angers, aussi aumônier de l'aumônerie de Saint-Michel d'Angers, curé au Maine, chapelain de Saint-Maimbœuf d'Angers, » tels sont les titres que lui donne Guillaume Oudin, en constatant dans son manuscrit le décès de ce docteur régent. Son exercice dura de trente à quarante ans, ayant commencé probablement peu après l'année 1455 dans laquelle on le voit curé de Saint-Lambert-du-Lattay et déjà licencié. Il était, lors de la construction du bâtiment des Grandes-Écoles, qui eut lieu de 1472 à 1477, le plus ancien des professeurs actuels. L'événement le plus marquant de sa vie est l'exil qu'il subit en 1474 et années suivantes, pour avoir,

ainsi que plusieurs notables, murmuré contre l'ordonnance de Louis XI relative à la mairie d'Angers. L'écrivain que nous avons cité tout à l'heure mentionne le fait en nommant expressément notre professeur : « Les murmurans furent fors bannis de ladite ville d'Angers par long-
» temps ; mais depuis furent faits retourner, dont l'un avait nom
» messire Lecornu, docteur régent. » Pocquet de Livonnière, qui saisit cette occasion de vanter le courage du docteur comme celui d'un Caton, croit que son exil dura jusqu'en 1483 à la mort du Roi ; mais il se contredit, en constatant d'autre part sa présence à l'élection faite en 1479 par le chapitre d'Auger de Brie pour évêque. La mort de Lecornu est rapportée par Oudin au 11 août 1493.

Arch. de M. et L. G 1100. — Bibl. d'Angers, mss. 658 ; id. 687 ; 692 ; 1027 (de Pocquet) p. 39, 40 et 52 à 54. — *Revue d'Anjou*, de 1857, *Manuscrit de Guillaume Oudin*, t. Ier, p. 11 ; II, p. 81, 82.

Vers 1464 † 1497. — GUILLAUME LÉVÊQUE. L'entrée en fonctions de ce docteur régent est à peu près de la même date que celle de Louis Lecornu, et prêtre, ainsi que lui, il eut aussi sa bonne part des dignités d'église. Voici son extrait mortuaire tel que le rédige Guillaume Oudin que nous avons déjà cité : « Feu messire Guillaume Lévesque, en son vivant docteur régent en l'Université d'Angers, archidiacre d'entre Sarthe et Mayenne et chanoine de Saint-Jehan-Baptiste d'Angers, curé de Saint-Sylvin près Angers, décéda de ce monde en l'autre le mardy dix-huitième jour d'avril, l'an 1497, après Pasques, et le mercredy en suivant fut ensépulturé en la chapelle de Monsieur Saint-Georges de la diste église de Saint-Jehan l'évangéliste d'Angers. » Quoique Ménage, dans son histoire de Sablé paraisse le considérer comme étant du Maine, ce fut la ville d'Angers qui fit en partie les frais de sa doctorande. On lit en effet dans un registre de la mairie cette analyse d'une pièce perdue : « 18 juillet 1464 : mandement au fermier de la cloison
» de payer la somme de 100 francs à Guillaume Lévesque, licencié ès-
» loix pour se faire docteur de la nation d'Anjou. » Son humeur paraît avoir été pacifique et son assiduité constante. On le trouve nommé dans plusieurs pièces pour les dernières années de sa vie (1490 et 1491), comme régentant à l'ordinaire l'un et l'autre droit et, particulièrement, le droit canon.

Rég. de la Mairie avant 1700, I, 7, p. 210. — Arch. de M. et L., Chap. de St Jean Baptiste, G 645, fol. 2. — Bibl. d'Angers, mss. 675 ; 1027, p. 61 ; 1029, T. Ier. — Ménage, *Hist. de Sablé*, 2e part., p. 82. — *Revue de l'Anjou*, 1857, t. II, p. 84.

JEAN DE LAILLÉ, chanoine de la cathédrale dès 1442, est qualifié docteur et professeur *in utroque* dans son testament daté du 18 juin 1867.

Arch. de M. et L. G 342. — Biblioth. d'Angers, ms. 628, t. III, p. 720, 721.

1465. — JEAN BINEL, neveu d'un autre J. B. qui était procureur du roi René, et fils d'Olivier Binel juge d'Anjou, succéda à leurs charges et fut un des personnages importants de son temps. Il y a deux parts à faire dans sa vie : l'une pour l'administrateur et le politique, l'autre pour le jurisconsulte. Nous nous bornons pour la première à constater que notre professeur siégea comme député de l'Anjou aux Etats de 1467 et qu'il fut maire d'Angers en 1486, et nous renvoyons pour le surplus aux histoires de la province et spécialement au dictionnaire de M. C. Port. Quant à l'autre, nous ne décidons pas si ce fut lui, plutôt que son oncle, qui fut en 1448 sénéchal de l'abbaye de Saint-Aubin, et nous hésitons même entre les deux, pour ce qui est de la collaboration à la rédaction des statuts de l'ordre du Croissant; mais nous serions plus affirmatifs pour ce qui est de la révision de la coutume d'Anjou exécutée de 1458 à 1462. C'est, en effet, vers cette époque que le rôle de notre J. Binel commence à s'accentuer. Guillaume Oudin, dont nous avons plusieurs fois déjà cité la chronique, a célébré en vers tels quels la solennité de sa réception comme docteur en droit civil qui eut lieu le 18 novembre 1465. A partir de ce moment il prit une part considérable dans les affaires de l'Université et l'on peut croire que la construction des Grandes Ecoles, poursuivie pendant cinq ans et qu'il inaugura en tête de ses collègues à la reprise des cours de l'année 1477, fut due en grande partie à son initiative. Au commencement du règne de Charles VIII, et durant son mairat deux ans plus tard, il rapprocha la ville de l'Université qui combattait l'attribution faite par le précédent roi de la conservation de ses privilèges aux chefs de l'administration municipale. Il mourut à Tours en 1491 et son corps ramené à Angers y fut enterré en grande pompe. Il est à remarquer que c'est le premier de nos professeurs qui se soit marié, usant ainsi de la permission que le cardinal d'Estouteville n'avait, paraît-il, donnée expressément qu'aux seuls docteurs en médecine. La bibliothèque d'Angers possède, sous le n° 325, un manuscrit in-4° qui lui a appartenu et qui témoigne, malgré la modestie de son propriétaire, du goût studieux de celui-ci pour la jurisprudence. Il a écrit, au f° 129 v°,

ces simples mots : « Pro me Johanne Binel legum minimo doctore. »
Ce sont, pour ne citer que les principaux ouvrages que contient le
volume, les Institutes de Justinien avec des notes de Barthole et le
Traité des fiefs d'Accurse.

Moreri ; *Dict. Hist. de l'Anjou*, de C. Port. — Pocquet de Livonnière, *Hist. de l'Université*, ms. 1027, p. 51-52 et 40. — *Illustres d'Anjou*, du même, ms. 1067, p. 35. — *Ordonnances des Rois*, t. XIX p. 362. — G. Ménage, *Vitæ P. Ærodii et Guill. Menagii*, p. 406 et 4 9.— J. Fr. Bodin, *Recherches hist. sur l'Anjou*, p. 242.

1472. — GUY LE PER figure comme docteur régent dans la transaction qui se fit pour l'achat des maisons où furent construites les Grandes-Ecoles, mais, quoi qu'en dise Cl. Pocquet de Livonnière, il n'en vit pas l'achèvement. Il paraît en effet, par un extrait des Comptes de l'Université des années 1474-1475, que l'Université fit célébrer alors pour lui un service funèbre.

Arch. de M. et L. D 7, f° 148 v°; id. G 1180.—Biblioth. d'Angers, mss. 1026 et 1027.

1472. — THIBAULT BOURGOIN, prêtre, était docteur régent lorsque la Faculté passa le bail emphytéotique pour l'acquisition du lieu où devaient être construites les Grande-Ecoles. Il n'est pas désigné comme présent en 1477 à la cérémonie de l'inauguration, quoiqu'une de nos listes retarde sa mort jusqu'à l'année 1490.

Biblioth. d'Angers, mss. 919 — Arch. de M et Loire.

1473. — JEAN PERROT, abbé de Toussaints d'Angers, est qualifié docteur en droit, quoiqu'il ne l'ait été peut-être qu'en théologie. Nous renvoyons pour ce qu'il y a à dire de lui à notre seconde Faculté, à laquelle il se rattache surtout en sa double qualité de prêtre et de prédicateur.

Gallia christiana, t. XIV, p. 712

1479 † 1492. — PIERRE LASNE, « *Petrus Asini* » qui par erreur, est nommé Pierre Laisné dans plusieurs pièces, était suivant Guillaume Oudin natif de Fougères en Bretagne. L'auteur ajoute qu'il fut chanoine des églises de Saint-Pierre et Saint-Maurille d'Angers, prieur de Saint-Jean-des-Mauvrets, curé de Loiré ; il se trompe seulement en donnant 1491 pour l'année de sa mort. Elle est du mois de septembre 1492 d'après le livre des conclusions capitulaires de Saint-Maurille. — On le voit paraître en 1479 au nombre des docteurs régents qui, à la suite de Jean Binel, sollicitent du chapitre l'élection d'Auger de Brie au siège épiscopal et, en janvier 1487 (N. St.), il accompagna avec son collègue Jean Clate les écoliers bretons venant jurer sur la croix de Saint-Laud qu'ils sont bons serviteurs du roi. Il enseignait l'un et l'autre droit, suivant le livre des anniversaires de Saint-Pierre, où il fonda un service avant de mourir, en même temps qu'il se faisait enterrer à Saint-Maurille.

Arch. de M. et L. G 1100. — Id. de la Mairie, à l'année ci-dessus marquée. — Biblioth. d'Angers, mss. 677 ; 1027, p. 49. — *Revue d'Anjou*, 1857, t. II, p. 89.

1483 † vers 1494. — MARC TRAVERS, chanoine de Saint-Jean-Baptiste à partir de 1470 et chantre de la cathédrale en 1489, a été docteur régent dès au moins 1483, où il assista en cette qualité à l'élection du maire. Il représenta ensuite son corps comme procureur fondé dans les discussions qui précédèrent l'ordonnance de Charles VIII de 1484 et rendirent à ses membres les Conservateurs de leurs priviléges dépossédés par le feu roi. Le 12 août 1486, Travers fut commis avec d'autres personnages de distinction « pour faire faire silence au jeu du » mystère de la Passion de Notre-Seigneur, » à la dépense duquel l'Université avait contribué. Le procès-verbal du Président de Hacqueville, qui est de 1494, mentionne encore son nom ; mais c'est probablement un de ses derniers actes de présence, car il ne reparaît plus ensuite. — Il faut noter que le volume des *Priviléges de la mairie d'Angers* l'appelle Marc François au lieu de Marc Travers ; c'est évidemment un nom mal déchiffré sur la charte du xve siècle qui a servi à l'impression.

Arch. de M. et L. D 7 — Id. de la Mairie d'Angers, BB 1 et 4, et aussi l'*Inventaire de M. C. Port*, p. 319. — *Ordonn. des Rois*, t. XIX, p. 362-63.

JEAN et MICHEL DU BOUCHET. — Il y a du premier nom un ecclésiastique, curé de Feneu en 1469, puis en 1483 prieur de Cheffes, et c'est probablement celui-ci, qui le 11 décembre 1490 présenta au Chapitre de Saint-Pierre son neveu Michel du Bouchet qui aspirait à la régence. Le registre capitulaire contient à ce sujet ce qui suit : « Supplicavit » Johannes du Bouschet, doctor regens in Universitate Andegavensi » quatenus iidem domini dignarentur adaptari facere cathedram in » navi in qua solent doctorari doctores habendi in Universitate, quo- » niam de proximo intendebat nepotem suum magistrum Michaelem » Du Bouschet, Deo suffragante, gradum doctoratus adipisci, offerens » solvere præterea deveria solita. » La cérémonie eut lieu environ un mois après. On en trouve la preuve dans deux conclusions subséquentes du même Chapitre et dans une de même époque du Chapitre de Saint-Maurille. Guillaume Oudin la place au 17 janvier 1490 (V. St.). Michel du B. ne demeura que deux ans et demi en fonctions. Les extraits des registres de Saint-Maurice, qui sont de la main de Jacques Rangeard, mentionnent son décès à la date du 17 août 1493, en le disant « homme de grande science et recommandation. »

Son oncle Jean du B. paraît être alors, ou du moins un peu plus tard, remonté en chaire. En mai 1497, on le voit prendre à bail emphytéotique une maison du Chapitre Saint-Maimbœuf, occupée précédemment par le professeur Guillaume Lévesque et, en 1501, il la cède à Henri de Kervarech, autre professeur. On trouve enfin le nom de Jean du B. associé à celui des docteurs régents dans la lutte de ceux-ci avec Guy Pierres, le premier maître-école de ce nom, probablement, et en 1500 ou 1503 plutôt qu'en 1518.

Arch. de M. et L. G 1100 et 1160 ; id. Biblioth. d'Angers, mss. 892. — Id. 1027. *Revue d'Anjou*, 1857, t. II, p. 76.

1485 à 1494. — JACQUES CLATE. Nous ne savons quel était son lieu de naissance et peut-être était-il breton ; mais lors de sa réception en 1485 il fut présenté à l'Université par la nation de France et celle d'Anjou lui donna vingt écus d'or pour régenter les droits. Deux ans après, il présente au serment, en compagnie de Pierre Lasne, les écoliers bretons décidés à rester fidèles à Charles VIII. En 1494, il figure un moment parmi les docteurs régents devant les Commissaires du parlement qui travaillent à réformer l'Université d'Angers ; mais il est déjà alors en marché avec les bourgeois de Nantes pour prendre la direction des études de droit dans leur Université, en et définitive, il s'y établit, grâce aux grands avantages qu'on lui fit et au titre de chancelier qui bientôt lui fut donné.

Arch. de M. et L. D 6, fol. 222, v°. — Id. de la Mairie, BB 4. — Bibl. d'Angers, mss. 1026 et 1027, p. 49. — *Revue de Bretagne et Vendée*, n° de juin 1876. — *Hist. de Nantes*, p. 187, 193.

1494 † 1515. — ANCEAU (ou Anselme) RAYNEAU, seigneur de la Chotardière. L'Université qui avait perdu depuis quelque temps plusieurs de ses professeurs, entr'autres J. Binel et Michel du Bouchet, se compléta le 13 janvier 1493 (V. St.), en recevant à la fois trois nouveaux sujets et prenant à son compte la plus grande partie des dépenses. Cela ne fit pas, paraît-il, l'affaire de ses suppôts pour qui des doctorandes successives eussent été l'occasion d'autant de fêtes. Le chroniqueur Guillaume Oudin qui s'en plaint et qui reproche aux nouveaux docteurs d'avoir été faits sous le manteau de la cheminée, indique avec soin les noms et le lieu d'origine de chacun d'eux.

Il note d'abord Anceau Rayneau qu'il dit angevin et que nous voyons en effet plus tard figurer comme envoyé par la nation d'Anjou pour une affaire qui l'intéresse. Ce professeur, qui semble avoir enseigné surtout, sinon exclusivement, le droit civil, présente cela de particulier que, allié par son mariage à une honorable famille, (il avait épousé Jeanne de la Barre, veuve de Jean du Château, échevin) et lui-même possesseur d'une terre, il représente, après J. Binel l'élément laïque, en voie de prendre place au sein de l'Université. Le choix que la ville fit de lui en 1495 pour aller « civium omnium nomine » solliciter du roi l'élection d'un parlement à Angers, montre l'estime qu'il inspirait. Il fut désigné en 1509 par ses collègues comme un de leurs députés au concile de Pise et fut le premier de leurs représentants à la séance de publication de la Coutume nouvellement révisée. Il exerçait autour de lui une influence qui se manifesta peu après son entrée en fonctions lorsque eut lieu la réforme de 1494, et pendant les longues négociations qui la suivirent. La lutte engagée devant le parlement entre les différentes Facultés ne se termina que deux ans avant sa mort par le Concordat de 1513 qu'il signa comme étant le doyen de son corps. Pocquet de Livonnière ne conteste ce fait que parce qu'il confond Rayneau, dont le nom est, du reste, estropié dans les copies manuscrites ou imprimées que nous possédons, avec un autre membre de l'Université du nom de Jacques Renaud qui n'a été professeur que quelques années plus tard. L'éloge d'Anceau R. ressort encore de ce fait que l'on songea pour son remplacement au juge d'Anjou qui était en même temps maire de la ville et que des démarches pressantes furent faite à ce sujet auprès de l'Université.

Arch. de M. et L. D, p. 222 v°; id. E 3776; id. G (Chapitre de Saint-Jean-Baptiste), au 10 juillet 1505. — Bibl. d'Angers, mss. 694 et 695; id. 723, f° XXXVI; id. 1027, p. 60 et 82. — Le *Manuscrit de Guillaume Oudin*, dans la *Revue d'Anjou*, 1857, t. II, p. 82.

1494. — NICOLLE ADAM, docteur *in utroque*, allemand de naissance, de la même promotion qu'Anceau Rayneau, signa comme lui le procès-verbal de la Coutume d'Anjou, et fut également député au conciliabule de Pise. Il ne prit qu'une part à peu près passive, tant à la réformation de l'Université qu'au concordat de 1513 qui eut lieu de son vivant. Pocquet place son remplacement en 1522 seulement ; mais on ne trouve plus son nom dans les pièces à partir de 1514. — Il était prêtre, à en juger d'après plusieurs missions qu'il eut à remplir, mais il ne parait avoir eu ni canonicat, ni autre dignité ecclésiastique.

Le Manuscrit de Guill. Oudin, p. 82, 83. — Biblioth. d'Angers, mss. 919; 1027, p. 130 et 131 ; id. 1027, p. 41, 87 et 88. — Arch. de M. et L. D 7, 222 v°.

1494 † 1534. — MICHEL PASSIN, originaire du Maine, entré en fonctions en même temps et dans les mêmes conditions que les deux précédents et d'ailleurs docteur en l'un et l'autre droit. Sa carrière fut plus longue que celle de ses collègues. Il fut présent comme eux à l'assemblée tenue pour la promulgation de la coutume d'Anjou. Il était prêtre, et fut désigné un moment, en 1498, pour l'archidiaconé d'Outre-Loire; mais sa nomination ne fut pas confirmée. Il comparut comme témoin dans une enquête au nom de l'évêque Fr. de Rohan. En 1519, il devint chanoine de la collégiale de Saint-Pierre. Nous le voyons dispensé comme tel d'assister à l'office avec ses confrères, les matins où il ferait personnellement leçon dans les écoles. Il continua sa tâche de professeur jusqu'au 16 décembre 1532 et se fit, à partir de ce jour, suppléer par Michel Commeau son neveu, mais sans renoncer à son titre ni à ses droits de professeur. Il avait 74 ans à l'époque de sa mort, deux ans plus tard environ. Pocquet, en la notant, fait l'éloge de son caractère non moins que de son assiduité : il y aurait à faire des réserves sur le premier point, en tenant compte de l'ardeur déployée au commencement du siècle par M. Passin pour défendre contre les docteurs en théologie les priviléges de sa Faculté.

Le Manuscrit de Guill. Oudin, p. 83. — Biblioth. d'Angers, mss. 857 ; id. 1004, t. XI ; id. 1027, p. 55. — Arch. de M. et L. 7, p. 222 v°; G 1160, f°⁵ 334 et 336; id. 1062.

RENÉ et ROLAND DE LA BARRE, tous deux successivement abbés de Melinais, le premier de 1477 à 1502 et l'autre, son neveu, de 1502 à 1518 sont signalés par leurs épitaphes comme professeurs. Il est dit même du second qu'il enseignait le droit canonique : *Juris pontificii interpres.* — L'abbaye de Melinais était située sur les confins du Maine et de l'Anjou dans le voisinage de Clefs, mais elle avait un domaine aux portes d'Angers, et un hôtel au centre de la ville.

Roland de la B. assista comme chef d'ordre à la révision de la coutume d'Anjou.

Dict. hist. de l'Anjou. — Arch. de M. et L. — Biblioth. d'Angers, mss. 673, 871 ; id. 892 ; id. 919. — Blordier Langlois, *Angers et l'Anjou,* procès-verbal de la Coutume d'Anjou.

1502 † 1540. — HENRI DE KERVARECK OU DE KERVERRET. Il était prêtre et du diocèse de Vannes. Reçu docteur le 3 mai 1497, il fut nommé par le Chapitre de la cathédrale le 19 avril 1499 conseiller à l'élection du successeur de Jean de Rély sur le siége épiscopal d'Angers. Il semble qu'il ait encore attendu une chaire de professeur pendant quelques années, et jusqu'en 1502, où il figure avec ce titre dans les démêlés qui eurent lieu alors entre les diverses Facultés. Il est reçu dans le même temps chanoine de Saint-Pierre, et ce fut comme représentant de ce Chapitre qu'il siégea en 1508 dans l'assemblée tenue pour la promulgation de la nouvelle coutume d'Anjou. Il est désigné par Pocquet de Livonnière comme ayant donné ses soins à un manuel d'étude du droit intitulé *Vocabularius juris utriusque,* que publièrent en 1512 à Rouen trois libraires des Universités d'Angers et de Caen, et qui n'était que la réimpression de deux ouvrages du XIVe siècle. Ayant décrit ce volume dans un article spécial de la *Revue de l'Anjou,* (1875, p. 210 à 212), nous nous bornons à y renvoyer ; mais nous continuons, en nous servant de cette monographie même, de noter les faits qui marquèrent la dernière partie de la vie de notre professeur. Il signa en 1513 le Concordat qui se fit alors, sous l'autorité du Parlement, entre sa Faculté et les trois autres. Il devint doyen en 1534 par la mort de Michel Passin, et usant (à l'exemple de son devancier), du bénéfice de l'âge, il cessa bientôt de faire personnellement son cours, pour lequel il se fit remplacer par son neveu François Callon. Un arrêt du Parlement, du 31 juillet 1535, lui maintint son titre de professeur et son siége au Conseil de l'Université. Il mourut le 2 mars 1540 et, quoiqu'il laissât de la fortune, comme le prouvent et son testament et diverses donations qu'il avait faites de son vivant aux églises, l'Université voulant rendre hommage à l'un de ses membres qui l'avaient le plus honorée, prit à sa charge une partie du prix de ses funérailles.

Dictionnaire hist. de l'Anjou. — Arch. de M. et L. D 7 f°s 205 et 299 ; E 2955; G. 1100, 1160 et 1162. — Biblioth. d'Angers, mss. 686 ; 892, (Ext. de J. Rangeard) ; id. (de Pocquet de Livonnière), 1027, p. 41 et 94; id. (de Bruneau de T.) *Philandinopolis,* p. 143 et *Angers,* p. 273 et 330. — *Concord. et règl. de l'Université,* p. 4. — Bourdigné, *Chroniq. d'Anjou,* t. II, p. 344.

Vers 1514. — THIBAULT CAILLAU, angevin et licencié en droit, avait déjà, en 1502, à titre d'avocat praticien, représenté la Faculté dans l'enquête tenue par le président L'Arbaleste chargé de continuer la réforme de l'Université, et s'était acquitté avec intelligence de cette tâche laborieuse. Il fut, en 1505, le mandataire du corps tout entier à l'élection du maire. Nous croyons démêler son nom parmi ceux des députés de la ville à la séance de promulgation des Coutumes d'Anjou, en 1508. Il avait été reçu docteur depuis quelque temps, lorsque devenu avocat du roi à la sénéchaussée, il se fit mettre ou rétablir par lettres royales en possession d'une régence (1er juin 1514). Il fut ensuite échevin, puis maire de la cité et mourut en 1521. Il s'était marié, comme Anceau Rayneau, et ce sont, sous ce rapport, deux noms à placer entre ceux de Jean Binel, qui fut le premier, et de François Lasnier que G. Pocquet dit avoir été le second. On ne compte pas ceux qui viennent plus tard, les prêtres et les célibataires faisant dès lors l'exception.

Dict. hist. de l'Anjou. — Arch. de M. et L. D 7, fos 206 à 220, 239 ; G. fo 356. — Biblioth. d'Angers, mss. 919, fo 207 vo et 530 vo; 1017, fos 25 et 199,; 1027.

GILLES COMMERS DE LANGLADE, d'une famille noble du Limousin, fut reçu docteur à la fin d'octobre 1505, mais n'occupa une chaire que quatre ans plus tard, ayant été gagé par la Nation d'Aquitaine de l'Université : on l'évoquait du Mans, où il était auprès de l'évêque en qualité d'official. Au mois d'avril 1516, il fut reçu chanoine de la cathédrale d'Angers et cumula quelque temps avec cette dignité un canonicat et la chantrerie de Saint-Laud. Dans ces deux occasions, ses confrères rendirent hommage à sa haute capacité : le registre de Saint-Maurice avait salué sa venue en le qualifiant « vir eruditissimus; » les archives de Saint-Laud transcrivent une délibération latine du Chapitre (11 octobre 1519) qui, « attendu qu'il est, comme docteur régent de l'Université, obligé chaque jour aux lectures ordinaires, le dispense de la résidence, l'acte de lire étant un service qui concerne le bien public et celui de l'église universelle. » Il était, dès 1518, juge des Grands-Jours et fut chargé comme tel d'informer contre l'évêque d'Angers François de Rohan, accusé de malversations, les griefs de la reine-mère contre le maréchal de Gié et les siens prenant facilement, à ce qu'il semble, le prétexte du bien public. L'année suivante, nous retrouvons G. de Commers au Mans, où il assiste, toujours en vertu de son ancien titre d'official, au testament de Philippe de Luxembourg et influe apparemment sur ses dispositions, puisqu'on voit cet évêque songer à la fondation d'un collége à Angers. La mort de notre docteur régent est du 25 mai 1522. Son épitaphe relevée par Bruneau et Lehoreau dans une des chapelles de la cathédrale, nous apprend qu'il était abbé de Saint-Waas-sur-Loir.

Dict. hist. de l'Anjou. — Arch. de M. et L. G., 914, f°s 8, 10, 13, 19, et 1160. — Inventaire des Arch. anc. de la Mairie, BB 17, f° 26 ; id. Documents, 9. 361, 364. — Biblioth. d'Angers, mss. 673 ; id. 871. *Angers*, de Bruneau de T.; id. 1027, de Pocquet, p. 87, 88. — G. Ménage, *Vita Ærodii et G. Menagii*, p. 318. — D. Piolin, *Hist. de l'église du Mans*, t. III, p. 284 ; p. 333, 334. — C. Port, *Descrip. de la ville d'Angers*, p. 73, 74.

1504. — LOUIS VENDROURES, curé de Saint-Michel-la-Palud, momentanément professeur en droit.

Bilioth. d'Angers, mss. 919, f° 206 v° ; 1017, p. 131.

JEAN LOUET, l'un des fils de James Louet trésorier général du duc d'Anjou, chanoine de la cathédrale dès 1455, en fut élu doyen en 1495. Le procès-verbal de son élection le qualifie *legum professor* et l'épitaphe qui fut placée sur sa tombe en 1515 lui donnait cet éloge : « Doctus cæsareum canonicumque Sophon. »

Malgré ces témoignages, et l'avis de la *Gallia Christiana*, G. Ménage a soutenu que Louet avait été seulement docteur, et il est probable que celui-ci n'est pas monté souvent dans la chaire des professeurs. Mais on doit se rappeler, que les licenciés d'alors participaient à l'enseignement ; or J. Louet, bachelier en 1455, avait ce grade dès 1477 (1).

Moreri. — *Dict. hist. d'Anjou* de M. C. Port. — Bibliot. d'Angers, mss. 673 ; id. 690, f° 14 v° ; 857, p. 217 ; id. 1004, t. XII ; 1027, p. 83. — G. Ménage, *Vita Guill. Menagii*, p. 385.

1515 à 1542. — JEAN et HERVÉ DE PINCÉ. Le premier qui était maire d'Angers en 1515, lors de la mort d'Anceau Rayneau, fut sollicité par le Conseil de Ville de poser sa candidature à la chaire vacante. On fit valoir l'intérêt de l'Université « une des belles et grosses du royaume » qui serait ainsi pour l'avenir « mieux régie et gouvernée, » et l'aptitude de J. de Pincé, « qui était du pays, idoine et suffisant. »

---

(1) Nous omettons de comprendre dans notre liste plusieurs docteurs de la même époque qui ne nous semblent pas avoir été en même temps professeurs, tels que Jean Le Commandeur (1455), Jean de Vesq. (1490), Guy Léonard (1511), Guill. David (1514), Pierre de La Vergne (1515), — celui-ci marié à une demoiselle Lasnier probablement sœur du professeur de 1518 ; — un peu plus tard enfin le chroniqueur J. de Bourdigné (vers 1529), etc.

Le maître-école avait engagé l'affaire et le Chapitre de la cathédrale appuyait la solution. Mais la Faculté ne s'y prêta pas, le sujet présenté n'étant d'ailleurs que simple licencié.

Le frère puîné de Jean, Hervé de Pincé, docteur en l'un et l'autre droit, parvint à la régence en 1521 ou 1522, et resta près de vingt années en fonctions. Il mourut au mois de janvier 1543, avant joui dans son corps d'une influence considérable, à raison des fonctions d'échevin et de maire dont il fut successivement revêtu, ainsi que de celles de conseiller à la sénéchaussée, dont il était en possession. En 1542, il s'en tint à ces dernières, leur cumul avec celles de professeur venant d'être défendu par le Parlement.

Biblioth. d'Angers, mss. 658, p. 858 ; id. 686 ; id. 939 ; 1004, t. XV ; id. 1027, p. 96, 97 et 1028. — Arch. de M. et L. D 7, p. 271 à 274 ; id. G. Reg. cap. de Saint-Pierre, de 1517 à 1540 *passim*. — G, Ménage, *Remarques sur les vies de P. Ayrault et Guill. Ménage.*

1518 † 1526. — FRANÇOIS LANIER, s^r de Sainte-Gemmes, membre d'une famille angevine célèbre au XVIe et au XVIIe siècle, qu'il contribua grandement à illustrer, figure dans la Faculté de droit de 1509 à 1510, n'étant encore que licencié, comme suppléant des professeurs. Il lisait deux fois par jour et on lui donnait vingt écus couronnés. Il fut reçu docteur au mois d'août 1515 ; mais n'ayant pas eu immédiatement une chaire, il se rendit à Orléans ou à Poitiers pour tâcher de s'employer. Il était de retour et docteur régent en 1518, et, comme assesseur du recteur, il harangua à leur entrée à Angers le roi François Ier et Mme Louise de Savoie, sa mère. (*V.* notre livre 1er p. 66). Cette princesse l'ayant pris en affection le maria à l'une de ses filles d'honneur et le fit successivement juge d'Anjou et président aux grands jours. Sa carrière fut assez courte ; il mourut au Mans au mois de juin 1526 ; mais son corps fut rapporté et enterré à Angers. Plusieurs des siens occupant un rang élevé dans la magistrature locale, se sont montrés plus tard protecteurs éclairés de notre Université.

Dict. hist. de l'Anjou. — Bourdigné, *Chroniques*, t. II, p. 319, 326, 343. — Arch. de M. et L. D 7, p. 148 ; id. G 646. — Biblioth. d'Angers, mss. 628 ; 1027, (de Pocquet), p. 91 et 1067, *Illustres d'Anjou*.

1519 † 1557. — RENÉ VALLIN, neveu de Jean V. chanoine et pénitencier de la cathédrale, succéda à son oncle dans ces doubles fonctions. Il était docteur régent en 1519, après avoir répété le droit comme suppléant pendant une année. Devenu official de l'évêque en 1523, il se fit autoriser par le Conseil de l'Université à prendre un substitut, et mis, neuf ans après, en demeure d'opter entre sa chaire et ses fonctions de juge ecclesiastique, il se décida pour celles-ci. Son épitaphe donne à penser qu'il fut conseiller aux Grands jours ; nous ignorons en quelle année, mais nous voyons qu'en 1556, il assista par commission de l'évêque le dominicain Matthieu Ory venu à Angers pour instruire, en qualité d'inquisiteur de la foi, le procès de plusieurs protestants. Il mourut l'année suivante. On a imprimé à Leyde un siècle plus tard, une édition avec notes de la *Consolation de la philosophie* de Boèce par un certain René Vallin. Nous n'avons aucune raison de croire qu'elle ait été préparée par notre professeur en droit, dont Lacroix du Maine et Duverdier ne signalent aucun écrit, quoique Pocquet et Audouys semblent lui attribuer celui-ci.

Arch. de M. et L. D 7, E 4096, G 1100, f° 329, — Bibl. d'Angers, mss. 673, 857 ; 871, p. 14, 896 ; 1004 ; 1026, n° 29 ; 1027, p. 93. — C. Port. *Inventaire des Arch. de l'Hôtel-de-Ville*, p. 378.

1522 † 1547. — JACQUES RENAUD OU REGNAULD. Nous empruntons la majeure partie des détails qui vont suivre à deux sources différentes, mais également sures, à l'historien tourangeau Chalmel, et au professeur angevin Cl. Gabr. Pocquet de Livonnière.

Le premier lui consacre (*Hist. de Touraine*, t. III, p. 435) la notice ci-après :

« *Renaud* (*Jacques*), né à Tours en 1457. Quoiqu'il eût embrassé
» l'état ecclésiastique, il n'en suivit pas moins la carrière du droit
» auquel il s'adonna exclusivement. Il fut lecteur et professeur dans
» l'Université d'Angers où il s'acquit la réputation de l'un des plus
» savants jurisconsultes de son temps, jusque-là que le célèbre Rebuffe
» lui déféra le titre de très-docte. Il n'était pas moins savant en litté-
» rature, si l'on s'en rapporte au témoignage de Jean Brèche son com-
» patriote. Il avait obtenu un canonicat dans la cathédrale de Langres ;
» mais la chaire qu'il occupait à Angers avec tant de distinction le fit
» dispenser de sa résidence. Il professa le droit pendant 40 ans dans
» cette Université avec un talent et un succès qui ne se démentirent
» point ; même Jean Brèche parle avec beaucoup d'éloges de son traité
» *de juré* qu'il fit imprimer à Angers en 1529. Renaud mourut à
» Angers le 2 octobre 1547, âgé de quatre-vingt-dix ans. »

L'ouvrage que Chalmel regrette de n'avoir pu rencontrer, n'était probablement qu'un discours d'apparat prononcé à l'ouverture des cours. A défaut de celui-ci, Pocquet en avait entre les mains un autre

plus important, et dont il existait de son temps deux exemplaires, sinon deux éditions. « Jacques Renaud, tourangeau, chanoine de Langres,
» imprima, dit-il, en 1526, un Traité des intérêts sur la loi unique au
» C.: De Sententiis quæ pro eo quod interest proferuntur. Il y a dans
» un exemplaire trois épîtres dédicatoires, l'une à Jean Cadu lieute-
» nant général d'Anjou, depuis maire, l'autre à Fr. Bayer doyen de
» Tours, la 3e à Jean de Beaumont archidiacre de Langres et abbé de
» Noyon; et dans l'autre exemplaire une épître à Nicolas de Château-
» briant abbé d'Evron et chanoine d'Angers, depuis doyen; l'autre à
» Hélie de Tintiniac, abbé de Saint-Aubin d'Angers, et la troisième à
» Mathieu Gautier, abbé régulier de Marmoutiers. C'est un petit in-4°
» imprimé par les soins de quatre imprimeurs d'Angers, qui explique
» fort nettement une matière très-embrouillée et qui donne un nou-
» veau jour à vingt-cinq lois. »

Claude Ménard qui a mentionné cet ouvrage de J. Renaud dans son catalogue des écrivains, cite aussi cet auteur pour deux autres, pour un traité des fiefs (compendium féodale) dont il ne donne pas la date, et pour sa collaboration à un ouvrage, probablement plus ancien. Voici cette dernière mention qui nous semble assez obscure : « Ama-
» nellus de claris aquis scripsit singularia juris cum additionibus
» Jacobi Renaudi. »

Nous ajoutons à ce qui précède que J. Renaud est quelquefois surnommé Gizay dans les pièces d'Archives angevines. Il avait des armoiries et possédait en Anjou un ou plusieurs fiefs, fruits peut-être des travaux de sa profession. Quant à la durée de son exercice dans la Faculté, s'il figure dès 1513-1514 comme lecteur ou répétiteur, il n'eut peut-être une chaire à lui que neuf à dix ans plus tard, quoiqu'en dise Pocquet, qui le confond un moment avec Anceau Rayneau (*V.* ci-dessus p. 153). Ainsi, en tenant pour exactes les dates de sa naissance et de sa mort données par Chalmel, il serait venu à Angers déjà âgé de cinquante-six ans et y aurait passé trente-quatre ans seulement.

Dict. hist. d'Anjou. — Arch. de M. et L. D 7, f°s 148 et 271 à 274. — Biblioth. de M. et L. mss. 686; 875, t. II, p. 218, 224, 225; 919; id. 1004, t. XVI; id. 1027, p. 81, 82, 85.

1526. — SIMON LE TELLIER, docteur régent jusqu'en 1535, sinon plus tard.

Arch. de M. et L. D 7, p. 148 et 271 à 274. — Bibl. d'Angers, ms. 1029.

1528 † 1531. — NICOLAS GUIBERT, figure dans les comptes de

l'Université de l'année 1528. Pocquet de Livonnière dit qu'il succéda à Fr. Lasnier et qu'il ne fit que passer dans la Faculté, mais y demeura cependant assez longtemps pour signer la consultation donnée par celle-ci relativement au divorce d'Henri VIII. Il semble d'après la date de cet acte (7 mai 1530) que Michel Passin, Henri de Kèrvareck, Jacques Regnault, Simon Letellier et Hervé de Pincé aient dû participer avec lui à la décision. Ce fut ce dernier collègue qui s'occupa quinze mois après de sa sépulture. Il fut enterré dans la nef de l'église Saint-Pierre, près de la chapelle Saint-Luc où s'assemblait l'Université, et celle-ci donna soixante sols tournois pour ouvrir le caveau et sonner les cloches.

Arch. de M. et L. D 7, p. 148; id. G 1162, fol. 79. — Biblioth. d'Angers, mss. 1027, p. 93.

1534 † 1576. — MICHEL COMNEAU, angevin prabablement et, au dire d'Audouys, deux fois marié, était neveu du docteur régent Michel Passin ; il fut admis à occuper sa chaire en 1532, à condition qu'il n'aurait pas de voix dans les assemblées, tant que celui-ci s'y trouverait, et le remplaça définitivement deux années après. Sa carrière de professeur dura quarante-cinq ans environ. Il représenta l'Université à l'entrée de Charles IX en 1565, et ce fut lui qui harangua le roi. Louvet qui a rapporté cette réception, mentionne aussi la mort de Commeau et les regrets dont elle fut l'objet. Il fut enterré dans l'église Saint-Maurille dont il était dès longtemps le paroissien assidu, ayant habité depuis 1522, d'abord avec son oncle, une des maisons qui dépendaient du chapitre.

On a de ce professeur quelques vers qu'il avait adressés à Fr. Migon ou Mingon pour le commentaire latin des coutumes d'Anjou que celui-ci publia en 1530. Nous en citerons un qui est devenu proverbe moyennant quelques modifications :

Andegavi faciles, mites sunt atque benigni.

Comme jurisconsulte, Commeau était de l'école de Barthole. C'est ce que constate en 1571 le recteur de cette année Papire Masson dont nous donnerons ailleurs le témoignage.

Dict. hist. d'Anjou. — Revue de l'Anjou, de 1854, t. I*er*, p. 284 ; t. II, p. 29. — Arch. de M. et L. D 7, p. 271 ; G 1103, f° 123. — Biblioth. d'Angers, mss. 919 ; id. 1004, t. V ; id. 1027, pp. 116, 117.

1532 † 1542. — FRANÇOIS CALLON, sieur de la Porte, né au diocèse de Nantes, était de famille noble. Nous ne savons si un Jean de la Porte, lecteur ou répétiteur de la Faculté, en 1521 ou 1522 était ou non son parent. Quant à lui-même, neveu du professeur H. de Kervareck, il fut reçu docteur en l'un et l'autre droit, le 19 juillet 1532, et commença dès lors à régenter le droit canon comme suppléant de son oncle. Un arrêt du parlement du 31 juillet 1536 lui fit défense de siéger au Conseil de l'Université tant que la vacance de la chaire n'aurait pas été déclarée, et il ne fut titulaire qu'en 1540. Deux ans plus tard, un autre arrêt changea encore sa position. Il opta pour les fonctions de conseiller de la sénéchaussée qu'il avait quelque temps cumulées avec celles de professeur, puis devint juge de la Prévôté. A partir de cette époque, il a un rôle comme magistrat et même comme personnage politique et il exerce une influence marquée sur les affaires de la cité. C'est lui qui en 1548 harangue Henri II lors de sa venue, et qui reçoit à son passage la jeune Marie Stuart. Après avoir siégé à plusieurs reprises aux Grands jours de la province, il acheva sa carrière comme conseiller, puis comme président au parlement de Bretagne. Il avait, du reste, suivant Pocquet, contribué par ses démarches à l'institution des Présidiaux, de l'un desquels Angers fut doté en 1552. Il mourut à la fin de 1569, étant, dit-on, d'un âge assez avancé; il était veuf depuis six ans et avait un fils chanoine et archidiacre d'Outre-Loire.

Arch. de M. et L. D 7, p. 148, 271 à 280; E 2955. — Biblioth. d'Angers, mss. 686, 857; id. 919 et 920; id. 1004, t. IV; 1027, p. 103. — *Revue d'Anjou*, de 1861, t. II, p. 56.

1533 à 1538. — EGUINARD BARON, né à Saint-Pol-de-Léon en 1495, marié. Voilà un nom qui a marqué d'une manière durable dans l'histoire du droit, et l'on doit regretter que la Faculté n'ait pas tout fait pour se l'attacher d'une manière définitive. Etant encore dans l'âge des études et après avoir suppléé pendant cinq ans deux des professeurs, René Vallin et François Callon, Baron subit à Angers l'épreuve du doctorat et publia sa thèse dans cette ville sous ce titre : *Eguinarii Baronis Jureconsulti ad titulum de Servitutibus libri octavi Pandectarum notœ* (1). Il l'avait dédiée principalement à l'évêque Jean Olivier, dont il loue en ces mots le mérite littéraire et les vertus : « Te non Andegavensium

---

(1) La Biographie Universelle et les autres à sa suite donnent à tort à cet ouvrage la date de 1528. Nous avons rencontré à la bibliothèque Sainte-Geneviève l'édition originale en un volume de 92 p. in-4°, « Andegavi in Ædibus » Philippi Burgundi; » elle est de 1538.

» modo, sed et trium linguarum et omnis virtutis antistitem...... » et qu'il remercie en même temps d'avoir assisté à sa soutenance de la manière la plus complète : « cum de jure publico respon- » derem, cumque docturæ cingulo nuper donarer.... supra quaternas » horas potuisse demorari » — Baron paraît avoir ensuite exercé quelques années à Poitiers, avant de se fixer à Bourges dont il illustra l'école de 1542 à sa mort (avril 1550).

Il faut voir dans un ouvrage de Noël du Fail de La Hérissaie, son contemporain, et probablement son élève, à quel point il se séparait des anciens commentateurs et de quelle façon dédaigneuse il traitait Balde et Barthole (1). Pocquet de Livonnière, dont les recherches nous ont aidé à fixer l'époque où Baron enseigna à Angers, appréciait fort ses travaux : « On peut le regarder, dit-il, comme *le patriarche des* » *professeurs de droit français.* Il divisa ses ouvrages en deux parti : » La première est de pur droit romain et la seconde de pur droit » français. » — Il existe plusieurs portraits d'Eg. Baron, qui ont pro- bablement une commune origine, la collection de planches sur cuivre faite pour l'historien Claude Ménard. L'un d'eux a été reproduit l'une de ces dernières années par M. E. Morel, dans le 3e fascicule de ses *Promenades artistiques et archéologiques d'Angers.*

Moreri. — C. Port. *Dict. hist. de l'Anjou.* — Miorcec de Kerdanet, *Theo- logiens, jurisconsultes, philosophes de la Bretagne,* Brest, in-8°, 1818. — M. Louis Raynal, *histoire du Berry,* t. III, p. 390 et suiv. — Biblioth. d'Angers, mss. 875, t. Ier, p. 192 v° (de Cl. Ménard) ; id. 1027, p. 95 et 96, et 1067, p. 17 (tous deux de Pocquet). — V. aussi l'éloge de notre jurisconsulte dans l'édition de ses œuvres : Paris, Vascosan, 1552. Il est de François Baudouin.

1545. — LAZARE DE BAÏF, gentilhomme angevin, né vers 1490 au château des Pins, près La Flèche. Nous enregistrons son nom d'après les listes d'Audouys et de Fr. Prévost ; mais nous ne garantissons pas

---

(1) Extrait de l'article *Que les fautes s'entresuivent,* p. 69 et 599. t. Ier. — » Eguinaire Baron, grand et notable enseigneur des loix, s'il en fut onc, lisoit » en l'Université de Bourges avec une telle majesté, dignité et doctrine, que vous » l'eussiez jugé proprement un Scevola, tant il estoit sententieux, solide, massif et » de grâce poisante et faconde gravité.... » et, un peu plus loin : « Il se courrouçoit » asprement contre ceux qui avoient obscurcy la beauté des loix par une infinie » multitude et amas de commentaires, et un jour que Monsieur Lhospital, lors » conseiller au Parlement de Paris et depuis chancelier de France, allant aux » Grands-Jours de Riom le vint écouter..... » — Voir le reste de la citation dans l'*Histoire du Berry* citée plus haut : cet ouvrage raconte et analyse excel- lement les destinées de l'école de Bourges au temps d'Eguinard Baron.

son titre de docteur régent. Tout au plus, peut-on admettre comme chose non impossible que le célèbre diplomate ait appartenu un moment à la Faculté d'Angers, et que, à la veille ou au retour d'un de ses voyages d'Italie, il ait, sous forme de leçon, communiqué aux étudiants l'un de ses traités de jurisprudence, ainsi que le faisaient alors les maîtres qui voulaient s'essayer ; mais cela n'a pu avoir lieu que vers 1530 ou 1533. Plus tard l'ancien émule de Budé avait délaissé les Pandectes et, occupé de l'éducation de son fils Marc-Antoine, il s'amusait à traduire Sophocle, Euripide ou Plutarque. Il mourut en 1547, deux ans après la date que l'on indique, étant alors presque sexagénaire.

Revue d'Anjou, de 1853, p. 218 ; et celle de 1875, t. II, p. 217, 218.

1544 † 1562. — AMBROISE VOLLIÈRE, prêtre. — Son admission en qualité de docteur régent fut quelque temps contestée par le Conseil de ville, qui se plaignait que le maire et les échevins n'eussent pas été appelés à participer à l'élection. Il y eut procès, puis, sans doute, arrangement. En 1547, le nouveau professeur se faisait recevoir membre de la confrérie des bourgeois d'Angers. Il mourut après dix-huit ans d'exercice et fut enterré dans l'église des Frères Prêcheurs, en faveur desquels il avait fait par testament une fondation recommandée pour une fidèle exécution aux soins de son confrère le docteur Commeau.

Arch. de M. et L. *Pièces des Jacobins*, t. Ier, p. 145. — Bibl. d'Angers, mss. 686, p. 101 et suiv.; 1004 ; id. 1027, (de Pocquet), p. 101-102.

1550. — GUILLAUME JOURDAIN OU JORDREN figure avec son titre dans deux actes, dont le dernier est de 1552. — On trouve déjà, le juin 1525, un Guillaume Jourdain qualifié docteur régent, en même temps que sénéchal de Mûrs. Ce peut être le même personnage, ou sinon, le père et le fils.

Arch. de M. et L. G. 1100. — Bibl. d'Angers, mss. 1004, t. X.

1552. — ETIENNE DU CHESNE, fils de Jean du Chesne, écuyer, seigneur de Fontaine, fut docteur régent. Il avait étudié à Angers, où son père demeurait rue Saint-Nor (aujourd'hui Saint-Laud) en 1547. Il s'y maria en 1554, et y eut une fille en 1558.

Arch. de M. et L. E. 2319.

1552 † 1558. — JEAN RAOUL, sieur DE LA GUIBOURGÈRE, était breton, puisque Papire Masson, en faisant son éloge dans le discours de rentrée de 1571, le donne pour concitoyen de Baron et de Duaren, les célèbres professeurs de Bourges. (*V.* ci-après, p. 217). Il affectionnait et enseignait particulièrement le droit canon. Nous avons à cet égard plusieurs témoignages et particulièrement son épitaphe relevée dans le registre capitulaire de Saint-Maurille, où il est dit : « Obiit vir celeberrimus, in utroque jure doctor, maximo canonicum regens. » Il avait débuté dans la Faculté en 1552 environ et mourut le 23 janvier 1578. Un de ses fils Guillaume Raoul, né à Angers, d'abord sénéchal de Nantes, conseiller en la Cour des comptes, étant devenu veuf entra dans les ordres et fut fait successivement évêque de Saintes, puis de La Rochelle.

Arch. de M. et L. G 1103, fol. 147. — Bibl. d'Angers, mss. 811, 1004, t. XVI; 1027 (de Pocquet); id. 1067, p. 299. — G. Ménage, *vie de P. Ayrault.*

1553. — JACQUES PÉNARD, que Claude Ménard dit professeur en même temps que jurisconsulte, et qui était au moins angevin, a publié à Paris en 1537, ou selon Pocquet en 1553, une dissertation de droit : *Appendix in titulum de emptione et venditione.*

Bibiloth. d'Angers, mss. 875 et 1027.

Vers 1557-1570. — JEAN TAVARD, natif du Bourbonnais, sinon de Bourbon-l'Archambaud, *Borboniensis*, avait publié en 1557 à Toulouse un traité *de juridictione et imperio*, lorsqu'il vint occuper une chaire à Angers. Il devait s'y trouver dans les années où éclatèrent les troubles religieux, c'est-à-dire vers 1560, et, comme après avoir donné dans les nouvelles erreurs, il n'avait pas reparu, cela donna lieu de dire qu'il avait été tué à la bataille de Dreux. Cette assertion, que Claude Ménard adopte, est facile à réfuter. Tavard, lorsque la tranquillité se fut rétablie, c'est-à-dire au cours de 1563 vint reprendre sa place. L'Université la lui contesta durant plusieurs mois et voulut l'expulser ; mais un arrêt du parlement rendu sur la plaidoirie de Pierre Ayrault, qui a donné cette cause dans ses *Opuscules*, le rétablit en fonctions en lui interdisant l'enseignement du droit canon, et lui accorda même une indemnité pour le temps de son absence, où les cours avaient été généralement suspendus. C'est le seul professeur de la Faculté qui ait été accusé de protestantisme. Pocquet penche à croire qu'il fut victime de la Saint-Barthélemy, mais la chose est douteuse, car on connaît les noms des professeurs des derniers mois de 1571 et il n'est pas compté parmi eux. Après sa mort, dont l'époque est ignorée, un de ses amis, publia un nouvel écrit de lui : *De interdictis et actionibus liber ;* Francfort, 1590. On remarquait de son temps l'originalité de ses vues doctrinales et sa manière brève de traiter les questions.

Arch. Mun. BB 30 f°s 15 et 56. — Biblioth. d'Angers, mss. 875, t. II, p. 225 v°; id. 1027, p. 105 à 107. — P. Ayrault, p. 81 et suivantes.

1559 † 1596. — JACQUES GOURREAU, seigneur de Souvigné et de la Blanchardière, docteur régent dès 1558 ou 1559 et déjà père à cette époque de deux enfants qu'il avait eus de son mariage avec Françoise de Charnières, publia, au commencement de sa carrière en 1562, un traité *de rescindenda venditione* qui fut remarqué et qui, trente et trente-quatre ans plus tard, eut de nouvelles éditions. En 1566, il obtint une charge d'avocat-général au Parlement de Bretagne et il la conserva probablement douze à treize ans, quoique le feudiste Audouys ne parle que de deux. Ce fut sans doute au moment de sa retraite qu'il obtint une pension de deux cents livres, motivée sur son grand désintéressement qui ne lui avait pas permis de s'enrichir. Il reprit alors la chaire qu'il avait autrefois occupée. On le trouve, en 1579, au nombre des professeurs, en même temps que Barberi et Liberge. Il mourut peu avant celui-ci dans les dernières années du siècle, et la reconnaissance publique les confondit dans les mêmes regrets. Le portrait de J. Gourreau se trouve parmi ceux que Cl. Ménard avait fait graver. Nous nous proposons de le reproduire. Ménage avait écrit sa vie qui ne nous est pas parvenue.

Moreri. — *Dict. hist. de l'Anjou.* — Bibl. d'Angers. mss. 753, f° 73 ; 841, p. 61 ; 875, t. Ier p. 196 ; id. 944 ; 1005, t. III, p. 150 ; et XII, p. 112 et suiv.; 1027, p. 128 et 1067, p. 170. — G. Ménage, *Vitæ P. Ærodii et Guill. Menagii*, passim. — Fr. Meinard : *De obitu M. Libergii... threnus.* Angers, 1600. — *Revue d'Anjou* de 1854, t. II, p. 187 ; et de 1875, p. 219.

PIERRE BARBES OU BARBERI, en latin *Barberius*, prêtre. Après avoir longtemps enseigné à Cahors, il vint à Angers pour y occuper une régence, et il était en 1568 le dernier reçu des professeurs. Il contribua à attirer dans la Faculté François Baudouin et, lorsque celui-ci se présenta en 1570 pour faire sa leçon probatoire, il lui céda sa chaire en vue de cette épreuve, et en fut publiquement remercié. Il eut aussi les éloges de Papire Masson dans le discours de rentrée de 1571. (*V.* ci-après p. 217). Enfin, il favorisa en 1574 l'appel adressé par la ville à Liberge. Nous supposons qu'il a dû finir sa carrière de 1582 à 1588. A la première date il figure dans un registre comme parrain d'un enfant nouveau né, et un document qui n'est pas postérieur à 1587 le « Pasquil contre la ville d'Angers, » et se trouve à notre bibliothèque municipale parmi les pièces concernant la ligue, mentionne encore son nom, en y ajoutant à titre de critique le mot *sitio* qui donne à penser que la tempérance n'était pas la moins contestée des qualités de notre docteur.

Dictionn. de l'Anjou de M. C. Port. — Arch. de la mairie d'Angers, GG 83. — Biblioth. d'Angers, mss. 873, 3°; 944. — G. Ménage, vie de P. Ayrault, p. 157 et suiv. — Franc. Balduini, *Explicatio de lege Si pacto*, 1570, in-4°, p. 9.

1570 † 1573. — FRANÇOIS BAUDOUIN. Le nom de ce professeur se rattache plus qu'aucun autre à la restauration de l'Université que les guerres de religion avaient affaiblie. Né à Arras en 1520 et petit-neveu par sa mère de Jean de Rély, l'un des plus illustres évêques d'Angers, il avait reçu à Bourges, en 1548, le bonnet de docteur des mains d'Eguinard Baron. Après être resté plusieurs années dans cette Université, il la quitta mécontent, en 1556 ; il penchait d'ailleurs à cette époque vers le calvinisme ; mais ayant séjourné quelque temps à Genève et visité l'Allemagne, il y renonça tout-à-fait et chercha en France de nouvelles occupations, s'appliquant tour à tour à la jurisprudence et à l'histoire, sur l'alliance desquelles il a écrit un traité dédié au Chancelier de Lhopital. Il fit, en 1567, des leçons de droit civil à Paris et y obtint un grand succès, dû à la fois à la nouveauté de la matière qui n'avait pas là d'enseignement habituel et à son talent de parole. La Faculté d'Angers, qui lui avait déjà fait des offres en même temps qu'à Cujas, pensa dès lors plus sérieusement à l'attirer, et de nouvelles négociations s'engagèrent entre eux au cours de l'année 1568 (1). Elles aboutirent définitivement deux ans après, grâce au zèle persévérant de Pierre Ayrault qui conduisait l'affaire d'accord avec Guillaume Lesrat président du Présidial, et à l'intervention favorable de Hurault de Cheverny chancelier du duc d'Anjou, celui-ci persuadant au prince de se poser, comme son aïeul François Ier, en protecteur des études. Au mois de mars 1570, Baudouin, renonçant à poursuivre les démarches qu'il entretenait depuis quatre ans avec l'Université de Besançon, se rendit à Angers et y fit une première leçon, à la suite de laquelle il fut dispensé d'épreuves plus complètes (2). Le traité entre la ville et lui

---

(1) Le jurisconsulte Heineccius, assez exact d'ailleurs, reporte à tort à cette époque le début de l'enseignement de Baudouin.

(2) Il avait commenté la loi du Code *Si pacto*. Nous relevons dans sa dissertation la mention, bien à propos placée à Angers, d'Eguinard Baron, qui y avait enseigné, avant d'être dans la Faculté de Bourges son maître, puis son collègue. Il y mêle la critique à l'éloge, ayant à combattre une de ses opinions sur la matière de droit qu'il traite en ce moment :

« Equidem semper profitebor sacrosanctam mihi ejus esse memoriam, a quo

fut signé au mois de juillet. Il prit possession dès l'année scolaire qui suivit, et le *Journal de Louvet* constate en ces termes son succès. « Audict temps, il y avait à Angers un grand personnage nommé » M. Baldouin, docteur en droit, lequel faisait leczons à Saint-Pierre, » bien suivi de grant nombre d'escolliers (1), qui a faict beaucoup de » bien à l'Université d'Angers. » Le même auteur continue en racontant les fêtes qui eurent lieu le 13 novembre suivant, pour le mariage du roi : « En réjouissance duquel mariage, ledit sieur Baldouin fist à » l'après dîner de ce dict jour une harangue ou panégyrique en la » grande salle de la maison de ville, à laquelle l'évêque d'Angers, » M. de Puygaillard, gouverneur, MM. de la justice, MM. les maire et » échevins et aultres notables hommes de la ville d'Angers assistaient. » Ce faict, l'on fist les feuz de joie après ledict *Te deum* chanté. »

Le nouveau professeur demeura trois à quatre années à son poste avec une assiduité douteuse (celle-ci n'étant guère dans ses habitudes), mais qui se prolongea au moins pendant la première. Nous en avons pour preuve le discours que prononça à la rentrée suivante Papire Masson qui avait suivi son cours comme auditeur (2). Baudouin mourut à Paris le

---

primum sum in collegium doctorum cooptatus et veluti inauguratus; et vero hæc schola Andegavensis non potest non eam colere, in qua ille prima jecit fundamenta purioris jurisprudentiæ, quam deinde (quod non fecerat Alciatus) etiam in auditorium Biturigum derivavit. Sed tanto magis necesse est notare, si quid admiscuerit inconsiderate, ne ejus auctoritas fallat imperitos. »

(1) Parmi les élèves angevins de Baudouin à l'Université d'Angers, nous avons à mentionner, — outre l'un des Bautru (Jean ou René, sans doute) que le Maître prie P. Ayrault et Guill. Lesrat d'enrôler pour lui : «jubeatis huic militiæ nomen » dare Bautruvium vestrum, juvenem dignum hujus conjurationis societate », — Pascal Robin du Faux, érudit, mais assez mauvais poète, qui lui a fait une place dans ses *Sonnets d'étrennes de 1572*, et l'avocat Julien Pelé, qui prit sous lui le bonnet dans l'un et l'autre droit.

(2) Cet auteur qui s'est fait connaître plus tard comme historien et qui n'a pas laissé de faire à l'Anjou une certaine part dans ses annales, était né dans le Forez, en 1544, et n'avait ainsi que vingt-cinq ans en 1571. Venu à Angers avec son frère, Jean Masson, au mois de mai de cette année, il prit rang parmi les étudiants de la Nation d'Aquitaine et fut élu par eux recteur quelques mois après, probablement à titre de licencié. Son discours, que possède la Bibliothèque nationale et dont voici le titre : *De statu Andegarensis Academiæ Papirii Massonis rectoris oratio habita Andegavi in auditorio juris, nonis novembris 1571*, est curieux pour l'histoire de la Faculté à son époque. Après les compliments d'usage à ses auditeurs, l'auteur la recommande comme une des plus illustres de France et d'Italie. Voici ce qu'il dit de ces dernières qu'il avait vues de près : Quand on parle de celles-ci, on se figure qu'elles comptent beaucoup de professeurs semblables à Accurse, Barthole et Balde, mais l'Ombrée et Florence ont bien dégénéré. Pour celles de France, « *Ex cisalpinis* alii Tholosam

24 octobre 1573. Les derniers mois de sa vie n'appartiennent pas à notre pays. Désigné par le duc d'Anjou nouvellement élu roi de Pologne pour concourir à la réception des ambassadeurs de cette nation, il les avait harangués solennellement et répété même en leur présence une de ses leçons de droit ; on songeait à lui pour gouverner l'Université de Cracovie, lorsque la mort arrêta le cours de ses destinées, le 24

» in ultima Gothia nobilem Academiam laudare, Palladiamque cum festivissimo
» poeta appellare poterunt ; aliis Valentia, segalaunorum colonia ad ripas
» Rhodani fluminis, magis placebit ; aliis Bituriges cordi erunt, et erunt quibus
» Aurelia, Cadurci, Pictones, Rhemi, magis placere videantur. Suum cuique
» judicium esto. Equidem hoc affirmo, nihil esse cur hæc nostra illis cedere
» omnibus aut se uno vel altero gradu debeat inferiorem putare. »

Il confirme son opinion en faisant l'éloge de la situation de la ville « quæ
» posita in summis infimisque collibus duas in partes flumine Meduana dividitur
» quod influit in Ligerim, privatis publicisque ædificiis magnifica, celebris,
» copiosa, antiqua, in regione totius Galliæ fructuosissima amænissimaque,
» ut ex omni copia musæ sacrosanctæ domicilium sibi in his collibus relicto
» Parnasso delegisse videantur. » Il se fonde aussi sur son histoire : elle a fourni des princes à beaucoup et de grandes contrées et est aujourd'hui gouvernée par Henri duc d'Anjou qui joint le renom d'un grand capitaine aux titres de prince de la jeunesse angevine et de protecteur de son académie. — Ici un retour sur l'origine de celle-ci, contemporaine ou à peu près de la découverte faite par les Pisans après la prise d'Amalfi. — A la louange adressée au duc d'Anjou, P. Masson joint celle de son chancelier Hurault de Cheverny, puis de Guill. de Lesrat, président du Présidial d'Angers, et du lieutenant criminel Ayrault, qui favorisent les intérêts de l'Université et assistent souvent à ses disputes.

Il termine en passant en revue les différents professeurs ou antécesseurs actuels. Nous citons textuellement cette dernière partie qui nous intéresse plus qu'aucune autre :

« Quatuor gravissimos juris interpretes habetis Franciscum Balduinum, Comelium, Barberium, Gyburgerum, quorum præstans singularisque doctrina quo genere orationis satis commendari potest ?

» Publium Crassum Cicero eloquentium jurisconsultissimum, Scævolam jurisconsultorum eloquentissimum fuisse dicit. Magnus vir uterque temporibus illis profecto fuit. Quanti ergo Balduinum antecessorem vestrum facere debetis qui hæc duo ita conjunxit, ut disertiorne sit an juris peritior dijudicari deprehendique nequeat a doctis ? quem si comparare cum posteriori aliquo jurisconsulto velim, equidem Papiniano parem, Julio Paulo et Ulpiano superiorem videri nunquam dubitarem. Tametsi quid est necesse laudare eum quam scripta sua ante annos octo et viginti edita immortalem vereque beatum jam fecerant ?

» Cornelius autem sexagenario major, annos septem et triginta nunquam intermisso docendi munere cupidæ legum juventuti dedit, et quotidie docere repetit illam nobilem Juliani sententiam, quam et a Pomponio cum admodum senex esset librosque scriberet usurpatam videmus : si alterum pedem in sepulchro haberem, adhuc tamen addiscere vellem ; dimissusque a militia spinosam quidem illam, sed receptam et gravem Bartoli Baldique doctrinam auditoribus juris quotidie delibandam proponit.

» Quid ergo de cæteris dicam, aut quis de hujus modi hominibus satis digne

octobre 1573. Il laissait une veuve à qui le Conseil de Ville d'Angers, par délibération du 15 janvier suivant, alloua pour reste de comptes, la somme de 75 livres.

Moreri. — La biographie universelle (où l'article est de Berardi). — *Dict. hist. de l'Anjou* de M. C. Port. — *Revue d'Anjou* de l'année 1854, t. I, p.304. — Claude Ménard, *Pandectæ*, t. I p. 196. — G. Ménage, *Vie de Pierre Ayrault, passim.* — Le dictionnaire de Bayle. — Niceron, *Mémoires*, t. XXVIII. — Arch. de la mairie d'Angers, BB 27, 28, 30 et 33. — Bibl. d'Angers, mss. 658, p. 857; 1027, p. 111, 112, 116 et 117. — M. Louis Raynal, *Histoire du Berry*, t. III, p. 394 à 412 et suiv. — H. Beaune et Darbaumont, *Les Universités de la Franche-Comté.* — Le P. Prat, *Maldonat l'Univ. de Paris*, p. 326 à 330.

MARIN LIBERGE. Nous rencontrons ici un docteur tout angevin par le cœur et par les services qu'il a rendus à la ville et à son Université, sinon par sa naissance et la première partie de sa vie.

Né dans le Maine en 1537, nous dit-on, il régenta d'abord au collége de Lisieux, de Paris, la grammaire et les lettres, puis s'étant tourné vers l'étude du droit, il se fit recevoir docteur à Poitiers où on le retint pendant dix années et dont il a raconté le siège par Coligny dans plusieurs écrits latins et français. Lorsque la mort de Baudouin fit vaquer sa chaire à Angers, Liberge, qui avait connu et aimé ce professeur, désira le remplacer et répondit à l'appel des autorités de la ville qui lui promettaient des gages extraordinaires. L'Université,

---

unquam loquetur? Cum Barberio ex peregrinis legitimæ scientiæ professoribus comparo paucos, antepono neminem. Nam ad docendum magnam facilitatem affert cum eruditione conjunctam, et Cadurci testes sunt nunquam ei legum copiam, nunquam rerum varietatem et verborum elegantiam defuisse, cum diutissime docuisset.

» Postremo Gyburgerum divini juris interpretem Anguinario parem, Duarenoque civibus suis non imparem, quotidie admiramur. »

Nous ajouterons pour terminer, que c'est à Papire Masson qu'est dû le meilleur éloge de Franç. Baudouin. Il l'avait écrit en latin comme son discours ; mais Cl. Gabriel Pocquet de Livonnière l'ayant traduit dans ses *Illustres d'Anjou*, M. Godard-Faultrier a eu la bonne idée de le faire imprimer dans son *Répertoire archéologique de l'Anjou*, en y joignant le portrait du célèbre jurisconsulte gravé d'après les cuivres du *Peplus* de Claude Ménard. Nous renvoyons pour celui-ci et pour la notice elle-même au texte de l'ouvrage que nous citons (Année 1862, p. 33 à 39).

L'estimable éditeur, en complétant son article par de curieuses notes, nous a fait connaître un volume de la Bibliothèque d'Angers (Belles lettres, n° 648), où l'on a réuni divers opuscules de Baudouin qui méritent l'attention du public angevin, parce qu'il y est particulièrement question de l'Anjou et de la Faculté de droit : ce sont ceux que distinguent dans le catalogue les indices 14°, 15° et 16°.

en dehors de la part qu'il aurait dans les revenus et le produit des examens, lui assurait cent livres sur ses fonds propres ; l'évêque et le clergé, le maire et les échevins joints à la nation d'Anjou en ajoutaient quatre cents autres ; on lui imposait, il est vrai, la condition de faire deux leçons par jour. L'engagement contracté pour cinq ans (juillet 1574) eut son effet pendant vingt-cinq. Avant l'expiration du délai stipulé, Liberge avait conquis définitivement sa place (1).

La vie de Liberge pendant son séjour à Angers fut partagée entre les affaires tant de l'état que de la cité, et ses devoirs professionnels. Doué, paraît-il, d'une éloquence persuasive, il apaisa deux fois à Angers une émeute populaire pendant les troubles de la ligue (2). Il avait été député du tiers état à Blois en 1588 et avait même, dit-on, été chargé de rédiger le cahier des vœux et remontrances. En 1589, le maréchal d'Aumont le nomma échevin perpétuel, sans lui laisser la liberté de refuser cette nomination. En 1598, il harangua Henri IV au nom de l'Université et ce prince l'embrassa cordialement, tant pour lui que pour le corps qu'il représentait, en ajoutant en vue de celui-ci une donation destinée à gager ses professeurs (3). Liberge ne survécut qu'une année seulement à ce succès. Il était alors assez âgé. Gabriel Pocquet le dit octogénaire (il faudrait en ce cas reculer de plusieurs années la date que nous avons assignée à sa naissance), et le loue d'avoir rempli presque jusqu'à la fin les devoirs de sa chaire, n'ayant consenti que quatre ans avant sa mort à prendre un suppléant (4). Il

---

(1) Pierre Ayrault qui avait contribué à son évocation, écrivait en 1577 à l'intendant de justice Gourreau de la Proustière au sujet de l'Université et de lui : « De Academia, quoniam ut olim in Balduino, nunc quoque in Libergeo tota est, hunc tibi etiam atque etiam commendo. »

(2) Les partisans de la ligue l'attaquèrent à ce sujet, même dans sa réputation de professeur. La satire dirigée contre divers habitants d'Angers, que nous avons déjà mentionnée, accolle à son nom cette épigramme : Vox clamantis in deserto.

(3) Un auteur du temps, Gilles Bry, qui dans son Histoire du Perche réclame, à tort peut-être, Liberge comme enfant de la contrée, a décrit, d'autre part, mais en mauvais vers, le rôle de ce professeur en face d'Henri IV. — Un bibliophile angevin, M. de la Beraudière, a donné récemment une édition de cette plaquette difficile à rencontrer, qui consacre un fait curieux de notre histoire. V. Advenue et entrée du roi en sa ville d'Angers; 13 p. petit in-4°.

(4) Ce fut Jacques Ménard, reçu avocat au Parlement de Paris, à qui il manquait sans doute quelque chose aux yeux des maîtres et des élèves, puisqu'il ne put obtenir la chaire lorsqu'elle devint vacante par la mort de celui qu'il suppléait. L'historien Claude Ménard s'est plaint amèrement du passe-droit fait à son oncle et a cherché à l'en dédommager, tant en consacrant à son éloge et à l'énumération de ses travaux une page de son grand ouvrage, qu'en ménageant au professeur éconduit une place dans sa galerie de portraits.

MARIN LIBERGE
Docteur en droit a Angers

avait d'ailleurs dirigé l'éducation de beaucoup de jeunes et distingués seigneurs, depuis l'époque où il dirigeait au Collége de Lisieux les études du célèbre Du Plessis Mornay, jusqu'à celle où il avait pour élève Charles Miron qui devait, encore adolescent, devenir évêque d'Angers. Nous pouvons citer dans l'intervalle les deux frères jumeaux de sainte Marthe, qui ont acquis une grande réputation par leurs travaux historiques, et le célèbre jurisconsulte angevin Gabriel du Pineau. Liberge a publié aussi divers écrits, mais des dissertations plutôt que des ouvrages, et nous renvoyons au *Dictionnaire historique de l'Anjou* de M. C. Port pour leur exacte énumération. Nous avons tenu en main la plupart de ces opuscules : ce sont ses discours de rentrée. L'auteur s'y montre érudit, et son style abondant jusqu'à l'abus est aussi clair que Cicéronien. Dans plusieurs d'entre eux les considérations historiques et politiques font tous les frais, ce qui a son excuse dans les malheurs du temps ; mais ceux qui sembleraient plus particulièrement destinés à compléter les leçons du professeur, le *De justitia et jure* et celui qui a pour titre : *De artibus et disciplinis quibus juris studiosum instructum et ornatum esse oportet,* ne rachètent pas leurs défauts par la valeur du fond. Liberge n'a rien de la science sérieuse de ses prédécesseurs Baron et Baudouin, ni même de quelques-uns de ses collègues ou successeurs tels que Le Grand et Barclay. Au reste, d'après ses contemporains, il passait pour n'avoir pas de doctrine personnelle et pour se borner à lire à ses élèves les cahiers de Cujas (1). Ajoutons qu'il ne paraît avoir enseigné que le seul droit civil.

Liberge qui s'était marié deux fois et était devenu veuf de sa seconde femme, se reposait dans l'émeritat depuis plusieurs années, lorsqu'il mourut le 29 novembre 1599. — Un professeur du collége d'Anjou, licencié en droit, François Meynard, l'un de ses élèves, le célébra en vers latins dans une élégie en forme d'étrennes qu'il récita au mois de février suivant lors de la Saint-Lézin, qui était la fête de la jeunesse écolière. Le poëte y déplore la perte que la Faculté de droit a faite et

---

(1) Gilles Ménage a recueilli cette anecdote dans la vie latine de son père Guillaume, qui avait suivi quelque temps, après 1590, les leçons de Liberge, en même temps que celles de Gourreau. Voici le passage dont il s'agit : « Erat
» Libergius jurisconsultus tersus atque elegans, sed qui scriptis Cujacianis, quæ
» tum inedita per manus hominum versarentur, pro suis uteretur. Quare Cuja-
» cius, qui ad se audiendum Biturigas veniebant Andinis per jocum dicere sole-
» bat, se debere eis plurimum quod sui causa tam longum iter confecissent :
» nihil sane necesse fuisse, quoniam et ipsi suum in Andibus haberent Cuja-
» cium. »

associe le souvenir de J. Gourreau mort peu auparavant, à celui de Liberge. — Nous donnons le portrait de ce dernier emprunté comme les autres à la collection du *Peplus* de Claude Ménard.

Moreri. — La biographie universelle. — *Le Dict. hist. de l'Anjou.* — Arch. de la mairie, 34 à 48, *passim*, 919. — Bibl. d'Angers, mss. 1004, t. XI; 1027, p. 115, 116, 135, 136; 1067, p. 237. — Cl. Ménard, *Pandectæ rer. andegavens.* t. I, p. 195 et suiv.—G. Ménage, *Vie de P. Ayrault*, p. 18; id. p. 158, 161, 162. — Gilles Bry, *Les Comtes d'Alençon et du Perche*, p. 374. — Niceron, *Mémoires*, t. XL, p. 52-56. — Hauréau, *Hist. litt. du Maine*, t. VII, p. 260.—Ern. Mourin, *La Ligue en Anjou*, p. 216.— Fr. Meinard : *De obitu M. Libergii in celeberrima Andium Academia j. u. q. comitis et antecessoris clarissimi threnus* ; Andegavi, 1600.

FRANÇOIS-JEAN TOURAILLE, appelé quelquefois de ses seuls prénoms dans les pièces d'archives. Une histoire manuscrite d'Anjou qui est l'œuvre d'un héritier de son nom le qualifie professeur en droit, au travers de faits qui ont eu lieu de 1584 à 1587. Ce qui est certain, c'est qu'il avait appartenu à la Faculté, en 1579, comme lecteur des *Institutes*, ce qui devait impliquer, à cette époque, le grade de docteur.

Arch. de la mairie, BB 36. — Bibl. d'Angers, mss. 878 ; id. 892.

1588 † 1643. — FRANÇOIS DAVY, Sr D'ARGENTÉ, fils d'Antoine D., avocat au Présidial et qui fleurissait en 1559, suivit d'abord la même carrière, puis concourut en 1588 pour une chaire de professeur ès-lois. — Il est signalé dans le plaidoyer que fit Pelé contre Claude Fournier comme ayant appuyé celui-ci dans sa réclamation pour le maintien du concours. Il mourut en 1643 ayant gardé sa chaire pendant cinquante-cinq ans environ.

Deux faits sont à signaler dans le cours de ce long exercice : d'une part la fermeté avec laquelle Davy défendit son titre et ses prérogatives de doyen que les autorités de la ville, qui avaient appelé à Angers Guillaume Barclay, voulaient transférer à celui-ci ; et d'autre part, la publication qu'il fit quelques années plus tard d'un ouvrage de droit : *Notarum juris selectarum liber ex subcesivis;* Juliomagi Andium, apud Ant. Hernault, 1614; 401 fos, in-4o. — L'auteur a clos son volume par une dissertation qu'il avait prononcée, en 1605, à la rentrée de la Faculté ; elle est intitulée : « Quæ mens, quæ vis et intentio mentis esse debet ad civilem sapientiam ? (1) » Quant aux sujets qu'il a

---

(1) M. Charles Benoit, ancien principal du Collège de Saumur, qui a gardé de nos relations universitaires un fidèle et aimable souvenir, a bien voulu nous

traités, G. Pocquet recommande expressément sa doctrine sur la matière *De dividuis aut individuis obligationibus.* Il n'y a rien dans ce livre pour le droit canonique, et il semble que l'auteur se soit consacré tout entier au droit civil.

Dict. hist. de l'Anjou. — Bibl. d'Angers, mss. 1005, t. XV, p. 82; 1027, p. 141-143; 1067, p. 102. — G. Ménage, *Vita Guill. Menagii,* p. 448.

CLAUDE FOURNIER. — Il était de Joigny, en Bourgogne. Il étudia d'abord à Toulouse, puis à Orléans où il prit la licence et le doctorat; il vint alors professer à Angers, dès la rentrée de 1587, ainsi qu'on peut le supposer d'après la date de son mariage contracté chez nous, dans la paroisse de Saint-Maurille, le 28 avril 1588. Quatre ou cinq ans plus tard, il réclama devant le parlement contre la nomination de J. Mathieu Le Grand que l'Université venait de lui donner comme collègue, et ayant perdu son procès, dont on peut voir le détail dans es actions forenses de l'avocat angevin Julien Pelé, qui plaida pour l'intimé, il renonça à sa chaire d'Angers au mois d'août 1594, et alla chercher un refuge dans la Faculté de Caen. Le Mémoire publié en 1858 par M. Jules Cauvet dans le recueil des Mémoires de la Société des antiquités de Normandie sur le Collège des droits de Caen, nous permet d'ajouter que Fournier se montra dans cette ville d'une humeur aussi difficile qu'il l'avait paru à Angers. Après avoir professé jusqu'en 1599 et être devenu prieur ou doyen de la Faculté, il abandonna son poste et alla enseigner à Dol, puis après dix ans d'absence, il revendiqua sa chaire dont on avait dû disposer; mais un nouvel arrêt du parlement, du 13 septembre 1610, le débouta de sa prétention. Le P. Niceron, dans un article consacré à Georges Fournier, mathématicien et jésuite, fils de Claude, parle d'une oraison latine prononcée par celui-ci lors de sa première prise de possession de la chaire de Caen, le 28 octobre 1594. C'est cet écrit qui permet de fixer la date extrême de son séjour à Angers.

Arch. de la mairie, GG 112. — Julien Peleus, *Actions forenses,* t. II, p. 136 à 142. — Bibl. d'Angers, mss. 1027, p. 128-129. — Niceron, *Mémoires,* t. XXXIII, p. 250. — Cauvet, *Le Collége des droits de l'Université de Caen,* p. 76 à 78 et 184-185.

---

adresser d'Orléans où il s'est retiré quelques notes sur l'ouvrage de Fr. Davy d'après un exemplaire de la bibliothèque publique de sa ville et, en même temps, sur un manuscrit d'un autre de nos professeurs, J. Mathieu Le Grand, dont nous indiquons plus loin l'objet. Nous le prions de recevoir ici tous nos remerciments.

1592 à 1607. — JEAN MATHIEU LE GRAND, né à Gallardon près Maintenon dans le pays Chartrain, avait étudié la jurisprudence à Orléans, puis à Bourges, sous les professeurs les plus célèbres; il avait ensuite lu les institutes à Paris, en même temps qu'il y enseignait les humanités au Collége du Mans, lorsque la guerre civile le contraignit, en 1591, de se réfugier à Angers. Il y fut accueilli par Pierre Ayrault et devint principal du Collége de la Fromagerie, qui dépendait de la Faculté de droit (1). Ayant subi l'année suivante l'épreuve du doctorat, il songeait à céder aux offres de l'Université de Bordeaux qui voulait se l'attacher; mais on le retint à Angers comme professeur et il fut maintenu, malgré les protestations de Claude Fournier, dans la chaire qui lui avait été donnée, grâce à l'appui de deux de ses collègues, Gourreau et Liberge, de celui-ci surtout qui lui a dédié son dernier discours de rentrée. Le Grand fournit dès lors pendant douze ou quinze ans une carrière paisible et honorée. On le retrouve dans les premières années du XVIe siècle, chargé à la prière du Conseil de l'Université des fonctions de Recteur, puis d'une mission spéciale à Paris, dans l'intérêt de la ville comme de sa compagnie. Il était sous-doyen de la Faculté, lors de la venue de Barclay, mais ne voulut pas unir sa cause à celle de Davy, et ce ne fut qu'après la mort de son nouveau collègue qu'il quitta Angers pour Orléans; il y mourut professeur en 1625, et son fils, puis son petit-fils, lui succédèrent à plus ou moins d'intervalle.

Le Grand avait composé plusieurs ouvrages de droit pendant son professorat d'Angers; l'un, au moins, a été imprimé et a eu plusieurs éditions. Il est intitulé : *Rationes et differentiæ juris civilis*, Paris, 1602 et 1605, 2 vol. in-12; Orléans, 1607, in-8°. Pocquet en signale la seconde partie qui traite de la matière épineuse de l'intérêt. Le même ouvrage se trouve reproduit au t. III du *Novus thesaurus juris civilis* et l'on trouve au t. VII des *Prælectiones* de Le Grand sur les six premières lois du titre *De jurisdictione*, à côté du commentaire de Guill. Barclay sur le même objet; les deux écrits sont de 1604. Le premier discute la définition donnée par Accurse et le second s'attache aux principes de Barthole. La bibliothèque publique d'Orléans possède aussi de notre auteur un manuscrit de 200 pages contenant des notes

---

(1) Nous avons raconté incidemment cette partie de la vie de Le Grand dans la *Revue de l'Anjou*, de 1872, t. II, p. 16 et suiv. — V. notre article *Deux Hellénistes de l'Université d'Angers*.

SES DOCTEURS RÉGENTS. — XVIᵉ ET XVIIᵉ SIÈCLES. 223

sur le troisième livre des décrétales, c'est-à-dire, probablement, la substance de ses leçons sur cet objet. — On trouvera ci-joint son portrait gravé sur cuivre, comme les précédents.

Dict. hist. de l'Anjou. — Arch. de M. et L. — Bibl. d'Angers, mss. 870, p. 827 (de Bruneau); 1027, p. 128, 140; et 1067 (tous deux de Pocquet) p. 222. — Cl. Ménard, *Pandectæ*, t. 1ᵉʳ p. 197 v°. — G. Ménage, *Vita, P. Ærodii*, p. 13 et 20. — Jul. Peleus, *Actions forenses*, t. II, p. 136 à 142. — D. Liron, *Singularités hist. et litt.*, p. 326-328. — M. Eug. Bimbenet, *Hist. de l'Université des lois d'Orléans*, p. 247 et 329.

1595. — JEAN MESNIER, docteur en droit et employé par la Faculté comme lecteur des Institutes est intervenu dans l'affaire engagée entre Le Grand et Fournier en qualité de partisan du concours. Peut-être a-t-il succédé à celui-ci à la fin de 1594, car on le trouve avec le titre de docteur agent dans un acte d'acquisition de l'année suivante.

Dict. de l'Anjou, t. III; p. 250, art. Rézeau. — Bibl. d'Angers, mss. 686 et 1004, t. XIII.

OLIVIER DU FRESNE, seigneur de Mincé, puis de Montigné, fut reçu docteur régent le 28 novembre 1597. Il avait épousé Françoise Gourreau, petite-fille du professeur distingué que l'Université venait de perdre. Il mourut en 1648 sans laisser une trace ni presque un souvenir de son enseignement.

Arch. de M. et L. E 2336 et 2829. — Arch. de la mairie, BB 44. — Bibl. d'Angers, mss. 1004, t. VII; 1005, t. IV, p. 145. — G. Ménage, *Vitæ Ærod. et Guill. Menagii*, passim.

JEAN LE DEVIN, d'une famille originaire du Maine, dont plusieurs membres s'étaient distingués dans la magistrature et dans les lettres, devint professeur en 1597, sinon plus tôt, et mourut en 1616. Ménage dit que « c'était un homme savant, d'un esprit net et d'un jugement » solide. » Etant resté longtemps célibataire, il avait obtenu la principalité du Collège de Bueil dont la Faculté disposait et où il se trouvait logé, mais il finit par renoncer à cet avantage et par se marier cinq ans avant sa mort.

Arch. de M. et L. E 1657. — Arch. de la mairie, GG 170. — Bibl. d'Angers, mss. 686; 1004, t. VI; 1027 ou 28 et 1030. — G. Ménage, *Vies de P. Ayrault et Guill. Ménage.* — Le même, *Hist. de Sablé*, 2ᵉ partie.

1601 † 1642. — GUILLAUME BEREAU. La succession de Liberge demeura vacante pendant quelque temps, la ville cherchant à décider un docteur de renom à venir professer à Angers, et les professeurs actuels qui craignaient un rival prépondérant, se prêtant peu à cette combinaison. Dès l'année 1600, ils avaient fait venir de Pont-à-Mousson pour lui confier l'enseignement du droit canon Guillaume Bereau, qui offrait de se contenter de la moitié des émoluments « ad dimidia emolumenta, » jusqu'à la venue d'un véritable et entier professeur. Il fut installé le 24 janvier 1601, la ville ne faisant plus, dans ces conditions, de difficultés à son admission. Il demeura quelque temps dans cette position subalterne, et ne fut placé sur le même pied que ses collègues qu'après la mort de Barclay et la retraite de Le Grand à Orléans. Il s'était marié dans l'intervalle et il était d'ailleurs docteur en l'un et l'autre droit. — Il garda sa chaire plus de quarante ans, sans s'être, nous paraît-il, distingué d'aucune sorte, quoique Roger dans son *Histoire d'Anjou*, le range avec Olivier Dufresne parmi les hommes de son temps qui ont excellé dans la jurisprudence, les égalant ainsi tous les deux à Davy d'Argenté, qui lui au moins n'a pas eu une jeunesse entièrement stérile.

Dict. hist. de l'Anjou. — Arch. de M. et L. D 7, p. 299. — Arch. de la mairie, BB 48, fol. 88 et 119 ; GG 28 et 216. — Bibl. d'Angers, mss. 1027; id. 1029, t. III, pour une note écrite de la main de Guy Arthaud. — *Revue d'Anjou*, année 1852, t. I, p. 527.

GUILLAUME DE BARCLAY. — Ce docteur, dont il a déjà été question dans l'histoire générale de la Faculté (1), n'a professé à Angers que quatre ans et quelques mois, mais il a laissé après lui un renom de science et d'autorité doctrinale qui égale, s'il ne le dépasse pas, celui de François Baudouin.

Né à Aberdeen vers 1546 et venu en France en 1571, il étudia le droit à l'École de Bourges sous Doneau, Le Conte et peut-être Cujas, et y enseigna les *Institutes* en 1576. Après avoir ensuite visité plusieurs Universités et être demeuré vingt-six ans dans celle de Pont-à-Mousson, où il était même devenu doyen de sa Faculté, il était retourné dans la Grande-Bretagne à l'avènement du fils de Marie Stuart, Jacques Ier. Le roi le reçut bien et chercha à le retenir en lui offrant une place de Conseiller d'État avec de forts appointements ; mais Barclay, à qui elle eût imposé la condition d'embrasser la religion anglicane, ne put l'accepter. Il était donc de nouveau en France à la fin de 1603, lorsque à défaut du Président Charpentier, à qui la succes-

---

(1) *V.* un de nos précédents articles de la *Revue de l'Anjou*, juillet-août, 1877, p. 15.

GVILL.
BARCLAY
doct. regent
en droit
a Angers

sion de Liberge était depuis deux ans proposée, la ville d'Angers fixa son choix sur lui. Par un contrat passé avec elle le 15 janvier 1504, le nouveau professeur s'engageait « à venir faire profession ordinaire » et actuelle de la jurisprudence avec les autres docteurs régents » durant le temps et espace de cinq années entières ; même à faire » leçon tous les jours ordinaires de chacune semaine, fors et excepté » le jeudi et le samedi ; et ce pendant et durant le temps et espace de » cinq années consécutives et parfaites. » Les commissaires qui conclurent le traité au nom de la ville avaient-ils ou promis, ou fait espérer à Barclay qu'il aurait, comme Liberge l'avait eue pendant toute sa carrière, la préséance sur ses collègues? Toujours est-il qu'il la réclama, alléguant et son âge, et ses trente-deux années de service comme docteur régent. Les autres professeurs se prêtèrent à lui céder le pas ; mais François Davy maintint, comme il a été dit, son droit de possession et son titre ; et, de fait, Barclay n'a pas été doyen de la Faculté d'Angers, quoiqu'il se soit qualifié lui-même dans l'un de ses livres daté de 1605 « Antecessor primarius (1). »

Nous parlons de son commentaire intitulé : « *De rebus creditis et de jurejurando*, « et qui, comme celui qu'il avait publié l'année précédente concurremment avec Legrand, « *Ad legem Imperium D. de jurisdictione*, Angers, » 1604, in-8°, s'adressait à l'attention des jurisconsultes de profession. Indépendamment de ces écrits, Barclay en a composé d'autres sur une matière plus délicate, ce qui leur a donné plus de retentissement. Mêlé depuis plusieurs années aux controverses relatives aux droits respectifs du roi et du pape en matière temporelle, et après avoir, une première fois en 1600, refuté dans son livre *De regno et regali potestate*, les principes des derniers partisans de la ligue, il s'occupait encore du même sujet, lorsque la mort l'enleva, le 3 juillet 1608, à ses élèves et à ses succès (2). Son

---

(1) Un professeur de la Faculté de droit de Nancy, M. Ernest Dubois, a composé, en 1872, pour sa réception à l'Académie de cette ville, une savante monographie de *Guillaume Barclay, professeur à Pont-à-Mousson et à Angers*, à laquelle nous avons recouru avec empressement. Parmi les pièces justificatives qui l'accompagnent se trouvent les délibérations du Conseil de ville d'Angers relatives à la venue du jurisconsulte écossais et à son démêlé avec la Faculté, et de plus la notice sur lui de Cl. Gabriel Pocquet de Livonnière, empruntée au manuscrit des *Illustres d'Anjou*, tous documents qui n'étaient guère connus jusque-là que des chercheurs angevins.

(2) Ceux-ci avaient été éclatants, mais d'autre part mêlés de troubles dans la première année de son professorat. Voir dans le *Dictionnaire historique de l'Anjou*,

dernier ouvrage : *De potestate papæ, an et quatenus in reges et principes seculares jus et imperium habeat*, fut imprimé à Londres en 1609, par les soins de son fils Jean Barclay. L'auteur avait exprimé le fond de sa pensée par cette impartiale épigraphe : « Reddite Cæsari quæ sunt Cæsaris, et quæ sunt Dei Deo. »

Celui de ses portraits que nous reproduisons appartient à la collection de Claude Ménard, déjà plusieurs fois mentionnée.

Dictionnaires de *Moreri* et de *Bayle*. — Biographie universelle. — Cl. Ménard, *Pandectæ*, t. Ier, p. 200 v°. — G. Ménage, *Vitæ P. Ærodii et Guill. Menagii*, p. 33, 228-230. — Le P. Niceron, *Mémoires*, t. XVII, p. 277 à 285. — Arch. de la mairie d'Angers, AA 5, fol. 147 ; BB 51, 52. — Bibl. d'Angers, mss. 1026, p. 19 ; 1028, p. 20 ; 1067, p. 15.

1613 † 1641. — NICOLAS LEGROS, originaire d'Orléans et frère de Charles Legros sénéchal de Beaufort, fut reçu le 1er mars 1613 pour occuper la chaire de Barclay demeurée vacante jusque-là (1). Il y resta jusqu'à sa mort qui eut lieu le 30 août 1641. Il était prêtre et fut enterré dans l'église du couvent des Jacobins. Son testament daté de la veille de son décès le qualifie *légiste*, ce qui donne à supposer qu'il ne professait pas particulièrement le droit canon. Il n'a rien écrit dans ses vingt-huit années d'exercice, si ce n'est une harangue latine qu'il débita, étant recteur en 1614, au chancelier Brulart de Sillery, qui accompagnait le jeune Louis XIII et sa mère, et que la Faculté avait à remercier de l'avoir protégée à plusieurs reprises devant le Parlement. Elle se trouve imprimée en tête de l'ouvrage de Fr. Davy, que nous avons cité précédemment; c'est une amplification sans intérêt ni valeur aucune.

Arch. de Maine-et-Loire, *Pièces des Jacobins*. — Bibl. d'Angers, mss. 919, 964, 1004 ; 1028, f° 24.

1617. — NICOLAS OUDIN, Lorrain, et suivant Audouys, doyen de la Faculté de droit de Pont-à-Mousson, qui avait déjà concouru pour une

---

de M. C. Port, t. I, p. 234, l'article René Bautru : « Le principal souci de son
» mairat (1604 à 1606), fut le désordre des étudiants qui affluaient aux leçons de
» Barclay. Leur licence était montée au point de s'organiser en *bande grise*,
» qui en plein jour pillait et tenait tête aux archers. On ne vint à bout d'eux
» qu'en y employant les écoliers des nations de Bretagne et de Normandie qui
» les mirent enfin à la raison. » — L'article *Barclay* de notre savant auteur est
également à consulter.

(1) Elle avait été offerte sans succès, en 1609, à Dorléans, de Cahors, puis au célèbre Denis Godefroy que la France regrettait d'avoir laissé s'expatrier, et en 1611, à Fr. Meynard, docteur régent à Poitiers, mais ancien élève de Liberge et dont il a été parlé à ce titre.

chaire en 1613, obtint quatre ans plus tard celle de Le Devin, et, en 1619 fut chargé de recevoir au nom de l'Université, le roi et Marie de Médicis, venus une seconde fois à Angers. On trouve dans le récit qui a été fait de la réception par Claude Ménard son discours écrit cette fois en français. Il n'y a pas d'autre trace du passage en Anjou du professeur, qui, cédant au regret de la terre natale, retourna dans son pays après dix années de séjour.

Bibl. d'Angers, mss. 919 ; 1004 ; id. 1027, p. 29.

1630 † 1636. — NICOLAS MASQUIN OU MACQUIN, natif de l'Ile-de-Ré et lieutenant particulier au siége de Fontenay, docteur de Toulouse, fut nommé le 21 août 1630, à la chaire que le départ d'Oudin avait laissée vacante ; mais, quoiqu'il l'eut emportée sur plusieurs concurrents, ce ne fut pas sans difficultés qu'il en prit possession, les Pères de l'Oratoire, qui dirigeaient depuis six ans le Collége d'Anjou, ayant entrepris de faire supprimer la place et de s'en faire adjuger les revenus, et le conseil privé du roi s'étant déclaré en leur faveur. Il fallut l'énergique intervention de l'Université d'Angers, appuyée en cette circonstance du crédit de celle de Paris, pour triompher de cet obstacle. Macquin renonça du reste à ses fonctions après cinq à six ans d'exercice.

Arch. de la Mairie, BB 73, fol. 41. — Bibl. d'Angers, mss. 919 ; id. 1029, t. II. — *Arrêts célèbres*, p. 10046. — Ch. Jourdain, *Hist. de l'Université de Paris*, 1872-76, p. 129 ; id. *Pièces justificatives*, n° LXXV, p. 60.

1637 † 1649. — POLYCARPE SENGEBER, né dans le Brunswick et allemand d'origine, mais docteur d'Orléans, commença par donner des leçons de droit à Rennes, puis, étant venu à Angers en 1629, il y disputa la chaire vacante par l'absence de Nicolas Oudin. Macquin, son concurrent, lui fut préféré ; mais la ville et MM. de Boylesve, l'un maitre-école et l'autre lieutenant général de la sénéchaussée, l'ayant engagé à demeurer en attendant une autre occasion, il céda à leurs instances et se fit professeur particulier. Ce fut lui qui instruisit dans le droit le célèbre Ménage. Celui-ci reçu avocat plaida pour lui plusieurs causes, soit à Angers, soit devant le Parlement de Paris. Il s'agissait dans le premier procès, d'une séparation de corps demandée par Sengeber contre sa femme pour cause d'adultère ; et, dans le second, Ménage avait à défendre son maître, accusé d'avoir corrompu ses juges dans le concours même où il avait été battu. Notre célèbre érudit, resté en correspondance avec son client, a parlé de cette dernière affaire dans une de ses petites pièces latines.

Le départ de Macquin donna à Sengeber, en 1637, la chaire qu'il avait désirée, et il y demeura douze ou treize ans, sans qu'on sache bien quand et comment il en sortit, sa vie universitaire, mêlée de travail et d'inconduite, ayant laissé presque toujours à désirer jusqu'au moment où il disparut de la scène. En 1644, il avait été saisi pour dettes civiles aux écoles mêmes et en costume de professeur. On ne sait rien des dernières années de sa vie, si ce n'est que ce fut à Angers même qu'il mourut.

Il a traité en opposition avec Saumaise la matière du prêt de consommation dans un livre qui fut remarqué : *Polycarpi Sengeberi J. C. et in academia andegavensi antecessoris disceptatio De mutuo adversus Claudii Salmasii novum dogma;* Paris, 1646, in-8°, 257 pages. — Cet ouvrage qu'il dédia à l'avocat du roi au Parlement Omer Talon, dont l'opinion était conforme à la sienne, prépara-t-il *quelque torture* au célèbre érudit qui était son adversaire? Guy Patin semble avoir détourné celui-ci de répondre, et Ménage dit quelque part qu'après avoir eu les feuilles de l'ouvrage à mesure qu'on les imprimait et avoir annoncé qu'il répondrait, il ne répondit pas, « Sengeber ayant mieux développé la matière que lui. » Ce traité de notre professeur a été reproduit dans le t. III du *Novus thesaurus juris civilis et canonici*, de Meermann.

Moreri et Bayle.—*Dict. hist. de l'Anjou.*—Cl. Ménard, *Pandectæ*, t. II, p. 228. — *Menagiana*, passim, et *Ægidii Menagii poemata*, 8° édition, p. 88-90 et 153. — *Lettres* de Guy Patin (ann. 1645). — Reg. de la mairie d'Angers, BB 72 et 73. — Bibl. d'Angers, ms. 1027, p. 162 et 169.

1642†1647. — PIERRE BUISSON, natif d'Angers, avocat et fils d'avocat, concourut en 1637 une première fois pour la chaire vacante par le départ du professeur Macquin, puis fut nommé le 1er septembre 1642, à celle de N. Legros. Dans l'intervalle, la ville lui avait servi une pension pour le retenir jusqu'à une vacance nouvelle. Il ne resta que cinq ans en fonctions, et mourut à trente-huit ans d'un coup de sang, causé, suivant G. Pocquet de Livonnière, par les efforts de voix qu'il avait faits pour surmonter pendant sa leçon le bruit des cloches de l'église Saint-Pierre, très-voisine du bâtiment de la Faculté.

Arch. de la Mairie, BB 76, fol. 3 et suiv. — Bibl. d'Angers, mss. 919; Id. 1027, p. 171 ; 1029, t. IV.

1644 † 1670. — JEAN ERREAU OU HERREAU, sieur du Temple, conseiller de la Prévôté dès 1638 et neveu de Fr. Davy, se présentait au concours pour la seconde fois, lorsqu'il succéda à son oncle; il mourut comme lui doyen de la Faculté. Pocquet le signale comme « très-laborieux et père de quatre enfants qu'il a placés dans la magistrature. » Ses charges de famille l'obligeaient à faire valoir par ses mains un bien qu'il possédait dans le ressort de Montreuil-Bellay, et il réclama pour cela, à son titre de professeur de l'Uuniversité, l'exemption de l'impôt des francs fiefs, qui lui fut accordée, sept ans avant sa mort, par décision du tribunal de l'élection.

Au cours de la Fronde, il prit la défense d'un de ses collègues à qui on imputait le pamphlet intitulé : *Réponse des habitants d'Angers à la lettre pastorale de M*^{gr} *l'Evêque.* C'était sans doute Claude Voysin, objet de la notice suivante, qui avait été reçu professeur en même temps que lui.

Arch. de la mairie, BB 78 et 79. — Bibl. d'Angers, mss. 919; 1004, t. X ; 1005, t. III ; 1027, p. 205, 219 et 230.

1644 † 1690. — CLAUDE VOYSIN, sieur de la Cerclère, fils de Pierre V, avocat du barreau d'Angers, fut reçu après concours en même temps que J. Erreau. Il avait alors vingt ans seulement et, l'année même de son admission par la Faculté, il fut choisi pour recteur par ses collègues dans des circonstances que nous avons décrites ailleurs. (*V.* notre premier livre p. 66 et 67). Il était d'un caractère ardent et ferme, comme le prouva sa participation à la guerre de la Fronde, en 1649, et surtout en 1652. A cette dernière époque, il se montra un des plus chauds partisans du gouverneur rebelle monsieur de Rohan, et ce fut pour le soutenir qu'il refusa d'ouvrir les portes de la ville au général nommé par le cardinal Mazarin, offrant du reste de les ouvrir au roi. Il passait depuis plusieurs années pour un des principaux meneurs de la révolte, pour le chef des *Loricarts*, comme on appelait les frondeurs angevins, du nom d'un quartier ou d'une place de la ville où ils s'assemblaient (1). Aussi, après la défaite des Ponts-de-Cé en février 1652, se retira-t-il sans attendre la sentence de bannissement dans laquelle il allait être compris quelques mois plus tard. Mais on ne le tint pas quitte malgré son absence ;

---

(1) *V.* dans la *Revue d'Anjou*, de 1853, deux intéressants articles de M. Eugène Berger, député actuel de Maine-et-Loire, particulièrement les pages 413 et 530. — Le même sujet, *La Fronde angevine*, vient d'être repris et traité à fond par M. Debidour, alors professeur d'histoire au Lycée et à l'Ecole supérieure d'Angers, sous la forme d'une thèse pour le doctorat ès-lettres. Le nouvel auteur n'aura pas manqué de faire une part dans son récit à notre fougueux docteur régent.

l'instruction de son affaire fut reprise en 1656 et il demeura en exil à Perpignan jusqu'au mois d'août 1659 (1).

« Revenu de ses premières erreurs, dit Pocquet, qui nous fournit » quelques-uns de nos renseignements (2), Voysin fit éclater de 1675 » à 1678, dans les affaires du cartésianisme et du jansénisme, le beau » feu et la noble ardeur qui l'animaient en tout ce qui regarde les » affaires de l'église et de l'état. » Ce fut lui surtout qui dirigea les poursuites contre les Pères de l'Oratoire et les ecclésiastiques qui partageaient leurs opinions; ce fut avec lui que correspondirent le Ministre et Louis XIV lui-même, qui s'intéressait à ces poursuites, et il prenait ainsi, à meilleur droit que ses collègues, le titre de conseiller du roi. On le retrouve encore en fonctions dans les années suivantes lors de la réforme de l'enseignement de la jurisprudence, et faisant *A la Gloire de Louis Auguste* un discours public dans lequel il remercie le monarque des bienfaits dont il honore les Facultés de droits civil et canonique (Angers, 1680, in-4°). Il mourut dix ans plus tard, honoré de ses contemporains pour la fermeté de son caractère. Il laissait un fils revêtu du titre de docteur agrégé dans la Faculté à laquelle il avait appartenu pendant quarante-six ans. On dit que, dans les derniers temps de sa vie, comme il était tourmenté de la goutte, le Conseil de l'Université tenait habituellement chez lui ses séances hebdomadaires, preuve de la considération que ses collègues avaient pour son âge et ses longs services. Notre historien, dont le père avait été l'un de ceux-ci, l'appelle « le Thraséas moderne » et accolle à son épitaphe les mots : *Nec satis laudandi.*

Outre le discours que nous venons de mentionner, on a de lui : 1° *De la noblesse des docteurs et professeurs en droit*, qu'il publia en même temps qu'Erreau réclamait contre l'imposition de son bien qu'il exploitait lui-même. C'est une dissertation moitié juridique et moitié littéraire où l'auteur cite les lois de Justinien et Bartole, Alciat et les recherches de Pasquier, en même temps que le roman de la Rose ;

---

(1) Le temps n'avait pas encore entièrement amorti les rancunes politiques : le bedeau particulier de Voysin refusa de l'accompagner à son cours et il fallut jusqu'à deux condamnations prononcées, pour obliger cet agent à lui rendre ce service. — Quand à l'Université, elle avait dès les premiers moments député vers la femme du docteur disgrâcié pour marquer la part qu'elle prenait à sa douleur.

(2) *Personnages illustres de l'Anjou.* mss. 1067 de la bibliothèque d'Angers, p. 371.

2° *Illustris quæstio, Utrum judex secundum allegata et probata, ut vulgo dicitur, an secundum conscientiam et scientiam propriam judicare teneatur?* Andegavi. Oliv. avril, 1674, 58 p. in-8°. — L'auteur y affirme que les droits de la conscience et de la science sont supérieurs. — Nous verrons plus loin (art. Joseph Lebloy), que celui-ci a développé dans une réponse la proposition contraire.

Arch. de la Maine-et-Loire, D 7, fol. 445 à 450 et 455; E 1158. — Inventaire des arch. municip. d'Angers, p. 471, en note; id. BB 81, fol. 292. — Bibl. d'Angers, mss. 1004, t. XVIII id. 1027,; *passim*; Impr. Hist. 3799, n° 5. — François Babin, dans ses deux écrits intitulés : *Récit* ou *Relation fidèle*, etc. — Barth. Roger, *Hist. d'Anjou*, p. 517.

1646 † 1669. — JEAN BRUNEAU, fils d'avocat et avocat lui-même à Angers, donnait depuis dix à douze ans des leçons privées de droit dans la ville, lorsque, à la suite de deux échecs dans des concours successifs, il demanda et obtint que le roi rétablît en sa faveur, par lettres patentes du 29 avril 1644, une chaire qui n'avait pas été occupée depuis trente-cinq ans. C'était, disait-on, celle qu'avait eue autrefois Barclay, et la sixième ; mais, de fait, le nombre des régences était demeuré de quatre pendant tout l'intervalle indiqué. La ville ayant instamment réclamé le maintien de la suppression, celle-ci fut accordée en principe, par nouvelles lettres de janvier 1646, à condition que l'on ferait au docteur nommé des gages pour leçons ordinaires jusqu'à la première vacance. L'éventualité prévue se réalisa dès le mois d'octobre suivant, par suite de la mort de Pierre Buisson, dont la place ne fut pas mise au concours ; mais provisoirement, et dès le milieu ou la fin de 1646, la Faculté s'était exécutée et avait installé Bruneau, malgré le docteur Voysin, toujours porté dans ce temps à l'opposition. Le nouveau professeur demeura en fonctions vingt-trois ans environ. Le 11 mars 1652 l'Université l'avait chargé de porter au roi une attestation constatant qu'elle n'avait pas interrompu ses leçons pendant la durée des troubles.

Dict. d'Anjou. — Arch. de Maine-et-Loire, D 7, fol. 456 à 460. — Reg. de la Mairie, BB 80, fol. 35 et 140 ; 81, fol. 85. — *Concordats et règlements de l'Université*, p. 8 et 9. — *Arrêts célèbres*, p. 1046 et 1047.

1650-1686. — FRANÇOIS DE ROYE. Nous avons déjà consacré dans ce livre (p. 172-174) quelques lignes à ce professeur qui mérite d'occuper une place distinguée dans nos annales comme il en a une dans la bibliothèque des érudits.

Il naquit à Angers en 1617, de Claude de Roye, conseiller au présidial et de Françoise Davy, fille du doyen de nos professeurs de droit. Cette double origine décida de son goût pour la jurisprudence. Après avoir terminé en 1648, par le doctorat, ses premières études en cette partie, il parut dans différents concours à Bourges, puis à Orléans. Il a laissé comme souvenir de la lutte qu'il soutint dans cette dernière ville, un recueil de thèses qui se trouve dans le *Thesaurus juris Romani* d'Otton Everard, (p. 119 à 736), sous le titre de « dissertatio triplex. » En voici la nomenclature à l'usage des jurisconsultes de profession : 1º Ad legem transfugam de acquirend. rer. domin. ; 2º ad legem unicam cod. de athletis ; 3º ad legem IV. de usura et fructibus. L'ouvrage est dédié à Gilles Ménage, avec forces louanges et contient, à son adresse sans doute (1), de nombreuses citations d'écrivains profanes tant grecs que latins. Parmi les jurisconsultes, il renvoie à Cujas, aussi bien qu'à Ulpien, à Caius, à Paulus et même à Odofredus.

A la fin de 1649, de Roye revint à Angers où deux chaires se trouvaient en même temps vacantes et un an après, il fut pourvu avec applaudissements, de la première (2) où il remplaçait Olivier du Fresne, membre de la Faculté, depuis les dernières années du siècle précédent. Sa carrière professorale qui se prolongea pendant trente-six ans, fut des mieux remplies et des plus fécondes. Il ne se maria pas; contrefait et de santé délicate, il était néanmoins assidu à sa tâche et partageait son temps entre la préparation des leçons qu'il faisait à ses élèves et la rédaction de savants ouvrages où l'histoire et la jurisprudence, tant canonique que civile, tenaient leur place tour à tour. Pour la première de ces études, nous avons en ce qui concerne l'Anjou, le témoignage de Barthélemy Roger : les dernières lignes de cet auteur sont un remerciment de l'aide que de Roye lui a prêtée pour son ouvrage. La création de l'Académie des belles-lettres d'Angers avait eu lieu en 1685, et il avait été compris parmi ses membres ; mais il eut à

---

(1) Ménage, de son côté, a signalé de Roye comme « célèbre dans la jurisprudence romaine » *Vita Guill. Menagii*, p. 447-8.

(2) Les candidats préférés furent traduits devant le Parlement à raison d'une paction qui avait eu lieu entre eux et un troisième concurrent pour donner un dédommagement à celui qui succomberait dans la lutte. L'avocat-général, Omer Talon, avait conclu en leur faveur; mais la cour cassa l'élection et ordonna de procéder à de nouvelles épreuves devant la Faculté d'Orléans, laquelle confirma le jugement de celle d'Angers. Claude Pocquet ajoute à ce sujet : « Cet arrêt fait connaître combien il y a de délicatesse en ces matières, et que, dans les disputes, il faut écarter tout soupçon de faveur et d'intelligence. » *Arrêts célèbres de la province d'Anjou*, p. 1046.

peine le temps de s'y montrer, il mourut le 24 janvier de l'année suivante.

On trouvera dans le *Dictionnaire historique de l'Anjou*, la succession et les titres exacts de ses différents ouvrages qu'il a écrits tous en latin (1). Deux d'entr'eux doivent fixer particulièrement notre attention : ce sont les trois livres d'Institutions de droit canonique, guide classique pour les étudiants sur lequel nous reviendrons plus tard, et la défense des Facultés de province, dont il a été question précédemment. Nous avons dit à cette occasion comment notre professeur s'était associé aux mesures prises par Louis XIV pour la réforme de l'enseignement du droit. Nous ajouterons en ce qui concerne l'Ecole d'Angers, qu'il céda de bonne grâce le rang qu'il y occupait au professeur de droit français qui fut nommé quelque temps après.

Moreri. — La Biographie Universelle. — Arch. de Maine-et-Loire, D 7, fol. 458-459. — Bibl. d'Angers, mss. 1004 et 1005, t. Ier ; 1027, p. 175. 209 à 211 et 333 ; et 1067, p. 108. — *Hist. d'Anjou*, p. 527. — M. Godard.-Faultrier, *Nouvelles archéologiques de l'Anjou*, fév. 1850.

1650 † 1663. — ANTOINE TONDUTI, d'une famille de docteur ès-lois d'Avignon, concourut pour la première fois en 1643 et 1644. Il se trouvait alors deux places disponibles, et la décision des juges, tout en lui préférant Erreau et Voysin, astreignit ceux-ci à lui payer « à titre de concurrent distingué, » la somme de douze cents livres, afin de le retenir à Angers. Mais il y eut appel de cette décision devant la cour du Parlement, et la clause additionnelle fut annulée. En 1647, Tonduti s'unit à De Roye pour réclamer contre l'adjudication à Jean Bruneau de la chaire rétablie en principe par le roi et que la mort de Buisson rendait alors vacante. Ils échouèrent dans cette démarche, mais devinrent professeurs l'un et l'autre en 1650, nommés aux places de Dufresne et de Sengeber. Tonduti n'eut que la seconde, et elle fut supprimée à sa mort, en 1663.

Arch. de Maine-et-Loire, D 7, fol. 455. — Arch. de la Mairie, BB 81 et 83, fol. 47 ; id. 90, fol. 20. — Bibl. d'Angers, mss. 919 ; 1027, p. 175.

1670 † 1696. — CHARLES AUDOUIN, sieur de Danne, de Villettes et de la Blinière, né en 1642 de Pierre Audouin de la Blanchardière

---

(1) Nous nous permettrons seulement de remarquer que la bibliothèque d'Angers possède aujourd'hui le manuscrit des leçons faites par Fr. de Roye, en 1682 et 1683, sur les quatre livres des Institutes de Justinien, dont M. C. Port avait signalé l'absence. C'est un volume in-4° de 182 p. sur papier.

qui avait été maire d'Angers pendant la Fronde, fut nommé à la chaire de Jean Bruneau. Il l'avait emporté sur le fils de son prédécesseur. Mais comme il appartenait à une famille opulente, ses juges, que l'on sollicitait de rétablir en faveur de celui-ci la place de Tonduti supprimée depuis sept ans et qui s'y refusaient, obligèrent le vainqueur à payer à son concurrent une somme de deux mille livres comme dédommagement ou consolation. Devenu professeur, Audouin dicta à ses élèves durant une année entière un traité de la Simonie qui fut son seul ouvrage et qu'il ne fit pas imprimer, mais dont Pocquet fait cet éloge, qu'il a déraciné dans la province les restes du crime qu'il combattait. Dans les années suivantes, lors des querelles du cartésianisme et du jansénisme qui divisèrent l'Université et la Faculté, il se montra, avec son collègue de Roye, l'un des plus fougueux partisans des nouvelles doctrines. Il devint doyen à la mort de Cl. Voysin, mais ne conserva ces fonctions que six ans seulement. Il mourut le 14 mai 1696, d'une maladie de langueur dont la durée avait permis aux nombreux docteurs qui se disputèrent alors sa place de se préparer d'avance à lui succéder.

Arch. de Maine-et-Loire, D 7, fol. 510 et suiv.; E 1512 et 3122. — *Dict. hist. de l'Anjou.* — Bibl. d'Angers. mss. 1004 et 1005 ; 1027, p. 380. — G. Ménage, *Vita Guill. Menagii*, passim. — M. l'abbé Pletteau, *Le Jansénisme dans l'Université d'Angers*, p. 29.

1674 † 1714. — RENÉ LÉZINEAU, fils de R. Lézineau qui fut maire d'Angers de 1667 à 1679, ayant été reçu docteur en droit en 1668, alla continuer quelques études à Toulouse, puis, de retour en 1670, concourut pour remplacer Erreau. La Faculté n'ayant pas adjugé la chaire sous prétexte d'insuffisance des candidats, il en appela au Parlement, qui après l'avoir fait examiner par deux docteurs de Paris, le déclara professeur par arrêt du 11 janvier 1674. Cl. Gabriel Pocquet le place dans ses illustres d'Anjou et le signale comme ferme et laborieux. Il ne paraît pas qu'il ait écrit sur la jurisprudence ; mais en 1693, il devint échevin perpétuel de sa ville et, la même année, membre de l'académie d'Angers.

Arch. de Maine-et-Loire, mss. 1004, 1027 et 1067, p. 236, 237.

1681 † 1689. — JEAN VERDIER, né à Angers au commencement du XVIIe siècle, était depuis plusieurs années doyen des conseillers au Présidial, lorsque, en conséquence de son édit de 1679 qui créait les chaires de droit français, Louis XIV lui confia celle de la Faculté d'Angers, en même temps qu'il nommait auxdites fonctions à Paris, un autre angevin, François de Launay. Le titre spécial de notre nouveau professeur était, sans doute, la rédaction que ses contemporains lui attribuent d'un commentaire sur la *Coutume d'Anjou*, qui n'a pas été imprimé ; mais le roi voulait peut-être aussi récompenser en sa personne d'anciens services. On pouvait, en effet, se souvenir que, dans la première partie de la Fronde angevine, Verdier avait figuré, étant alors vice-maire, comme attaché au parti de la Cour, parmi les chefs de la magistrature.

Il était dans un âge avancé lorsqu'il devint professeur, et il eut à souffrir non-seulement de la turbulence des étudiants, mais des dédains des jeunes docteurs agrégés entrés en fonctions en même temps que lui. Les différents pouvoirs, dans cette occasion, s'empressèrent à le soutenir de leurs encouragements. Déjà la ville, qui s'était fait représenter à la séance d'ouverture de son cours, avait voté l'impression à ses frais de la harangue qu'il avait prononcée. Une délibération spéciale du Conseil de l'Université lui demanda quatre ans plus tard de ne pas discontinuer ses leçons (1). On était venu aussi en aide à la médiocrité de ses ressources pécuniaires. La Faculté lui alloua, sa vie durant, la jouissance d'une métairie dont elle avait la disposition. Enfin, par un arrêt du conseil privé du 14 mai 1687 (2), le roi réunit à sa chaire les émoluments attribués à l'un des professeurs de droit canonique et civil récemment décédé, et le mit, par cette double part, sur un pied égal,

---

(1) « Ut a suis prælectionibus non cesset. » — Concl. du 22 mars 1685.

(2) « Le roi ayant été informé du peu d'émoluments attribués au prof. de droit français en l'Université d'Angers, et qu'il est difficile qu'il y trouve la subsistance honnête et convenable à son emploi ; étant d'ailleurs important pour l'exécution de son édit du mois d'avril 1679 pour le rétablissement des études de droit, par lequel elle a voulu entr'autres choses que l'étude du droit français fut plus cultivée ; et à cet effet a ordonné qu'il y aurait dorénavant un prof. dudit droit institué particulièrement pour ladite étude, et choisi entre les plus capables, et qu'il serait difficile d'en trouver qui s'y voulussent engager, s'il n'y avait pas une subsistance honnête et raisonnable ; et lui ayant été représenté qu'il y avait une chaire de professeur de droit canonique et civil, vacante par le décès du sieur de Roye, qui a donné occasion à plusieurs contestations entre les professeurs et les doct. agrégés, même avec le prof. du droit français, laquelle chaire vacante pourrait être remplie par ledit professeur du droit français en s'acquittant, suivant sa capacité reconnue de l'une et l'autre fonction, tant de professeur de droit français que du droit civil et canonique ; ce qui lui procurerait en même temps la subsistance convenable. Ouï le rapport du proc. Brignon commissaire à ce député, le roi en son conseil, a ordonné et ordonne qu'en attendant qu'il y ait été autrement pourvu par S. M., le sieur Verdier, à présent professeur du droit français, conformément à l'édit du mois d'avril 1679 et la déclaration du mois d'août 1682, jouira des émoluments attribués au professeur du droit civil et canonique. »

sinon supérieur, à celui de ses trois collègues. Il eut, du reste, avant de mourir, une occasion de payer sa dette au monarque qui l'avait ainsi comblé. En 1688, le roi ayant fait demander à l'Université son adhésion pour l'appel qu'il faisait au futur concile dans l'affaire de la régale, ce fut Verdier, alors recteur, qui se porta fort pour le corps dont il faisait partie. Pocquet le célèbre, non-seulement comme un sage et docte magistrat, mais comme un bel esprit. C'est à ce dernier titre qu'il avait été, en 1685, compris parmi les premiers membres de l'académie naissante d'Angers.

Moreri. — Bodin, *Recherches historiques*, t. II, p. 537. — Arch. de la Mairie BB 81, 82, 96. — Bibl. d'Angers, mss. 1027, p. 329, 335 et 339 ; 1067, p. 365 ; id. (imprimés). *Hist*. 3799, n°s 6 et 7. — *Comptes rendus du président Rolland*, t. VII, p. 146.

LES POCQUET DE LIVONNIÈRE. — Nous réunissons dans un même article ce que nous avons à dire de ces deux professeurs, le père et le fils, qui ont occupé sans intervalle durant soixante-treize ans la chaire de droit français, nous référant, du reste, pour l'un comme pour l'autre aux notices substantielles du *Dictionnaire historique de l'Anjou*, et surtout à l'étude dont M. le président Camille Bourcier a enrichi la *Revue d'Anjou* de 1854 (p. 54 et suiv.), où les travaux du grand jurisconsulte angevin sont appréciés avec une compétence toute spéciale(1).

1689-1720. — CLAUDE P. DE LIVONNIÈRE, né à Angers, en 1652, d'une famille hautement considérée, fut élevé au collége d'Anjou chez les PP. de l'Oratoire, où il fit de brillantes études. Orphelin de mère dès sa naissance et ayant perdu son père à l'âge de quinze ans, il entra dans le monde sans direction assurée et porta quelque temps les armes, avant de démêler sa véritable vocation qui devait l'entraîner vers la jurisprudence. Il se fit ensuite recevoir avocat au Parlement de Paris et s'y était fait remarquer par des débuts pleins de promesses, lorsque la composition d'un opuscule qu'il avait rédigé dans ses moments de loisir (2) vint influer d'une manière décisive sur sa destinée. L'in-

---

(1) Nous ajouterons que la nouvelle Faculté de droit d'Angers a été bien inspirée, en 1877, de mettre la conférence d'étudiants qu'elle voulait former dans son sein sous le patronage de ce nom honoré : aucun autre dans notre histoire n'était guère aussi propre à créer pour l'œuvre en question de réelles sympathies.

(2) Il s'agit des *Sentiments de Cléante sur quelques-uns des plus fameux avocats plaidants au Parlement de Paris* dont la publication faite par l'abbé Lambert dans son *Histoire littéraire de Louis XIV* (Paris, 1751), ne donne, paraît-il, qu'une fort inexacte idée. Nous y voyons des notices, en général fort

discrétion d'un parent ayant donné à ses essais une publicité à laquelle il ne les avait pas destinés, l'auteur, pour échapper aux désagréments qui en étaient la suite, retourna dans sa ville natale et s'y fit pourvoir, en 1680, d'une charge de conseiller au présidial. A l'aide de cette position et du titre d'échevin, qui lui fut donné trois ans plus tard, il ne tarda pas à acquérir sur les affaires de la cité une influence considérable et qui devait durer autant que sa vie. Ce fut lui qui, en 1685, obtint du roi la création de l'académie des belles-lettres d'Angers, l'une des premières qui aient été autorisées dans les provinces. Ayant rédigé le placet au vu duquel elle avait été accordée, il fut naturellement l'un de ses premiers membres, et, sous des titres différents, il en garda la direction jusqu'à sa mort. En 1689, celle de J. Verdier ayant fait vaquer la chaire du droit français, le chancelier Boucherat le présenta pour succéder à celui-ci, le choisissant (dit-il au monarque qui d'ailleurs appréciait personnellement Pocquet) entre des candidats très-recommandés « à cause de son mérite qu'il connaissait par lui-» même. » On lui avait accordé le même avantage qu'à son prédécesseur, c'est-à-dire le cumul des émoluments de sa place avec ceux de la chaire de droit canonique et civil récemment supprimée, mais il remit dans la bourse commune ce qui dépassait le quart alloué à ses collègues et se contenta du double titre qui lui était reconnu, en stipulant toutefois qu'il aurait le même droit que chacun d'eux au décanat lorsque son rang d'ancienneté l'y appellerait (1).

Il devait d'autre part, d'après les usages, renoncer dans un délai déterminé aux fonctions qu'il exerçait au présidial. Ce délai ayant eu besoin d'être prolongé, Pocquet sollicita à cet effet l'intervention de la ville (2).

---

succinctes, plusieurs n'ayant que huit à dix lignes. Toutefois ces appréciations de l'esprit et du talent de ses confrères se font remarquer par un style exempt de toute emphase et où la critique se mêle à l'éloge.

(1) Cette transaction eut lieu le 24 juin 1689. Pocquet la rappela vingt et quelques années plus tard dans un mémoire très-concluant. Puis, quand l'occasion fut venue pour lui d'être doyen, il se décida à y renoncer, probablement en considération des ouvrages qu'il avait entrepris. — *V.* le manuscrit 1027 de la bibliothèque d'Angers, p. 422, 423; id. imprimés : *Hist.* 3799, n° 59.

(2) Nous croyons devoir reproduire tout au long le certificat qu'il en obtint, parce qu'il est des plus honorables pour le professeur comme pour le magistrat.
Séance du 28 août 1691. — « M. le vice-maire a dit que M. Pocquet de Livonnière prof. royal du droit français dans l'Université de cette ville, allant à Paris pour obtenir la prolongation du temps de se défaire de sa charge de conseiller au présidial, il demande un certificat de son assiduité à s'acquitter de ses

Il se livra dès lors avec assiduité à l'enseignement et y resta fidèle pendant plus de vingt ans, jusqu'au moment où sa santé l'obligea à se décharger sur son fils aîné d'une partie de sa tâche. Il se démit ensuite définitivement de sa chaire en 1720. Ses dernières années furent occupées par la composition des grands ouvrages de jurisprudence qu'il a laissés et aussi par ses consultations aux nombreux clients que sa réputation attirait. Ce fut en 1725 qu'il publia son édition en deux volumes in-folio des *Commentaires de Gab. Dupineau sur la Coutume d'Anjou*, avec de *Nouvelles observations* qui sont de lui, et auxquelles il ajouta comme appendice ses *Arrêts célèbres de la province d'Anjou*, une très-importante partie et des plus précieuses pour notre histoire locale. On doit encore à Claude Pocquet un *Traité des fiefs*, et enfin les *Règles du droit français*, ou plutôt coutumier, qu'il appelait « le plus chéri de ses ouvrages. » Ceux-ci eurent l'un et l'autre plusieurs éditions par les soins de deux de ses trois fils. L'auteur était mort pendant un séjour à Paris, le 31 mai 1726, à l'âge de 74 ans.

La bibliothèque d'Angers possède de lui plusieurs manuscrits, et non-seulement son recueil de sentences du présidial, mais des ouvrages presque prêts pour l'impression. — Nous citons à ce titre: un *Traité de la communauté des biens entre mari et femme*, et un *Traité des prescriptions* dont il avait dicté les deux premiers livres à ses élèves et dont le troisième fut l'ouvrage de l'un d'eux devenu plus tard professeur de la Faculté. M. Port signale, en outre, un *Traité des lods et ventes*, daté de 1713, qui serait à la bibliothèque de Tours.

Nous espérons pouvoir donner son portrait d'après l'original peint à

---

devoirs. Les opinions prises, a été conclu que cette compagnie certifie au roi et à nosseigneurs de son conseil que le dit sieur de Livonnière remplit les devoirs de ses deux emplois, savoir de conseiller au présidial depuis onze ans, et de professeur royal du droit français depuis deux ans, avec une fort grande approbation ; qu'il fait ses leçons de professeur avec tant de science, d'érudition et d'application qu'il a toujours un grand nombre d'écoliers de cette province et des circonvoisines qui sont attirés par son mérite particulier, et qu'il y a même des personnes distinguées par leurs emplois et leurs mérites qui vont l'entendre avec beaucoup de satisfaction ; mais que cette assiduité à faire ses leçons ne l'empêche pas de venir à l'audience et à la chambre du conseil du présidial ; qui est un témoignage que cette compagnie croit devoir rendre à la vérité en faveur du sieur de Livonnière dont le mérite fait honneur à la province ; et la compagnie joint ses très-humbles prières à celles du sieur de Livonnière pour obtenir du roi la prolongation du temps de se défaire de sa charge de conseiller au présidial. » (*Archives de la Mairie* BB 99, fol. 45.)

Claude Pocquet conserva son siége jusqu'en 1701.

Revue de l'Anjou.

CLAUDE POCQUET DE LIVONNIÈRE

PROFESSEUR DE DROIT FRANÇAIS A L'UNIVERSITÉ D'ANGERS,

Né le 18 Juillet 1651, mort le 31 Mai 1726.

l'huile que conserve notre musée archéologique; l'obligeance du savant directeur, M. Godard-Faultrier, mettant la pièce à notre disposition.

1720 † 1762. — CL. GABRIEL POCQUET DE LIV., fils aîné de Claude, naquit le 24 octobre 1684. Après avoir été, jusqu'en 1699 ou 1700, élève du collége d'Anjou, il embrassa la carrière paternelle et fit ses études de droit; reçu bachelier en 1701, il les termina en 1707 par le doctorat, puis concourut en 1711 pour les fonctions d'agrégé. Ce fut la même année qu'il commença à suppléer son père et en 1720 qu'il le remplaça définitivement. Dans l'intervalle, en 1714, il s'était fait admettre à l'Académie d'Angers et il en a été longtemps le laborieux secrétaire. Il ne se maria pas et sa vie entière fut consacrée à l'étude. La jurisprudence y obtint sans doute une grande part, mais nous ne craignons pas d'affirmer que ses prédilections ont été pour l'histoire, et notamment celle d'Anjou, dont ses travaux offrent une source aussi sûre qu'abondante.

Nous songeons particulièrement ici à la continuation de l'*Histoire de l'Université d'Angers* de Pierre Rangeard, dont il avait des premiers avec son père encouragé la composition. Notre bibliothèque municipale est entrée depuis quelques années en possession de ses cahiers manuscrits, malheureusement inachevés et informes, et nous avons pu en tirer un notable parti pour la présente étude (1).

---

(1) Nous n'hésitons pas à reconnaître que c'est à lui, en grande partie, que nous devons les matériaux sur lesquels elle s'appuie dans l'intervalle compris entre les années 1433 et 1726 environ. Nous nous sommes aussi beaucoup servi d'un autre manuscrit de l'auteur recueilli également par notre riche dépôt : *Les personnages illustres de l'Anjou*.

Cl. Gab. Pocquet a, en effet, donné place parmi ceux-ci à un certain nombre de nos professeurs en droit. Voici la liste de ceux à qui il a consacré des notices :

XVe siècle. — *Jean Bohalle*. — *Jean Bernard*. — *Guill. Fournier*. — *Jean de la Réauté*. — *Jean Binel*.

XVIe *Thibaud Caillau*. — *Jean Louet*. — *Eguinard Baron*. — *Lazare de Baïf*. — *Jacques Gourreau*. — *Marin Liberge*. — *J. Mathieu Le Grand*.

XVIIe et XVIIIe siècles jusqu'en 1740 : *Guill. Barclay*. — *Fr. Davy Dargenté*. — *Cl. Voysin*. — *Fr. de Roye*. — *René Lézineau*. — *Jean Verdier*. — *Jos. Le Rloy*. — *René Janneaux*.

On s'étonnera sans doute de ne pas trouver ici la notice de Claude Pocquet ; mais il l'avait réservée pour une plus grande publicité : il la lui a donnée, tant dans les *Mémoires* du P. Nicéron, que dans le *Dictionnaire de Moreri*, dont les auteurs reconnaissent devoir à ses communications la substance de leurs articles. Nous pouvons dire, du reste, que le dernier quart de son *Histoire de l'Université* (mss. 1027) est rempli presque tout entier par les faits auxquels Claude Pocquet a pris part. Il semble que la plume soit tombée des mains de l'auteur après qu'il a eu constaté la perte qu'il avait faite de son illustre père.

Gabriel Pocquet a beaucoup écrit, mais s'est fait très-rarement imprimer. On lui a attribué la publication du volume des *Priviléges de l'Université d'Angers* qui parut en 1736. Nous ne nions pas qu'il en ait pu être l'éditeur ; mais la dissertation remarquable qui le précède est plutôt de Pierre Rangeard (quoique celui-ci fût mort depuis dix ans) qu'elle n'est de lui ou de Claude son père; c'est d'ailleurs ce qu'ont pensé au siècle dernier les rédacteurs de l'*Histoire littéraire de la France* (*V.* t. XVI, p. 39, 41) qui ont rectifié sur ce point leur première opinion.

Pour ses travaux sur la jurisprudence, il est difficile de discerner ce qu'il a pu emprunter ou ajouter à l'héritage paternel. Nous ne croyons cependant pas nous tromper, en le regardant comme l'auteur d'un *Traité des personnes, choses et bénéfices ecclésiastiques*, auquel il avait travaillé dès 1714 en vue du cours qui lui était confié, et qu'il paraît avoir professé de nouveau dans les années 1732 ou suivantes. Le titre de sa chaire, celle de droit français, ne lui interdisait pas les excursions sur le domaine du droit canonique, en raison des affinités de celui-ci avec le droit coutumier, et il s'y prêtait volontiers. On peut même considérer l'ouvrage dont nous parlons, et qui n'est malheureusement pas terminé, comme un supplément ou mieux comme une introduction au *Pouillé historique du diocèse* qu'il avait d'autre part entrepris. Cette direction de ses travaux, ses principes religieux et sa liaison étroite avec quelques membres du clergé (son frère puîné était grand archidiacre d'Angers) furent cause que, un peu plus tard, on mit en doute son attachement à quelques-unes des libertés de l'église gallicane qu'il était chargé d'enseigner. Des membres de la Faculté, dont plusieurs lui étaient manifestement hostiles, s'étant fait représenter, en 1756, les cahiers qu'il avait dictés à ses élèves, y relevèrent et y censurèrent deux propositions, où le silence prescrit par l'arrêt du Conseil relatif aux disputes des deux puissances n'était pas rigoureusement observé. Ce démêlé et la défection qu'il avait éprouvée deux ans auparavant, lors de sa nomination au décanat auquel il avait tous les droits, de la part de celui de ses collègues avec qui il avait fraternisé le plus longtemps, d'autres tracasseries enfin qui lui furent suscitées un peu plus tard, attristèrent ses dernières années. Il mourut à la fin de février 1762, démissionnaire depuis quelques semaines de ses doubles fonctions. Il comptait cinquante et un ans d'exercice, en comprenant le temps pendant lequel il avait suppléé son père.

A consulter, outre les recueils et ouvrages précédemment indiqués, Arch. de M. et L. D. 1, *passim*; 2, fol. 21r° et v°; 7, p. 556 à 570. — *Præ-*

tantiores consultissimæ facultatis jurium andegav. conclusiones, 40 p. in-4°.
— *Journal des Savants*, années 1725, p. 488 et 597; 1729, p. 233; 1730, p. 589. — J. Fr. Bodin, *Rech. hist. sur l'Anjou*, p. 247 et 529. — *Nouvelles ecclésiastiques*, années 1754, p. 143; 1758, p. 123, 124. — L'abbé Tresvaux, *Hist. de l'église d'Angers*, t. II, p. 326, 327.

1692 † 1717. — JOSEPH LE BLOY, né à La Flèche, vers le milieu du siècle, d'un conseiller au présidial, eut une jeunesse orageuse. Parvenu à l'adolescence, il s'échappa de la maison de son père et fut pris en mer par des corsaires. « Par le plus grand hasard du monde, dit G. Pocquet de Livonnière, dont nous suivons la notice, il trouva dans le fond de la cale un corps de droit, qu'il étudia d'abord par curiosité, puis par goût et sans relâche. » De retour à Angers, il brilla dans le barreau et fut compris au nombre des huit docteurs agrégés créés en 1681 dans la Faculté de droit. En 1690, il concourut avec l'un de ses confrères pour une chaire devenue alors vacante, et la Faculté de Paris à laquelle la dispute avait été renvoyée lui donna la préférence. Il était très-laborieux et très-versé, nous assure-t-on, dans la connaissance des conciles et l'histoire ecclésiastique. D'un caractère brusque, mais d'un cœur loyal, il n'hésitait pas à faire des excuses à ceux qu'il avait blessés. C'est ainsi que le caractérise et le loue notre historien, dont la sincérité est d'autant plus méritoire ici, que son père avait eu plusieurs fois à se plaindre des procédés de Le Bloy qui ne ménageait pas plus ses collègues qu'il n'avait précédemment ménagé ses maîtres.

Ceci nous conduit à dire un mot de ses écrits. Nous nous croyons, à l'exemple de M. Port, fondé à lui attribuer un petit volume de 152 p. in-8°, sans date et sans nom d'auteur, qui roule sur la question déjà traitée en 1674 par Claude Voysin, le professeur qu'il devait remplacer dix-huit ans plus tard, et qui porte aussi le même titre : *Quæstio utrum judex*, etc. Il doit être aussi de la même année et Le Bloy était probablement alors au cours de ses études de droit. Le fond de l'ouvrage, qui traite la question en litige au point de vue des avocats plutôt qu'à celui des philosophes et des jurisconsultes, mérite encore moins de nous occuper que celui auquel il sert de réponse, et la forme en est peu respectueuse pour le doyen qui était son adversaire.

Nous avons aussi des raisons de supposer que le docteur Le Bloy a inspiré, sinon peut-être rédigé un pamphlet latin anonyme, dirigé le 29 mai 1697 contre les membres de la Faculté, à l'occasion d'un concours qui avait lieu depuis dix-huit mois déjà pour une des chaires, et

16

dans lequel, seul de tous les juges, on lui a fait une très-large part d'éloges. (*V.* Arch. de M. et L. D 7, f⁰ˢ 538 et 539.) Nous remarquons, en effet, qu'il se vit exclu du jugement final.

Diction. hist. de l'Anjou. — Bib. d'Angers, mss. 1004; id. 1005, t. V; 1027, p. 422 à 424, 430 ; 1067, fo. 205.

1698 † 1752. — RENÉ ROBERT DES MARCHAIS, fils du sénéchal de la ville de Craon, obtint au concours en 1698, après des épreuves plus brillantes peut-être que solides, la chaire que laissait vacante Audouin de Danne. Il l'emportait sur quatre compétiteurs, dont plusieurs travaillèrent vainement à faire réformer le décret de nomination. Le nouveau professeur demeura cinquante-quatre ans en fonctions. C'est avec celle de Fr. Davy la plus longue durée d'exercice que nous ayons à constater. Il n'a rien écrit sur la jurisprudence, mais il a honoré l'Université et servi la ville dans un mairat renouvelé sept fois, d'une manière continue, de 1715 à 1728, et dont le dernier fruit a été la publication du *Recueil des priviléges de la ville d'Angers*, 1748, très-fort volume in-4⁰. Il était devenu doyen de la Faculté dès 1717 et c'est à lui, à ce titre, que fut dédié quarante-deux ans plus tard le manuel de droit de Jacques Duboys, avec qui il vivait en relations étroites et dont il s'était fait un auxiliaire dans la lutte d'influence qu'il soutenait contre deux de ses collègues. L'un de ceux-ci (qui n'est autre que notre historien Cl. Gabriel Pocquet) a, du reste, rendu plusieurs fois témoignage de l'exactitude que René Robert avait, de tout temps, apportée à ses multiples et laborieuses fonctions tant d'administrateur que de professeur.

Dictionnaire historique de l'Anjou. — J. Fr. Bodin, *Rech. historique*, t. II, p. 532. — Arch. de M. et L. D 7, f⁰ˢ, 538 et 539. — Arch. de la mairie, p. 491-493. — Bibl. d'Angers, mss. 1004 ; id. 1027, p. 96, 320.

1714 † 1739. — RENÉ JANNEAUX, fils de Charles Janneaux avocat au présidial et créé docteur agrégé lors de la première promotion, fut reçu en la place de R. Lézineau qui ne lui était pas disputée. Il avait, seize ans auparavant, concouru pour une des chaires en même temps que Robert des M. et avait été balancé avec son vainqueur (1). Dans

---

(1) La Faculté, par l'organe de son doyen, constata le talent dont il avait fait preuve dans ce concours et s'engagea presque envers lui pour une nouvelle occasion. En louant les différents candidats qui s'étaient distingués, elle signalait parmi eux : « In primis magistrum Janneaux, quem spes pulcherrima fovere » debet fore ut aliquando antecessuram obtineat, qua etiam nunc donandus » esset, si altera vacaret. » *V.* Conclusion du 3 juillet 1598. Arch. de M. et L. D. 7, p. 570.

l'intervalle, en 1701, il acheta une charge d'avocat du roi, qu'il conserva même quelque temps après être devenu professeur. Etant recteur au mois de décembre 1722, il eut à signer et à publier la censure prononcée par l'Université contre un professeur de l'Oratoire qui avait continué à enseigner quelques doctrines entachées de jansénisme, et d'autres où le cartésianisme et le malebranchisme se montraient à découvert. Nous avons déjà signalé son intervention dans cette affaire (livre Ier, p. 67-68); mais nous devons dire qu'il n'avait pas fait partie de la commission constituée juge du débat, dont le célèbre chancelier François Babin était resté l'âme et avait dirigé les travaux. — Il mourut le 20 octobre 1739 avec une certaine réputation de littérateur (il était membre de l'académie d'Angers), en même temps que de jurisconsulte. On rendait hommage à la solidité de ses décisions et un de ses contemporains l'appelle même « le profond Janneaux. »

La bibliothèque d'Angers (mss. 331 et 348) possède de lui deux écrits. C'est d'abord un commentaire latin sur les Instituts : *Recitationes solemnes super quatuor libros Imperatoris Justiniani*, in-4° de 481 feuillets, avec notes en regard (1); et, en français, un *Traité des Prescriptions*, commencé par son maître Claude Pocquet de Livonnière, mais dont il a fait, tout au moins, le troisième livre (V. le mss. 1138). On retrouve sa trace et souvent sa plume dans ce volume, qui provenait sans doute d'un héritage de famille, car il en a usé constamment comme sien.

Arch. de Maine-et-Loire D. 1, fol. 56, 57, et *passim*. — Bibl. d'Angers, V. les mss. déjà mentionnés, et de plus, 1004; 1027, p. 381 et 436; 1067, p. 60. — *Id.* Hist. 3796, 3°.

1718 † 1722. — EUGÈNE O'FÉGAN DE MAGARA, Irlandais, concourut dès l'année 1708 pour une place d'agrégé et l'obtint six ans plus tard, après des contestations causées par sa qualité d'étranger et que l'obtention de lettres de naturalité fit cesser. En 1718, il succéda comme professeur à Joseph Lebloy et mourut encore fort jeune, en 1722. La Faculté payait encore quarante ans après cette date une pension de 200 livres à la fille de ce collègue.

Conclusiones facult. jur. Andeg., 1745, in-4° p. 6 et 7. — Bibl. d'Angers, mss. 1027, p. 440, 441 et 493.

---

(1) Un discours de rentrée qui est placé immédiatement dans le manuscrit avant le texte des *Recitationes* semble donner à ces leçons la date initiale de 1716.

1723 † 1755. — PIERRE JACQUES BROUARD, avocat au siége présidial d'Angers, obtint au concours la chaire que laissait vacante la mort prématurée d'O'Fégan. Son succès (il avait eu jusqu'à sept concurrents) semblait promettre un brillant professeur : l'événement ne répondit pas à ce début. Il n'a laissé en effet ni un écrit, ni une trace quelconque de son enseignement, mais seulement le souvenir de quelques luttes d'amour propre et d'ambition qu'il a soutenues dans le cours de sa carrière.

Il s'agissait, dans la première affaire, du rectorat, qu'il avait, du reste, exercé déjà à plusieurs reprises. Mais les usages de l'Université accordant à la Faculté des droits le pouvoir d'en disposer pour les deux trimestres qui s'étendaient du 23 juin au 24 décembre, les docteurs régents se l'attribuaient à eux-mêmes et s'y succédaient alternativement d'année en année. C'était un honneur auquel chacun d'eux attachait beaucoup de prix, le mois de novembre compris dans les limites de temps indiquées étant l'époque de la rentrée solennelle des écoles, et le professeur désigné devant dès lors en faire l'ouverture et prononcer à cette occasion devant les corps constitués de la ville la harangue accoutumée. Le tour de Jacques Brouard revenait pour ces fonctions en 1744 et Gabriel Pocquet, son collègue, les avait en conséquence réclamées pour lui ; mais l'élection, à laquelle participaient en plus ou moins grand nombre les docteurs agrégés ne les lui donna pas. Le candidat préféré fut l'un de ces derniers, François Prévost, assez jeune alors, mais déjà pourvu d'une charge d'avocat-général au présidial, et qui devait dix-huit ans plus tard illustrer la Faculté par son enseignement et ses écrits. Il a développé lui-même tout au long dans un mémoire les circonstances de son démêlé avec le professeur évincé et comment il fallut jusqu'à deux arrêts du Parlement pour triompher de la résistance de celui-ci et de celle des membres de l'Université ses adhérents.

La seconde entreprise de Brouard eut ⁊ ⸬ au commencement de 1754 ; elle fut encore moins heureuse. Après la mort du doyen René Robert, il avait aspiré à lui succéder, au préjudice de Pocquet à qui le poste appartenait comme plus ancien, et il s'était pour cette fois allié à un autre de ses collègues, Jacques Duboys, homme d'un esprit brouillon et ennemi particulier de son compétiteur. Or il arriva que leurs protestations communes contre le candidat, qui avait pour lui, outre le droit, la confiance des pouvoirs publics, furent jugées mal sonnantes par le chancelier-ministre d'Etat et chacun d'eux reçut bientôt une lettre de cachet lui prescrivant de se rendre à vingt lieues d'Angers et d'y demeurer jusqu'à nouvel ordre. Brouard, qui avait choisi Nantes pour lieu de son exil, y mourut le 6 mars de l'année suivante, sans être remonté dans sa chaire.

Arch. Maine-et-Loire D 11, f° 130. — *Id.* de l'Hôtel-de-Ville BB 115. — Bibl. d'Angers, mss. 919; 1027, p. 493 à 495; 1029, t. II. *Pièces de procédures.* — *Nouvelles ecclésiastiques*, année 1754, p. 143. — Conclusions de la Fac. de droit, *passim.*

1740 † 1764. — JACQUES DUBOYS, né vers 1717 et fils d'un procureur au Parlement de Bretagne, vint disputer en 1740 la chaire précédemment occupée par R. Janneaux et l'emporta sur cinq concurrents, dont quelques-uns très-distingués. Homme instruit et assez laborieux, il était en même temps d'un caractère vaniteux et turbulent. Le conseil de l'Université, à l'issue de son premier rectorat (1741) dut lui refuser les remerciments d'usage et la ratification de ses actes, à cause du sans-gêne dont il avait usé dans l'exercice de ses fonctions et des insolences dont plusieurs des membres avaient eu à souffrir. Sa présence ne se fit pas moins sentir au sein du corps auquel il appartenait spécialement : il en fut à proprement parler le mauvais génie (1). En guerre avec Cl. Gabriel Pocquet, ce fut lui qui entraîna P.-J. Brouard dans l'opposition qui leur valut à tous deux une année d'exil, dont celui-ci ne vit pas le terme, étant mort avant son expiration. Duboys, qui était plus jeune, acheva de payer sa dette, mais continua à agiter la Faculté, comme nous aurons plus loin à le dire. En 1762, il remplaça comme doyen le collègue contre lequel il avait constamment lutté.

D'un esprit actif et entreprenant, il a composé différents ouvrages : nous nommons particulièrement ceux qui touchent en quelque partie à notre étude (2) :

1° *Recueil des règlements concernant la discipline des Facultés de droit depuis 1679 jusqu'à présent*, Angers, 1745. Il y a là jusqu'à quatre publications d'objet analogue et de même date, mais avec pagination

---

(1) D'après une note biographique de T. Grille, une petite pièce de vers, œuvre d'un candidat mécontent de la Faculté, prêtait au doyen Robert ce jeu de mots significatif sur son nouveau collègue :

Pour allumer le feu Duboys me convient fort.

(2) Nous pourrions ajouter à leur liste les almanachs de l'Anjou qu'il publia en 1749 et 1761, en collaboration avec Jacques Rangeard, la notice qui s'y trouve sur l'Université et sa Faculté de droit fournissant d'utiles et intéressantes indications dont nous avons profité.

séparée pour chacune d'elles. La première a 248 pages; la seconde qui en compte 48 plus une table commune à toutes les deux, est un *Recueil des anciens règlements pour les mêmes Facultés ;* une troisième, de 57 pages, contient les pièces relatives aux *Priviléges des professeurs en droit.* Enfin, une quatrième, la plus précieuse pour nous, en ce qu'elle comprend l'histoire de la Faculté pendant soixante et quelques années, est intitulée : *Præstantiores consultissimæ facultatis jurium andegavensis conclusiones,* 40 pages (1) ;

2º En 1751, Duboys fit paraître, non à Angers, mais à Orléans, un manuel pour la préparation du premier examen de droit : *Examen novum super Institutionibus Imp. Justiniani, ad usum studiosæ juventutis,* 1 vol. in-12, dont nous dirons quelques mots dans l'article suivant ;

3º *Mémoire pour Messire Jacques Duboys, conseiller du Roi, professeur de la Faculté des droits de l'Université d'Angers, demandeur* (2) *; contre les collecteurs des impositions de la paroisse de Savennières pour l'année 1752, et les paroissiens manants et habitants de ladite paroisse, défendeurs,* in-4º, Rennes, 1754 ;

4º Un imprimé de quatre pages sous ce titre : *Décret de la Faculté des droits d'Angers, portant qu'il sera fait tous les ans en français des leçons extraordinaires sur le droit coutumier des provinces d'Anjou, de Bretagne, du Maine, de Normandie, de Poitou, de Paris et de Tours ;* — 24 juin 1759. — C'est un épisode de sa guerre contre Gab. Pocquet de Livonnière, à qui il disputait en cette occasion son propre terrain, celui du droit français. Les adversaires du vieux professeur dans la Faculté, et Duboys à leur tête, proposaient à la ville d'encourager les cours supplémentaires qu'ils voulaient établir, par la distribution de deux médailles d'or décernées en récompense de thèses soutenues publiquement devant elle, et dont elle ferait les frais. Le conseil les avait d'abord accordées en principe (21 juillet 1759); mais dans la séance du 3 août, un discours de son procureur, Marchand du Brossay, lui dévoila l'intrigue et le fit revenir de sa décision.

En 1761, Duboys, qui n'avait pu se faire nommer de l'académie des Belles-Lettres et Sciences d'Angers dont plusieurs de ses collègues étaient membres, parvint, en quelque sorte à en forcer les portes, en

---

(1) Ce fut en 1741 que la Faculté décida l'impression des premiers documents ; elle chargea Duboys de surveiller l'impression, qui dura jusqu'en 1750 et coûta 946 livres 4 s.

(2) Aux titres que prend ici notre professeur, il ajoutait dans les derniers temps de sa vie, celui de comte, ayant alors dépassé vingt années de services.

concourant à la formation qui avait lieu alors d'une Société d'agriculture pour la généralité de Tours, le roi l'ayant nommé l'un de ses directeurs pour le bureau d'Angers. Il mourut trois ans plus tard, au mois de décembre 1764, âgé seulement de quarante-sept ans (1). — Malgré la ressemblance des noms, de la profession et celle même du domicile rural, nous ne croyons pas qu'il y ait eu aucun lien de parenté entre lui et M. Jean-Jacques Duboys qui fut, de 1797 à 1804, professeur de législation à l'Ecole centrale d'Angers.

Dict. hist. de l'Anjou. — Arch. de Maine-et-Loire D 2, 3, et 7. — Arch. de la mairie, BB 112, *passim.*—Bibl. d'Angers, mss. 1034. — Blordier-Langlois, *Angers et l'Anjou sous le régime municipal,* p. 303.

1754 † 1767. — PIERRE MERVEILLEUX, né à Saint-Jean-d'Angély et probablement docteur de Poitiers, avait d'abord disputé plusieurs chaires à Orléans et à Caen. Venu à Angers, pour occuper la place de René Robert des Marchais, il se rangea, presque dès son entrée dans la Faculté, sous la bannière de Duboys dans les différentes querelles que celui-ci faisait à Cl. Gabriel Pocquet. Ce fut lui, particulièrement, qui soutint le projet d'exercices sur le droit coutumier mis en avant en 1759. Il avait accepté d'y professer l'année suivante la matière des fiefs, et, soit que ces leçons, que la ville refusa d'encourager, aient eu ou non alors la publicité et le développement espérés, elles lui donnèrent lieu de composer un ouvrage qui rentrait dans le sujet choisi, le *Traité du droit de la garde noble et bourgeoise,* 1 vol. in-12, qui eut successivement deux éditions, Angers, 1763, et Paris 1764. Ce fut cette année qu'il remplaça Duboys en qualité de doyen. Dans la suivante, lors du renouvellement des formes d'élection des notables du Conseil de ville, il fut choisi pour représenter l'Université dans cette assemblée. Il présidait, d'autre part, le 14 août 1765, à l'adjudication d'une chaire de droit et y prononçait une harangue empreinte de quelques-unes des passions de l'époque. Il mourut, à peine âgé de quarante ans, sans avoir été de l'académie d'Angers; mais un discours public œuvre

---

(1) Un contemporain, l'archiviste Thorode, dont les notes passent pour exactes, a laissé sur lui l'appréciation que voici :

« Il avait du savoir, aimait l'étude, avait de l'esprit et ne manquait pas de talens ; mais une suffisance à nulle autre pareille le rendit insupportable à tout le monde, le mit dans certain goût de dépense mal entendue et occasionna sa ruine, de manière qu'après avoir langui plusieurs années, il mourut sans fortune et misérable. » (Bibl d'Angers, mss. 1004, t. VI.)

d'un des secrétaires de cette compagnie rappelait son souvenir une année après sa mort en des termes très-flatteurs :

« M. Merveilleux né avec des talents rares pour les sciences, une
» mémoire qui tenait du prodige et dont il donna souvent des preuves
» surprenantes, avec une facilité pour le travail qui lui épargna
» presque toujours l'assiduité fatigante du cabinet, un génie fait pour
» débrouiller le chaos des lois, en rapprocher les traits, en saisir le
» vrai sens, en fixer l'esprit, M. Merveilleux ravi à la fleur de l'âge,
» n'a presque fait que paraître. »

Dictionnaire historique de l'Anjou. — Arch. de Maine-et-Loire D 2 et 3, passim. — Id. de la Mairie, BB 119, f°s 32 et 35. — Bibl. d'Angers, mss. de l'abbé Guillot. — Blordier-Langlois, Angers et l'Anjou, etc., p. 315.

1760-1792. — LOUIS-JEAN GUILLIER DE LA TOUCHE, né à Angers le 4 juillet 1734, docteur en 1756, concourut immédiatement, puis de nouveau en 1760, pour la chaire de P. Brouard et finit par l'emporter. Il s'était, dans l'intervalle, fait recevoir docteur agrégé. Le décès de P. Merveilleux lui donna le décanat dès le milieu de l'année 1767 et il lui succéda aussi comme représentant de l'Université à l'Hôtel-de-Ville. Il paraît s'être livré presque exclusivement à l'administration, et d'abord à celle de son propre corps qui était depuis longtemps troublé par des dissensions intestines. Nous avons déjà remarqué (liv. Ier, p. 69) la part qu'il prit à l'apaisement de toutes les querelles. Ses succès en ce genre joints à sa science de jurisconsulte l'avaient désigné dès longtemps à la confiance de ses concitoyens, au moment où les préliminaires de la révolution se produisirent. Partisan des nouvelles idées, il fit prendre à la Faculté qu'il dirigeait la déclaration des droits de l'homme pour base de ses instructions, et le 1er juillet 1790, on soutint, sous sa présidence une thèse de droit civil « dont les positions étaient généralement extraites des principes de la constitution française. » Nous voyons à la même époque G. de la Touche au premier rang des citoyens investis à Angers de fonctions tant municipales que départementales et y apportant, du reste, une constante et notoire modération.

On ne signale de lui qu'un seul ouvrage, une simple brochure peut-être, sous le titre de *Nouvelles observations sur la bulle* (du pape Pie VI), *et la constitution civile du clergé*. Nous aurions aimé à pouvoir apprécier jusqu'à quel point ce professeur dévoué à la révolution avait poussé dans cette matière délicate l'esprit de conciliation qui le distinguait. Mais son livre a échappé à nos recherches. — Il mourut le 23 avril 1798, survivant depuis près de six ans à la chute de l'Université. Immédiatement après la suppression des corps enseignants, il avait entrepris ainsi que quelques-uns de ses confrères, des cours libres, et s'était chargé d'y professer *les principes du droit naturel et politique*. Mais leur durée fut apparemment bien courte, car ce que nous en connaissons se réduit presque aux détails donnés dans le programme qui les annonçait.

Dictionnaire historique de l'Anjou. — Arch. de Maine-et-Loire D. 2 à 5, *passim*. — *Correspondance des députés*, t. V, p. 498. — Reg. de la Mairie, 4 et 18 floréal an VI. — Bibl. d'Angers, ms. 1004, t. IX. — *Affiches d'Angers* du 29 novembre 1792.

1762-1781. — FRANÇOIS PRÉVOST, fils aîné de René Prévost lieutenant des eaux et forêts, naquit le 28 janvier 1712. Reçu avocat en 1736 et docteur agrégé en 1738, il concourut pour une chaire en 1740, et n'ayant pas réussi dans cette lutte qui fut favorable à Jacq. Duboys, il se tourna vers la magistrature, comme R. Janneaux lui en avait précédemment donné l'exemple. Il était depuis vingt ans déjà avocat du roi, lorsqu'il lui fut donné de cumuler ses fonctions avec celles de professeur en droit français dans lesquelles il succéda à Cl.-Gabriel Pocquet de Livonnière. Membre de l'Académie d'Angers dès 1743, et ayant été recteur de l'Université l'année suivante dans des circonstances que le corps n'avait pu oublier (1), il jouissait à l'époque de sa nomination

---

(1) Nous avons mentionné (livre Ier, p. 68 et II, p. 244), les débats qui eurent lieu à cette occasion ; la relation s'en trouve imprimée dans les *Concordats et règlements de l'Université*, p. 31 à 48, et nous y renvoyons. — Nous avons de Fr. Prévost et de la même date (1744) mais en manuscrit, des « Observations essentielles » adressées au grand chancelier « sur ce qui se pratique à Angers pour l'adjudication des chaires de droit. » L'auteur qui se souvient du concours auquel il a pris part deux années auparavant, analyse avec détails la composition du jury d'examen. Il y distingue deux catégories de membres, les uns n'ayant que voix consultative ou excitative : ce sont, outre les intrants de l'Université qui en délibéraient seuls autrefois, plusieurs officiers de la magistrature et de l'Hôtel-de-Ville, savoir : le lieutenant-général, le lieutenant-criminel, le lieutenant-particulier, l'assesseur, le procureur et les deux avocats du roi en la sénéchaussée, le maire et les quatre échevins. Prévost croit que l'introduction de ces membres étrangers dans le jugement des épreuves a eu lieu seulement en conséquence de l'art. 86 de l'Ordonnance de Blois de 1579 ; mais nous avons remarqué qu'elle fut antérieure de près de quarante ans à Angers. — Quant aux critiques de l'auteur, elles portent principalement sur la part faite dans le jugement à la Faculté, dont les membres, savoir les professeurs et trois des agrégés au plus (ceux-ci ne pouvant être en nombre supérieur aux premiers) ont seuls voix décisive :

« L'ancien des professeurs, remarque-t-il, est presque toujours maître de l'élection, ayant voix conclusive en cas de partage et influence sur ses collègues, qui sont d'ailleurs quelquefois récusés. » Le rapport se termine par la proposition de donner voix décisive à ceux qui l'ont consultative, s'ils sont licenciés, et au recteur voix conclusive, ainsi que cela a lieu dans les Universités de Toulouse,

comme professeur d'une réputation que les succès de son enseignement ne firent qu'accroître.

Entré dans l'Université en l'année même où l'expulsion de France des jésuites passa à l'état de fait accompli, et lorsque le Parlement provoquait les corps à lui proposer des réformes dans l'enseignement, il prit une grande part à ce qui se fit autour de lui pour répondre à cet appel, et plusieurs des projets ou des règlements émanés de sa compagnie, de 1762 à 1770, furent en partie son œuvre (1). Après être demeuré en fonctions près de vingt années, il quitta sa chaire le 21 juillet 1781, se démit quelques mois après de sa charge d'avocat du roi et ne conserva plus que celle de lieutenant de maire, à laquelle le Comte de Provence, duc d'Anjou, l'avait fait nommer en 1773. Voici ce que dit de lui l'historien de l'Anjou, J.-Fr. Bodin, qui avait pu le connaître dans sa jeunesse : « Prévost fut un des magistrats les
» plus instruits et les plus laborieux de son temps. Pendant quarante
» ans il prononça à la rentrée du présidial et de l'Université des
» discours d'apparat, dont plusieurs sont considérés comme des
» modèles du genre. Ce respectable professeur termina sa carrière
» en 1785, âgé de soixante-quatorze ans. »

La postérité a retenu son nom. Nous en avons pour preuve l'éloge très-complet que M. Armand Bigot, alors avocat-général et aujourd'hui président de chambre de notre Cour d'appel, a prononcé à sa louange lors de la rentrée de 1865, c'est-à-dire quatre-vingts ans après sa mort. Cette étude remarquable qui embrasse la double carrière du magistrat et du professeur, nous dispense de bien des détails que nous aurions eu à cœur de donner sur son compte.

Nous devons cependant dire au moins quelques mots de ses ouvrages. Fort peu ont été imprimés et nous nous en rapportons aux recherches de M. C. Port pour la liste que l'on en peut donner, ainsi que pour l'énumération des opuscules et des traités qu'il a laissés en manuscrit.

---

de Pau et de Dijon, et est en accord avec plusieurs arrêtés du roi. V. les Arch. de M. et L. D 7, fol. 606 et en rapprocher les procès-verbaux d'adjudication des 28 février 1642 et 29 avril 1644, même registre, fos 433 et suiv., 445 et suivants.

(1) Il a fait imprimer en 1764, entr'autres mémoires et dans l'intérêt spécial de sa Faculté; un *Précis des priviléges des professeurs en droit de l'Université d'Angers et des titres sur lesquels ils sont fondés*, et nous sommes porté à lui en attribuer un autre plus complet et plus curieux qu'il signa avec ses collègues vers 1772 probablement : *Très-humbles et très-respectueuses représentations des quatre professeurs de la Faculté des droits de l'Université d'Angers à Mgr le chancelier de France pour être maintenus dans le droit et possession de l'exemption des francs fiefs*. 15 p. in-4° de l'imprimerie de P.-L. Dubé.

De ceux-ci un grand nombre se trouvent à la bibliothèque d'Angers. Ce sont des discours lus soit dans les séances de l'Académie des Belles-Lettres, soit aux rentrées universitaires et surtout à celles du présidial. Les premiers se font remarquer par le sens plein de goût et de droiture, qui inspire les réflexions de l'auteur. Dans les seconds éclate un intérêt profond pour la jeunesse et un esprit chrétien qui ne se laisse pas troubler par les déclamations philosophiques du temps. Enfin M. A. Bigot, qui a comparé les mercuriales de Prévost en 1742 et années suivantes à celles de d'Aguesseau, a retrouvé dans leur contexte, des analogies de pensées et d'expressions qu'expliquait suffisamment la ressemblance des situations et l'émulation d'un jeune magistrat avec un maître consommé.

Les deux grands traités de jurisprudence de Prévost, ceux auxquels il consacra les loisirs de sa vieillesse sont au nombre de quatre ou de cinq, quelques-uns remaniés plusieurs fois et à deux ou trois ans d'intervalle. Mais les *Exercices de droit français*, c'est-à-dire les leçons extraordinaires ou conférences qu'il avait présidées annuellement durant les mois d'été de 1768 à 1777 et une dernière fois en 1781, à la veille de sa retraite, avaient préparé, pour la plupart de ces commentaires, la matière qu'il devait y développer (1).

---

(1) On trouve rassemblée dans un recueil d'imprimés de notre bibliothèque *Hist: 8799*, la série à peu près complète de ces *Exercices*, ce qui nous permet, en la complétant à l'aide d'un journal du temps, de donner les titres de chacun d'eux.

Quant à leur objet commun, le début du premier questionnaire annonce et fait pressentir l'esprit de progrès dans lequel le professeur, d'accord avec la tendance de son époque, en abordait l'étude.

« Le bien de l'État demande-t-il une seule coutume dans le royaume ? — Un roi n'admettra-t-il en toute sa monarchie qu'une justice uniforme, ou laissera-t-il à chaque province ses usages particuliers ? Assujettira-t-il aux mêmes loix tous les peuples soumis à sa domination, ou permettra-t-il que différents peuples vivent différemment selon leurs loix anciennes ? *Questions qu'on propose relativement à la jurisprudence, et non point pour ouvrir une carrière aux raisonnements politiques.* »

1768. Les coutumes en général.
1769. La tutelle des mineurs.
1770. Les fiefs et les bénéfices ; lods et ventes.
1771. Les successions.
1772. Les différentes sortes de prescription.
1773. La communauté des biens entre mari et femme.
1774. Encore sur les successions.
1775. Les baux ou la jurisprudence de la campagne.
1776. Le droit de propriété, pour les deux premiers exercices, et, de nouveau, la prescription pour le troisième.
1777. Nature, qualité, division et partage des biens (1).
1781. De nouveau, sur la matière des successions (2).

(1) V. les Affiches d'Angers, numéro du 8 août 1777.
(2) Id., numéros des 23 juillet et 17 août 1781.

1º *De la communauté entre mari et femme*, et, comme appendice, *Du contrat de mariage*.

C'est à ces manuscrits évidemment que doit se rattacher un ouvrage de Fr. Prévost qui paraît avoir été imprimé du vivant de l'auteur sous ce titre : *Discours sur la question suivante : les lois qui défendent aux femmes de contracter sans l'autorisation de leurs maris ne devraient-elles pas être réformées ? Angers, 27 juin 1783, in-8º*. — Quant au sujet principal, celui de la communauté des biens, il avait été traité, un siècle auparavant, par Claude Pocquet de Livonnière ; mais Prévost ne paraît pas avoir fait usage pour sa composition du traité de son devancier demeuré en manuscrit, et que peut-être il n'a pas connu. Il cite Pocquet, mais uniquement pour son édition des *Commentaires* de Dupineau ou pour ses *Arrêts célèbres* qui en sont la suite. Il renvoie d'autre part perpétuellement, non-seulement au traité de la Communauté de Lebrun, qui florissait au milieu de son siècle, mais à celui du célèbre Pothier, mort dix ans auparavant et dont les lumineux ouvrages avaient fixé son attention.

2º Un *Traité des successions*, pour lequel il se sert aussi d'un ouvrage de Lebrun, mais non moins encore du manuscrit d'un auteur angevin son contemporain, l'abbé de Mozé, successivement son collègue au présidial et à l'Université, qui paraît avoir étudié très-complétement cette matière, à en juger d'après l'usage que notre professeur a fait de de son commentaire.

3º *Traité de la jurisprudence de la campagne*. — M. Port signale sous ce titre le manuscrit d'un cours professé par Prévost en 1775 (c'est précisément en cette année que celui-ci comprit ce sujet dans ses *Exercices*), comme ayant été vendu en 1814 avec les livres d'un magistrat d'Angers.

4º *Des libertés de l'église gallicane* (ms. 578 de notre bibliothèque municipale 70 p. in-fº). L'ouvrage écrit de la main même de Fr. Prévost est interrompu après le quarante-quatrième chapitre. C'est un traité de droit ecclésiastique rédigé au point de vue français et très-sérieusement fait. Il est regrettable qu'il ne soit pas terminé et qu'une table du contenu de ses chapitres ne serve pas de guide au lecteur.

1781-1792. — JACQUES-LOUIS PRÉVOST DE LA CHAUVELLIÈRE. — Nous intervertissons ici légèrement l'ordre chronologique, afin de rapprocher les deux frères, qui se sont succédé dans la même chaire, celle de droit français, le second ayant d'ailleurs vécu en grande partie sur le fond de doctrine de son aîné. Il était né en 1717, et n'avait ainsi que cinq ans de moins que Fr. Prévost lorsque celui-ci le fit nommer à sa place en 1781. L'année suivante, il prononça comme recteur la harangue accoutumée à la rentrée des écoles. Son discours roulait sur la *nécessité de douter dans l'étude des affaires et la manière d'examiner et de douter.* C'était un sujet que son frère avait développé à la rentrée du présidial de 1748, avec la même division, sinon avec tous les mêmes arguments; l'orateur a dû le traiter en latin, la langue officielle des solennités universitaires, mais si l'on s'en rapporte aux citations d'un journal d'Angers du 19 novembre 1782, et au titre de la publication qui en fut faite la même année, il semble qu'il l'ait donné presque en même temps en français. Quant à son enseignement, nous remarquons que le professeur se fit suppléer pendant toute l'année scolaire 1785-1786 par un jeune et brillant docteur agrégé, Brevet de Beaujour, dont nous dirons plus loin la triste fin; mais le programme en demeura constamment le même à partir de 1784, et lorsque l'Université fut dissoute dans les derniers mois de 1792, Jacques Louis annonça qu'il continuerait « son cours de droit rural ». Nous supposons qu'il utilisait ainsi les matériaux ou même les cahiers que lui avait légués l'auteur du *Traité de la jurisprudence de la campagne*, et nous ne croyons pas, non plus que M. C. Port, que cet ouvrage lui appartienne. Il mourut le 7 février 1802. — Son fils, Jacques Prévost de la Ch., né en 1764, a siégé de 1811 à 1828 parmi les magistrats de notre Cour d'appel. Il avait été vraisemblablement destiné d'abord à remplacer son père comme professeur. Nous le voyons en effet en 1781, l'année même de la nomination de celui-ci, figurer parmi les élèves qui argumentent aux derniers *Exercices* qu'ait présidés François Prévost, et, trois ans après, le 26 juillet 1784, il se fait recevoir docteur en droits civil et canonique, puis commence le même jour son stage en vue de l'agrégation. Quoique peut-être l'inscription qu'il prit dans ce but n'ait pas eu de suite utile, au milieu des événements qui survinrent quelques années plus tard, il resta associé à la Faculté dans les démonstrations patriotiques que les circonstances provoquaient ou rendaient nécessaires. Jacques Prévost nous a conservé les manuscrits de son oncle, et l'on y trouve çà et là quelques annotations, probablement de sa propre écriture, qui rapprochent des doctrines du jurisconsulte de l'ancien régime les textes du Code Napoléon.

Dictionnaire historique de l'Anjou, t. III, p. 186. — Arch. de M. et L. D 5 et 12. — *Affiches d'Angers,* 22 novembre et 6 décembre 1782; id., 29 novembre 1792. — Reg. de la Mairie, 19 pluviose an II; id., 18 pluviose an XI.

1766-1792. — JACQUES-NICOLAS-RENÉ GASTINEAU, fils de l'un des docteurs agrégés, s'était fait recevoir avocat au présidial en 1759, puis avait remplacé en 1763 comme académicien Cl.-Gabr. Pocquet, lorsque la chaire de Jacques Duboys lui fut adjugée après concours, le 14 août 1765. Son installation fut retardée de quinze mois à cause de différentes contestations, et il ne prit possession qu'à la rentrée de novembre 1766, en vertu de doubles dispenses, pour âge et parenté, qui lui furent accordées par le grand chancelier. On lui imposa, d'autre part, l'obligation de renoncer à une place de procureur du roi près le siége des eaux et forêts d'Angers qu'il occupait depuis trois ans.

Ses débuts dans la Faculté furent favorables. Il contribua avec Guillier de la Touche et Fr. Prévost à la pacification de son corps. Ce fut lui qui, en qualité de recteur, fit homologuer par arrêt du Parlement une transaction que ses collègues et lui avaient ménagée entre les docteurs agrégés des droits et les membres des trois dernières Facultés, et qui la promulgua ensuite en assemblée générale devant toute l'Université (séance du 24 décembre 1767). Le procès auquel elle mettait fin avait duré plus de vingt-cinq ans.

Pendant la révolution, il joua un rôle politique dont nous ne connaissons pas tous les détails, mais qui paraît avoir eu sa générosité et son importance. Le 19 mars 1789, portant la parole au nom du Tiers-Etat devant les représentants de la noblesse d'Anjou, il fit en termes élevés et chaleureux appel à l'accord des sentiments de tous les ordres. On le voit, à un an de là, investi des fonctions d'officier municipal et réclamant pour la ville, dans la formation d'une cour souveraine, un dédommagement au préjudice que fait éprouver à celle-ci la suppression des établissements religieux qui y consommaient leurs gros revenus. Mais ce fut dans le second semestre de l'année 1790, pendant la durée de son dernier rectorat, qu'eut lieu l'acte qui vraisemblablement influa d'une manière décisive sur le reste de sa carrière. Il s'agit d'une affaire qui intéressait la Faculté et dans laquelle il se mit en travers du célèbre constituant J.-M. Larevellière-Lepeaux. Le futur directeur avait présenté à l'Assemblée nationale une adresse au nom des étudiants et, avait-il ajouté, des professeurs de droit d'Angers, pour obtenir que l'enseignement fût donné en langue française, et la pièce avait été reproduite par les journaux du département. Gastineau exigea que le doyen convoquât ses collègues, et celui-ci s'étant déchargé sur lui du soin de présider cette délicate réunion, il leur fit signer un désaveu qui, toute en réservant la décision de la Constituante, constatait que la Faculté n'avait pris elle-même aucune initiative. Voici le procès-verbal de la séance, tel que nous le donne l'*Observateur provincial*, 5e partie, p. 34.

Extrait du registre des délibérations des Facultés de droit de l'Université d'Angers du 19 novembre 1790.

« Sur la convocation faite par M. Guillier, doyen des Facultés de droits de l'Université d'Angers, la compagnie s'est réunie au lieu de ses séances ordinaires, où se sont rendus MM. Prévost, Gastineau et Martineau, professeurs; Laboureau, Bodard et Letellier, docteurs. M. Gastineau, dans l'absence de M. le doyen, a dit :

» Messieurs, j'ai lu dans une feuille publique, imprimée par Crapard,
» qui a pour titre *l'Ami du Roi*, que les professeurs de droit et
» étudiants de l'Université d'Angers, ont donné une adresse à l'Assem-
» blée nationale, tendante à demander l'enseignement en langue
» française dans les études de droit; j'ignore si quelqu'un de vous a
» souscrit cette adresse; à mon égard, je sais que je n'y ai pas parti-
» cipé et je prie la compagnie de délibérer sur cet objet, qui pourrait
» laisser des impressions désavantageuses sur une compagnie qui a
» cru devoir attendre en silence les loix de l'Assemblée nationale sur
» l'enseignement public. »

La matière mise en délibération, Messieurs présents à l'Assemblée, ont déclaré qu'ils n'ont pris aucune part à l'adresse qu'on annonce avoir été faite à l'Assemblée nationale : en conséquence, la compagnie a arrêté qu'elle attendra et professera toujours avec respect les loix de la nation, mais qu'elle n'a pas pris la liberté de les provoquer de son propre mouvement, ni d'anticiper sur elles, et que la présente délibération sera rendue publique par la voie de l'impression.

Signé : PRÉVOST, GASTINEAU, MARTINEAU, LABOUREAU, BODARD et LETELLIER; BREVET, secrétaire.

Dans les premiers mois de 1791, à l'approche de la date fixée pour la prestation du serment civique imposé aux fonctionnaires sous peine de démission, Gastineau cesse de paraître au Conseil de l'Université et, à partir du 23 avril, c'est le plus ancien des docteurs agrégés qui occupe sa place de professeur dans la Faculté. Nous le perdons de vue pendant deux ans et nous le retrouvons, en mars 1793, parmi les défenseurs du trône et de l'autel. Accusé d'avoir fomenté la révolte des Vendéens, il est d'abord incarcéré à Angers, puis après la prise de la ville promené de prison en prison, à Châteaugontier, à Sablé et au Mans, et ramené en dernier lieu dans sa ville natale, où la Commission militaire le condamne à mort le 4 mars 1794. C'est le même jour qu'il fut guillotiné. Le curé Gruget qui, de sa cachette de la place du Ralliement, assistait à l'exécution raconte ainsi ses derniers moments : « Arrivé à l'échafaud, il considéra l'instrument fatal : *Vous allez me* » *manquer*, dit-il au bourreau d'un ton ferme. Il disait vrai ; on » le manqua en effet et le bourreau fut obligé de s'y reprendre à deux » fois. Ainsi finit M. Gastineau regretté de tous les honnêtes gens. »

Dictionnaire historique de l'Anjou. — Arch. de M. et L. D 3, f° 13, 4 à 5, *passim*. — Bibl. d'Angers, mss. 919, 1029, t. II et IV. — *Affiches d'Angers.* — Blordier-Langlois, *Angers et le département de Maine-et-Loire*, p. 48 et 121. — *Correspondance des députés d'Anjou*, t. VI, p. 455, 456 et 456 *bis*. — *V.* Godard-Faultrier, *le Champ des Martyrs*, 2ᵉ édition, p. 93 à 97. — H. Chardon, *les Vendéens dans la Sarthe*, t. III, p. 216..

1768-1792. — RENÉ LOUIS-MARIE MARTINEAU, d'une famille d'Anjou plus ou moins obscure, se fit recevoir avocat au présidial, puis docteur agrégé en 1763. Après avoir disputé une première chaire, il obtint trois ans après celle de P. Merveilleux, pour laquelle il n'eut pas de concurrents. L'académie, dont il était membre, salua alors sa nomination par l'organe de l'abbé Guillot, son secrétaire, dont le compliment, qui s'étendait au prédécesseur du nouveau professeur, nous a été conservé.

Les *Affiches d'Angers* mentionnent de lui deux discours qu'il a prononcés aux séances de rentrée de 1780 et 1785. Le premier avait pour objet *les causes qui ont le plus contribué à donner de l'éclat aux Universités* ; il traitait dans le second de la *négligence des études*. Martineau avait ainsi que presque tous ses collègues embrassé les principes de la révolution ; mais quoiqu'il lui ait donné à différentes reprises des preuves d'adhésion, il se sépara d'elle en partie dès le commencement de mai 1790, où il se démit des fonctions d'officier municipal qu'il avait quelque temps exercées. Nous ignorons s'il lui a survécu ; nous trouvons seulement son nom parmi ceux des maîtres qui se déclarèrent, après novembre 1792, disposés à continuer comme professeurs particuliers l'enseignement de la jurisprudence. Il annonçait comme objet de son cours *les principes du droit naturel et civil relatifs aux conventions et aux contrats.*

Dictionnaire d'Anjou. — Arch. de M. et L. D. 3, 4, 5 ; id. E 3303. — Biblioth. d'Angers, mss. 919, fol. 138, 1004, t. XII. — *Affiches d'Angers*, 29 nov. 1792.

1792. — FRANÇOIS GUILLIER DE LA TOUCHE, dit *Guillier le jeune*, frère de Louis-Jean Guillier de la T., avocat en 1764, se fit recevoir docteur agrégé en 1770, et suppléa le docteur Gastineau durant l'année 1786-1787 presque toute entière. Il prit sa place en avril 1791, à la suite de son refus de serment et la conserva jusqu'après la rentrée de 1792. Il se disait à cette époque disposé à continuer le développement des *Principes élémentaires de la jurisprudence*, ce qui était le lot ordinairement assigné au dernier professeur en charge, quoique sous un autre nom, celui d'*Institutes de Justinien* ; mais il n'était plus question à ce moment de droit romain et les professeurs déclaraient abolir expressément l'usage de donner leurs leçons en langue latine. » — Fr. Guillier prononça à l'inauguration des nouveaux cours un discours relatif aux circonstances politiques en ce qui intéresse l'éducation, dont les feuilles du temps rendirent compte. Quinze mois après (19 pluviose an II), il déposait en compagnie de son frère et de plusieurs de ses anciens collègues, ses lettres de professeur pour être brûlées publiquement lors de la plantation de l'arbre de la liberté.

Bibl. d'Ang., mss. 919; 1004, t. IX. — Reg. de la Mairie, 10 nov. 1787; id., 8 février 1794.. — *Affiches d'Angers*, 29 novembre et 8 décembre 1792.

Ici se clôt la longue nomenclature des docteurs régents. Nous ne nous dissimulons pas que plusieurs, un grand nombre peut-être, de ceux dont nous avons retracé l'existence, n'auraient pas beaucoup perdu à notre silence. Mais l'ensemble de cette étude, qui représente la vie d'une Faculté durant cinq siècles environ, nous fera, nous l'espérons, trouver grâce pour les détails que nous aurions pu supprimer, et l'on permettra même que, avant d'entamer un nouvel article sur l'enseignement et les grades en général, nous joignions à celui-ci comme supplément une simple liste des maîtres qui y ont participé à titre d'auxiliaires des professeurs depuis l'institution de l'agrégation. Nous la faisons précéder d'une histoire de l'origine et du développement de celle-ci : ce sont, au reste, choses assez courtes, puisque sa durée, qui prit fin en même temps que celle de l'Université dont elle dépendait, ne dépassa guère cent ans.

On s'était préoccupé dès le quinzième siècle de la nécessité de suppléer à l'insuffisance du nombre des professeurs, en leur adjoignant temporairement des licenciés ou des docteurs chargés de les remplacer pendant leurs absences, d'enseigner les parties dont les vétérans voulaient se décharger, et enfin de faire l'intérim en cas de décès de l'un d'entre eux ; mais à la suite de la réforme opérée par l'édit de 1679, ces fonctions furent confiées officiellement et d'une manière permanente à des docteurs investis du titre spécial d'agrégés, en nombre double de celui des membres essentiels de la Faculté, c'est-à-dire de huit pour celle d'Angers.

Les docteurs agrégés furent nommés le 31 mars 1681, en même temps que le professeur de droit français dont le pouvoir royal avait décidé la création deux ans auparavant. Mais leurs attributions ne furent exactement définies que par l'arrêt du Parlement du 22 juin 1685. Ceux d'Angers, dans l'intervalle, avaient élevé la prétention de faire avec les docteurs régents un seul et indivisible corps, d'assister avec eux aux assemblées de l'Université et d'y précéder les membres des trois autres Facultés. La haute cour, faisant application de différents édits du roi, limita leurs fonctions à la participation « aux examens et thèses » de la Faculté des droits, sans leur donner en aucune manière » le droit d'assister aux assemblées ordinaires et extraordinaires » de l'Université, processions du recteur en solennité des » nations, » et déclara qu'ils ne pouvaient assister « qu'aux » seules assemblées de la Faculté des droits, sans même y avoir » ni voix, ni séance, sinon après les docteurs. » Cette disposition fut notifiée le 7 décembre de la même année à chacun des docteurs agrégés d'Angers. Ils tentèrent bien l'année suivante d'obtenir du Conseil privé du roi des conditions plus favorables ; mais rien n'étant venu de ce côté, les agrégés durent se résigner à ne figurer que dans les réunions particulières de leur Faculté, où deux seulement, trois au plus d'entre eux prenaient part à tour de rôle aux examens des candidats. Quant à la suppléance d'un professeur empêché, elle était habituellement dévolue à l'agrégé le plus anciennement nommé. Les choses demeurèrent paisiblement en cet état jusqu'à l'année 1739, époque où l'entrée simultanée de membres nouveaux, et peut-être plus exigeants, dans les rangs des agrégés, réveilla la susceptibilité de leurs adversaires ; les querelles recommencèrent avec les membres des Facultés de théologie et de médecine. De nombreux mémoires furent adressés de part et d'autre, pendant vingt-cinq ans et plus, au Parlement et au chancelier. Il s'y agissait non-seulement de la préséance (l'Université avait fini par admettre la présence des docteurs agrégés à ses cérémonies générales), mais encore du port de la robe rouge dont plusieurs de ceux-ci se paraient en différentes occasions comme les docteurs régents, et cela au grand déplaisir des autres docteurs et procureurs. La guerre ne finit qu'au moyen d'un concordat ménagé, de 1762 à 1767, par les professeurs de droit et homologué dans cette dernière année par le Parlement. Il concédait tout ce qui avait été disputé, sauf le privilége des intrants de composer à eux seuls le tribunal ou Conseil de l'Université, qui demeurait en dehors de tout partage.

Docteurs agrégés. — (Les noms de ceux qui ont été dans la suite docteurs régents sont mis en italiques ; ils ont figuré à leur rang dans les notices précédentes.)

1681, René Ganches, conseiller à la prévôté, Florent Jameray, Guill. Cesbron d'Argonne, Pierre Daburon, Ch. Janneaux, *Jos. Le Bloy*, J. Guinoyseau, avocats au présidial, et Cl. Voysin, l'aîné, docteur en droits, avocat au Parlement de Paris (1).

1684, Ch. Toublanc, † après 1722 ; — 1692, Georges Daburon ; — 1704-1714, *R. Janneaux* ; — 1705, L. Ayrault de Saint-Hénis ; — Jacq. Gourcau de Launay ; — 1708-1718, O'Fégan ; — 1708 † 1738, J.-B. Lefrère ; — 1711-1720, *Cl.-Gabr. Pocquet* ; — 1720 † 1747, Henri P. Lelarge, prêtre.

---

(1) Celui-ci était fils de Claude Voysin, doyen de la Faculté. Ces huit noms nous sont fournis par le texte de l'ordonnance de Louis XIV. Nous avons établi les autres d'après des données éparses dans les notes de Cl.-Gabr. Pocquet, Fr. Prévost, Audouys, et surtout d'après les délibérations de la Faculté pour la période comprise entre 1684-1745 et, pour les temps postérieurs, d'après la suite des almanachs d'Anjou. — Les docteurs agrégés commençaient, en général, par être avocats ; quelques-uns acquéraient plus tard une charge de magistrature, devenaient conseillers de la ville, ou entraient à l'académie des belles-lettres et sciences d'Angers, et à ces différents titres plusieurs ont leur article dans le *Dictionnaire historique* de M. C. Port qui s'achève en ce moment.

Vers 1739, Jos. Corbeau Desmazures; — 1742 † 1783, J. Guy Delorme; — 1742 † 1775, Jacq. Gastineau; — J. Turpin; — 1743, Boguais; — 1743-1762, *Fr. Prévost;* — 1745 † 1784, Guy Christ. Allard; — 1748, Fr. Chauvin.

1758, C. L. Gab. Leblay; — 1758-1760, *J.-Louis Guillier de la Touche;* — 1762-1764, *R. Gastineau* le jeune; — 1763-1769, *R. L. M. Martineau.*

1770-1792, *Fr. Guillier de la T.* le jeune; — 1770, Thom.-Gabr. Desmazières; — 1776, Godefroy; — *id.* Milscent; — 1778, Mich.-J. Laboureau; — 1781, H. Bodard; — 1783-1786, Pierre Trottier; — 1785 † 1788, Cl.-Symph. Avril; — 1785, L.-Et. Brevet de Beaujour; — 1788, J.-L. Letellier.

Presque tous les agrégés de cette époque ont joué un rôle pendant la révolution. Nous devons surtout mentionner MM. Desmazières, Milscent et Brevet de Beaujour, membres tous les trois de l'Assemblée constituante. Les deux premiers reprirent ensuite un siége à notre Cour d'appel; mais le dernier, qui avait été d'abord avocat du roi, fut accusé de fédéralisme pendant la Terreur et monta sur l'échafaud à Paris où il avait demandé à être jugé, le 15 avril 1794. Un autre, Henri Bodard, qui avait occupé, jusqu'en septembre 1790, le siége de procureur du roi à la sénéchaussée d'Angers, périt comme Gastineau victime de la guerre civile. Il avait, ainsi que lui, refusé le serment civique, et avait même rendu publique sa protestation par un imprimé dont il existe un exemplaire parmi les notes de la biographie T. Grille; c'est un opuscule intitulé : *Déclaration d'un docteur aggrégé de l'Université d'Angers sur le serment prêté par sa compagnie le 23 avril 1791.*

IV.

L'ENSEIGNEMENT ET LES GRADES.

L'enseignement de la Faculté comprenait d'une part le droit civil, c'est-à-dire essentiellement le droit romain, et de l'autre le droit canonique. Le droit coutumier s'y était mêlé en différents temps à l'un et à l'autre; mais il ne fit l'objet d'un enseignement régulier qu'à partir de 1681 et sous la dénomination de *droit français*. Nous nous proposons de suivre la fortune de chacun de ces enseignements et d'indiquer les moyens d'étude que l'on y appliqua successivement pendant l'intervalle des quatre cents ans dont nous avons entrepris l'histoire.

1° *Droit romain.* — Au code Théodosien, en usage concurremment avec les lois barbares dans la société Gallo-romaine, succéda à partir du Xe et surtout du XIIe siècle le droit Justinien dont le corps du droit civil présenta dès le milieu du moyen âge la somme complète, grâce aux travaux des jurisconsultes d'Italie, et aussi à ceux de France dans une certaine mesure.

Les écrits dont il se compose étaient classiques à Angers au XIVe et au XVe siècle, puisque les étudiants étaient tenus avant d'aborder le baccalauréat de justifier de son entière possession : « totum corpus juris civilis se habere; » et en effet les règlements de cette époque mentionnent le contenu de quelques-uns des cinq volumes. Nous remarquons toutefois quant à l'usage qu'on en faisait une différence essentielle. Tandis que les Institutes, trois livres du Code et les Authentiques figurent seuls dans les Statuts de 1373 (1) et que les Pandectes ne sont encore représentées dans ceux de 1398 (2) que par le *Digestum vetus*, on prescrit en 1410 aux docteurs régents de faire alterner par années avec celui-ci, ou avec un livre quelconque du Code, l'inforiat et aussi le nouveau Digeste. Voici cette disposition qu'il y a lieu de citer tout au long parce qu'elle demande certaines explications :

Règlements de 1409-1410. Art. 23. « Item cum per hujus
» Universitatis statuta omnes doctores in jure civili actu regentes
» alternis annis C. et *ff* vetus ordinario legere teneantur, statui-
» tur et ordinatur quod anno quo de C. in ordinario legetur, de
» inforiato in extraordinario legatur ; quando vero *ff* vetus legetur

---

(1) *Hist. de l'Université*, t. II, p. 222, art. 28.
(2) *Id.*, p. 232, art. 9.

» in ordinario, quod *ff* novum in extraordinario legatur (1). »

Un savant écrit de M. de Rozière, membre de l'Institut, nous donne l'éclaircissement de ces distinctions de *livres ordinaires* et *livres extraordinaires, heures ordinaires* et *heures extraordinaires*, puis, ce qui en est la conséquence, de professeurs *ordinaires* et *extraordinaires*.

« Les livres de la première classe étaient dans l'ordre du
» droit civil, le Digestum vetus et le Code ; dans l'ordre du droit
» canonique, le décret de Gratien et les Décrétales. On les
» appelait livres ordinaires parce qu'ils formaient la base de
» l'enseignement. Ceux de la seconde classe étaient nommés,
» par opposition, *livres extraordinaires*. C'étaient, dans l'ordre
» du droit civil, l'Infortiat, le Digestum novum et le *volumen*
» (titre général sous lequel on comprenait les Institutes,
» l'Authentique et les divers recueils de lois féodales ou de
» constitutions impériales admis dans le *corpus juris*) ; dans
» l'ordre du droit canonique le *liber sextus decretalium* et les
» Clémentines. La connaissance en était réputée moins utile que
» celle des livres ordinaires et les cours qui leur étaient consa-
» crés étaient généralement moins suivis. Cette division fut
» bientôt appliquée aux heures des leçons : Les premières heures
» de la journée étant regardées comme les plus favorables au
» travail, furent réservées à l'explication des livres de la première
» classe sous le nom d'*heures ordinaires*, tandis que les heures
» de l'après-midi pendant lesquelles on expliquait les livres de
» la seconde classe reçurent le nom d'*heures extraordinaires*.
» Aussi les expressions legere ordinarie et legere de mane,
» legere extraordinarie et legere de sero ne tardèrent-elles pas
» à devenir synonymes. Enfin même la division s'étendit aux
» professeurs... Les chaires extraordinaires étaient l'apanage
» exclusif des étudiants qui avaient rempli certaines conditions
» et conquis le grade de bachelier... Le temps et les progrès de
» la science amenèrent des changements. On reconnut que les
» matières contenues dans les livres ordinaires n'offraient pas

---

(1) *Histoire de l'Université*, t. II, p. 247-248.

» toutes le même intérêt et que réciproquement les livres
» extraordinaires renfermaient certaines parties dont l'étude était
» indispensable (1).

Ces distinctions singulières existaient encore dans la Faculté d'Angers à la fin du xv⁰ siècle et dans la première partie du xvi⁰. On les retrouve dans les règlements de 1494 (2), et l'arrêt que le Parlement de Paris avait rendu en 1512, pour l'Université d'Orléans et qu'il étendit en 1536, sans y rien changer, à celle d'Angers, en rappelle au moins le souvenir.

Celles des prescriptions de l'arrêt qui s'appliquent aux études sont à considérer relativement à deux points :

D'abord la haute cour charge deux des plus anciens docteurs de droit civil d'enseigner l'un le matin, l'autre l'après-midi, *à l'heure habituelle de la leçon extraordinaire*, les matières les plus difficiles. Elle leur recommande pour l'explication du texte les gloses (celles d'Accurse, probablement) et les commentaires ou apparat de Barthole qu'elle désigne plus expressément (3).

Cette prescription était déjà en 1512 dans les idées de la Faculté qui mettait dès lors Barthole au-dessus d'Accurse, puisque ce fut cette année même qu'elle donna commission à son libraire juré de rééditer à l'usage de ses élèves le *Vocabularius perutilis utriusque juris tam civilis quam canonici*, qui

---

(1) *Bibliothèque de l'Ecole des Chartes*, t. XXXI (de 1870). — L'article tout entier, p. 51 à 67, est consacré à l'analyse de plusieurs documents de la fin du xiii⁰ siècle, qui concernent une école de droit établie à Alais, par l'initiative municipale, sous des professeurs appelés de Montpellier, école dont la durée fut éphémère.

(2) V. dans le récent opuscule de M. C. Port, intitulé : *Statuts des quatre Facultés de l'Université d'Angers*, in-8⁰ 1878, les pages 6 et 8, art. 10 et 14.

(3) Voici les termes mêmes de l'arrêt, que nous citons d'après une copie qui se trouve dans les Archives de Maine-et-Loire D 7, f⁰ 267, et aussi d'après l'ouvrage de M. Bimbenet sur l'*Université des lois d'Orléans*, p. 229.

« Ex quinque profitentibus seu regentibus in jure civili (Il est à remarquer qu'il
» y avait à cette époque huit professeurs de droit à Orléans, dont cinq pour le droit
» civil et trois pour le droit canon, et seulement six pour l'un et l'autre droit à
» Angers) duo antiquiores semel saltem in singulos dies, unus videlicet matu-
» tina hora statuta, alter vero pomeridiana, ex tempore quo extraordinaria lectio
» factitari consuevit, accurate, dilucide et publice legant, explicantes textum,
» glosas et commentarios seu apparatum Bartholi, ut possint jam provecti in
» illarum prælectionibus proficere. »

penchait évidemment pour le docteur le plus moderne. *V.* notre article de la *Revue de l'Anjou* d'avril 1875 sur cet ouvrage. Mais continuons notre analyse de l'arrêt de 1536.

En second lieu, la cour ordonne que les livres des Institutes seront lus chaque année, depuis le premier jusqu'au dernier chapitre, et elle confie cette tâche délicate à celui des professeurs qui aura été reçu le dernier, à l'exclusion, paraît-il, des licenciés et bacheliers auxquels elle avait été jusque-là presque exclusivement abandonnée (1).

Il résulte d'un règlement délibéré le 2 septembre 1611 dans une assemblée solennelle de l'Université, que la Faculté se conformait alors sur ce point aux dispositions décrétées par le Parlement. Ses cinq docteurs s'engagèrent à enseigner les Institutes à tour de rôle par année (2), et il paraît que l'on resta généralement fidèle à la convention, puisque nous possédons les commentaires que dictèrent à leurs élèves deux des maîtres qui auraient pu, à plus juste titre que les autres, se dispenser de cette obligation (3).

A la suite et en exécution de l'édit de 1679, par lequel Louis XIV réforma les études de droit dans tout le royaume, les dispositions d'un arrêté concerté avec la Faculté elle-même (6 août 1682) réglèrent sur nouveaux frais la tâche de chacun des professeurs. Nous renvoyons à ses articles 4 et 5 dont nous avons précédemment donné le texte (4). Ils sont conçus dans l'esprit de l'arrêt du Parlement de 1512, mais plus assortis aux exigences modernes, qui devaient, du reste, peu changer jusqu'aux premiers moments de la révolution de 1789. On sait ce qu'il advint de la Faculté en 1792 et comment le droit romain céda définitivement la place au droit français.

Nous devons noter, avant de passer aux autres études de droit,

---

(1) *Id., ibid.* « Ad hoc dicta curia statuit : Institutionum libros publice legendos ita ut quotannis liber ipse a fronte ad calcem peragatur, ne adolescentes illotis, ut aiunt pedibus, ad difficiliora juris volumina condescendant. »

(2) *V.* les *Concordats et règlements de l'Université*, p. 7. Dans les Arch. de Maine-et-Loire, D. 21.

(3) Ce sont ceux de Deroye et de Janneaux.

(4) *V.* ci-dessus p. 175.

un point qui leur est commun et qui, sauf de rares exceptions, subsista jusqu'aux derniers jours.

M. de Savigny qui a consacré quelques pages de son histoire du droit romain au moyen-âge (1) à la méthode suivie par les professeurs, déclare que quelquefois ils parlaient d'abondance et que quelquefois ils lisaient, l'usage à cet égard n'étant pas plus constant que de notre temps. Nous croyons que ceux d'Angers dictaient habituellement leurs leçons, que les étudiants les recueillaient plus ou moins fidèlement et qu'il y a eu sous ce rapport peu de différence entre la coutume des deux derniers siècles et celle des précédents où les maîtres étaient désignés par le nom de lecteurs. Les règlements de 1681 et 1682 prescrivent la dictée, et l'Université d'Angers consultée cent ans plus tard, par celle de Caen, sur la pratique reçue dans son sein à cet égard, arrêta ainsi qu'il suit les termes de la réponse (2) :

« Nullas proceribus academicis notas fore leges quæ palam et
» aperte prescribant necessitatem scribendi et audiendi lectiones
» doctorum regentium ad obtinendas litteras testimoniales tem-
» poris studii quinquennalis et ad impetrandas nominationes ad
» beneficia ; sed id in consuetudinem prævaluisse jam a longo
» tempore in hac Universitate, cum de juris studii restitutione
» promulgatum fuit edictum regium anni 1679, quo inter cætera
» sancitum est, ut nullus ad gradum baccalaureatus vel licentiæ
» admittatur, quin prius hypomnemata doctorum regentium
» scripserit. De cætero, academiam nostram ab hoc laudabili
» more perraro destitisse, et si quando id evenerit, semper propter
» graves causas, et ita tamen ut quibus immunitas legis concessa
» fuit, nec temporis studii testimoniales litteras, nec etiam nomi-
» nationes obtinuerint. »

2° *Le droit canonique* était dans les années qui précédèrent la réforme de 1398 la plus suivie des deux branches dans l'Univer-

---

(1) T. III, p. 389-390 de la traduction de Charles Guenoux.

(2) On voit par l'analyse de la lettre à laquelle celle-ci répond que la consultation avait pour but de régler un différend entre les professeurs de Caen et un de leurs collègues qui refusait de dicter aux élèves ses cahiers de philosophie, se contentant de les leur expliquer.

sité. Sur huit docteurs régents, elle en comptait cinq pour sa seule part, dont trois pour les Décrétales et deux pour le Décret (1). Le crédit de cet enseignement diminua progressivement au XVe siècle, surtout après le concile de Bâle et l'adoption en France de la Pragmatique-Sanction qui, comme le Concordat venu quatre-vingts ans plus tard, favorisait l'autorité civile au détriment de celle du pape.

Les statuts de 1494 ne reconnaissent déjà plus que deux à trois docteurs régents en droit canon, et admettent, en attendant la suppression de l'un d'eux, son remplacement par un licencié (2). Le XVIe siècle est moins favorable encore à cette étude que prédomine de plus en plus celle du droit civil et qui n'est plus cultivée, indépendamment des étudiants qui aspirent aux bénéfices ecclésiastiques, que par les avocats qui recherchent la clientèle du clergé. On ne trouve presque plus, après les guerres de religion, de prêtres qui veuillent se borner à l'enseignement du droit canon. Vers 1600 ou 1604, l'unique maître chargé de cet enseignement, après avoir été quelque temps réduit à un demi-traitement, n'obtient les mêmes appointements que ses collègues qu'en devenant comme eux professeur de droit romain (3). C'est, du reste, à peu près vers ce temps, où, tout au moins vers le milieu du XVIIe siècle, que la Faculté, qui ne veut pas renoncer à cette branche par laquelle son revenu

---

(1) V. les statuts de 1373, article 1er, dans l'*Histoire de l'Université d'Angers*.

(2) Les commissaires du Parlement fixèrent à six le nombre des docteurs régents : « scilicet quatuor in legibus et duo in jure canonico..... Similiter alii
» duo doctores in jure canonico regentes tenebuntur legere quolibet die mane
» libros Decretalium, quilibet per horam integram ; et quia sunt ad præsens in
» eadem Universitate septem doctores legentes, quatuor in civili et tres in jure
» canonico, manebit pro presenti dictus numerus septenarius ; sed, uno eorum
» defuncto vel a regentia desistente aut ea juste privato, reducetur numerus ad
» senarium, modo supra declarato, et tenebitur tertius nunc regens in jure cano-
» nico, legere Decretum quolibet die legibili per horam integram post prandium;
» et dum erunt duntaxat duo regentes in jure canonico, assumetur unus licen-
» tiatus scientificus et doctus, qui habebit onus dictæ lecturæ Decreti, cui provi-
» debitur per Universitatem de competenti salario decem librarum ad minus. »
— M. C. Port, *Statuts des quatre Facultés de l'Université d'Angers*, p. 8-9.

(3) V. une note de la main de Guy Arthaud dans le manuscrit 1029 de la Bibliothèque d'Angers, où se produit une assez timide réclamation.

et sa considération se trouvent augmentés, prend le parti de confier les leçons de cette chaire à l'un quelconque des siens alternativement, en laissant la liberté pour celui à qui elle sera attribuée de la passer l'année suivante à un autre, à moins qu'il ne voulût en faire sa spécialité, comme il semble qu'il soit advenu de plusieurs dans ce siècle et dans le suivant, et particulièrement de René Gastineau qui fit le cours les sept dernières années de son exercice (de 1784 à 1790), sinon pendant sa durée tout entière.

Retournons maintenant un moment en arrière pour rendre compte des livres dont se servaient les professeurs et les élèves.

Le lecteur peut se rappeler ce qui a été dit ci-dessus, p. 152-153, de la première apparition dans les Universités du Décret de Gratien. C'était là encore au quatorzième siècle à Angers, comme ailleurs, la base de l'enseignement, mais on ajoutait à ce résumé du vieux droit canon les décrétales des souverains pontifes postérieurs au XIIe siècle, et l'on avait formé du tout un *Corpus juris canonici* correspondant par sa disposition et le nombre de ses volumes au corps de droit romain. Les statuts de 1373 et 1398 en font plusieurs fois mention. Au XVIe siècle, nous trouvons en outre celle des Commentaires de l'archevêque de Palerme, recommandés particulièrement aux Facultés d'Orléans et d'Angers par l'Arrêt du Parlement de Paris que nous avons cité (1).

Nous rappelons qu'après 1512 les étudiants se servirent du *Vocabularius juris utriusque* qui suivait surtout parmi les canonistes Jean André (*Joannes Andreæ*) auteur du milieu

---

(1) Il s'agit de l'ouvrage de Nicolas Tedeschi, canoniste du milieu du XVe siècle, surnommé *Panormitanus*, du nom latin de sa ville archiépiscopale. Il était né vers 1389 et mourut en 1445.

« Præterea statuitur ex tribus professoribus juris canonici qui antiquissimus » fuerit, legat mane, hora consueta, diligenti interpretatione explicando textum » et commentarios Panormitani; reliqui vero duo binis in singulos dies lectio- » nibus industriæ suæ documenta, idque in scholis publicis præstare jubeantur » doctores etiam. » Nous rappelons que le nombre des professeurs était moindre à Angers qu'à Orléans. Il n'y en avait peut-être déjà qu'un seul en tout pour le droit canonique en 1536. — Arch. de Maine-et-Loire, D 7, fol. 267.

du XIVᵉ siècle. Nous ignorons jusqu'à quelle époque ce livre eut cours dans l'Université.

Il faut aller, en effet, jusqu'à la seconde moitié du siècle suivant pour rencontrer un manuel d'études qui puisse passer pour propre à notre Faculté. C'est celui que publia, en 1681, François Deroye, auteur de plusieurs ouvrages qui rentraient dans le même ordre d'idées, et particulièrement du *De Jure patronatus et de juribus honorificis ecclesiæ*. Son nouveau traité portait le titre significatif d'*Institutiones juris canonici* et un maître très-compétent que nos lecteurs connaissent, Gabriel Pocquet de Livonnière, nous fournit à son sujet un précieux témoignage : selon lui, « au jugement des savants, les Institutions du droit canonique » peuvent être comparées aux Institutions de Justinien ; elles » mériteraient d'être données pour les règles de la jurispru- » dence ecclésiastique, comme celles de cet empereur le sont » pour la jurisprudence civile (1). » L'auteur lui-même assure que son livre renferme les éléments de la science canonique et dit l'avoir composé dans l'intérêt des étudiants que la variété des matières pourrait embarrasser. Comme il est d'un format commode, que sa division est simple (2), et qu'il était à peu près unique en son genre à l'époque de sa publication, nous voudrions croire qu'il devint d'abord classique, au moins dans la Faculté d'Angers, où Deroye professait depuis trente ans et jouissait d'une grande réputation. Nous sommes cependant porté à penser qu'il ne conserva pas son prestige jusqu'à la fin. Pendant tout le cours du XVIIIᵉ siècle, les professeurs expliquent de préférence la collection des décrétales de Grégoire IX, qui formait le deuxième volume du corps de droit *et était seule suivie en pratique* (3).

Le règlement du 6 août 1682 qui parut l'année suivante, conserva

---

(1) Bibl. d'Angers, mss. 1068, p. 151. — Le même Pocquet dit quelque part, mss. 1029, t. IV, qu'il a donné la vie de Deroye en tête de la seconde édition du *De jure patronatus* de l'auteur.

(2) 1 vol. in-12 de 478 pages, comprenant en tout trois livres.

(3) C'est l'opinion qu'on voit exprimée par P.-J. Gibert, dans ses *Institutions ecclésiastiques*, ouvrage composé quarante et quelques années plus tard que celui de Deroye et qui eut un grand crédit. — V. t. II, p. 141.

mais ne releva guère les études de droit canonique. Il se borna à décrire en ces termes la tâche que ce professeur devait remplir(1).

« Un des professeurs expliquera les matières canoniques
» pendant les trois années ; il expliquera pendant les six premiers
» mois de chaque année les Instituts, Paratitles, ou autres géné-
» ralités du droit canon, avec le Concordat, et, dans le second
» semestre, quelque partie du Corps du droit canon ; en sorte
» que dans les dites trois années, il traite les principales matières
» contenues dans les cinq livres des Décrétales, y rapportant
» les textes du Décret et autres collections. »

L'année 1682 dans laquelle s'était achevée la réforme des études de droit, avait vu aussi se produire une nouvelle affirmation des libertés de l'église gallicane dans l'intérêt du pouvoir royal ; un édit rendu au mois de mars de cette année, promulguait la déclaration du clergé et ajoutait dans son article 5 ces mots impératifs : « Voulons qu'aucun bachelier, soit séculier,
» soit régulier, ne puisse être dorénavant licencié, tant en théo-
» logie qu'en droit canon, ni être reçu docteur, qu'après avoir
» soutenu la dite doctrine dans une de ses thèses. »

Malgré la vigilance du Conseil d'Etat et du Parlement, et quoique Louis XV eût imposé, par arrêt du 10 mars 1731, un silence général et absolu sur la matière des contestations entre les deux puissances, faisant « expresses inhibitions aux Facultés de théo-
» logie et de droit civil et canonique, de permettre aucunes
» disputes dans les écoles sur cette matière, comme aussi d'en-
» seigner ou de souffrir qu'on enseigne rien de contraire aux
» principes de la déclaration de 1682 (2) ; » les discussions sur ce texte ne manquèrent pas dans le siècle qui précéda la révolution française, et plusieurs thèses suspectes agitèrent les esprits. Quant à la Faculté d'Angers elle y prit généralement peu de part et se conforma plutôt aux volontés pacifiques du roi, quelquefois même simplement pressenties (3).

---

(1) *V.* ci-dessus, p. 175.
(2) *Recueil des Lois*, dans la collection d'Isambert, t. XXI, p. 354-356.
(3) Le 29 mai 1714, on prit une conclusion portant que M. Janneaux, candidat pour une chaire de professeur, à qui le titre de *Majoritate et Obedientia* était

Il y eut toutefois dans la seconde moitié du dix-huitième siècle, parmi nos jurisconsultes, un partage de sentiments plus contraire que favorable aux doctrines que le droit canonique représentait. On peut en juger par la guerre constante qui fut faite par plusieurs membres de la Faculté à Gabriel Pocquet de Livonnière qui passait pour ultramontain. François Prévost lui-même, qui fut son successeur, conservait peut-être dans sa chaire de professeur les opinions parlementaires qu'il avait soutenues pendant vingt ans étant avocat du roi.

Au mois d'août 1790, la Faculté qui inclinait décidément vers les idées nouvelles admit la soutenance d'une thèse dont le sujet était pris des élections ecclésiastiques telles qu'elles avaient été décrétées récemment, et l'un des représentants de l'Anjou en présenta l'hommage à l'Assemblée nationale qui s'en montra satisfaite (1). Après cela, on ne trouve plus que de rares mentions de l'existence de notre école qui se traîne à peine un ou deux ans pour disparaître au début de la Terreur.

3° *Droit français.* — Il a été parlé brièvement au début du présent livre du droit coutumier, dont un de nos historiens angevins les plus accrédités a voulu faire un antécédent plus ou moins direct de notre école et nous avons dû combattre cette illusion patriotique (2). Quant au fond même de la question, c'est tout au plus si la Faculté peut invoquer sous ce rapport la date un peu tardive de 1437 et le nom de Claude Liger, l'auteur des *Coutumes d'Anjou intitulées selon les rubriches du Code* (3).

Cent ans plus tard, un maître qui ne passa que peu d'années à Angers, mais y laissa de son enseignement des traces assez profondes, Eguinard Baron alliait aussi le droit moderne

---

échu pour la matière de ses leçons probatoires sur le droit canonique, s'abstiendrait de traiter le chapitre *Solitæ* au même titre « pour ne pas entrer dans les » questions touchant la juridiction ecclésiastique et ne point commettre les puis-» sances. » — Cl. Pocquet de Livonnière, *Arrêts célèbres*, p. 1049.

(1) V. la *Correspondance des députés*, t. VI, p. 145.
(2) V. ci-dessus, p. 146.
(3) *Id.*, p. 187-188.

au droit romain par une méthode qui l'a fait nommer, par Pocquet, le patriarche des professeurs de droit français (1).

C'est à son temps, en effet, que l'on peut rapporter le commencement de l'histoire de ce droit en France, parce que c'est seulement au milieu du XVIe siècle que la publication des coutumes de la plupart de nos provinces permit de comparer entre eux ces documents et d'en déduire une jurisprudence applicable au pays tout entier.

Parmi les jurisconsultes angevins qui contribuèrent le plus puissamment à ce travail, dont l'effort a duré jusqu'aux premières années de ce siècle, il faut citer plusieurs élèves de l'Université au XVIe et au XVIIe siècle, Chopin et Dupineau, sans compter Gabriel Michel de la Roche-Maillet qui fut plutôt l'éditeur que le commentateur des coutumes (2).

Ce fut dans les années 1679 à 1681 que le roi nomma un professeur de droit français (3). Cinq professeurs s'y succédèrent

---

(1) On sait que Baron a terminé sa carrière à Bourges. M. Raynal, aujourd'hui procureur-général à la Cour de cassation, a analysé dans sa savante *Histoire du Berry*, t. III, un plan d'études qu'il avait fait adopter et l'a ainsi apprécié : « Dans
» les cours même de droit romain, on ne négligeait pas le droit moderne ; nous
» avons notamment les Commentaires de Baron, où les explications sur chaque
» texte sont suivies d'explications spéciales sur les différences ou les analogies des
» principes admis en France. » C'était à la coutume de Bretagne que le commentateur, qui était breton, appliquait surtout ses remarques.

(2) Un magistrat de notre temps que nous avons connu et honoré et qui a terminé sa carrière comme premier président de la Cour d'Angers, M. Métivier a tracé d'une main habile dans son discours de rentrée de novembre 1847, l'histoire de la coutume d'Anjou. Nous renvoyons à cette remarquable esquisse et en même temps au discours de 1868 par lequel M. Armand Bigot, que nous avons eu déjà l'occasion de citer, a complété un précédent travail. Voir particulièrement les pages 30-31, 39 à 42, et 45 à 48 de son écrit.

(3) Nous trouvons dans les *Règlements de la Faculté*, p. 32 à 36, le texte de l'arrêt du roi du dernier jour de mars 1681.

« Veut et entend Sa Majesté que dans toutes les assemblées et délibérations
» des dites Facultés de droit canonique et civil de l'Université d'Angers. Il (le
» sieur Verdier) ait voix délibérative et séance entre le doyen et second professeur des dites Facultés, sans néanmoins qu'il puisse être doyen, ni participer
» aux émoluments des dits professeurs. Sera tenu le dit professeur de droit
» françois de faire l'ouverture de ses leçons publiques en même temps que les
» autres professeurs des dites Facultés, d'entrer les mêmes jours et pendant une
» heure et demie au moins du matin. Il dictera et expliquera en françois le droit
» françois contenu dans les Ordonnances de Sa Majesté et des Rois ses prédécesseurs et dans les Coutumes, s'attachant surtout aux Ordonnances, et donnant

jusqu'en 1792, Jean Verdier, Claude Pocquet de Livonnière et son fils Gabriel, puis en dernier lieu les deux frères Prévost, dont l'aîné, du prénom de François, conserva à la chaire un lustre au moins égal à celui qu'y avaient répandu ses deux prédécesseurs. Nous avons consacré ci-dessus à leurs ouvrages le seul genre d'analyse qu'ils pouvaient obtenir de notre part. De plus compétents se sont chargés de leur éloge.

Après avoir consacré la plus grande partie de nos articles précédents à discourir sur les maîtres et l'enseignement, il faut cependant donner au moins quelques pages aux étudiants. C'est ce que nous ferons, en nous rendant compte des différents grades auxquels ils étaient admis, et d'abord en traitant sommairement de leur nombre, puis de leurs habitudes de conduite et de travail.

Nous ignorons si la Faculté de droit d'Angers qui avait compté en 1398, ainsi que nous l'avons vu (1), jusqu'à 235 élèves, a dépassé depuis ou même atteint ce nombre. On signale bien, en 1487, ses 143 écoliers bretons qui durent jurer sur la croix de Saint-Laud qu'ils étaient serviteurs du roi, mais si, d'une part, la Bretagne n'était qu'une des six provinces dont l'Université était formée, d'une autre, quelques-uns de ses étudiants appartenaient sans doute à l'une des trois dernières Facultés, la théologie, la médecine et les arts, et non pas seulement à celle de droit, ce qui ne permet pas de tirer une conclusion précise du nombre mentionné. Nous manquons pour les deux siècles suivants de toute évaluation même approximative, et seul un document que nous avons tenu entre nos mains et qui embrasse le dix-huitième

» et marquant avec soin les progrès et les changements des dites Ordonnances
» sur chaque matière ; pourra aussi le dit professeur de droit françois enseigner
» la jurisprudence des cours ecclésiastiques et les matières bénéficiales. Seront
» tenus tous ceux qui voudront être reçus au serment d'avocat, de prendre la
» leçon de droit françois pendant l'une des trois années, pour tenir lieu de l'une
» des deux leçons qui sont d'obligation dans les dites Facultés de droit canonique
» et civil, et à cet effet de s'inscrire sur le registre de la Faculté, et d'obtenir à
» la fin de la dite année une attestation particulière du professeur en droit françois, conformément à l'article XV de l'édit de 1679. »

(1) *V.* ci-dessus, p. 157.

siècle presque tout entier nous permet quelques calculs sur le nombre des élèves. Il résulte de nos recherches que, après avoir varié entre 120 et 140 entre 1703 et 1714, et avoir monté même au-delà de 150 dans les années suivantes, l'effectif tomba plus tard à la moitié et même au tiers de ces chiffres et ne se releva décidément que vers 1768. Il subit seulement dès lors quelques oscillations peu marquées jusqu'aux années 1791 et 1792 qui furent les deux dernières de l'existence de la Faculté et pendant lesquelles il s'abaissa subitement, annonçant une décadence de plus en plus prononcée et malheureusement définitive.

Ce que nous avons dit précédemment des mœurs des écoliers de l'Université s'appliquant en grande partie aux étudiants en droit qui étaient les plus nombreux et les plus turbulents de tous (1), nous sommes dispensé d'y revenir et nous nous bornons à constater que la fin du XVIIe siècle et le XVIIIe tout entier ne furent guère favorables au travail. Déjà, à la veille de la réforme des études sous Louis XIV, Fr. Deroye avait jeté un cri de détresse : il devait être renouvelé plusieurs fois encore.

« Olim, melioribus annis, Antecessores in suis Majoribus
» scholis, instar Juliani sophistæ, regnum aliquod habere vide-
» bantur, propter multitudinem auditorum ; hodie vacuas steri-
» lesve cathedras habent, et deficientibus discipulis pudet eos
» majoris auditorii. Nam *excitat auditor studium* et hodie ante-
» cessor, quicumque tandem ille sit, ut plurimum in scholis
» dici potest *vox clamantis in deserto*. Ac si forte quidam ejus
» prælectiones excipiant, omnes fere gratis eoque insalutato
» abeunt in dies... »

Le 24 juin 1720, René Robert, doyen des professeurs, et en ce moment recteur, gourmanda la paresse et la négligence des élèves et il renouvela sa mercuriale vingt-quatre ans plus tard en se servant d'expressions analogues.

Nous donnons ici textuellement cette seconde harangue, dont la lecture devait être répétée, d'année en année, à chaque séance de rentrée. On y renvoyait en premier lieu au contenu

---

(1) V. notre livre 1er, p. 111 à 114.

des articles du dernier règlement concernant les études et les grades, lesquels étaient aussi lus périodiquement.

24 juin 1744. — *Novum statutum faciens circa disciplinam scholarum.*

« D. Robert decanus dixit consultissimam Facultatem, con-
» clusione sua 24 mensis junii 1720 negligentiæ studio juris
» mederi voluisse ; sed hanc conclusionem aut executioni non
» mandatam, aut certe eo quo debuit vigore non observatam
» fuisse ; ex hac facultatis convenientia evenisse, ut mala,
» quibus providere tunc intenderit Facultas, in dies ita creve-
» rint, ut augeri nequeant ; omnes vel fere omnes juris utriusque
» studiosos eo negligentiæ et ignaviæ devenisse, ut ab anteces-
» soribus dictata, non solum scriptis vel auribus non excipiant,
» sed etiam scholas rarissime frequentent ; plerosque pessimis
» et longe brevioribus Institutionum Imperatoris Justiniani com-
» pendiis contentos, ad subeundum examen imparatos accedere ;
» inde fieri ut ex triennali studio nihil commodi reportent, et
» longo tempore perdito, varia Fori munia, vel etiam dignitates
» ecclesiasticas, non sine magno sui et Reipublicæ dispendio,
» consequantur ; hæc si diutius dissimulentur, scholas Facultatis
» brevi futuras ludibrio ; præclarum *Famosæ* nomen, quod
» audientium celebritate et magistrorum peritia meruit ab anti-
» quo, cito amissuram Facultatem ; imo est verendum ne Facultas
» honori et conscientiæ minus parcere videatur, si non immeritis
» et indignis honorum aditus recludat........ »

La conclusion de 1744 eut quelques années plus tard un autre résultat auquel le doyen qui l'avait fait prendre dut se prêter particulièrement. En 1751 Jacques Duboys, l'un des professeurs, fit paraître sous les auspices de Robert son *Examen novum super Institutionibus Imperatoris Justiniani*, qui s'en autorisait et y référait. Ce n'est pas autre chose que ce que l'on appellerait de nos jours un Manuel du Baccalauréat. Rédigé en forme de catéchisme, c'est-à-dire par demandes et par réponses, il a les inconvénients des livres de cette catégorie, sauf que, écrit en latin — la langue du droit Romain, — et à l'aide des textes, il exige pour être suivi, une étude à elle seule assez profitable (1). Nous ignorons quel succès a pu avoir alors cette publication ; mais en 1785, l'orateur officiel de l'année se plaignait de nouveau de la négligence des études et en faisait le sujet de son discours de rentrée. Le mal que les professeurs combattaient et que J. Duboys s'était flatté de conjurer, avait encore reparu.

Mais reprenons les différents degrés, pour y jeter un coup d'œil d'ensemble.

Le baccalauréat et la licence avaient d'abord été les seuls grades usités, le dernier constatant plus particulièrement l'aptitude à enseigner et équivalant au titre de maître. Celui de docteur vint plus tard, en concurrence avec le second et ayant la prétention de lui être supérieur.

Quant aux deux autres, ils étaient, nous l'avons vu, conférés dans la Faculté de droit par le maître-école représentant de l'évêque, qui garda jusqu'à la fin ce privilége, ainsi que le constatent les titres qu'il délivrait aux récipiendaires, et dont plusieurs nous ont été conservés. Le diplôme de bachelier est d'une forme assez simple ; celle du diplôme de licencié est plus compliquée et même souvent emphatique. Le lecteur nous saura gré de le reproduire ici à titre de curiosité. Après avoir détaillé ses nom et prénoms ainsi que sa fonction dans l'église et son grade universitaire, le maître-école ajoutait ce qui suit selon la formule employée par ses prédécesseurs.

« Universis præsentes litteras inspecturis, Salutem in Domino. Cum juris studiosos qui assiduo et indefesso labore juris prudentiam assecuti viam sibi ad honorum Gradus paraverunt, quique integritate vitæ et doctrinæ præstantia conspicui sunt, majoribus nostris, atque ipsis legum conditoribus placuerit insignibus titulis exornari, tum maxime cum Antecessorum juris censura probati sunt, Nos vestigiis

---

(1) Voir l'épître dédicatoire et l'avertissement placés en tête du livre, où l'auteur défend sa méthode. « Fatebor quod res est : vix est in toto opere, » præter ordinem ac methodum, quod nostrum dici possit. Non solum responsa, » sed et interrogata fere omnia ipsismet legum vocibus expressa sunt... » et ailleurs : « Quod si methodum erotematicam selegi, illud causæ fuit quia per » eam tironum judicium non acuitur minus quam memoria levatur. »

illorum insistentes et præmia unicuique, pro merito et dignitate, quoad fieri potest, tribuere cupientes, ac in eam rem propensi Notum facimus quod cum dilectus Noster.......... in Utroque Jure Baccalaureus probitate, doctrinâ vitæque integritate percelebris, sua peregerit studia, cujus rei locuples testimonium per D. D. Antecessores hujusce Universitatis infra scriptos nobis est datum, fueritque cum rigore examinis, ac velut aurum in fornace, repetitis, ut aiunt, ignibus, et probatus et exploratus, juris nodos acute dissolvendo, legum proposita ænigmata perite interpretando, ut tandem omnibus juris solemnibus rite observatis, idem..... ab illis idoneus judicatus et declaratus qui in præmium virtutis, doctrinæ et exactorum circa juris prudentiæ studia laborum, Gradu Licentiæ utriusque juris donaretur, eaque de causa ab iisdem Doctoribus infra scriptis nobis fuerit exhibitus et præsentatus; Cum hæc ita sint, nos illorum votis, seu postulatis annuentes, hodie Christi nomine invocato, ad laudem Dei omnipotentis, gloriosæque Virginis Mariæ, BB. Martyrum Mauricii sociorumque ejus, et SS. Confessorum Maurilii et Renati Episcoporum, omniumque cœlitum, præfatum..... præsentem et accipientem authoritate nostra concellaria, imo verius apostolica qua his in partibus fungimur LICENTIATUM IN JURE CANONICO ET CIVILI meritis ejus exigentibus ac propositis thesibus ex jure civili *de Tutelis* et ex canonico *de supplenda negligentia prælatorum* isque publice agitatis Præside D..... Antecessore, creavimus, et per præsentes creamus, authoritatem eidem tribuentes legendi, regendi, docendi, publice disputandi, interpretandi, determinandi ac patrocinandi hic Andegavi et ubique terrarum, magistratus, beneficia et officia quæcumque obtinendi et exercendi, cæteraque peragendi quæ ad verum Juris Utriusque Licentiatum pertinent, recepto tamen prius ab eodem..... juramento de honore et reverentia præstandis D. D. Rectori, nobis et Doctoribus, cæterisque hujus Academiæ proceribus, ac parendo in licitis, honestis, et statutis ipsius Universitatis inviolabiliter observandis. *Datum* Andegavi in Majoribus scholis sub signo et sigillo nostris et signo Secretarii dictæ Universitatis die..... mensis..... anno domini...... »

Le titre que nous venons de transcrire est daté du 1er avril 1723 et porte, outre la signature du chancelier Babin, celle des professeurs Janneaux et C. G. Pocquet. Nous l'avons choisi de préférence à un autre, de mai 1521, d'un texte barbare et même diffus, mais qui eût pu être réputé exceptionnel, tandis que celui-ci, dont la formule est imprimée, peut passer pour la monnaie courante. Il en existe de pareils pour le temps des deux successeurs de Fr. Babin, de 1735 à 1792.

Nous n'avons découvert aucun specimen des diplômes qui pouvaient être délivrés pour le doctorat, non plus que pour les chaires de professeur et d'agrégé. Il est à croire qu'il n'en existait pas de spécial et que la notoriété et la possession en tenaient lieu (1).

Il a été question à l'article d'Eguinard Baron de sa thèse de docteur, qu'il subit à Angers même en 1538 et qui se trouve imprimée dans le recueil de ses ouvrages. C'est la seule que nous connaissions en ce genre. Pour celles de bachelier et de licencié, on en rencontre quelques-unes, du XVIIIe siècle surtout. Ce sont des placards de format petit in-folio, imprimés sur deux

---

(1) Parmi les simples docteurs dont la liste peut être ajoutée à celle que nous avons donnée pour le quinzième siècle et la première partie du seizième, nous avons omis le nom de Guillaume Lesrat, chef d'une famille qui illustra la magistrature angevine. Il fut d'abord, en 1545, lieutenant-général de la sénéchaussée, puis, de 1551 à 1570, président du présidial.

Julien Godelin et Antoine Prévost, tous les deux ecclésiastiques probablement, prirent le doctorat, l'un en 1544 et l'autre en 1548, étant alors recteurs.

A partir de cette époque le nombre des docteurs diminue; mais les jeunes avocats de talent, sans se soumettre positivement à cette épreuve, ne laissent pas de faire la Faculté juge de leur savoir. Tels sont René Choppin et Pierre Ayrault, qui donnèrent, à quelques années d'intervalle (1554 et 1568) des séances publiques dans la grande salle de l'Université.

Au XVIIe siècle, nous ne pouvons oublier deux noms célèbres que la Faculté admit aux honneurs du doctorat : c'est, d'une part, l'astronome Christian Huyghens, qui, voyageant en France, s'arrêta dans nos murs en 1655 pour subir les épreuves. La *Biographie générale* en rapportant ce fait qualifie notre école d'une manière erronée, en disant que Huyghens fut reçu docteur dans la « Faculté protestante d'Angers. » Mais nous ne croyons pas non plus que partisan zélé de la réforme, ainsi qu'il le prouva en quittant la France au lendemain de la révocation de l'édit de Nantes, Huyghens ait pu subir ses épreuves *in utroque jure*, comme le voudrait le P. Niceron, *Mémoires*, t. XIX, p. 215. Il dut se contenter d'être reçu en droit civil.

Une autre réception non moins fameuse est celle du théologien Antoine Arnault, frère de l'évêque d'Angers, qui, se voyant exclu de la Sorbonne en 1656, vint deux ans plus tard (10 avril 1658) prendre le bonnet de docteur en droit canon des mains de nos professeurs.

Nous enregistrons, vers 1665 enfin, le nom de René Perchambault de la Bigotière, l'un des commentateurs de la *Coutume d'Anjou*. A partir de cette époque, ou du moins quelques années plus tard, la liste des docteurs agrégés nous donne celle des simples docteurs qui commençaient par se pourvoir de ce premier titre.

colonnes, celle de gauche affectée au droit romain et l'autre au droit canonique. Les positions pour chacun des grades sont au nombre de neuf ou dix, sinon davantage. Nous avons remarqué au bas d'une thèse de licencié (Arch. de M.-et-L., E 2852) quelques paragraphes non numérotés qui nous ont paru mis là pour répondre aux exigences que le Roi avait formulées en promulguant son édit sur les libertés de l'église gallicane. (Voir ci-dessus, p. 269.)

On a pu voir que les articles 6 à 10 du règlement du 6 août 1682 que nous avons donnés textuellement ci-dessus page 176, sont relatifs aux études faites en vue des grades dans la Faculté d'Angers. L'extrait suivant du *Dictionnaire de droit canonique* de Durand de Maillane (1), rend d'ailleurs compte des usages qui furent communs jusqu'à la fin aux différentes universités de France. Nous avons vérifié que ceux de la nôtre leur étaient absolument conformes.

« Pour parvenir aux degrés de la Faculté de droit, il n'est pas nécessaire d'avoir étudié en philosophie, ni par conséquent d'être maître ès-arts. Le temps d'études, qui était autrefois de cinq ans pour être admis au degré de bachelier, est maintenant réduit à quinze mois. Dès la fin de la première année, l'étudiant peut subir l'examen, qui est de deux heures. Les Institutes de Justinien font la matière de cet examen. Dans le premier trimestre de la seconde année, il peut soutenir sa thèse *pro baccalaureatu*.

» Ceux qui veulent obtenir le degré de licencié, sont obligés de continuer de fréquenter les écoles et de recevoir les leçons des professeurs pendant vingt-un mois, c'est-à-dire qu'ils ne peuvent être admis au degré de licencié qu'à la fin de la troisième année d'études. Les actes probatoires requis pour le degré, consistent dans un examen et une thèse de trois heures chacun; les Institutes de Justinien, quelques livres du digeste et les éléments du droit canonique font la matière de cet examen. La matière de la thèse est toujours tirée au sort : c'est d'un côté un titre des decrétales de Grégoire IX et de l'autre un titre du droit

---

(1) Tome II, p. 243 et suiv.

civil. Il y a de plus un examen en forme de thèse sur le droit français.....

» A l'égard du degré de docteur en droit, comme il n'est requis pour aucune charge civile, ni pour aucune dignité ecclésiastique, il n'y a ordinairement que ceux qui se proposent d'être agrégés à la Faculté qui le prennent. Pour obtenir ce degré, il suffit, après avoir reçu celui de licencié, de supplier *pro doctoratu* et, après l'année révolue à partir du jour de la supplique, l'aspirant au doctorat soutient une thèse, après laquelle la Faculté lui donne, avec grande cérémonie, le bonnet de docteur.

» Celui qui aspire à être agrégé à la Faculté, doit faire son stage, c'est-à-dire une espèce de noviciat, qui consiste à assister aux thèses qui se soutiennent pendant une année et à y argumenter. »

V.

DIFFÉRENTES ÉCOLES AFFILIÉES A LA FACULTÉ, ET AUTRES ANNEXES (1).

Notre histoire de la Faculté des droits ne serait pas complète, si nous ne consacrions pas un dernier article à passer en revue l'enseignement qui a pu être donné à côté d'elle, avec son aveu ou par sa tolérance ; car à l'égard des grades, elle en a retenu constamment le monopole, au moins durant l'époque qui a fait l'objet essentiel de ces annales. Nous tiendrons successivement compte des écoles tenues par le clergé régulier, puis des colléges dirigés par des prêtres séculiers, et nous dirons pour terminer, quelques mots des écoles privées ou libres.

1° *Ecoles des abbayes et des couvents.* — Les abbayes de l'ordre de Saint-Benoît au nombre de quatre à Angers même, doivent être nommées les premières. Deux d'entre elles, celle de Saint-Aubin et celle de Saint-Serge et Saint-Bach paraissent

---

(1) Nous prions, avant tout, de recourir à notre Livre Ier, p. 116 à 120, où se trouve un premier aperçu sur les écoles de cette espèce.

s'être livrées surtout à l'étude du droit. Le P. de Montfaucon, qui, dans la première moitié du XVIIe siècle, a fait l'inventaire de leurs précieuses bibliothèques, a compté dans celle de Saint-Aubin plus de soixante manuscrits de droit canon et au milieu de ceux-ci dix à douze volumes de droit romain dont la plupart reproduisaient les Institutes de Justinien. Les manuscrits de Saint-Serge sont moins nombreux, mais du même caractère. Les uns et les autres datent du XIIIe siècle, c'est-à-dire de l'époque où l'Université a commencé. Or on constate que cinquante ou soixante ans après la formation de celle-ci, de 1345 à 1375, deux abbés successifs de Saint-Aubin ont figuré parmi ses professeurs (1).

C'était surtout alors au droit canonique que nos bénédictins s'appliquaient. On perd ensuite, pendant près de trois cents ans, les traces de leur enseignement ; mais ils furent de ceux qui, après 1682, profitèrent avec le plus d'empressement de la liberté laissée aux communautés religieuses (2) de faire instruire en droit canonique leurs sujets par des lecteurs appartenant à leur ordre. De 1685 à 1687 l'abbaye de Saint-Serge se fit reconnaître pour incorporée à l'Université et son droit à être réputée collége fut établi plus solennellement encore en 1768 (3) à l'occasion d'un procès fait à l'un de ses moines par un compétiteur qui lui disputait la nomination à un bénéfice. Dans l'intervalle, en 1714, on trouve un lecteur de Saint-Aubin, nommé Laurent Rouault, autorisé pour faire à ses confrères le cours de droit canon.

Les membres des autres communautés se sont livrés plutôt aux études théologiques, à commencer par les frères prêcheurs

---

(1) Pierre Bonnel et Jean de la Bernichère, tous deux docteurs en décret. Le second avait été profès de l'abbaye de Saint-Serge avant sa promotion.

(2) Une conclusion du 9 août 1685 du tribunal de l'Université ordonna que les moines de Saint-Serge seraient admis aux degrés et une autre le 24 août 1687 statua que les attestations données par Thieis, docteur en droit, aux religieux qui étudiaient sous lui, vaudraient pour les grades et nominations. — Ms. 1027, p. 332, 333. — On imposait au professeur la condition du doctorat et les élèves étaient soumis à l'examen de la Faculté. — V. l'art. 15 du règlement ci-dessus, p. 177.

(3) Arch. de M.-et-L., D 3, f° 91 et v°. — « Ab omni hominum memoria, » dit la conclusion.

ou Jacobins qui avaient dès 1405 (1), sollicité leur agrégation à l'Université, en lui présentant deux de leurs sujets, l'un à titre de lecteur et l'autre de bachelier.

Parmi les Cordeliers, nous ne pouvons citer qu'un seul religieux qui se soit occupé spécialement de jurisprudence. C'est Etienne Nobileau, né en 1467 et mort en 1547, auteur d'un volume latin sur les sept péchés capitaux, qui, suivant M. C. Port, professa pendant quarante ans le droit canon dans l'Université d'Angers (2).

La congrégation des Carmes a compté aux XV⁰ et XVI⁰ siècles plusieurs Angevins parmi les gradués au droit et au XVII⁰ deux au moins se sont distingués par leurs écrits. La Bibliothèque Carmélite enregistre avec honneur les noms de Lefort dit Urbain de l'Ascension et de Tiburce de Saint-Jacques, dont le premier fut auteur de plusieurs traités de droit canon et particulièrement en 1659, d'un volume d'*Institutions*. Le second, dont l'ouvrage parut l'année suivante, et qui mourut à Angers en 1673, semble s'être borné à donner la substance de celles-ci dans un court opuscule publié à l'usage des étudiants en l'un et l'autre droit, des confesseurs, des prédicateurs et des praticiens (3).

2° Nous passons aux établissements séculiers, qui ne sont guère en plus grand nombre, ni beaucoup plus à considérer.

Collège de Fougères ou des Bretons. — Nous nous sommes trop avancé ci-dessus (4), en annonçant que nous donnerions ultérieurement les destinées de ce collège. Son histoire se borne à peu près à l'acte de fondation. Rangeard constate son existence en 1408 (5) et conjecture que sa décadence arriva vers le milieu du XV⁰ siècle. Nous savons, en effet, que le titulaire de la chapel-

---

(1) *V.* dans le t. II, p. 271, de l'*Histoire de l'Université*, par l'abbé Rangeard, la pièce LI.

(2) *Diction. hist. de l'Anjou*, t. III, p. 10.

(3) Voici le titre exact de son livre : *Medulla totius juris canonici compendiosa facilique methodo digesta ; opus non solum juris utriusque studiosis, sed etiam confessariis et concionatoribus, nec non theologis et omnibus quotquot perfectam interni et externi Ecclesiæ fori cognitionem assequi contendunt, apprime necessarium;* Paris, 1660, 1 vol. in-16.

(4) *V.* p. 156.

(5) *Hist. de l'Université*, de P. Rangeard, t. I⁰ʳ, p. 238-241. — Ms. autographe du même, Bibl. d'Angers, 1026 f⁰ 38 v⁰.

lenie annexée à ce collége arrentait dès 1474 la maison qui faisait la principale partie de la propriété (1).

Le collége de la Fromagerie fut fondé en 1408 dans la paroisse de la Trinité et assez près d'elle pour des boursiers, sans désignation des études qu'ils devaient faire ; mais comme l'Université n'était alors composée que de deux facultés de droit, il est évident qu'il dut être surtout à leur disposition, et en effet ses bâtiments et leurs dépendances, entr'autres une métairie voisine d'Avrillé, nommée des Noues, furent jusqu'à la fin la propriété de l'Université. En 1592 et années suivantes, le professeur en droit Jean Mathieu le Grand y résida à titre de principal. Mais suivant Cl. Gabriel Pocquet de Livonnière, après l'érection de la Faculté peut-être des arts, c'est-à-dire dès 1433, l'on y avait établi un plein exercice de grammaire, rhétorique et philosophie.

Collége de Bueil. — Grégoire Langlois, manceau d'origine, était probablement élève de l'Université. Devenu évêque de Seez il mourut en 1404, laissant un testament qui ordonnait la fondation d'un collége de boursiers à Paris et d'un autre à Angers. Il avait commis le soin d'exécuter ses volontés à trois de ses parents ou amis qui s'en acquittèrent en 1410, en acquérant pour notre ville un hôtel de la rue de la Roë appartenant au sire de Bueil, officier de la maison du duc d'Anjou, et en dressant pour assurer la fondation un compendieux règlement en cinquante-trois articles (2).

Le collége était fondé pour recevoir huit personnes, un principal et maître, un chapelain et six écoliers, dont trois du doyenné de Passay dans le Maine et trois du diocèse de Seez. Les étudiants devaient avoir plus de quinze ans et être en état de recevoir les leçons de droit civil et canonique.

Jusqu'à quelle époque ce règlement qui porte la date du 7 novembre 1424 resta-t-il en vigueur ? nous pensons que ce fut au moins jusqu'au milieu du seizième siècle. Nous avons en effet le nom d'un de ses boursiers de cette époque, Mathieu Cointerel né à Morannes en 1519 qui après avoir quitté l'établis-

---

(1) Archiv. de M.-et-L. G. 656 et Dict. d'Anjou de M. C. Port, t. Ier, p. 78.
(2) V. *Hist de l'Université*, t. II, p. 307-329 ; *Id.*, Biblioth. d'Angers, ms. 1030.

sement pour une cause restée inconnue, séjourna une partie de
sa vie en Italie, où il s'attacha à Bologne au professeur de droit
qui fut depuis Grégoire XIII, fut poussé par lui dans les dignités
de la chancellerie romaine et pour comble de faveur devint
cardinal en 1583. Il mourut à Rome deux ans après, possesseur
de plusieurs bénéfices, dont quelques-uns étaient situés en Anjou.

Il fut question en 1597 et années suivantes de transférer au
collége de Bueil les écoles de droit, non que l'espace manquât
pour celles-ci dans le bâtiment de la chaussée Saint-Pierre, mais
pour se soustraire à l'incommodité du voisinage de l'église de ce
nom et particulièrement du bruit de ses cloches qui troublaient
les leçons des professeurs. Mais la chose n'eut pas de suite et la
Faculté se contenta, pour le moment, de concéder le collége à
l'un de ses membres qui en fut plusieurs années le principal.

Le collége demeura jusqu'à la veille de la révolution sous la
dépendance de la Faculté de droit ; mais les sujets qui auraient
pu s'exonérer d'une partie des frais de leurs études en prenant
leurs grades, avaient fait défaut depuis deux siècles environ et,
malgré l'intention première du fondateur, les collateurs choi-
sissaient indifféremment leurs boursiers dans les autres Facultés,
lorsqu'il s'en présentait pour les solliciter. C'est ainsi que nous
voyons à partir de la deuxième moitié du XVIIe siècle un docteur
en médecine, un autre en théologie, et plusieurs maîtres ès-arts
exercer les fonctions de principal.

En vain Louis XIV, par une ordonnance du 31 août 1682,
avait prescrit d'employer conformément à leur destination les
bourses fondées dans les universités pour les étudiants en droit,
qui devaient pouvoir en jouir pendant trois années en prenant
les grades de bachelier et de licencié, et pendant cinq en prenant
celui de docteur. Cette ordonnance ne fut pas exécutée. En 1710
Jean-Baptiste Durand, ancien boursier, devenu principal depuis
dix ans rendait ainsi compte de la situation et essayait de justifier
sa propre gestion : « Pour les études et degrés en droit, l'usage
» qui est au contraire depuis près de deux cents ans, est peut-
» être plus tolérable..... A l'époque de la fondation, les ecclé-
» siastiques s'adonnaient plus qu'à présent à l'étude du droit ;

» mais depuis l'agrégation des Facultés des arts, médecine et
» théologie, messieurs les patrons ont envoyé indifféremment
» des boursiers de toutes Facultés, même pour les humanités,
» interprétant ainsi l'intention des fondateurs. »

D'après ces principes, le principal, mettant son bénéfice en coupe réglée, avait successivement converti en salles de billard, à l'usage de ses pensionnaires, celles où se faisaient autrefois les cours et les argumentations.

On suit à peu près au XVIIIe siècle les destinées du collège, qui passe successivement entre les mains de plusieurs chefs et n'est plus qu'une simple pédagogie.

De 1763 à 1774, on songea cependant à le ramener aux conditions premières de sa fondation, et des négociations eurent lieu dans ce but entre l'Université et l'évêque de Seez qui avait conservé la supériorité et la nomination des boursiers. Mais elles n'aboutirent pas et, après avoir été maintenu quelque temps encore à l'usage de pensionnat, le collège fut pendant les premières années de la révolution affecté aux destinations les plus diverses.

Voici le compte que le maire Pilastre rendait de ses revenus dans un rapport du 6 juillet 1795, que M. P. Marchegay a publié (1). La maison a subsisté jusqu'en 1865, où l'on pouvait voir au fond d'une cour de la rue de la Roë ses élégantes constructions.

« Cet établissement possède : 1° une maison spacieuse sise dans la ville d'Angers, actuellement affermée à plusieurs particuliers, 1,500 liv. ; 2° une closerie appelée le Petit-Bueil, sise paroisse de Saint-Samson de cette ville, affermée 120 liv. ; 3° une dîme, paroisse de Fromentières qui était affermée 1,200 liv. Total 3,820 liv. »

Autres colléges. — Il est fait mention à la fin du XVe siècle et au commencement du XVIe d'un collège *de la Tannerie* dont nous ne connaissons pas bien la destination ni la durée. Nous soupçonnons que ce nom a pu appartenir à l'une de ces péda-

---

(1) *Archives d'Anjou*, Angers 1843, p. 96.

gogies ou tutelles que les statuts de 1494 reglementèrent par leur article 30, leur permettant de faire enseigner à l'intérieur de leurs écoles les Institutes à ceux qui commençaient l'étude du droit, mais leur enjoignant d'envoyer aux leçons des docteurs régents les jeunes gens qui pouvaient aller plus loin. L'existence du collége *de la Porte de fer* ou *de Saint-Maurice* remontait plus haut, quelque date que l'on veuille assigner à sa fondation, et il devait être, à la même époque, assez florissant ; mais nous doutons qu'il ait jamais reçu particulièrement des étudiants en droit. Placé sous l'autorité du maître-école, il était plutôt dès lors réservé aux écoliers qui suivaient les arts, ou la théologie. Il en fut de même plus tard pour le *collége d'Anjou*, soit dès son origine en 1509 ou 1542, soit lorsqu'il fut passé de 1624 à 1792 sous la direction des PP. de l'Oratoire. Les uns et les autres de ses principaux se bornèrent à l'enseignement des humanités et à celui de la philosophie, augmentée ou non des éléments des sciences mathématiques et physiques. Nous retrouverons plus tard ces divers établissements en traitant de la Faculté des arts dans notre Livre V.

Cours privés ou libres. — La question des cours privés ou libres, qui a pris de nos jours une grande importance, peut être soulevée à l'égard des Facultés de droit.

Il n'est pas douteux que dans la première partie du xive siècle, l'agrément du maître-école n'eut été suffisant, sans justification publique, pour autoriser l'enseignement des maîtres. La preuve s'en trouve dans les restrictions apportées depuis à son pouvoir et dans la distinction même qui fut faite, tant en 1373 qu'en 1398, entre les docteurs étrangers et les docteurs *de gremio* qui sont manifestement préférés à ceux-là. Le nombre des professeurs officiels reste encore trop incertain pendant le siècle suivant presque tout entier, pourqu'on puisse affirmer que le doctorat n'y donnât pas à lui seul tous les droits.

Mais il n'en est plus de même après le premier tiers du xvie siècle, où le parlement et surtout le pouvoir royal, se montrent également empressés à défendre l'accès des chaires de professeurs à ceux qui ne justifient pas des grades exigés et du choix de

leurs collègues. En 1579 (1) particulièrement, et aussi en 1629 (2), il est fait défense « à toutes personnes soit de l'Université ou autres
» de faire lecture publique ailleurs qu'ès-dites Universités. »

Malgré cela, diverses considérations font presque aussitôt après fléchir cette interdiction : ce sont, d'abord les nécessités du recrutement de professeurs. On autorise de simples docteurs à faire des cours privés, afin de ménager des candidatures aux chaires de la Faculté ; on leur alloue même ou permet de leur allouer des indemnités temporaires jusqu'à ce que le moment soit venu de se les attacher. C'est ainsi que Sengeber, Buisson, Erreau, d'autres encore, parviennent au professorat de 1629 à 1646. Mais à cette dernière époque la Faculté se trouve prise dans ses propres filets. Le gouvernement rétablit en faveur d'un maître particulier (Jean Bruneau) qui exerce par tolérance depuis dix à douze ans, une chaire supprimée trente-cinq ans auparavant. On fait dès lors une plus rude guerre aux maîtres libres et c'est un des abus que les pétitions signalent au souverain lorsqu'il s'apprête à réformer les études de droit. On y dénonce les *répétiteurs à gage, ces jurisconsultes de trois jours* et l'on pousse le roi à s'emparer du monopole. C'est ce qu'il fit en édictant contre les maîtres libres une pénalité rigoureuse et en étendant l'application aux écoliers qui auraient pris leurs leçons.

« Défendons à toutes personnes autres que lesdits professeurs
» d'enseigner et faire leçon publiquement dudit droit canonique
» et civil, à peine de trois mille livres d'amende applicables,
» moitié aux professeurs, et l'autre moitié à notre profit, d'être
» déchus de tous les degrés qu'ils pourroient avoir obtenus, et
» d'être déclarés incapables d'en obtenir aucuns à l'avenir ; ce
» que nous voulons avoir aussi lieu contre ceux qui prendroient
» les leçons desdits particuliers. » — *Edit d'avril 1679*, art. 5.

Nous ne trouvons pas qu'il ait été dérogé à ces dispositions durant l'intervalle de plus d'un siècle qui s'écoula jusqu'à la suppression de l'Université. Mais le lundi 29 novembre 1792,

---

(1) Ord. de Blois, art. 70.
(2) Id. du chancelier Marillac, art. 44.

les fonctionnaires restés jusque là en exercice, profitant du silence de la loi, qui avait ajourné à une époque indéterminée la réorganisation des études, s'établirent eux-mêmes en qualité de professeurs des *Ecoles de jurisprudence* et conservèrent momentanément sous ce nouveau titre leurs chaires qui ne devaient pas leur être rendues (1).

---

(1) Voir notre article II, à la fin.

TABLE DES MATIÈRES

Préface..   1

LIVRE Ier

L'Université en général.

I. Coup d'œil sur les Universités françaises.   5
II. Origine et transformations diverses de l'Université d'Angers avant 1433.   8
III. Erection des facultés de théologie, de médecine et des arts.. 16
IV. Aperçu chronologique de l'histoire de l'Université pendant les xve, xvie, xviie et xviiie siècles. 23
V. Son organisation en 1433, avec les modifications survenues depuis :
   Les deux sortes d'éléments qui la constituent : 1° les Nations ; 2° les Facultés. — L'unité du corps : le collège de l'Université ; les assemblées générales et les solennités universitaires. — Siège et local. — Durée de l'année scolaire.
   Dignitaires de l'Université et leurs fonctions : 1° le Recteur ; le Maitr'école ou chancelier. — Notices sur chacun des maitr'écoles, depuis le xve siècle ; 3° le Procureur général et les procureurs des Nations ; 4° les autres intrants.
   Officiers inférieurs : le grand Bedeau et les bedeaux particuliers ; — le Secrétaire et les archives ; — le Receveur et les revenus.
   Suppôts divers : Libraires et imprimeurs ; Parcheminiers ; — Bourgeois ; — Messagers.
   Ecoliers ou étudiants : leur condition et leurs droits ; leurs obligations et leurs mœurs.
   Juridiction de l'Université. — Ecoles affiliées au corps. 42
VI. Privilèges universitaires. — Leurs conservateurs apostoliques — Leurs conservateurs royaux.
   Autres patrons ou protecteurs de l'Université à différentes époques. . 126

LIVRE II

La Faculté des Droits.

I. Son origine et ses premiers développements (681 à 1398). 145
II. Histoire et organisation de la Faculté, depuis le xve siècle.. 157
III. Les docteurs régents. — Succession et notices. — Les docteurs agrégés. 181
IV. L'Enseignement et les grades. 260
V. Différentes écoles affiliées spécialement à la Faculté et autres annexes. 279

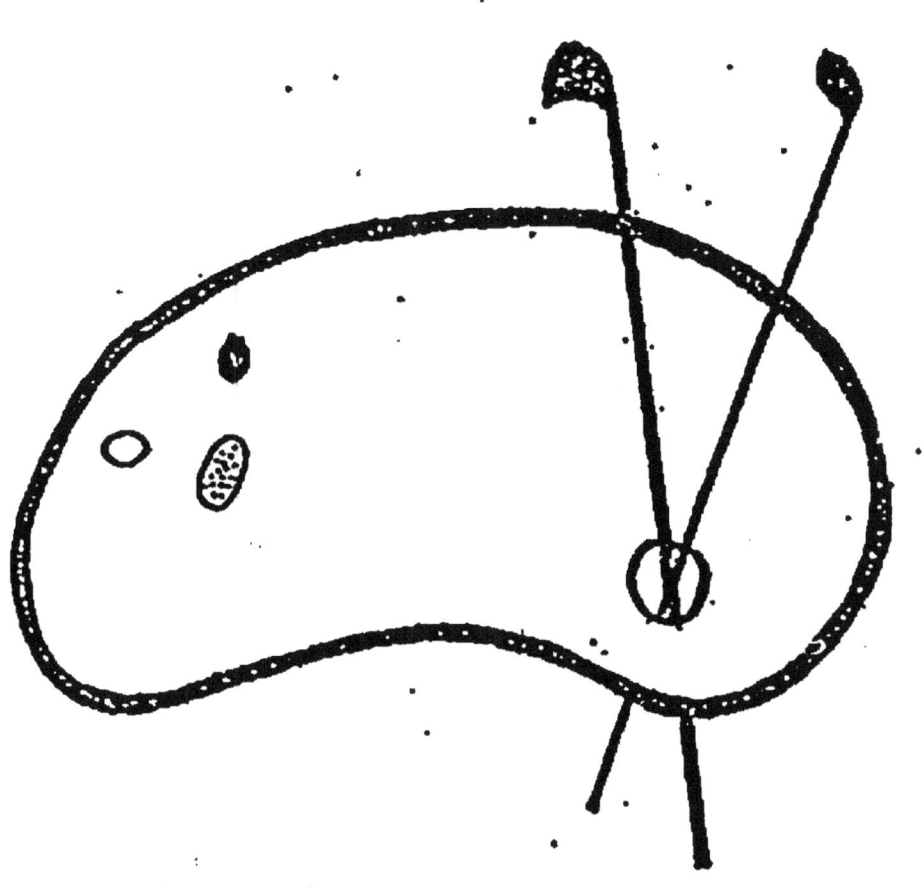

ORIGINAL EN COULEUR
NF Z 43-120-8

www.ingramcontent.com/pod-product-compliance
Lightning Source LLC
Chambersburg PA
CBHW071518160426
43196CB00010B/1563